滄海叢刊

煮酒論思潮

陳奎德 著

東大圖書公司 印行

國家圖書館出版品預行編目資料

煮酒論思潮／陳奎德著. -- 初版. --
臺北市：東大發行：三民總經銷，
民86
面； 公分. --(滄海叢刊)
ISBN 957-19-2099-1 (精裝)
ISBN 957-19-2100-9 (平裝)

1. 哲學-論文，講詞等

107 86004194

國際網路位址 http://sanmin.com.tw

著作人 陳奎德
發行人 劉仲文
著作財產權人 東大圖書股份有限公司
臺北市復興北路三八六號
發行所 東大圖書股份有限公司
地 址／臺北市復興北路三八六號
電 話／五〇〇六六〇〇
郵 撥／〇一〇七一七五──〇號
印刷所 東大圖書股份有限公司
總經銷 三民書局股份有限公司
門市部 復北店／臺北市復興北路三八六號
重南店／臺北市重慶南路一段六十一號
初 版 中華民國八十六年五月
編 號 E 11021
基本定價 捌元陸角
行政院新聞局登記證局版臺業字第〇一九七號

ISBN 957-19-2100-9 (平裝)

序

余英時

陳奎德先生的《煮酒論思潮》結集了他近十幾年來討論當代思想與文化問題的論文。其中絕大多數都是一九八九年以後他旅居美國期間撰寫的，祇有極少數是中國大陸時代的作品，最早的一篇是一九八二年在《復旦學報》上發表的〈當代科學的新思潮——耗散結構的啟迪〉。

奎德的專業是哲學，最初從西方哲學入手，早年曾寫成關於懷特海哲學的專題研究。本書所收入的早期論文也主要集中在西方現代哲學的領域之內。奎德的專業訓練雖始於西方哲學，他的根本關懷卻很早便傾向於為中國思想和文化尋求新的出路。所以他在一九八七年所寫的〈「人對自然」與「自然的人」〉一文中，已開始討論中西自然觀的異同。這樣看來，他在一九八九年以後密切注意中國大陸上種種新思潮的起落決不完全是時勢造成的；他的哲學精神自始便貫注在這一方面。事實上，在八〇年代思想解放的潮流中，奎德也是一位有力的推動者和參與者。據蘇紹智先生的回憶，奎德早就以「思想解放」聞名；一九八九年三月他在上海創辦的《思想家》是一個既有份量又具潛力的學術刊物。正因如此，他當時在北京準備召開的「《思想家》首發儀式」才遭到

了官方的禁止。(見《十年風雨》，第二九八～九頁)

根據我個人的觀察，今天奎德的基本立場與其說是「思想解放」，毋寧說是「思想開放」。「思想解放」是對於八〇年代大陸知識界的一般描述語；其中「解放」兩字專有所指，即相對於官方的意識形態而言。思想越能脫出這個意識形態的束縛便越「解放」。奎德當年擺脫馬列主義的思維架構一定比其他的人更為徹底，因此才贏得了「思想解放」的稱號。但「思想解放」祇是一個短暫的過程，「解放」以後的思想仍將發展成某種類型。據我的瞭解，奎德的思想斷無可疑應該劃入開放的一型。他自然有自己的中心宗旨，但是卻能對各種不同的知識領域和立場互異的思想流派保持著一種開放的態度。無論以視野廣闊、觀察敏銳或聞見淵博而言，他都是一位最合格的思想與文化的評論家。這部《煮酒論思潮》不但是近十餘年來大陸思想文化變遷的歷史紀錄，而且也從不同的角度對今後大陸的思想與文化的動向有所提示。他並沒有作出任何武斷的預測，但是通過他的批判性的分析，讀者自不難窺見大陸人文學界幾個主要思潮此起彼落的消息。

自七〇年末以來，大陸的思想和文化界開始有鬆動的跡象。進入八〇年代官方意識形態顯然已失去了號召力，不同的聲音越來越多，最後形成了著名的「文化熱」。這股熱流和民主運動互相支援、互相激盪，直到一九八九年的天安門屠殺才告一段落。經過一兩年的沈寂之後，大陸的思想和文化界又再度發言了。一九九三年以來，種種新思潮隨著大批新興的刊物和叢書而出現，以致奎德要用「迎接新諸子時代」的標題來描述這一現象。這可以說是大陸對外開放以後思想和的馬列主義和西方現代的馬克思主義），然後針對著中國大陸的現實提出自己的「主張」或「對策」。即使是有些以思潮面目出現的文字，如細加分析，似乎也逃不出上述的公式，不過表現得較為隱晦、曲折而已。大體言之，理論資源取自西方的成品，和討論的問題直接出於對中國現實（特別是政治現實）的關切，這是相當大一部分「思潮」文字的特色。這兩者都無可非議。就前一特色言，梁啟超早就主張「須將世界學說為無制限的盡量輸入」，胡適論五四時期新思潮的意義也特列「輸入學理」為四大綱領之一。至於後一特色，則更是中國思想史上早就出現的。所以《淮南・要略》論儒、墨、道等諸子的興起，強調其針對當時弊病的背景；司馬談論六家要旨也說它們都是「務為治者也」，即可以「治天下」之意。但是從另一方面看，梁啟超、胡適的話是在七、八十年前說的。他們的本意祇是要中國人參考西方學說以為自己創造的始點，並不是要中國人永遠追隨西方的現成理論。而先秦諸子則是中國學術和思想的奠基者，他們之能夠形成學派並蔚成一代的思潮則是由於長期開創關於人文界和自然界的知識領域而致。反觀一部西方哲學史，情形亦復如是。即以本世紀而言，邏輯實證論以至整個分析哲學的興起都是和物理學、數學、生物學等的突破性收穫連成一體的；而最近三、四十年來歐陸哲學重振旗鼓，甚至在英美都已對分析哲學的傳統造成威脅也和人文社會科學的新發展密不可分。其中如人類學、語言學、史學、文學批評等的研究成績尤其發生了重大的作用。與中西歷史上這些劃時代的思潮相對照，則近年來大陸上出現的種種論述究竟算不算真正的「思潮」？其中代表性的人物又究竟能不能稱為「新諸子」？

恐怕還要等待時間的檢驗。

我對於目前大陸有關思想和文化的論述甚為重視，但是我也確有一種不很滿足的感覺。過於依賴西方的論說顯示出我們在思想上還沒有達到獨立創造的境界；過分針對政治現實而立說則不免自處太狹。而且現實的變化往往快得出人意表，有始立說未畢而客觀的情勢已變，則論述者的辛勤努力便不免落空了。但是上列大陸論述的兩個特色可以說主要是環境造成的，不能由個別論述者負責。就我平素所接觸到的大陸中青代學人而言，他們之中極多好學深思之士。祇是由於大陸的學術研究（特別是人文社會科學方面）為官方意識形態壓制了幾十年，至今還沒有恢復到正常的狀態，他們的學術憑藉遠沒有西方的同行那樣深厚。但是他們的熱誠則十分高昂，因此祇要稍有自由的空間便一擁而上追求任何因偶然機緣而碰到的新鮮觀念或問題。這也許是最近十幾年來大陸上思想和文化界常常出現各種「熱」的原因之一。八〇年代的「文化熱」和九〇年代的「國學熱」、「『後學』熱」（即「後現代」、「後殖民」、「後結構主義」之類）都是顯例。但是真正思想和文化的發展需要長時期的艱苦研究和反覆討論，其過程與其說是「熱鬧」，毋寧說是「冷靜」。所以「文化」而能引起「熱」便恰好說明這個「文化」不是自生自長的，而是從外面販賣回來的，正如市場上搶購所造成的熱潮一樣。

我因此十分同意奎德在〈靜養人文之氣〉和〈退而結網，梳理混沌〉等文中所流露的關懷。一九九四年大陸上有一批學人提倡「重建人文精神」，奎德對此作了同情的響應，而歸結到人文精神的建立離不開一種人文學術研究的傳統，雖然依他看來，大陸學者所提倡的人文精神與人文學術研究之間似無必然聯繫。在他所謂「退而結網」的呼喚中，我們更不難看出他對重建學術規範和學術傳統的重視。我深感奎德這個見解是最值得大家重視的；想要給中國的思想和文化探尋新路向的知識分子，除了「退而結網」之外，似乎並沒有其他捷徑可走。

據我所知，大陸上已有不少人文學者正在各自的專業崗位上默默地耕耘。即以我接觸過的中青代學人而言，這一類沈潛的工作者已比比皆是。「十室之邑，必有忠信。」這是我對於大陸上人文研究的遠景始終保持樂觀的一個主要根據。我相信他們在學術上的辛勤創穫最後必能導引出創造性的中國人文思潮。但這裡我想對目前一個流行的觀念附帶加以澄清。最近我常在大陸的刊物上看到所謂「學問突出，思想淡出」的說法，意思是說：現在出現一種風氣，一方面鼓勵知識分子埋頭從事純學術研究，而另一方面則阻止他們進行批判性的思考。這個說法很自然地使我們聯想到清代中葉考證學盛行的情況。照一般的解釋，清代考證學是特別受到朝廷獎勵的，因為這可以消滅當時反滿思想於無形。其實這一解釋並不充分，因為考證學本身便是一種思想傾向的產物，而且考證學家所攻擊的程朱理學正是清廷所正式提倡的官方意識形態。今天大陸上「學問突出，思想淡出」的說法大概和正在流行的「國學熱」有關，官方如果有意誘導這一趨向，也自在情理之中。所以這個說法的出現也確有一定的事實根據。不過我們也不能因噎廢食，把「學」與「思」真的看作是互相排斥的兩件事。孔子所謂「學而不思則罔，思而不學則殆」，不但是中國學術思想史上的通則，而且，如上文已指出的，也同樣在西方哲學史可以獲得印證。事實上，學術研究本身便具有內在的批判力，學者祇要長期從事於嚴肅的研究工作，他們的最後創獲自然會對政治與社會投射一種深刻的批判作用，這在人文研究方面尤其如此。（關於此點可看 Michael Walzer, *Interpretation and Social Criticism* 一書。）總之，真思想和真學問是一事的兩面，無從截然分開。我們很難想像世界上有無學問的思想家或無思想的學問家，兩者的分別不過重點偏向有所不同而已。我想奎德也許會同意我的想法：祇有在人文研究取得既深且廣的成績以後，中國大陸才能在馬列主義的廢墟上「重建人文精神」。但這恐怕需要好幾代的學人作持續不斷的努力。

奎德這部《煮酒論思潮》是屬於思想和文化評論的範疇。它一方面為大陸近十幾年的思想變遷提供了歷史發展的線索和政治、社會背景的解釋，另一方面又對各派思潮的實質提出了評論和分析。這正是思想和文化處於醞釀和突破時期所不可缺少的工作。上面已說過，這種工作祇有兼具哲學素養和廣博學識的人才能勝任。以中國學術思想傳統而言，《莊子・天下篇》和荀卿〈非十二子篇〉便是評論「思潮」的經典作品。現代西方這一類的著述更是多不勝舉。最近三、四十年來，由於歐陸哲學傳統起而與英美分析哲學競勝，新思潮幾若雨後春筍。像我這樣哲學的門外漢而又想對現代的思想動態有所認識，有時便不能不借徑於思想評論家的第二手著作。在我所接觸到的評論家中，我特別欣賞伯恩斯坦(Richard J. Bernstein)自一九七一年以來所寫的五大本評論集，因為伯氏不但評論公允，而且自具深識，確能做到既賞識別人的長處又揭發其短處的境界。

煮酒論思潮　目次

余英時

第二編　文化思潮

附錄

第三編　哲學思潮

第一編

社會政治思潮

迎接新諸子時代

道術將為天下裂

種種跡象表明，在中國思想界，一場大論戰正在醞釀。

雖然，眼下國是仍晦暗沈悶，然而，無庸諱言：「不是不『爆』，時候未到。」各派思潮及人物正未雨綢繆，厲兵秣馬。倘言禁稍弛，「時候一到」，則風卷華蓋，「一切都爆」。儲備已久的能量勢將奪路而出。屆時，論家蜂起，爭奇鬥勝；思潮噴薄，蔚為壯觀；黃鐘大呂，內外轟鳴。現代的「諸子百家」勢將脫穎而出，紛紛為中國的下一步走向探測路標，「引領」航向。倘若因緣巧合，風雲際會，則諸種中國歷史千載難逢的精神湧動——春秋格局之再現，魏晉風氣之重返，五四局面之降臨——何以就絕不可能？

有心人已注意到，除屢仆屢起的原有精神聚積中心以外，一九九三～一九九四年又有多種文化人的刊物在大陸靜靜地問世，如《東方》、《中國社會科學季刊》、《原道》、《中國人》……成為大陸學人精神能量的積蓄池。

而海外中國人的思想園地，則更是開風氣之先，已經在為即將來臨的大辯論「熱身」。

山雨欲來……。

「道術將為天下裂」。一些人腦海中，恐怕會倏然閃過「動亂」的怖象。

近年來國人使用頻率最高的單詞，恐怕非「動亂」莫屬了。然而，注意仔細疏理它的多義性的人似乎不多。往下中國可能面臨的「動亂」，是諸侯獨立，各張異幟；還是「周家天子」仍在，然各路諸侯陽奉陰違；是「陳勝吳廣」揭竿而起，亦或是其他圖景？

僅就行為方式而言，是「刀光劍影的大內戰」，還是唇槍舌劍的大論戰？顯然，這二者是劃然有別的。依筆者淺見，前者徒然聳人聽聞而已；而後者則可能性甚高，筆者亦樂觀其成。

「言論自由」常常被加諸的罪名是「把人們的思想搞亂了」。可見，人們思想的劃一只是被權力當局「搞定」的。這種輿論一律式的「搞定」，就是眾所周知的「語言的暴政」。然而，「思想之亂」難道不正是千千萬萬有獨立有個性有思想的人們的自然存在狀態？違犯憲法何條何款？事實上，這麼多精神能量的蓄積，必定要千方百計尋求渠道發泄出來，否則，鬱積太久，整個社會將精神失常，最後難免陷入暴力迸發式的大混亂。訴諸各國的歷史和現狀，事實表明，思想言論的「亂」不僅不可懼，還可能成為其他「動亂」的替代性「泄洪口」，從而有可能導致社會的動態穩定，何罪之有？

此外，目前還有一種「超越」言論自由的極其時髦的智慧，叫作「不爭論」。據說過去中國的一切災難都來自「爭論」，來源於忘記了東西方祖先們的指教，曰：雄辯為銀，沈默是金。況且，我們有何必要去同弱智的「四七二十七」爭論呢，豈非自貶身價？這一套犬儒主義的「雄辯」，贏得了廣泛的喝采，筆者自然也是佩服得緊。

但仔細想想，不對了。論述「不爭論」優越性的雄辯，不也是一種「雄辯」？而且滔滔數文，下筆萬言，然後令他人「不爭論」，真乃絕妙的封口藥方也，果然高明。其次，更根本的是，過去四十多年的中國果真有過什麼爭論嗎？就以被認為是「爭論」氾濫的「反右」和「文革」時代而言，你去同毛澤東「爭論爭論」看，去同「中央文革」「爭論爭論」看？可見，正如有人所指出的，那只是一種「沒有爭論的爭論」而已。

因此，真正的爭論在中國大陸早已是絕跡幾十年的奢侈品了，目前面臨的歷史機會，是半世紀以來難逢的。

「煮酒論思潮」

概覽近年來海內外的「熱點」，可看出，一部分主要思潮及其代表已經大體成形了。筆者以下掛一漏萬簡略舉出的，僅僅是與政治哲學相關的犖犖大端，僅僅集中注意於其影響面及強調重點，自然在邏輯上就難免有相互包容（不宜並列）的缺陷。讀者當會發現，有些思潮之間是有相當多的共識的，這裡只是把其區別處勾勒出來而已。

⑴民主主義。視民主與專制的對立為政治地圖的基本分野，奉民主為最基本的價值。推崇法國大革命反抗專制的徹底精神，在中國知識界有廣泛的影響。以魏京生、許良英、方勵之等為代表。

⑵民主社會主義。仍奉馬克思和社會主義為基本旗幟，強調下層民眾的疾苦和民主權利，欣賞北歐式的福利社會。劉賓雁、蘇紹智、王若水等為主要代表。

⑶自由主義憲政派。認同以蘇格蘭啟蒙運動為基本淵源的漸進自由主義傳統，注重具相對自主性的社會的成長，並強調法治的生長。在海內外亦有相當知識界人士支持，如林毓生、胡平等人，筆者自己亦基本認同該主張。

⑷經李澤厚解釋過的「經典馬克思主義」。強調歷史唯物主義「吃飯哲學」，主張發展的「四階段論」：經濟，自由，正義，民主，基本認同鄧氏的當下改革方略，以李澤厚、劉再復為代表。

⑸崔之元等的「第三條道路」。聲稱超越社會主義和資本主義的兩分法，主張第三條道路式的「制度創新」，反對「絕對產權」，認定當下中國大陸的某些舉措（如鄉鎮企業等）具有制度創新性的典範效應。主張者有鄒讜、甘陽、崔之元等。

(6)新馬克思主義。一股源於德國法蘭克福學派文化批評思路的對現代性的反思思潮，加上法國人傅柯等的「話語理論」為立論支點，主要致力於反抗西方現代的主流意識形態和「文化霸權」。作為後現代的主流思潮之一，賦有「反西方」傾向，主要活躍於文學和文藝批評界。代表人物有李陀、唐小兵等。

(7)新儒家。主張中國現代變革的精神資源主要應從自身的傳統中發掘，同時中國的主流傳統應當對當代世界作出成功的回應，即儒學的第三期發展。如此，儒家的現代生命形態（政治、經濟、文化）將對人類文明作出自己獨特的貢獻。代表人物有杜維明等。

(8)基督教民主主義。為懷有強烈使命感的華裔基督徒所倡導，主張在中國必須首先引進基督教，才有可能實現民主。代表人物有王策等。

(9)三民主義。認為孫中山先生的三民主義既適應世界潮流，又合乎中國國情，是拯救中國的最優主張。過去中國的災難是由於背叛三民主義所造成的，今天應當對之重新評價並使之復興於中國。在海外僑界和部分留學生中有一定影響。

(10)新保守主義（第二思潮）。與一九八九年之前的新專權主義（常譯為新權威主義）有淵源關係並有過之。不僅在經濟上而且在政治上都強調尊重國情，尊重傳統，尊重現狀，尊重權威，尊重意識形態的「禁忌體系」。以蕭功秦等為代表。

(11)太子黨綱領的「國家主義」。以地緣政治和國家主義取代共產主義意識形態，主張以「黨產制」取代國有制，對權力占有的關心遠超過對意識形態的關心。其主張集中體現在〈蘇聯巨變之後中國的現實應對與戰略選擇〉一文中。

(12)《第三隻眼睛看中國》的強權政治現實主義。以執政者角度考察中國問題的策論式思考，帶有反智主義色彩的強權政治，其基本特色是把中國半個世紀的災難主要歸咎於知識界。以王山等人為代表。

(13)鄧力群等的毛主義。中共黨內意識形態利益的左翼代表。在內政和外交上都主張基本上恢復「反修」時代的毛主義。以胡喬木、鄧力群等為代表。

(14)反西方主義的極端民族主義。並非一種意識形態，但由於冷戰後全球性的民族主義復興，它享有任何意識形態不具有的最為廣泛深厚的土壤，並且可與大多意識形態結盟。鑒於近百年的中國人的精神創傷，鑒於中國與西方目前的對峙態勢，它在中國知識界也擴大了市場。

除了上述具有價值傾向的系統性的思潮外，另外還有一些賦有操作性的制度性主張或對策，譬如，嚴家祺等人主張的帶邦聯色彩的聯邦制，胡平的內閣制優於總統制的主張，王紹光、胡鞍鋼等人的中央集中財權主張和原趙氏智囊團部分人所主張的制度性的地方分權主義；厲以寧產權改革和防治失業優先的主張以及吳敬璉物價改革和防治通貨膨脹優先的主張等等。

拷問我們的心智

人們或會問，文中列了如此之多形形色色的「主義」，何以不能超越「主義」之爭？

實際上，上述諸種「主義」並不全然表示某種全盤式的意識形態和解決方案。這只是一種為方便省字而採用之法。筆者絕對無意在此替人貼標籤。如所周知，當年胡適所倡導的「多談些問題，少談些主義」在今天已經獲得了廣泛的認同，但這並不妨礙人們稱胡適為「漸進主義」、「改良主義」和「自由主義」者。有鑒於此，深望不喜歡「主義」的朋友們見諒，蓋約定俗成，事出無奈，不得已耳。

身處中國「新諸子時代」前夜，目前海外的「預演」是有其不可替代的優越性的。由於沒有太緊迫的利害相關，就不至於過於煽情而使情緒支配論辯，也許可以多一分理性。如此，有可能達成一些最基本的共識。同時，通過「話語」競爭的自然淘汰，剔除某些過於荒謬的主張，有利於縮短將來的論辯時間。

人們注意到，本文所舉的多數思潮並未公開否定「自由，民主，人權和法治」這些基本價值。雖然，它們強調的重點和先後順序容或有所不同。因此，在未來的思想交鋒中，由於百年痛史的教訓所留下的深深的痕跡和海外的預先淘汰，有理由期望，比較五四時代和八〇年代，這次將出現更精緻的價值排序的論證，更具體的可操作的施政方式的闡述，以及更可行的解決當下問題的策略描繪。

有一個困擾人們的夢魘，令人揮之不去。即：倘訴諸歷史，鑒於春秋戰國百家爭鳴之後的「獨尊儒術」，五四運動之後的「獨尊馬列」，中國的思想運動是否永遠避不開它的宿命……統一的意識形態終局？實際上，金觀濤、劉青峰已有專文論及這種「中國的意識形態牢籠」了。

長遠的前景無人能夠斷言，但至少在近期，筆者看不到這種「必然宿命」。除非爆發內戰，勝者挾其意識形態君臨天下。

原因首先在於，在中國，乃至在全世界，意識形態已經名聲掃地。現實的國家利益，將引起人們更強烈的關注。漸進主義已成為幾乎絕大部分中國知識分子的共識。因此，全盤解決式的某一套新理論體系，無論聽起來多麼美妙，已不大可能為中國人一致性地接受。這是本世紀中國人為意識形態狂熱付出了巨大代價之後所獲致的精神遺產。

其次也在於，現在還看不出任何一種思潮占據有壓倒性優勢的地位。

第三，未來地方主義的強化，亦是「新諸子時代」形成的結構性因素，是話語多元化能夠持久的地緣前提。

最後，即以被稱為「終結了歷史」的主流生存方式和話語——民主自由制度——而言，由於其憲政體制的包容性，其他思想亦有充分表演的合法空間，各種「話語」可以自由進出，因此，獨斷的意識形態一統天下並不構成中國的基本危險。

說到底，國人心智真正面臨的考驗，大者有三，曰：「遊戲」的規則，溝通的智慧，寬容的精神。

（本文作於一九九五年）

附錄一

八仙過海，萬竅生風

——「文化中國：轉型期思潮及流派」會議述評

潮流：匯聚與交響

何謂「中國情結」？中國知識分子最近各派的觀點呈何種色彩？如果你沒有什麼實感的話，去聽聽一年一度普林斯頓中國學社舉行的文化中國研討會，恐怕大有裨益。這個每年在五四前後召開的、以海外流亡的中國知識分子為主體的聚會，已有五年歷史了。它正是所謂「中國情結」的典型象徵。

今年的熱鬧不同往常。原因有二，一是會議時機，一是會議主題。會期恰值中國局勢敏感階段，新舊交替，暗潮萌動，民氣上升；而會題則為「文化中國：轉型期思潮及流派」。有心人當會注意到，此會題與〈迎接新諸子時代〉有關，而與會的學者，有不少就是該文中所列舉的流派代表。如，新儒家重鎮杜維明，民主社會主義者劉賓雁、蘇紹智，民主憲政派阮銘、郭羅基、于浩成，認同蘇格蘭派傳統的林毓生、胡平（以及筆者），主張中央集中財權的社會共和主義者王紹光，希圖超越社會主義和資本主義二分法的制度創新學派崔之元、甘陽，主張制度性分權的陳一諮、吳國光，以及孫康宜、林培瑞、曹日新、高爾泰、康正果、蘇煒、孔捷生、鄭義、金春峰等各種觀點和流派的人物，這就使會議變成了一個「擂臺」。各方神聖，粉墨登場，展示「拳腳」，評點江山，呈一時之盛。

如果有人大膽發揮想像力，把它看做未來中國的論壇部分派別論戰的一個小小的縮影，雖不中亦不遠矣。

余英時教授在開幕辭中，追述了文化中國系列研討會的緣起，指出，從六四事件落幕到今天，中國大陸從無聲到有聲，進而到聲音越來越大，目前再次出現了有希望的徵兆。他預測，經歷即將到來的重大變化後，由於基本背景的轉換，〈新諸子〉文中所提的各思潮流派恐怕將發生重大的組合與分化。他希望今年這次會議有一個新的開始，明年或者後年這個會可以移到北京去開，那麼各種思潮的意義會更大。

群儒舌戰　色彩斑斕

第一節的論題是：「中國當代思潮與社會轉型」。作為挑起這場論說的始作俑者，筆者的發言闡述了自己對當前中國思想界的背景及狀況的看法，筆者指出，雖然最近幾年我們目睹了世界史上罕見的戲劇性的重大事件：如中國的天安門事件、前蘇聯和東歐的解體、本世紀共產主義運動的失敗、東亞經濟的崛起、伊斯蘭文化的復興等等，但是，思想界尚未出現分量相稱的總結。而目前的思潮湧動，正在創造一個精神收穫的歷史契機。我並簡要介紹了目前已成形的思潮流派以及作如此劃分的依據。指出，現在各種思潮的不同取向與多數派別共同認可的價值（如：自由、民主、平等、法治）相互間的衝突有關，特別是與自由與平等之間，自由與民主之間的張力有關。因此，政治思想光譜比較過去而言，寬度與密度都增加了，它事實上表現了派別的豐富性和複雜性。如果我們再次把它們簡化為對立的兩極，那將重蹈「本質主義」的覆轍，恰如中共把所有思想分為所謂「無產階級」和「資產階級」兩家，即把多元的彩色歸結黑白二色一樣，既不合事實，也堵塞了選擇的空間。在論及自己的自由主義思想傾向的由來時，我坦言主要不來源於創新的純粹智力衝動，而取決於在中國大陸四十多年經驗的籠罩，取決於世界史上一樁罕見的事實：一種制度（共產制度）能對不同文化背景、不同經濟水平、不同地理環境和不同大小的國家產生如此一致性的、壓倒性的、災難性的影響，相關係數如此之大，是史無前例的。任何尊重事實的人，都沒有辦法對此無動於衷。

王紹光主要從經濟轉型的角度討論了中國的六種基本的思想流派：古典自由主義、社會民主主義、社會共和主義、市場社會主義、古典社會主義、現存的社會主義。他賴以劃分的標準主要視之與自由、產權、市場、民主、西方（對中國而言）這幾個坐標原點的距離而定。與筆者的取向有所不同，他把自己定位於社會共和主義與市場社會主義之間，特別強調平等和參與，而經濟民主則是其關注的重心。

甘陽對筆者派別劃分如此眾多不以為然。按其本質，他把六四之後的主導思潮歸約為保守主義以及目前的走出保守主義的趨向。他劃分保守主義為行動層面、學術層面和思想意識形態層面的三方面，並集中注意力批評第三種：柏克、海耶克式的保守主義。他認為海耶克雖然看到了現代大眾民主的一些問題，但其路線卻把上層和下層之間的張力繃得太緊，在社會大眾已經進入歷史的時代，那種政治結構是不可能的。現在的困難點正是，在現在的大眾民主狀況下，有沒有可能去建立一種政治結構去適應它？基於此，他提出兩點看法，第一，認為社會主義革命不能全盤否定（俄國七十年和中國四十年），否則將面臨退回到沙俄和中國四九年前的狀況。他認為共產黨革命的遺產中有很多正面的東西，可以看成托克維爾意義上的民主過程。其問題主要是沒有找到相應的政治制度去適應它，因此變成高度專制。第二，雖然二者之間有張力，但現在絕不能用自由主義去排斥民主，而是如何緩解其矛盾的問題。

杜維明在評論中提出一個問題，冷戰後世界新秩序所需要的主流思潮是什麼？有文明衝突論，有歷史終結論，有保守主義興起論，也有以人權為核心概念進行整合的普遍看法。但無論如何，基本上都涉及了價值衝突的問題：如平等與自由，公正與效率，義務和權利，市場和政府之間的衝突。我們今天的討論涉及現代化中的多元傾向以及現代性中的傳統，它與根源性的問題是聯繫在一起的。杜先生還特別強調了無論何派，都有一個增加自己論述深度的問題。

胡平的評論指出，前面所說的大多數流派，在有些最基本的原則上，是有其共同的承諾的，如，對言論自由的肯定。但是言論自由在中國何以仍杳無蹤影，以致我們的會議仍不得不在海外召開？這就涉及一個重大問題：我們的承諾究竟有多大的真誠度？在言論自由遭到壓制的時候，你及你所認同的流派，是否站出來抗議了？

第三條道路？

目前，在中國知識界，所謂超越社會主義和資本主義，走出中國自己的獨特道路的想法正成為熱點。這也是崔之元發言的基本思路。筆者稱之為「第三條道路」訴求。崔之元強調，現代化沒有規律，其發展前景有無限多的可能性。他特別反對「資本主義」和「社會主義」的二元劃分，抨擊他所稱的「制度拜物教」和「絕對產權」的思想。崔的論述完全採取特例分析的方法。他用一個實例把財產權分解為「一束權利」之後，似乎進一步有意化解「私有制」與「公有制」的區別和對立，進而瓦解「社會主義」和「資本主義」的區分。他寫到，「西方發達國家並無統一的制度可作為社會主義國家改革的目標」，應拋棄「統一的西方資本主義概念」。但他在同一篇文章中又批評他人看不到「資本主義和民主的內在矛盾」，並說「現在西方的『資本主義民主』，是『資本主義』和『民主』妥協的產物。」問題是，既然並無統一的所指，他這裡的「資本主義」是什麼？豈非自相牴牾？事實上，在崔文中不自覺的價值傾斜中已透露出某種「潛意識後遺症」了。他聲稱社會主義與資本主義，前者為「勞動人民的經濟民主和政治民主」，後者為「少數經濟精英、政治精英操縱社會資源的制度」。筆者想，既然如此，我們又有何必要「超越社會主義／資本主義兩分法」？固守社會主義豈不更妙？可見，要擺脫過去某一話語系統褒貶筆法的影響，並不是那麼容易的（以上引文均見崔之元在會上散發的論文〈制度創新與第二次思想解放〉）。

評論人林毓生首先努力澄清崔的大量術語後面的論證意圖。他指出，在崔的發言和文章中提到中共早期也有民主。問題在，那是民主嗎？民主是需要許多條件才能成立的。民主必須是自由式的民主(liberal democracy)，否則，是拿民主當幌子欺騙人民，是極權式的「民主」。自由的民主的條件是，第一，必須有憲法，憲法必須是獨立的。第二，必須有法治，如獨立的司法。早期中共（如林伯渠時期）有司法獨立嗎？它能違背黨的意志嗎？第三，言論自由，輿論獨立。第四，公民文化和公民道德。這些中共當年都沒有，沒有人的尊嚴和獨立，談不上民主。它能否作為資源呢？恐怕只能作毛澤東統治的資源而已。他還針對王紹光和甘陽以所謂消極與積極自由的權重作劃分派別的標準，指出，在沒有建立消極自由之前，所謂「積極自由」是什麼意思？消極自由是先決條件嘛。在保障了消極自由的前提下，自由主義者並不反對積極自由。林先生指出，與前面有人的誤解相反，海耶克先生其實是最反對「原子人」的觀點的。海氏非常欣賞托克維爾有關 Civil Society 的觀點。至於說到「革命」，它有其嚴格的界定，自由主義是無法苟同的。而托氏也並不贊成法國大革命。

蘇紹智覺得崔之元的基本觀點是可以接受的，甚至崔的論戰對手如汪丁丁也不反對其基本出發點。但是崔的概念不夠清楚，並且只是根據個別性的特例進行推論，迅速得出一般的結論，而結論又很大，走得很遠，因此很難深入討論。

甘陽不同意林毓生對自己的批評，他認為托克維爾是贊成法國大革命的。而且不光是托氏，革命以後的思想界都希望對革命作出一個兩分法的——自由與專制——的評價，直至今天仍是這樣。林指出法國革命的直接後果——雅各賓專政的極端恐怖性。甘雖承認雅各賓專政的殘暴，但認為它驅逐了封建貴族；林則認為驅逐封建貴族並不需要法國大革命雅各賓式的辦法。甘認為在當時法國條件下，驅逐貴族必然採取雅各賓式的辦法，而柏克指責法國人未能走上英國式的道路是不得要領的。林指出柏克是保守主義，而海耶克則不是，而是英國式的自由主義，二者是很不同的。海氏自稱「老輝格」，輝格黨是自由派，其對手托利黨才是保守主義。

筆者個人並不認為托克維爾對法國革命的態度有那麼重要。重要的是法國大革命的雅各賓的血腥後果是否是歷史的必然，是否是民主變革必須付的代價？特別關鍵的是，權衡英、法兩國歷史軌跡，何者值得更多的肯定？如果我們作為後繼者，而前景又不是被必然的限死了的話，比較二者而言，我們應當努力爭取類似何種道路？

不同「話語」的混響

第二節主題是從文化角度看當代思潮。本節的內容請見〈縱橫六合笑談中〉文。

第三節討論海內外思想的互動，實際上，大家仍然把焦點集中在轉型期的海內外思想上。郭羅基的發言集中批評了李澤厚、劉再復最近的「對談錄」。他用人的解放為主線概覽了中國近代史。郭先生認為應當用他的「思想解放、政治變革、經濟發展」的歷史順序取代李、劉二位的「經濟、自由、正義、民主」的歷史順序。

曹日新在發言中以幽默的方式對比了海內外不同背景的學者在治學方面的差異，並試圖理解這種差異產生的原因。

吳國光指出為了避免聾子的對話，需要澄清幾個方面不同：(1)使用概念的不同，(2)背景的不同，即個人經歷背景、學術訓練背景和引證的歷史背景的不同，(3)思想的方法和學術規則的不同。他建議各方盡量「克己復禮」，建立和遵守學術規範。

甘陽特別強調了每個人各自不同的立足點，他引用麥金太的說法，過去的問題是"What is"，現在已經轉為"Which is"了，他認為這是很根本的轉變。前者是普遍性的，後者是特殊性的。各方都不要把自己的特殊角度強加給別人，而認為自己是普遍的。任何人都不能壟斷discourse，任何學科都不能支配我們的生活。經濟不是經濟學家的事，憲法不是憲法學家的事，……這些事都太大了，涉及每個人的生活，應當交給大家來共同討論。李、劉的基本問題是所謂「超前論」，認為歷史是有規律地從一個階段向下一個階段發展的，每個階段都不能超越，他們認為毛澤東的主要問題在「超前」，超越了「新民主主義」階段。甘陽認為這種「階段論」是無稽的，歷史是沒有規律的，郭先生的批判想以另一種規律來代替李、劉的規律，仍然是無效的，方法論上二者是一致的。

鄭義則認為一些大體上的規律仍是有的，否則我們就沒法坐在一起討論了。他認為郭先生從人的解放的角度回顧了自洋務運動以來的中國歷史，仍然是有意義的。曹先生論及同為中國人，何以海內外學者對傳統的態度差別如此之大。鄭義的分析是，大陸學人對儒學的政治化有很嚴厲的批判，實際上可以上溯到五四時期。但到海外後，發現很多同情和支持八九年民主運動並熱忱幫助我們的學者，在儒學問題上與我們持相反立場。我反思的結果是，原因在於我們面對的基本問題不一樣。大陸知識分子所要解決的急迫的大問題是，如何掙脫專制政治的壓迫。海外華裔知識分子所面對的最大問題是，作為中華民族的一員，我的民族在整個世界文化中有何地位，有沒有存在的價值?它的意義是什麼?面對西方中心主義，有如此悠久歷史和輝煌傳統的中華文明，能否對現代世界作出一個有意義的挑戰式的回應？雙方雖然取向不同，但卻都在為確立我們自己而工作，所以應當說是殊途同歸。

陳一諮在發言中籲請大陸背景的學者深入對中國傳統和西方學理的研究，以便從容而有準備地面對中國即將來臨的危機。他指出，我們要承擔這樣一項重大的歷史使命，沒有學術的積累是不可能的。社會主義的失敗和終結並不表示它的出現是毫無價值的。社會主義有關社會正義、社會公平和社會保障的一些理想在一些非社會主義國家中卻變成了實踐。過去被稱為「修正主義」的（如考茨基、伯恩斯坦等）德國社會民主黨的思潮對資本主義起了某種補充的作用。社會主義的失敗根本問題是出在馬克思主義上。列寧、史達林和毛澤東把它推向了極端。基本問題就是「消滅私有制」和「階級鬥爭」理論。前者是造成民窮國窮的基本原因。後者導致了無產階級專政，殘酷地排斥異己。這與啟蒙精神是背道而馳的。中國在這兩方面都比前蘇聯、東歐走得更遠。傳統中國是「士可殺而不可辱」，毛澤東時代卻變成了「士盡辱而不殺」，原因就在於每個人都沒有了財產權。正如海耶克所說，沒有財產權就沒有正義。因為那時就不得不依附於壟斷一切的強權。就途徑而言，陳一諮贊成制度演進，反對民粹主義，反對推倒重來的革命方式，而主張以改變系統機制和行為的方式變革，並在舊體系旁邊另立新體系。

胡平指出，權力是掌權者的語言，語言是無權者的權利。如果我們不爭論，就等於放棄了我們知識分子所有的一切。我們在涉及一些複雜的理論時，要特別警惕不要違背了基本常識、基本直覺。這是極其重要的。他很贊成杜維明先生希望把討論引向深入而防止流於膚淺的忠告。指出，只有充分的交流、論辯，才可能深入，也才可以逐步解決話語系統的差別。胡平的發言還區分了狹義的學者同知識分子的身分不同之處。二者分別以維根斯坦和蘇格拉底為典型。前者的交流圈很狹小，後者則面對社會大眾。二者說話的方式是有區別的。譬如崔之元在中國的講話被人解讀為「新左翼」，恐怕就有二者身分混淆的原因在內。此外，海外學人的生存狀況、生態環境有時也不自覺地影響了自己的思想傾向，而忘記了自己在中國時的最基本的切身感受。事實上，中國最近思想界的變化在相當程度上是受到了海外知識分子思想傾向的影響的。胡平強調自己仍然認同自由主義，而其最重要的目標之一是促成中國的真正開放。他不認為有哪家哪派能夠壟斷政治真理。當然是有不同的利益、不同的角度和各自理解的不同標準。有人認為可以在所有各派之間達成充分的和諧，而馬克思主義則認為不是東風壓倒西風，就是西風壓倒東風。胡平的意見是在二者之間：有相當多的看法是可以達成妥協的，但卻也有些是衝突的，只能在一個框架內各自充分表達和參與，尋求一種政治上的解決，而這是暫時的。每一門學科無論怎樣邏輯完備，但也必須清醒認識到自己只是從一個角度切入的，你未必就能看到其他角度看到的東西。

憲政主義雖然源於西方，但我們恐怕得承認這是全人類必須走的道路。于浩成在發言中著重強調了這一點。他指出個人主義、自由主義和理性主義是其內核。在一九八九年事變之後，「愛國主義」成了中共的最後護身符，「主權」高於「人權」成為他們的基本辯詞。檢討所有這些說詞，都是反憲政主義的。目前，一個新的憲政運動或啟蒙運動正在興起，我們應當繼承和超越五四，迎接真正的「新諸子時代」的來臨。

高爾泰指出政治化的儒家在某些方面與馬克思主義有「同構」現象，因此中國人在五四之後逐步接受馬克思主義並不是偶然的。它留在我們頭腦中的烙印非常深，現在我們要完全擺脫它也是需要作出很大努力的。

阮銘認為很多思潮還未完全成形。實際上我們面臨的許多問題並不需要原創性，而是常識性的。如大家說的「政府的權力需要限制，人民的權利需要保護」，這已是老生常談，但在中國仍未實現。現在的問題是，有人要用所謂「原創性」來否定常識，這是值得警惕的。有人自稱原創性，其觀點卻違反常識，一點學理也沒有，是否只能在學術上同他仔細摳，我要分析一下其動機是否就違反了「學術規則」呢?特別是有根據地用他們自己的言論指出他們是為當權者漠視人權作辯護，依附權勢，是否就是不懂「西方訓練」呢?我看未必。因此，在這些基本問題上還是值得弄清楚的。

「深挖洞，廣積糧」

最後，杜維明教授在閉幕詞中強調，現在中國思想界出現了五彩繽紛的各色積極力量，是很可喜的。雖然從現實考慮，思想在很大程度上是經濟的政治的現實的反映，但是（特別在轉型期），它也可以成為塑造政治經濟現實的一個參與力量，這是思想工作的現實意義。

然而，不可否認，在轉型期，思想一般而言比較混亂，派別眾多，這還是一個浮面的現象；更嚴肅的問題是，思想比較庸俗和膚淺，派別多半似曾相識。問題不在多，而在淺；不在立場的對錯，而在層次的高低。這次討論會有一個共識，我們要強調多樣性，但是希望層次比較高，希望其資源比較豐富。這次討論涉及到人的根本問題。我們有很多溝通，相信也會互相影響。

討論會有三個比較大的共識，一是對西方挑戰如何解讀，如何批判地認識，如何選擇。二是對傳統的再生，如何同情地了解，如何促使其再生。三是對政治的現實如何認定，如何在不同的層次上去理解，如何突破困境，如何進行轉化。

目前我們的使命是豐富文化中國的精神資源和開拓價值領域。中國大陸人文學領域目前處於最悲慘的時期。在海外，如何使自己在專業領域獲得的洞見傳達給社會，傳達給不同的聽眾，達到各個背景不同的群體之間、海內外之間的相互溝通，這是很重大的挑戰。

研討會結束後，一位與會的學者寫來一封長信，指出：「這次討論會的價值和質量，我想各位學者都會有良好的評價。作為一種有爭議的提法和分類（指〈新諸子〉文），它所引導、激發的討論使得各種『流派』和『思潮』（儘管缺乏原創的生命力，還很淺，不夠系統）的代表人物匯聚一堂，互相論辯，本身已有開創未來的價值了。」他希望會議能對流派的形成起「催化」作用。

筆者基本上同意並感謝上述見解。聯繫到杜先生的閉幕詞，我開玩笑說，不妨把面臨的任務歸結為「深挖洞，廣積糧」（深化我們的洞見，廣積精神的資源）。

但是，在會上我深有感觸的是，恐怕要注意防止把對國是的討論變成一種純粹的「智力競賽」，忽略了最基本的常識。譬如，我可以同意，所謂「西方資本主義」並不存在統一的模式。但是，這並不意味著它們沒有區別於像中國這種國家的基本性格。這是兩個層次的問題。否則，「資」和「社」這兩個詞也無法使用，不能說話了。如，有無國家強行統一的意識形態？有無獨立司法、獨立媒體、獨立結社？私有產權有無憲法的明文保障？所謂超越了「資」「社」兩分的「制度創新」能否繞開上述問題？這裡涉及現代社會最基本的準則問題。在滿足了這些前提後，才談得上進一步深入的學術探究。對「財產權」的分析也有同樣的問題。

另一項給筆者以深切感受的，則是會上各種「話語」的交匯撞擊呈現出的某種奇特的景觀。這種差異在會上也常成為討論的話題。上述學者對此的描繪是：

「治學方法顯然受時間和地緣因素的影響，如果以此二因素為分類維度，我們可以看到大陸/海外（治學方法及主要學術觀點得以成熟之所在），年長/年輕間的組合，構成了三種不同的組別：甲、年長的大陸學者；乙、年長的海外學者；丙、來自大陸但接受海外訓練的年輕學者。甲類學者在大陸完成早期治學訓練，比較傳統。方法和主要觀點在大陸成熟。乙類學者長期留居海外，治學方法和風格屬於西方現代學院式；丙類學者多在大陸度過文革時期的青年時代，完成八〇年代前期的大陸大學教育，近年來到海外，接受西方現代方法學和觀點的影響較多。」

這裡有趣的觀察大體揭示了會上不同「話語」及其溝通困難的背景。但是，筆者想強調自己並不想陷入「話語相對主義」之中。現在時髦的「話語理論」斷言，你一旦進入某種「話語」，你就受其支配，「無所逃遁於天地之間」了。所以，不可能有任何客觀性和標準。這種論調就正如當年所謂「沒有超階級的真理」一樣，它的邏輯後果是極其恐怖的。同時，它也不能解釋在毛中國封閉的強大的單一「話語」語境中，何以仍在少數人中自發內生出了不同的話語：自由主義。因此，通過「話語」的自由進出，形成「話語」的公開競爭，我們還是能找到一小塊共同基地的。

如果我們要超越「不爭論」式的「犬儒主義」，這可能是最基本的希望所在。

（本文作於一九九五年）

附錄二

縱橫六合笑談中

——「從文化角度看當代思潮」紀要

「亞洲價值」與文明衝突

林培瑞（普林斯頓大學教授）：余英時先生〈近代儒家與民主〉的發言對我很有啟發。聯想到最近「亞洲價值」觀問題，對此我有一種很模糊的、無形的反感，我認為中國的傳統不應該這樣描寫。一年多以前，華盛頓美國之音讓我到華盛頓參加一個要廣播到亞洲的討論會，題目是「西方人權概念和中國的價值觀」。我當時有一種無形的不安，想到中國的暴君，想到苛政猛於虎。但是沒有一種很明確的理論能夠表達出我的感想，而只是有一種想像和模糊的概念。如十九世紀有一位美國傳教士到山東去寫的一本回憶錄，其中談到一個老寡婦因窮困不堪，付不起債務，最後自殺，她死在地主家的門前。她選擇這個地點有潛在的前提，一是表示了她對地主不人道做法的憤怒，二是證明她有權利最後表示她的憤怒。我在一九七九年到中國去，看到一首詩寫到「將軍你不能這樣做」，是指一位將軍貪汙了蓋托兒所用的公款，人們在譴責他，認為他身為掌權者應該有道德責任感。

所以我聽了余先生的報告後，最大的收穫是我認為我的模糊概念得到了系統的答案。余先生指出在滿清、五四時期中國知識分子的那種根深柢固的傳統人道主義觀念，也是一種潛在具有民主基礎的思想。余先生還講到五四時期的知識分子包括胡適、陳獨秀，他們有意識地提出打倒孔家店的一部分原因恰好就是來源於他們的孔孟之道的修養。這些提法對我來說都是很新鮮的。

余先生談到為什麼中國能夠接受極權主義，而傳統文化呈下降趨勢，這是一個很大的問題。毛澤東個人在這個問題上的責任是很大的。

五〇年代初，中國民間文化中所提倡的那種大公無私、同情弱者的觀念也體現了人們所追求的非常高尚的民主理想。而毛澤東搞的大躍進、文革等運動把這個資源給破壞掉了，讓理想變成假大空。鄧小平也有他的特點。他在七〇年代末上臺的時候，曾經也創造過民主寬鬆的氣氛。如當時很流行「傷痕文學」，在道德觀念方面有一些恢復。但鄧小平對道德不感興趣，而對錢很感興趣。毛澤東本來是非常重視道德的，但他過分的歪曲了道德；在他之後的鄧小平則對道德絲毫不感興趣。當然，我認為余先生提出的儒家的準民主觀念與西方的觀念並不完全一樣的。余先生所描述的民主觀念是根據精英特別是儒家精英的責任感，基本上是一種從上向下的走向，而美國的民主觀念則是從下向上的走向。如美國人有投票權，有出版自由，有言論自由。

作為一個西方人，我和一些西方知識分子對西方的民主制度也很有一些批評意見。美國人不認為美國總統柯林頓和雷根是美國的精英分子。

我的問題是：什麼是二十一世紀的民主？現在西方的理論家對於民主的將來提出自己設想的各種類型，而中國的這種道德、教育、修養等觀念是否能成為二十一世紀正在演變的民主概念的一部分？這是一個很難回答的問題。

杜維明（**哈佛大學教授**）：最近在亞洲出現的「亞洲價值」的論說，是個不容忽視的問題，不要認為這是一批簡單的政客為了對付西方的人權問題的挑戰而放出的煙霧。我們談到過價值衝突的問題，平等、公正、群體和政府所扮演的角色，面對將來我們所希望的社會將是怎樣的形態。這與突出自由、效率、個人和市場經濟等既有衝突，又有聯繫。「亞洲價值」在這個層面上看來，與現代性有很密切的聯繫，但又和西方與美國所體現的現代文明有很大的不同。首先要對我們現在的所謂「爛攤子」內部運作的機制論述得很厚、很全面。我認為我們在解讀這些現象的時候都犯了非常大的錯誤，很容易把我們從外面還沒有經過很強烈的內化的一些西方論說當擋箭牌來使用。比如福建現在出現了很多修建祖墳、神廟的現象，這是什麼問題？這是否說明落後又回到封建社會，還是在發展一種新的資源？它有何種價值可以使我們進一步理解？其缺陷又在哪裡？鄉鎮企業是什麼性質，是資本主義還是社會主義？很多經濟學家在討論這個問題。如果我們對自己的文化資源沒有相當深刻的掌握，就不能從方法論的資源上找到對它的解釋。目前東亞社會、日本社會的發展對我們具有很大的參照價值，他們對其社群發展中出現的各種奇怪的現象所作的解釋也都具有參照價值。

康正果（耶魯大學訪問學者）：談到轉型期的思潮，我同陳奎德一樣，嚴重地受到自己的歷史經驗陰影的籠罩。我想在此提供一些有關目前國內知識分子思想狀況的材料，請大家參考分析。

中國知識分子在四〇和五〇年代一般是擁護共產黨的，因為他們把它看做一個新朝代，而中共執政初期，也確實把知識分子「養」起來了，解決了飯碗問題。但接著就是「利用」和「改造」政策，逐步被挑毛病，找麻煩，實質上是「非知識分子化」的過程。每下愈況，直至谷底。

八〇年代初，知識分子重新抬頭，但很快發現事情的發展不盡如人意。

最近的趨向，是知識分子大分化。一些技術類或與商業能掛鉤的知識者，專業特長得到發揮，逐漸出現了敬業精神，地位有所提高。但是人文學科的知識從業者一下子沒落了。原因很多，如知識陳舊，毫無可用之處，政治地位受壓，經濟地位低下，所以他們最不滿現實。而直接經商的原知識者，則宣揚「腐敗有功論」。聲稱自己不是「官倒」，而是「倒官」。

蘇煒（民主中國副主編）：從余先生的發言，我想到了「文化失語症」的問題。大陸知識分子自五四以來就不太會用自己的概念語言來表達自己的思想了，直至今天，包括大陸的「反西方主義」等也是來自西方。余先生的發言使我感到我們其實是可以用我們自身的語言來表達自己的，甚至也可以用我們的傳統資源去談論民主，同時與西方當代學術界產生對話關係。

孔捷生：聽了上述各位的意見，我的一個強烈感受是，各種思潮流派，如果是有生命力的，都需回到我們的文化傳統中去找到自己的根。我們的文化傳統，除了儒、道、釋及民間社會外，還有一些邊緣文化，譬如回回文化，它表現出來的頑強生命力常常令我們驚訝。如，「張承志現象」目前就引起了大陸知識界的關注。作為一個學者與作家，張的《心靈史》變成了回民特別是哲合忍耶教派的準《可蘭經》。這還不僅只涉及回民，因為張的文章對中國思想文化界提出了尖銳的批評。他指出漢文化特別是孔孟之道，沒有大激情和大歡樂，容易活得無恥和低下。由於是弱勢民族，話說得如此極端是可以理解的。「張承志現象」的出現，與回教所認為的四十年一個週期有關，同時也是溫飽問題基本解決後，心靈問題日益突出的表現。

杜維明：後冷戰時期的西方中心論說有兩個形態，其中有衝突，也有聯繫。一個形態是大家熟悉的文明衝突的問題，這與多元文化甚至相對主義有聯繫；另外一個論說已逐漸成為美國的文化政策，即人權導向。關於這個問題，我參加了幾次討論，這中間有很豐富的內容，也有很深刻的涵義。一九八九年我參加了「世界發展高峰」聯合國會議，這個人權導向會議不僅是美國，而且大半個歐洲都參加了，日本代表亞洲參加。一九六八年以來在西方世界對於啟蒙心態作了一種比較深沈的反思，有三種值得重視的思潮：一個是關於環境保護的問題；一個是女權運動的問題；再一個是宗教的多元性的問題。在此大背景下有許多的受啟蒙心態影響的西方學者，認為對人的觀念的重新理解、對人類存在的條件重新認識很有必要。因為人的生存受到嚴重挑戰，所以這個問題在人類文明發展史上從來沒有這麼嚴肅的被提出來過。因此又有四個側面的問題要認真進行討論，一是個人問題；二是群體問題；三是自然的問題；四是終極關懷問題。

從一九九〇年以來，我參加了夏威夷有關「東西方文明對話」的會議，從文明對話的基礎上對文化中國進行討論。我認為假如現代人類所遇到的困境和啟蒙心態有關係，先不管是資本主義還是社會主義，那麼現在人類社會的處境，特別是中國文化的扭曲的狀況，從文明對話的角度來看到底有哪些精神資源還具有生命力？還可以借鑒？或最具有廣義？這四個側面的問題都不是西方現代化導引出來的，而是對西方現代化所處的困境所作的一個很深沈的批判的反思。由此我們應該注意西方精神文明本身的批判性的反思。

再談談非西方的中心文明，主要的是印度教、佛教、希臘教和南亞、東亞的儒家和道家；另外還有回教，本來這是和西方文明不可分割的，沒有阿拉伯文明就不可能有文藝復興，西方很多學者忘記了他們的根。但是還有本土宗教，不論是美國的夏威夷的還是毛利族的本土宗教，這中間還有一個很值得重視的現象就是日本的神道，它對現代人類所遇到的困境是一個很大的資源，在世界各地都很流行。中國民間文化市場的出現，以及少數民族文化的出現，對我們的中心論說是個挑戰。

高爾泰（美學家、畫家）：這裡，我想對「迎接新諸子時代」這一想法提出一點質疑。

「迎接新諸子時代」的提法，反映出在長期停滯沈悶局面下召喚偉大學術時代的熱切願望，我很理解。但是，由於它一時還難於實現，在我聽來，不免有一些悲涼的調子。

為什麼先秦出現了諸子時代，不能用先秦的社會歷史條件來解釋，因為與之同時，在印度、希臘、伊朗、以色列和巴勒斯坦，也出現了同樣偉大的思想家，雅斯貝斯稱之為人類歷史的軸心期。其中原因至今沒有人能回答。我想大凡元哲學都是從孤獨者的生命中自然生長出來的，不是交流、參考、做學問做出來的。他們自為信息源，自成動力因。同為道家而老、莊迥異，同為儒家而孔、孟不同。那是一種天籟。

我們的時代，從世界看是科技和貿易時代而不是哲學沈思時代，從中國看是突圍求存時代而非理論辯難時代。我們中國人，要在重重的政治和經濟的壓力下拚搏求存，不得不更多地從器用和操作的角度來考慮問題。縱然是上窮碧落，下及黃泉，也不過弱水三千各取一瓢，所以，也就更難有人文精神的新創造。

林毓生（**威斯康辛大學教授**）：從臺灣的經驗教訓看，臺灣的社會發展雖然不盡如人意，但近來產生了一個非常富有人格魅力的宗教領袖：證嚴法師。她用了傳統民間社會的資源，一種大悲大願的心情，以苦行尼的慈悲行為廣施善行，獲得大量善捐，財務又清楚，變成一個公共的善的行為過程。但是若要進一步，則必須從傳統的民間社會轉到現代的民間社會。後者必須有公共性格，而不是傳統的師徒關係。公共性就是政治性。政治性是非自然的東西，必須參與政治過程的公共事務。我們的問題是，如何把中國傳統的文化和道德轉化為現代的公民文化公民道德。證嚴的慈濟功德會雖然有參與，然而還沒有公共性，因為它沒有政治性。

嚴格來說，中國過去只有統治，沒有政治，因為沒有平等參與。現在我們對證嚴的期待是，功德會如何介入政治過程。這就要自我定位為政治團體，而不是純粹的宗教團體。現在已經有政治空間了，如果介入，這就可能使傳統的道德意識宗教意識轉化為公民道德公民文化。

金春峰（普林斯頓中國學社研究員）：開始聽到林教授講傳統的「創造性轉化」時，並未在意，因為這些詞語並不新鮮，都是很現成很熟悉的。但多聽幾次，仔細聽進去，才感到其內涵是很深的。需要對中西雙方的傳統及其價值都有所領悟和心得，才能把握其各個複雜的層面。五四之後，中國知識界逐步染上浮泛、膚淺的時尚，對中西都沒有很深的了解，「創造性」的口號倒是很多，過眼煙雲而已。幾十年過去，什麼東西也沒有留下來。

從臺灣功德會的例子我體會到：

第一，不能憑空去設計，去創造一個什麼新東西，要從民間現有的有生命力的東西中間去扶植、發掘新的種子和幼苗。

第二，新的幼芽出現後，要逐步賦予它以公共性格、政治性格。

儒家、新儒家與現代的張力

康正果：從林教授所談到的有關政治的定義，我聯想到了中國傳統。如儒家所說的「禮樂」「人倫」也是一種制度，是為了協調人們之間的關係而設計出來的。但儒家反覆地要把因文明的需求而設計出來的、社會演變出來的這些東西賦予一種本體論的、心理的、天然的需求的特徵。這到底是為什麼？把社會的演變結果總說成心理的基本需求，這可能是儒家文化中出現一些虛偽的與現實脫節的特點之原因。察看一下中國地方志關於烈女節婦的記載，再對比農村性關係混亂的現實，就會發現禮教與現實的這種脫節了。

從林教授的發言中，我想到中國知識分子要把自己所想的這些內容傳布到社會民眾中去。事實上，最近幾年，對現行制度不滿和抗議的主體，已經轉移到了工人和農民之中。民運的主體也已經轉過去了。相反的倒是一些知識分子逐漸地開始同既得利益集團靠攏了。

杜維明：我並不想把文化中國的資源很狹隘地定義為儒家文明，這是我從多元文化的角度所作的選擇。我認為文化中國的意義再寬，還是無法涵蓋儒家文化，包括日本文化、朝鮮文化和越南文化都是如此。此間需要一種創造性的詮釋，使其進行現代轉化。我最近在大陸的「世界儒學聯合會」成立時提出：儒家論說在一個自由、民主社會裡充分發展的可能性，遠遠地超出在一個傳統的專制社會和一個現代的權威社會，因此它的價值體系一定要經過一些啟蒙心態所代表的很核心的西方價值的挑戰，包括自由、民主、科學和人權等。我們把傳統作為一個發展過程，甚至把整個民主現象也當做一個發展過程，假如在其發展過程中間它能接受這種挑戰，而且作出創造性回應，它應該可以發展出一種批判的意識，而對當代歐美、西方文化所出現的一些很突出的負面現象進行比較全面而嚴格的文化批判，如極端個人主義、侵略性的、狹隘的人類中心主義、法律規章、暴力等等。

在「世界發展高峰」會議上，談到貧窮、失業、社會解體等問題，這中間都涉及到了一個很重要的價值問題——社群。社群這個觀點的重新提出對走向二十一世紀的現代西方文明具有特別重要的意義。因此美國的哲學界，特別是倫理學界，現在出現了一個政治自由主義的思潮，這與原來正義理論有所不同，它加上了很濃郁的現代西方文化的色彩。以前講放之全球皆準的理論，而現在則講政治自由主義，也即今天美國社會和西方社會所體現的這種政治自由主義。這是現在美國的思想主流。比如羅蒂(Rechard Rorty)對美國的文化和西方哲學進行了非常嚴厲的批判，但是落實到政治層面，他基本上就是一個政治自由主義者。薩姆·亨廷頓預測世界文明衝突之後會出現西方與西方的衝突，再進一步的討論就是哪些西方文明是絕對的普世化。儘管他也談到權威主義、後權威主義、軟性權威主義等等，我認為他自己本身也是個政治自由主義者。加拿大人查斯·培勒目前在美國學術界裡影響非常大，他認為加拿大的社群典範要比美國的好。但這不僅是加拿大與美國的比較的問題。

政治自由主義本身有很多不能消解的東西，需要通過另外一個論說來解釋。麥金太對儒家問題非常有興趣，他從亞里斯多德哲學觀點出發，對我們具有很大的挑戰性。面對這種局面，儒家文化中是否有個切入點，我認為是有可能性的。一九八九年麥金太在第六屆東西方哲學家會議上發表了一篇論文題為〈亞里斯多德的倫理和儒家倫理的不可比性〉，他非常同情我們所做的儒家倫理論說，但我們所做的儒家倫理論與他所做的有很大距離。他展示了這種倫理以及到底這個倫理面對政治自由主義的批評是一種什麼形態。我認為這是一種文化傲慢，沒有再進一步進行討論。他的文章是在批評我的觀點。我認為他不理解儒家論說。事實上（新）儒家論說已經過了三代人，這是相當長的一段時間，大家都在考慮我們今天考慮的問題。坦白的說，（前輩）他們的考慮在很多方面比我們可能要深刻一些，他們的視野要宏觀一些，而我們因存在另外一些扭曲的問題和形態使得我們對一些問題不一定看得清楚。但這並不表明沒有進步。經過了三、四代人的努力來從事這種討論，已經說明有一種傳統在中華大地上出現了。在這個傳統中間出現的最珍貴的資源之一，就是出現了可以對這些問題進行深刻的反思的現代新型知識分子。我認為儒家傳統面對這些挑戰，最豐富的資源可能就在這裡。

「Intellectual」（知識分子）這是西方出現的最現代的觀念，最先是在俄國出現的。這一傳統從孟子的角度談有四個原則，一個是強烈的自我意識，即獨立人格的觀點；第二個是絕對地參與社會，即為民請命的觀點；第三個是文化歷史意識的觀點；第四個是宗教體驗的一面，即替天行道的觀點。毫無疑問，民主是最重要的論說。把其當做一個進程來看，其中有一些具體的現象，如選舉行為、法律制度、言論自由和憲法等。但是很多西方國家發展的多樣性民主，都只是最基本的要求。但如果我們所擁有的文化資源不夠厚，我們所掌握的價值領域不夠多，那麼這些最基本的要求也都無法滿足。雖然李澤厚先生是我的朋友，但我仍想說，如果我們選擇一條先考慮吃飯，然後要求公正，再要求言論自由，最後要求民主政治的途徑的話，一方面實現的可能性很小，一方面表明在還沒有開始進行討論問題之前，知識分子就已經把其所有的權利和義務都交出去了。有相當數量知識分子認為有一批人，這些人可以考慮問題非常膚淺，可以不接受任何民主政治的觀點，可以剝奪農民、調動農民，但只要他們可以使屈辱的中國人站起來，我們就必須放棄所有的發言權，跟著他們走。這是不可想像的禍害。如果不從民主政治的全面的理想設想，不爭取言論自由，不強調人權、自由，整個經濟發展的本身不可能產生價值，而且會帶來很大的汙染。

女性主義：中國與西方

孫康宜（耶魯大學教授、東亞系主任）：我今天主要談談兩性的關係。我認為不談兩性的關係，就不能真正了解自由與民主。我認為女人是很重要的，如果不是由於鄭義的那位聰明又勇敢的太太，他今天也不會坐在這裡。我二十年前在這裡做研究生的時候，有一位教授對我講過兩件事，對我的研究很有幫助，他說第一，你們不要做Name Dropper；第二，不要大題小作，要小題大作。我想舉出非常具體的例子來談談兩性關係，我想從張藝謀的電影「大紅燈籠高高掛」，談談兩性關係與文化的關係。

談中國的兩性關係之前，我首先談談美國的女權主義的三個步驟。美國從六〇年代到七〇年代，基本上是強調男女平等，當時我在美國加入了這一主流，現在幾乎可以說沒有一個人反對男女平等。到了八〇年代，美國女權主義運動發展到了女性主義，即發展到男女對立，提出不要男人，恨男人，而且認為男人不可以談女性主義。九〇年代又有了新的發展，提出女人什麼都要，不但要有事業、有平等、有自由；還要有家庭，要體現女人特徵，同時不要排斥男人。八〇年代的主流還有痕跡，但已經不入流了。

我想談談「大紅燈籠高高掛」的文化隱喻。我之所以選擇這部電影，就是因為這部影片引起女權主義的不同爭論，一派女權主義反對他，另一派女權主義又喜歡他、讚美他。反對派認為張藝謀很壞，他濫用女性的性意象，以男人為注視中心而把女人當作陪襯，等於是在剝削女人；另一派人以周蕾為主，周蕾曾寫了一本書，名為《原始的欲望》，她在書中對張藝謀、陳凱歌的電影都進行了認真分析；還有一些美國的女權主義者也非常喜歡張藝謀的電影，所謂「紅色電影」即「紅高粱」、「菊豆」、「大紅燈籠高高掛」等都是以紅色意象為主。這些紅色電影基本上被解釋為女性如何來面對男性的霸權，張藝謀是個女性主義者，他以畫面的色彩來表現男人如何壓迫女人，來提倡他的女性主義。這就是我為什麼用這個電影來舉例子的原因。

我個人比較贊成第二種說法。因為我是屬於九〇年代的女性主義者，我是主張什麼都要的。

但我認為這部電影還可以談得更深，不要只把它局限在兩性問題探討上，可以談到文化和人類的基本處境問題。不過我先談談有關兩性問題(Gender)。為什麼我不贊成第一種有關張藝謀濫用了女性的性意象的說法呢?因為電影「大紅燈籠高高掛」本身就不是描寫性問題的，電影中根本就沒有床上鏡頭，事實上它是在描寫女人怎麼樣在家庭中取得自己的位置的問題。而這個位置的問題實際上就是余英時教授所說的「自我」的問題，這部電影就是在描寫女人如何實現自我定位的問題，而又如何失去自我定位的，這也是兩性研究(Gender Study)中最主要的問題。

為了突出這個問題，張藝謀就創造了許多戲劇性的場面，比方說「大紅燈籠」。從點燈、滅燈到封燈的儀式都說明男人怎麼控制這個家庭，基本上是突出男性在家庭中的霸權。還有男人慣於使用嬌慣女人的手段，如捶腳，用這種容易上癮的手法來控制女人。張藝謀把許多戲劇性的情節加在一起，激化了女人之間的嫉妒心理，而男人也利用女人之間的醋意來控制女人。最有趣的是這個丈夫口口聲聲說你們姐妹要和睦相處啊，而在這種封閉式的、男人有絕對權威控制一切的大家庭裡，女人之間怎麼能不互相嫉妒呢!把人性從嫉妒引向權力鬥爭，在這種封閉的空間裡任何人都會把人性中最壞的一面表現出來。我認為這也就是說到了我們中國傳統文化的主要問題，涉及到了人類的基本處境(Human Condition)問題。

比如說在中國古代屈原的〈離騷〉裡，我們可以發現君臣之間的關係，就好像夫婦之間的關係；還有臣與臣之間的關係，互相嫉妒、說壞話、陰險和奴性等，都與張藝謀的電影中所描寫的女人之間互相鉤心鬥角有一種隱喻的關係。在現代社會這種封閉空間的傳統到了文革時期得到了最大的發揮。記得一九七八年余英時教授從中國大陸回來，我問他你對大陸的印象如何，他說整個大陸發生了一種精神崩潰。我認為精神崩潰是由封閉的空間所造成的。有些人具有很大的權力控制著一切，封閉的空間使人們失去了秩序。李志綏寫的《毛澤東私人醫生回憶錄》中提到，毛澤東的臣子、妻妾的神經衰弱症來自於一種空間的封閉。他說，權力鬥爭使鬥爭的雙方都缺乏安全感，人人處於政治焦慮之中，一個日日謀算他人的人也是一個中了邪的人，他為他的陰謀所魅惑，他不是趨於迫害狂就是陷入被迫害狂。我想「大紅燈籠高高掛」裡面所描寫的那些太太們就是因為缺乏安全感，互相懷疑，陷入這種迫害狂與被迫害狂之中。

當然張藝謀的電影不一定明確指向某一個政權，但我認為他所表現的這種文化隱喻是很重要的。所謂隱喻就是曖昧、有言外之意。所以我們從封閉的空間可以看到女人的處境，也可以看到人類的處境，以及文革時期和現在人們的處境。

許多大陸的知識分子很不喜歡張藝謀的紅色電影（不包括「活著」），其中的原因有兩個，第一是認為張的電影很膚淺，因為他喜歡利用表面意象，比如用顏色和戲劇化的場面來表達思想；第二是認為張藝謀有媚外的傾向，他們認為張為了迎合西方人的趣味而使用了很多的電影手法，來設法滿足資本主義文化霸權的欲望和幻想。但是最近海內外的很多人都在竭力為張藝謀平反。最近在《讀書》雜誌裡讀到一篇很短的文章〈不妨多點寬容〉，文章提到希望大家對張藝謀寬容一點，作者對張藝謀打抱不平，認為張藝謀不但告訴人們如何拍電影和從不同的角度欣賞電影，還帶給人們許多新的觀念。而在臺灣張藝謀的電影一直很受歡迎，比如臺灣的《聯合文學》一九九四年十一期裡一篇文章談到「大紅燈籠高高掛」這部電影最大的貢獻就是把一部很好的小說用電影形式表達得更加完美，把女人驚心動魄的內心世界表現得如此充分。因為我也是個女人，所以我也有很深的感受，這部電影確實拍得很好。許多男人總相信孔子的教條：「唯女子與小人為難養也。」但是如果從女人的觀點來看，似乎男人也很難養。要看這個問題從哪個角度來理解。如果一個人被封閉在一個空間裡，人性受到極大壓抑，那麼人性中美好的一面自然就無法得到發展，而要展現惡毒、陰險的一面；而且在沒有安全感的時候，任何人都會鉤心鬥角和互相嫉妒。

余英時（**普林斯頓大學教授**）：我想妳應當加一句：「（唯女子與小人為難養也，）後面是：『近之不馴，遠之則怨』。」否則就不知其所指了（眾大笑）。

康正果：我還想談一下「誰難養」的問題。關鍵在一個「養」字，所以不是性別的問題。只要是一個被養者，近了就不馴，遠了就怨。所以，我們不要當被養者。

孫康宜：在美國為張藝謀平反最賣力的人就是周蕾了。她在她的書中講到，電影是一種用視覺的感官來表現思想的藝術。我認為電影就是一種夢、一種啟示，我從電影中學到了很多。我的美國學生也很喜歡這部電影，一方面他們比較欣賞中國文化，另一方面對電影所涉及的問題很感興趣。

「大紅燈籠高高掛」這部電影所涉及的問題不只是女人、男人的問題，可以說是整個人類的問題。比如說在「大紅燈籠高高掛」電影中，男主角的形象完全像個陰影，與小說中所描寫的不同。而他所做的事情就是他的父親和上一代祖宗所傳下來的事情。所以這種事情不能歸罪於哪一個男人，這是整個制度的問題。由此推論，我很贊成九〇年代的女性主義的觀點，不是反對男性，而是反對霸權的問題。這種霸權不是男性製造的，而是男性和某些女性共同製造的。比方說在明朝時期流行一種說法「女子無才便是德」，當時相信這種說法的女人可能更多，特別是那些沒有才的女人（眾笑）。但是我的幾個學生提出一個觀點我很欣賞。他說張藝謀的電影展現了中國人的一種不自覺的文化現象，為什麼許多中國人看了這部電影很不高興，因為它說中了他們的弱點。至於張藝謀的電影是否媚外，則要看你從哪一個角度來考慮問題了。我認為能把一部小說改編成一部成功的電影，能讓西方的觀眾喜歡，這有什麼不好呢？我認為這對中國也是件很好的事情。

林培瑞：孫康宜報告的男女平等的問題，將會成為廿一世紀中國社會中很熱門的話題。關於男女平等的問題，我不認為男女是一樣的。人類社會演變了幾千萬年的結果證明，男女還是有區別的，經過兩位女科學家的科學實驗論證，男女的大腦智力還是有差別的。由於存在這種差別，男女就業的機會也會出現差別。當然平等是一種全球性的趨向。但我認為中國還不太受這種趨向的影響。我且不談在座的各位，我只談談我和我太太的一些經歷。我太太是中國廣東省人，一九八八年我們回中國過年，我看到男人只坐著喝茶、吸煙、聊天等，女人撿柴、燒火、哄孩子、燒飯等等，什麼都做，好像也沒有人提出這有什麼不正常。現在中國的一些理論家、評論家、作家、思想家認為這個問題一定可以辯論出個結果來。

蘇煒：孫康宜和康正果的發言實質上有某種共通點：封閉空間裡人的處境問題。核心是「養」與「被養」的關係問題。雖然孫康宜談的是女性主義，但這其實是人類的問題，人與空間的問題，而不只是性別問題。

甘陽（芝加哥大學博士候選人）：蘇煒在談到孫教授關於女性主義的發言時，把它化約為普遍化的人與空間的關係問題，這當然並不錯，但有一個危險，容易把女性主義話語給消解掉。尤其對中國大陸，這很關鍵。如，最近我看到中國一些社會學家、經濟學家，呼籲解決中國失業問題的唯一出路是婦女回到廚房去。這很荒唐，而且把它與批判計畫經濟聯繫起來了。他們認為為何中國這麼多婦女參加工作是由計畫經濟造成的。這就是社會科學為社會政策辯護的例子，從而喪失了社會科學的中立性。這也涉及後共產主義究竟是退回原始狀態還是其他。所以，我還是要說，我們不能全部否定社會主義。

女性主義問題是一個很深刻的問題。牽涉到對人類生活的最基本的批判，涉及東西方的基本傳統。西方的希臘傳統中原本有女神，且地位很高，但自從希伯來因素進入，確立了一神教的地位後，拜假神（崇拜上帝之外的其他神）變成最大的罪名。從而確立了男性中心主義和尚武精神。中國的傳統則很不一樣，他並沒有那種英雄主義尚武精神。中國當然也有對婦女的壓迫，但壓迫的機制和形態與西方不一樣。這是很值得仔細研究的。它甚至可能帶來對東西方生活的全新的檢討。

孫康宜：甘陽提到的問題很有意義。由於今天會議的主題，我沒有談太多的女性主義。不過我覺得中國大陸有另外一個問題。毛時代剛結束不久，我去中國大陸，我發現無法分辨男性和女性，都是男性裝束，沒有區別。女人們放棄了自己的性別特徵，這是對男女平等的嚴重誤解。實際上是向男性趨同，仍然是男性中心。

康正果：西方有古老的女性的神話。譬如像古希臘的莎孚，幾乎就是女同性戀的老祖母。後來的發展由於強調了陽剛的阿波羅式的文化，婦女在此過程中不知不覺地被顛覆掉了，其中有衝突。十九世紀以來，女性忽然發現要把她們老祖母的故事講出來，所以向男人挑戰，或者不和男人來往，要找自己的認同。今天慢慢回來，西方似乎正在尋求不男不女。

中國情況不同，《周易》的陰、陽代表宇宙的兩極，但這兩極不是對立而是互相轉化的。剛中有柔，互相補充。由於不男不女的時間太長，現在突然發現，男的要像男的，女的要像女的。像蘇曉康的《陰陽大裂變》，男人有長期以來被閹割的感覺，要學冷面英雄，特別的男性化。女人四九年以來與男人區別不大，現在竭力要像時裝設計的模特兒靠攏。可能要在這之後，才尋求人的共同的東西。

杜維明：現在就要開世界婦女大會了，瑞典提議現在關於性別的觀點至少是四性，不能只講兩性。討論文化中國，我們談「中國人的意義」，有人建議要擺進女性意識。我注意到一個令人驚訝的現象，現在最複雜的女性主義，如哲學家魯斯本等的觀點，同古典儒家可配合的地方非常之多，這是很奇怪的一種發展。最近亨利·羅斯曼寫了一篇重要論文：「古典儒家、女性主義和人權」，把儒家論說同女性主義聯合起來，對以權利為中心的西方現代論說，作了一個批評。總之，此中發展的複雜性很大，很值得我們注意。

陳一諮（當代中國研究中心執行局主席）：倍倍爾曾說，婦女會比較贊成社會主義。這有其道理。因為婦女在工業革命之前受了很多歧視，女權主義的出現是正常的。但共產主義革命的問題是，把人格意義上的男女平等變成用政治和運動的方式把男女之間的體力和智能拉平，這種所謂的「男女平權」造成了女性的「雄化」和男性的「雌化」。六〇年代到八〇年代前蘇聯專門出現過一種「雄化文學」，講到女性都變成了男人，最後家庭破裂。所以我覺得孫康宜教授講的女性主義，跟甘陽講的在社會主義條件下的「男女平等」是有區別的。

（本文作於一九九五年）

中國：社會設計還是自然主義？

設計出的社會

過去，人們往往集中注意於社會主義和共產主義致力於經濟平等的一面，而忽略了其社會總體設計的一面。現在看來，這後一方面恐怕是這種體制更根本的東西。

這一點，甚至也可以從海外反對中共一黨專政的知識分子的思維模式和行為方式窺見一斑。儘管他們已對馬克思主義多所挑戰，然而在其不自覺的潛在層面仍受歷史決定論影響甚深。有些人挑戰中共統治的方式是，設計出一整套比中共更高明的「十年規劃」和國家的新價值體系，以取代中共的落後體系。

所謂社會總體設計，係指預先確定了一個社會總體的目標藍圖。這一藍圖是不得變動的，高於一切的。整個社會就是一盤棋，所有的棋子都必須為那個高於一切的藍圖的實現作出犧牲，一切服務於那個遙遠的天國。

這個被設計出來的「新世界」，是由一個中樞神經機構來規劃描繪的；並且，憑藉這個中樞神經網絡，整個社會的政治、經濟、文化、教育被全面管理和控制起來，正如列寧所說，整個社會就是一座大工廠。

簡言之，一個無所不包的國家目標，是現實的社會主義最基本的特徵。

該思想的歷史哲學根源是黑格爾主義。它斷言歷史發展有其客觀規律，歷史將遵循某種正——反——合的辯證邏輯走向某種絕對的終極狀態；即合題——「自由王國」，它是被認識了的必然，亦即服從某種鐵的普遍法則的終極態。馬克思的共產主義學說，所謂人類歷史發展的五階段論，所謂人類的終點是共產主義，這是一種鐵的必然性云云，正是上述黑格爾歷史哲學的變種。

該思想的社會哲學根源是所謂「社會有機體論」。在黑格爾那裡，由於他把國家與社會溶為一體，故也可稱「國家有機體論」。其核心是視整個國家和社會為一個有機體，由其中樞神經主宰。任何個人都被化約為組織化系統的一部分，從而喪失了其獨立性和完整性，必須完全服從神經中樞的指揮。

鑒於上述，被設計出的這個新國家，邏輯地具備了如下普遍特徵：一、如水銀瀉地般的政治、經濟、文化的全能式中央集權；二、政教合一，即意識形態治國；三、國家至上主義；四、封閉社會，人員與思想的自由交流被嚴厲禁止；五、普遍貧窮；六、變形的來世主義，號召為未來犧牲現世；七、週期性的暴民政治；八、人治；九、等級泛化的身分型社會。

歷史和現實都印證了上述邏輯結論。

要言之，憑藉一個一元化的最高決策機構，根據預設的新世界藍圖，全面規劃及管理整個社會的政治、經濟、文化、教育……，強調一種特定的無所不包的國家目標，這便是專制主義的現代形態——極權主義。

這裡，統一的國家目標是其所以能進行廣泛政治動員的關鍵所在。在中國，它借助了國人近百年來渴望富國強兵的焦灼民族感情，從而具有相當的誘惑力。

為此，我們須簡略回顧一下中國是如何從五四的民主科學的訴求一步步走向現代極權之路的。

歷史的歧路

一百多年來，由於外患陰影的日益深重，中國文化發生存在危機。於此，中國知識分子基本心理失去平衡，在其意識深處，一股不可遏止的焦慮感壓倒了一切。在它的支配下，他們期求一蹴而就，全盤改造，徹底重建中國，普遍不耐煩於緩進漸變，局部改造的方針。實施總體性的徹底的社會改造規劃成了普遍的心態。在這種心態下，對於世界上的政治思潮，本能地趨向於最激進、最革命、最富整體主義色彩的理論。一旦有所見聞，就焦灼地希圖用它在中國大地上全面試驗一番。

近代史上國際關係的特殊格局——中國對西方（及日本）屢戰屢敗以及隨之而來的一系列不平等條約——使中國人對西方主流文化（以英美文化為代表）產生某種抗拒和敵視的心理。這種文化心理逐步結晶成某種潛意識中的「義和團情結」。特別值得辨析的，是該義和團情結衍化出了兩種基本情感：⑴在大眾文化方面，表現為粗暴簡單的排外主義，對一切外國事物和思想一律拒斥。⑵在精緻文化方面，表現較為複雜，主要呈現於知識分子之中。由於在理智的層面已知簡單全盤排外無濟於事。於是，義和團情結的對象主要指向了西方主流文化。對於其他非主流思想和文化，則潛在地為其在感情上預留了空間，以備結盟之用。這樣，就為馬克思主義的廣泛流傳準備了潛在的精神土壤。

同時，俄國十月革命，列寧在某種意義上把馬克思主義改造為非西方國家（被殖民地）反抗西方國家（殖民者）的意識形態，這大大地投合了中國土壤中的義和團情結。無疑，對於近代以來飽受屈辱的中國人，它將是福音和精神武器。這時，馬克思的西方色彩在中國人心中已經不再重要了。其時，流行於中國的主流意識為，既然俄國人利用該理論搗碎了舊國家，構建了新世界，中國何以不能？於是，「以俄為師」的思潮風起雲湧，連孫中山這樣的人物也難以超脫。由此，可以窺見當時精神氛圍之一斑。

於是，「按照馬克思所創造的主義和勾畫的藍圖，遵循列寧的革命方式，設計並重建一個嶄新的社會，以根本解決中國面臨的一切問題」，這種心態，支配了當時相當部分知識精英的心靈。

這也是五四後期，著名的「問題與主義」之爭的基本背景。

這場論戰發生於新文化運動末期，事情是由胡適之的一篇文章引起的：〈多研究些問題少談些主義〉。它觸到了前述的那種心態的核心。於是，一批主張用一種主義（特別指馬克思主義）全盤地整體化地改造中國的「主義派」起而批判。李大釗及一些中共的先驅都積極捲入論爭，批評胡適。其實，該論戰在理論深度上並無多少建樹；但從批評胡適者的人多勢眾，人們都可以看出，當時思想界的領袖人物們，對於「修修補補」地局部地解決中國的實際問題是何等的嗤之以鼻，不屑一顧了。那種期求在一段短時間內把現存事物悉數掃蕩，變成一片廢墟，以便在一塊空白地上重新設計、整體規劃和重建一個新國家的宏圖大志和焦慮狂躁之氣已甚囂塵上，漸為主潮了。

五四運動本來具有兩方面內涵，一為民族主義，五四當天學運及火燒趙家樓為其代表；一為新文化運動，以《新青年》周圍的學者和教授為其代表。後者本質上是一場西化的自由主義運動。但是，以外患為主調的歷史演進使民族主義的成份愈益加重；而新文化運動的方面由於第二種義和團情結的潛移默化，逐漸由原來的主流——自由主義成份移向了非主流的西方文化。

著名的「科學與玄學」論戰是這種轉移的關節點之一。

「科玄論戰」這場官司起初與馬克思主義並不相干，崇尚科學這派的主將胡適之、丁文江本來還是西化派的代表人物。但是，當科學派大獲全勝之後，「科學」這個詞卻逐漸變味，遭到了普遍誤解。它被奉上到至尊地位，轉化為一種科學迷信，成為一種新的意識形態，在一元論傳統深厚的中國思想界氾濫開來。科學成為終極真理的代名詞，任何東西一旦被冠以科學之名，它就永遠地獲得了不受懷疑和批評的豁免權，占有了神聖獨尊的地位，它成了一種帶有光圈的價值符號。在這種狂熱氣氛下，本來是在不斷發展變化的科學卻逾越了自己的本份，帶上了獨斷論的色彩，成為了一種萬能符咒，可以包醫百病，從自然到社會到人生到精神。

以上述的精神氛圍為背景，陳獨秀在論戰後期出場時，推薦了一種「最新最完美的社會科學」：經濟一元論，即馬克思唯物史觀。就此，在中國，馬克思主義由一種意識的形態嬗變為一種最新最前沿的科學。在信奉者們看來，正像牛頓的物理學對於物質世界，達爾文學說對於生物世界一樣，馬克思的新科學揭示了人類社會發展的基本規律，遵循它，必將建構起一個全新的人間天堂，即人類存在的終極狀態——共產主義。

於是，西方的非主流思想馬克思主義與中國知識界中潛在的義和團情結一拍即合。它作為一種強大的精神磁力場，既是包醫百病的最新科學，又是反對西方主流魔鬼的利器，在兩個最基本的方面都滿足了部分知識精英的心理需求，遂成一時風靡之勢。

而五四請來的另一位先生——民主，其聲音卻愈益微弱，逐步消逝在歷史的煙塵之中了。

如果從更深的層次發掘，可以發現，上述脈絡還涉及中國文化對西方主要的三種政治文化接受或排斥的選擇性問題。

思想史的比較研究表明，中國與西方的差異雖然深刻，但中國與西方三大政治文化（英、法、德）之間仍然是有親疏遠近之別的。這裡所指的，主要是第二次世界大戰之前英、法、德政治文化之間的歧異。

如果我們不了解三者之間的差異，如下的事實就難於解釋：雖然中國與西方的政治文化傳統有根本的不同，然而中國思想界在三〇年代後何以逐步為德國思想家馬克思的學說所影響，而與西方主流傳統英美的自由主義、個人主義，以及實證主義等格格不入？須知，其時馬克思主義在大部分工業國家早已不是最新最時髦的時尚了。事實上，就連實證主義等都是晚出於馬克思主義的思潮。

這裡的親和與排拒的文化關係是值得仔細考究的。

西方近代政治史的三個重要口號——自由、平等、公有——在歐洲的三個主要國家（英、法、德）被強調的程度是不同的。事實上，在現代化進程中，英國更強調自由，法國則偏愛平等，德國則對公有更為注重。這種精神側重點的差異導致了不同的現代化之路，特別是不同的政治形態。

在歷史上，這三個不同的側重點導致了三種典型的社會制度，它們分別是：英國式的自由主義代議制民主制，法國大革命時期的雅各賓專政和德國的希特勒式的國家社會主義制度。

當然，現代共產主義制度對德國式公有觀念的依賴更是不爭的事實。

筆者在這裡著重涉及德國與英國傳統的對比。

德國政治文化傳統中，普魯士國家主義精神一直源遠流長，特別在黑格爾主義出現後得到了強化。

黑格爾指出：「國家是客觀精神，所以個人本身只是成為國家成員才具有客觀性、真理性和倫理性。」（《黑格爾選集》，頁三八九）

在這種國家主義看來，權利只能是屬於國家整體的，個人權利毫無意義。社會猶如一組織有序的金字塔，任何人都處於塔的某一階梯上：命令一部分人，服從另一部分人。

在黑格爾那裡，確實有一種大大高於個人生活的生活，這就是民族或國家的生活（到馬克思那裡演變成階級的生活）。個人的唯一目標即在為這一最高的生活奉獻自己，作出犧牲。而戰爭，則是這種犧牲的最輝煌的頂點。在傳統德國人的深層意識中，個人只有義務沒有權利，國家即一切，個人等於零。個人利益必須服從於國家利益，而不是相反；國家為個人利益服務。

這種國家主義其核心有三點值得注意：⑴國家至上，民族至上。⑵國家對任何道德上的指責具有豁免權，「世界史才是它的裁判官」，用中國成語，則是：「成則為王，敗則為寇」。⑶對領袖和權威須有絕對的崇拜和神化。

國家主義是普遍意義上的集體主義的變種之一，集體主義的另一變種，即馬克思式的階級主義。

不過，應當清醒地看到，現代共產極權主義由於受國際政治邏輯的制約，其實是更深地受到上述黑格爾式國家主義的薰陶，他們比馬克思更加黑格爾化。

上述國家主義對英國式的「個人至上，國家僅僅是為公民服務的機構」這種「腐朽」的觀點嗤之以鼻。希特勒第三帝國的憲法專家發現了如下的國家形態進化的辯證法：「政府的演變是按三個辯證的階段進行的：從十七和十八世紀的專制國家通過十九世紀自由主義中性國家達到極權主義國家，在這裡面，國家和社會是一回事。」

由此可以發現，這種國家主義精神同中國近代的民族主義（義和團）情結以及文化傳統中的集體主義傾向是不難找到共鳴點的。事實上，先進的中國人，即使是梁啟超和孫中山這樣的思想家也很難擺脫上述情結的束縛。

作為中國自由主義先驅之一的梁啟超先生，雖然對自由的傳播貢獻極大，但時而在關鍵的認知上仍有誤導，他認為：「自由云者，團體之自由，非個人之自由也。」（《飲冰室文集》，頁六四）

孫中山先生也說：「個人不可太自由，國家要得完全自由，到了國家能夠行動自由，中國便是強盛的國家。要這樣去做，便要大家犧牲自由。」

實際上，這裡都是把國家主義、民族主義、團體主義與自由主義混為一談了。明慧清醒如梁任公、孫文者尚且如此，可見政治文化傳統中的先入之見導致的誤解之深。

嚴格剖析起來，在西方文化傳統中，與中國文化特質差異最大的是英美式自由主義傳統，即經驗主義的自由主義傳統。這也是中共多年來全力抗拒、排斥並企圖清除的現代西方主流文化。不幸的是，這種排斥，恰與我們文化傳統中的某些成份一脈相承。在學理傳統上，中國文化中缺乏（形式）邏輯的分析式的數學公理式的思維方式；在政治哲學和社會哲學傳統上，則缺乏個人主義、自由主義和人權觀念，缺乏多元主義的傳統和結構。中國一百多年來的集體主義、一元主義和民族主義的強烈精神氛圍同德意志式的國家主義頗有共鳴，這是導致近代馬克思主義入主中國的悲劇的因素之一。

從更為深廣的層次觀察，中德兩民族在思維方式上也存在一些耐人尋味的不謀而合之處。這主要表現在整體性（非分析式）思維和辯證法這兩點上。

德國，如所周知，常被稱為辯證法的故鄉，亦常自詡為哲學的民族。的確，德國學者之喜好構築一個龐大精緻的整體性理論體系也是世所公認的。德國古典哲學，特別是黑格爾哲學，以強調兩極對立與同一的辯證法為宇宙根本法則，成為一段歷史時期的世界性時尚。

中國先秦哲學，特別是在《周易》和《老子》中，毋庸置疑，其辯證法的因素是顯而易見的。所謂「相反相成」、「兩極相通」、「否極泰來」……等等樸素命題所在皆是。當代德國人對《老子》的特殊興趣並不是偶然的。中國式的思維方式易於接納德國式的辯證法，而難於接納自然科學式的形式邏輯和數理邏輯，恐怕也是有其內在脈絡的。

據中國學者朱謙之和英國學者李約瑟的研究結果（後來亦有其他學者獲得類似結論），德國哲學家兼數學家萊布尼茨受到中國先秦典籍《易》和《老子》相當深的啟發和影響。萊氏自己就指出他的「二元算術」的發明與《易經》的「伏羲六十四卦方位圖」有直接的關係（詳情請參見朱謙之《中國哲學對於歐洲的影響》。

朱謙之總結說：「二元算術即辯證法思維和中國《易經》思想有密切的關係，康德由它引申出，『二律背反』。康德之後，『費希特和謝林開始了哲學的改造工作，黑格爾完成了新的體系』；這當然是指辯證法的思想體系而言。可見德國古典哲學是否定萊布尼茨而對於萊布尼茨的辯證法思維加以改造，其實即間接受了中國哲學的影響。」（同前書，頁三五二）

李約瑟博士亦有類似看法。他特別指出中德二者在強調整體和有機性思維方面的一致性。

眾所周知，萊布尼茨——沃爾夫——康德——費希特——謝林——黑格爾——馬克思，這一系列人物正是德國哲學承先啟後的關節點，是德國近代哲學的典型代表。瀰漫於這些哲學家之中的辯證法氣味頗為濃烈。這種特徵，不能說與中國先秦的智慧沒有關聯。有鑒於此，有學者似莊似諧，極而言之，認為，本世紀四〇年代末之後中國思想界主流逐步認同作為德國古典哲學終點的馬克思主義，其實是華夏祖宗的靈魂在異邦遊蕩了多年之後重返現代中國人的軀殼。此言雖為諧語，卻頗啟人思索。

實際上，三、四〇年代以後，中國思想界左右兩翼的相當一部分人都殊途同歸，向德國人朝聖。連哲學家馮友蘭先生這樣的人物，也難以抵擋這股思潮的誘惑而拜倒在社會五階段論的唯物史觀之下。三〇年代時他曾斷言：

「就西洋說，在政治方面，從前的民主政治、自由主義，現在不行了，替他的是共產黨及法西斯黨的專制。在經濟方面，自由出產、自由競爭，也不行了，替他的是統制經濟。」（《哲學評論》，六卷，二三期，〈秦漢歷史哲學〉）

的確，這是當時的一股世界性思潮，中國受到的影響尤為強大，左右兩翼的思想方式都逐步德國化，其基本的共同點，是對英美自由主義的反動。如果我們聯繫到自由主義在世界範圍內興衰起伏的歷史命運，對此應當看得更加清晰。

但是，這是絕不意味著中共的奪權主要是思想上的勝利。毫無疑問，中共的勝利，最主要的乃是武裝暴力的勝利。其中，日本軍閥的侵華，國民黨政權的極度腐敗，都是最基本的一些原因。至於在思想領域中，中共逐漸對國民黨占了上風，只是次要的原因之一。對此，我們似不應被中共對其取勝的原因的宣傳所造成的認知混亂所惑。

不過，思潮的取向由於對知識階層的心智影響頗深，我們也不宜忽視它的力量。

事實上，本世紀三〇年代正屬於世界範圍內自由主義衰退的那段低潮期。中國出現上述反自由主義的思潮毫不足怪，是有國際背景的。

追溯歷史，自從英國一六八八年光榮革命三百年來，自由主義思潮曾經歷過世界性的起伏興衰。目前，正處於歷史性的二度漲潮階段。

英國革命之後，自由主義的基本思想由西向東，掃蕩歐洲大陸，叩開各國大門，蔚為全球性風潮，至一七八九年法國大革命，達到頂點（但其重心也逐漸移向平等）。這種以保護個人自由和基本人權為鵠的的民主法治，產生出一種當初未曾預料到的驚人副產品，即自發地導致了一種社會活動和經濟活動的複雜秩序，召喚出了人類歷史上空前的經濟繁榮和科技進步。

直至十九世紀中葉，從總體上看，自由主義仍在世界上呈進攻的趨勢。

而自一八二〇年～一九二〇年這一歷史時段，則是它的制度化時期。

然而，自由主義思潮本身，卻從十九世紀下半葉起，遭遇到了世界性的挑戰。這種挑戰主要來自社會主義思潮和各種各樣類社會主義思潮，部分也來自無政府主義思潮。

自上世紀下半葉以來，貧富的兩極分化、階級的分殊、經濟危機的出現、失業問題的困擾，……紛至沓來的問題使知識階層普遍感受到經典自由主義的危機，於是，抗議現狀的聲浪八方襲來。文學上，大量批判現實主義的作品極一時之盛。理論上，形形色色的社會替代方案和新世界的設計藍圖紛紛出臺。著名先驅有傅立葉、聖西門和歐文等；此外，也有另一翼的巴枯寧、拉薩爾、普魯東和克魯泡特金等。當然，若論影響之深廣，當首推卡·馬克思和他的朋友弗·恩格斯。幾乎所有的新世界藍圖的著眼點都在首先解決社會的特別是經濟的平等問題，而對經典自由主義抨擊的焦點則是私有財產權制度。

由此，自上世紀下半葉開始到本世紀三、四〇年代，自由主義思想出現了世界性的退潮。導致這一衰退的理論代言人主要是德國思想家。

德意志特別是其中普魯士傳統文化氛圍與上述反自由主義的趨勢在精神上相當契合。黑格爾式的國家主義為此作了精神上的準備；鐵血宰相俾斯麥的顯赫武功和政績，為反自由主義的綱領作了實踐上的示範；馬克思以歷史規律的名義宣判了自由競爭制度必然滅亡；斯賓格勒《西方的沒落》為自由主義時代唱起輓歌。這一進程發展的頂點是一九一四年爆發的第一次世界大戰。從思想史的角度觀察，這次大戰實質上是德國國家主義思想向英美的自由競爭的思想和制度發起的第一次重大挑戰。

德國的國家主義者聲稱，他們的種族發現了一種新的理想：「組織」的理想。一六八八年以來，尤其是一七八九年以來，西方以「自由」為大旗；而一九一四年（第一次世界大戰爆發年）則以「組織」為大旗。「日耳曼種族已發現了組織的意義，在其他國家仍在個人主義制度下生活著的同時，我們已獲得了組織的制度。」

這是一六八八年的「自由」理想同一九一四年的「組織」理想的決戰。

戰爭結果，德國敗北。但對立的態勢並未真正解決。

根本原因在於，自由競爭制度當時仍未表現出解決和治療創傷的能力，其後一九二九年發生的經濟大蕭條即是證據。因此，德國國家主義在精神上並未潰敗。而巴黎和會瓜分世界的結果，反而愈益激化了德國的民族主義和國家主義情緒，於是，更加極端的思潮和社會勢力乘隙而起，其邏輯的終點就是希特勒的第三帝國。它以國家社會主義為旗幟，徹底埋葬了自由。

而在第一次世界大戰末期，俄國在反戰情緒的混亂中發生革命，列寧與德國媾和，成立了以（馬克思的）科學主義為旗幟的國家，全面壓制了自由。

其實，希特勒的德國和史達林的前蘇聯剛好是現代極權主義（國家主義）和社會主義的兩翼：右翼和左翼。它們都淵源於德國（黑格爾式的）的國家主義。雖然它們有國家利益之間的衝突，然而在基本精神上卻有一個極重要的共同敵人：英美式的自由主義。

作為自由主義陣營同法西斯極權主義的歷史性決戰，第二次世界大戰導致國家社會主義和法西斯主義的徹底覆滅。這一決定性的勝利本應立即導致世界思潮的重大轉向。但是，由於希特勒在戰爭期間戰略攻勢方向的錯誤，把一個他的盟友——極權主義的魔鬼推入了自由主義營壘，造成了巨大的歷史誤會，從而，使世界史思潮的根本轉向在三十多年之後才姍姍到來。

如前所述，本來，國家社會主義者希特勒與科學社會主義者史達林是德國國家主義思潮和社會主義思潮孕育出來的左右兩個孿生兄弟。其思想淵源、統治意識以及統治方式上都極其相似。在戰爭初期，作為社會主義的左右兩翼，蘇德簽署的互不侵犯條約確實震撼了自由主義陣營，人們不堪設想，這兩個最大的魔鬼聯手為盟將給世界帶來怎樣慘烈的災難？

然而，希特勒利令智昏，揮兵進攻前蘇聯，從而迫使史達林同與他格格不入的英美自由陣營結盟。

這樣，一場歷史的誤會使極權主義的史達林亦列入戰勝國行列，並且進一步擴張了他自己的勢力範圍。二次大戰剛一結束，史達林立即取希特勒的地位而代之，成為自由主義國家的主要敵人，並迅速出現了新的二極化的世界政治格局。

於是，二次大戰在思想史上的意義被複雜的情勢掩蓋了起來。一直到三十多年以後，濃霧消散，它的真正歷史意義才清晰地呈現了出來。

經過三十多年的冷戰對峙與和平競賽，勝負的格局已昭昭然於天下，任何宣傳和堵截的伎倆都無濟於事了。在這樣的明顯對比下，從七〇年代末開始，洶湧起了一股世界性的歷史潮流。

這一浪潮，就是自由主義的歷史性復興。

它在世界範圍的全面興起，是七〇年代末；而它的頂峰。則是一九八九年。

戲劇性的變化首先發生在社會主義營壘：中國、波蘭、匈牙利、捷克、前蘇聯……。在毛澤東之後的中國，「改革開放」的浪潮逐步把中國捲入世界的主流經濟秩序之中，而經濟變革的邏輯要求推動了政治改革的潛在潮流。波蘭的團結工會，捷克的七七憲章，匈牙利的經濟自由化，前蘇聯的持不同政見者運動以及之後戈巴契夫的「新思維」……自由主義浪潮，波瀾壯闊。在西方世界，對凱恩斯（國家干預）主義的反省，導致了私有化的浪潮，精神之擺重新走向經典自由主義的論點；面臨經濟衰退困境的北歐福利國家也開始重新探路。在亞洲：菲律賓、南朝鮮和臺灣都幾乎在同期出現了自由化和民主化的潮流。在全球範圍，它幾乎是同時興起的。而其規模之大，氣勢之磅礴，也是前所未有的。而這一復興的高潮，則是一九八九年震撼世界的天安門事件以及同年下半年東歐各國發生的共產主義雪崩。其驚心動魄之景和摧枯拉朽之勢，幾乎堪與二百年前的法國大革命媲美，已經永恆地鐫刻在歷史上了。

這場世界劇變的後果，歷史正在逐步消化；而自由主義正處於世界性復興的過程中，則已是昭如日月，毋庸置疑的事實了。基於這一基本事實和趨勢，不難斷言，中國人的努力雖然暫時受挫，成為歷史的孤島，然而從長程的歷史眼光看來，中國的自由主義將贏得歷史，則是不必爭論的前景，任何中等智力者都不難看出的。

政治自然主義

上面的問題邏輯地引申出本文的主旨，即當中國共產黨的一黨專制一旦消失後，什麼是代價最小的社會變革途徑？

在一篇論文中，筆者曾提出：「共產主義神話在二十世紀的肆虐，給予人類最重要的教訓之一或許是：凡是借助理想王國的美好訴求以批評現存秩序者，倘若這種理想世界是理論家構思設計出來的，並非自然生長演化起來的；假如它從未曾在現實世界試驗過，那麼，最穩當可行的辦法是如實地把它視為一種批判力量、淨化力量和改革力量，從而促進現存社會的良性變遷。倘若把該理想當作某種必然歸宿和正面目標來狂熱追求，並不惜任何手段強制實施革命性總體動員，則對人類往往是一場血腥的悲劇。

簡言之，各式各樣的烏托邦，作為批判性的因素是富有價值的，作為肯定性的現實目標是極其危險的；作為遙不可及的彼岸世界，它具有淨化現實社會的作用，作為在現實人間強行施工的天堂藍圖，則這條通向天堂之路往往導致地獄。」

鑒於上述理由，筆者認為，在一黨專政消失後，我們必須抗拒那種整體式全面設計新中國一類思想的誘惑，抗拒那種強制把中國納入的某個全面社會改造規劃。實際上，這是一種災難性的設想。

筆者以為，奉行某種政治上的自然主義，也許是代價最小的社會演化途徑。

這裡所謂政治上的自然主義，有兩層基本涵義。

第一，在基本法律制定並頒布後，政府不施加總體性的經濟、政治、文化的「××年規劃」，不構築全國性的新價值體系，盡可能不實行政策性的行政干預。順應社會的自然發展和流動，讓社會團體和個人在法律的規範下，在市場的作用下自發地調適平衡。

第二，即使是在法律典章方面，也毋須忙於創造性地構思一整套新的法典體系。盡可能參照其他工業國家的已沿用多年，在實踐中經過多次調整修正的、久經考驗的法律體系。不必嘔心瀝血地把一切推倒重來。

簡單地說，在內政方面，政府盡量少管事甚至不管事，與民休息，聽其自然。在外交方面，拋棄爭世界大國的心理，以平常心，按國際慣例辦事，即按牌理出牌，盡可能全面地溶入國際經濟政治秩序，匯入國際大家庭。

對一個國家，尤其是對一個大國來說，在總體系統上和基本政策上的標新立異往往是大災難的先兆。這種總體性的標新立異也就是極其危險的政治浪漫主義和烏托邦主義。

余英時教授曾指出，倘若中國就按辛亥之後那種亂哄哄的局面自然發展下來，倘若沒有共產黨的雄心勃勃的全盤改造並重建中國的計畫，而仍是處於一個軟弱的政府之下，中國也許仍然會比今日的大陸文明、進步和富足得多。筆者贊同這一判斷。

現在的問題是，我們如何才能少走彎路，代價較小地實現中國的歷史性轉型？世界史上的「組織」與「自由」之爭給了我們哪些基本的啟示？

把整個國家作為自己政治理想和政治設計的龐大實驗室，其造成的災害是無可比擬的。它的根本精神是慘無人道的。因為它把全社會的人都當作無生命的實驗品，完全剝奪了他們的意志和尊嚴。除了最高統治者外，所有的人都不是人。毛澤東時代就是這種政治實驗的縮影。

現代自由主義重鎮海耶克曾反覆指出，健全文明進展的特徵在於，社會的過程是人類行動的結果而不是人類設計的結果。

這是當代自由主義理論的精髓之一。

當然，應當指出，本文所指的自然主義狀況，與經典的自由主義狀況是有區別的，除憲法外，它在很多方面與標準的現代工業自由民主國家很不相同。如，尚存在有相當重大比例的國有企業。屆時開始的選舉恐怕也會離國際公認的標準相差很遠。在農村的選舉結果也許根本就是無意義的。有意義的層次只局限在城市裡的一個很小的範圍內。實際上是一種精英民主。在農村，賄選成風，舞弊成習，恐怕都是不難想像的。

總之，它只是確立了基本的法律體系，至於社會將如何演變，並不明確，它並未規定某種終極的目標和狀態。

除了依法實行的武裝力量的統一國有化以外，任何其他東西都不必強求統一。

還應當指出，本文所指的自然主義狀況，與中國歷史上漢朝初年所提倡的黃老無為之治也是有區別的。最根本的區別在兩點，第一，最重要的是，本文所指的自然主義，是在確立了現代法治狀況下的自然主義，不是漢初的人治。第二，本文的自然主義，要與整個國際經濟、政治、文化秩序自然諧調，溶為一體，即是對世界開放的自然主義；而漢初的自然主義，則基本上是對外封閉的自然主義。

除去上述的不同之點外，本文意指的自然主義確與自由主義，在精神上有不少聯結之處，與漢初的無為而治，在心態上也有某種傳承之處，這是不必贅言的。

或許有人會詰難說，現代西方工業民主社會，難道不也是其歷史上一系列思想家精心設計的結果嗎？一系列的西方思想大師，柏拉圖、亞里斯多德、托馬斯、阿奎那、洛克、休謨、康德、亞當斯密、盧梭、黑格爾、密爾、孟德斯鳩……，不正是這樣的一系列社會整體工程的設計師嗎？

這是對歷史的嚴重誤解。

社會科學家和先知預言家是兩個截然不同的概念，不能混為一談。

追求和倡導某種基本價值（如自由、人權）的思想家同一張詳盡的社會改造藍圖的描繪者和總工程師，也完全不是一回事。

實際上，大體上能稱之為先知型的社會總設計師的，在西方思想史上，恐怕只有柏拉圖、摩爾（《烏托邦》作者）、歐文、馬克思及恩格斯，比較典型的社會總設計師兼總工程師，則有列寧、墨索里尼、希特勒、毛澤東和波爾布特。很顯然，這批人都並非當今的主流社會制度的思想先驅。相反，上述的社會的總工程師們的實踐，造成了巨大的人類災難。

絕大部分的西方思想家，尤其是當代自由主義的思想奠基人，如洛克、休謨、亞當斯密、孟德斯鳩、海耶克、波普、波蘭尼……，這些思想者根本不是先知，而是後覺。他們所做的，基本上只是把業已成型的或略具雛型的社會結構、模式和運轉機制發現出來，加以理論總結，使之系統化和凝固化。

還有一些思想家，則以倡導某種核心價值觀念為己任。

簡言之，像亞當斯密和孟德斯鳩這些學者和思想家，他們只是觀察者和描述者，用中國話來說，只是「事後諸葛」。他們發現了業已存在的導致社會秩序的運轉機制，其工作，僅僅是使用了理論的語言把正在運轉的、歷史上已經出現了的經濟秩序和政治形態進行了描述和分析，根本沒有對這種秩序和制度進行過預先的設計和規劃，更沒有在該秩序出現之前就預言必然會出現這種秩序。應當注意到，現代西方主流社會的經濟和政治的運作模式，沒有一位中世紀的理論家曾經預言過的。

這是歷史的事實。

上述這點，正是這些學者同馬克思式的先知預言家和設計師的基本差別。

歷史表明，對現存社會進行理論概括的思想家同先知式預言家相比，前者的結論往往穩如磐石般聳立在歷史長河中，歷經風雨而長存；而後者的遺產常常不是巨大的歷史笑柄，就是深重的社會災難。

這裡的奧祕涉及什麼才是實現社會良性秩序的最優途徑的問題。

秩序，對社會而言，其重要性是相當基本的，這幾乎是各派思想家都不否認的。

問題在於，現代世界的現實的一個令人困惑的現象是，以一種看來離心傾向甚強的，似乎會導致社會解體的哲學——自由主義和個人主義——奠基的社會，比較而言，反而是當今世界最穩定最具秩序的社會——即工業民主社會。其他諸種社會的穩定性和秩序都遜於上述，並且，常常還伴隨著週期性的震盪和政變。

這也就是自由主義著名的「自由產生秩序」的命題。

這裡的關鍵是必須區分「秩序」(Order)和「組織、建構」(Organization, Constructivism)這兩方面的概念。

秩序，或更確切地說，「自發秩序」(Spontaneous Order)的基本特徵是：非預先設計的、非人為的、無目的的、非強制命令的；它能夠自動運行、自發復制、自行調節。要言之，在一些基本的初始條件滿足之後，它類似於一種自我調適的生物。沒有設計者，它是自然生長起來的。

組織，或者說，建構，則是人為的，預先設計的。它是具有社會總體目標的理想藍圖的實施，具有某種強制性，必須由一個最高權力機構集中計畫和管理控制的。

當然，所謂「自發秩序」，並非指完全廢棄任何法則的原始放任狀態。實質上，一套公正的法律體系，是造就並維持這種「自發秩序」生存的極其重要的「生態環境」。

簡言之，在具備「競賽規則」的前提下，每個人基於其天賦的自由，出於自然本性，充分發展自己，與他人合法競爭。以商品的市場、自由表達的輿論的「市場」和相互制衡的權力的架構作為主要的平衡槓桿和選擇和淘汰的機制，在健全的法律的籠罩下，人類的行為將會自發地調適，從而類似於達爾文所揭示的自然生物界的情況一樣，在競爭和選擇的雙重作用下，產生一種自然而然的自發社會秩序。

如此，自由導致了秩序；並且，是生氣勃勃極有效率的秩序。

顯然，法律系統的確立是至關緊要的。其關鍵點在於，它必須具有超越性，超越於一切個人和社會團體之上。在缺乏超越性的中國文化傳統中，如何使法律具有超越性，恐怕是相當困難的一件事。也許在相當長一段時期內，違憲和護法的鬥爭都會反覆出現。只有當人們體認到確立法律的尊嚴與自身的根本利益息息相關時，類似於英國歷史，一場「大憲章運動」或將自發產生，進入中國的歷史，法治的中國到此時才將真正誕生。

此外，要達致上述目標，從社會結構的角度考察，還涉及一個從身份型的社會向契約型社會轉型的問題。不過，二者之間並無一條絕對的劃然而分的界限。當代中國社會由於市場因素的逐步加強，契約的成份正在逐步增加，身份的因素正在減弱，這已變成一個很難扭轉的歷史進程了。倘俟以時日，將在不知不覺的時間流駛中自然結出歷史之果實，這是不會有太多疑問的。不過，這已超出了本文的主旨，此處不必深論。

訴諸中國的實踐，國內外觀察家大體上公認，鄧小平式的十年改革開放，只有兩件事算是比較成功的，並且很難逆轉。其一是農村的分田到戶，聯產承包；其二則是經濟特區政策。問題在於，這兩項是否中共精心設計的一套更完善地指揮和控制社會的政策呢？恰恰相反，說到底，這兩項政策的實質不過是共產黨放棄了一直加之於農村和（現屬特區的）那些城市強制的計畫和管理罷了。在農村，不過是恢復到了自然經濟狀態的「耕者有其田」，使農民種什麼不種什麼大體上能

「自作主宰」了。在特區，也只不過恢復到了一九四九年之前這些沿海城市的一些權限，在某些領域可以不受中央計畫的支配而自主經營並進入國際市場了。於是，人們看到，只要中共一鬆手，事情就蓬蓬勃勃發展起來了。

這兩項政策最鮮明不過地從反面表明，一九四九年以後，共產黨對中國總體政策的結果，幾乎大部分都起的是負作用，只要它不做了，只要它放棄了，謝天謝地，一切就活了。

聯繫到列寧常常驚恐地提及所謂小生產每時每刻都在自發地產生資本主義；聯繫到中共文革前和文革中都竭力號召要堵資本主義的路要割資本主義的尾巴；聯繫到毛澤東大聲疾呼階級鬥爭要年年講、月月講、天天講，不然就會出修正主義云云，人們必定會感嘆說，這種統治真夠累人的；人們也大概會驚訝，為什麼自然的自發的力量總是要同「代表歷史規律」的共產黨作對？

這就觸到了問題的核心，實際上，共產黨統治的本質，就是堵截和遏制社會的自然的、自發的、普遍的和頑強的趨勢。

所謂反「和平演變」，其實畫龍點睛地表達了共產黨統治所做的全部工作。如果從上述角度去理解，這五個字正刻畫了這種統治的根本特徵。奇怪的是，只要是和平演變，就都具有單向性，即只能從社會主義和平演變到資本主義，而不是相反。這顯然已足夠表達歷史潮流的方向了。這也正如世界各國「叛逃」和「政治避難」的單向性一樣，它已構成了現代政治的一個特殊景觀。

鑒於此，如下的結論，大體上是難以逃避的：共產主義本質上是一種人為、矯偽、不自然，乃至反自然的制度。這恐怕是它面臨解體的根本原因。

不過，應當補充說明的一點是，本文所反對的，只是社會總體設計，筆者無意反對社會的某些局部方面，一些部門、團體、企業單位為自己作周密的設計規劃。道理很簡單，各部分的精心設計正是為了使自己能更好地參加自由競爭，而競爭的結局則不是任何總體設計所能替代的。這也正如在市場上，只要沒有國家的壟斷，那麼，在一定限度之內的兼併壟斷正是競爭的一種方式，是完全合理的。因此，劃清「社會總體設計」和一般的規劃設計之間的界限是很要緊的。這也是本文所指的「政治自然主義」的基本要義之一。

今天，中國所處的國際格局已與本世紀上半葉大不一樣了。基本的差別在於，中國正處於近代以來第一次沒有外患之虞的歷史機會之中。中國除了是一個潛在的大市場之外，如此沈重的人口壓力、資源壓力、經濟貧困的壓力……這個大攤子是誰也不敢輕易染指，誰也接收不起的。外患的消失，使極權主義少了一個最基本的藉口，使知識界和國民的心態不至於像過去那樣焦灼和畸形地汲汲於尋求一個拯救國家社稷之道了，因而，極端民族主義的空間也就相對縮小。目前港澳，乃至全中國人的離鄉逃亡潮就是這種心態的證據。

消除了那種因外族侵略而亡國亡種的危機感後，特別是當共產主義消失之後，留下來的中國人可以在精神上更加從容地使中國融入世界，讓社會的自我修復機能可以逐步地緩進地發揮作用，從而在自然的歷史進程中醫好社會的創傷，強壯社會的體魄，逐步長成一個正常的社會。

在中國歷史上，一場浩劫過後，常有一段與民休息、自然寧靜的鬆弛期。在當代中國的劫難將要達到頂點之際，瞻望前路，我期待著這樣的歷史時期的降臨。

（本文作於一九九〇年）

戊戌變法與八九民運

兩個「中國」：近代中國政治勢力的兩極

六四，已經烙在歷史上。

對中國乃至世界，六四意味著什麼？也許，它離我們太近，目前，要洞悉它的全部歷史意義，為時尚早。不過，就根本而言，任何歷史事件的意義都不可能完全窮盡。意義永遠對未來開放。它依賴於後時代人們對該事件的解釋及其根據該解釋所創造的新的歷史。據此，任何時期的人們也就都獲得了洞察和解釋事件的基本權利。這正是創造未來的需要。

把六四置於近百年特別是近四十年的中國現代史中，把六四置於三百年來世界主要潮流的漲落以及一百多年來共產主義運動興衰的世界近代史中，也許能更清楚地為它定位。

在中國現代史的脈絡中，六四是中共四十年統治的一個根本轉捩點，它賦予中共政權的合法性以一個血紅的句號。從較長的時段考量，以六四為終點的一九八九年中國民運乃是滙聚了戊戌變法、五四運動和四五運動這三大事件的綜合象徵，它以濃縮的形式標誌了災難深重的近代中國的基本訴求和基本命運。

在世界近代史的脈絡中，六四是廿世紀全球性共產主義魔咒「脫魔」狂潮的最引人注目的前兆。同時，它也是自英國「光榮革命」三百年來世界自由主義主潮幾起幾伏之後最新一次漲潮的顯著標誌。

關於八九民運的世界史意義，我們將以另文專門闡述，關於它在中國近四十年歷史上的地位，則已有不少文章涉及，此處暫不贅言。筆者先簡釋一下它同戊戌、五四及四五的共同精神淵源以及它作為綜合象徵的地位。

戊戌、五四、四五及六四運動，它們面對的是一個相同的基本課題，使中國滙入世界的主要潮流，納入共同的國際體系。這種參與的程度愈深，其現代性也就越強。而其對立的一面，則竭力使中國撤出世界格局，退回「中國即天下」的古老心態，隔絕世潮，自我封閉。以這兩極的基本衝突為參照系，考察中國近代史上各類政治派別和各種觀念形態，劃然而別地產生了一種新的組合，呈現出某種與以往不盡相同的區分，它們壁壘分明，淵源有自。這兩大系列各有其自身的「家譜」，組成了兩個「中國」：「開放的中國」與「封閉的中國」。

當然，所謂「開放的中國」也並不排斥其在外交上有親疏乃至敵友，「封閉的中國」也不排斥其有時也投靠個別列強。這裡「開放」的涵義主要有如下兩點：⑴它竭力使中國「睜眼看世界」、「參與世界」，為此目的它竭力使中國社會走向一個言論開放、新聞開放的狀態。⑵它之匯入的，是世界潮流的主流，譬如主要的工業民主國家等它所認同的是世界所認可的最基本的價值，如和平、自由、人權等。若偶爾為維持政權而同個別封鎖和箝制本國言論的專制政府結盟則不能稱開放。因為結盟雙方認同的基本政策之一就是閉關自守和新聞封鎖。上述兩點是開放之中國與封閉之中國的根本區別。

明乎此，我們也就容易釐清這「兩個中國」在近代各時期的基本代言人了。

戊戌時代，前者的代表是以康、梁和光緒為首的帝黨；後者的典型則是以慈禧為代表的后黨以及義和團運動。

辛亥時代，前者為孫中山為首的革命黨和以康梁為首的憲政黨；後者則是滿清政府和袁世凱。

五四時代，蔡元培、胡適之、陳獨秀等新文化運動主將是前者的代表，而北洋軍閥，張勳等則是後者的代表。

一九四九年至「文化革命」初期，「開放的中國」的勢力大為削弱，僅有少數的民主個人主義者以及五七年的右派作為其代表；而以毛澤東為首的龐大的中共當局則代表後者。

「文革」後期至四五運動，周恩來、鄧小平大體上代表了前者，而毛澤東、林彪、江青、華國鋒等代表後者。

十年改革時期，胡耀邦、趙紫陽、鄧小平（鄧僅在經濟上）代表前者；陳雲、李鵬、姚依林等代表後者。

六四事件前後，前者是天安門廣場的學生及知識分子以及趙紫陽為代表的黨內改革派；後者則是包括鄧在內的老人幫以及李鵬等。

中國近百年的歷史記憶在史詩般的六四決鬥中栩栩如生

從上述兩極勢力消長起伏的角度，強化我們的某些歷史記憶，仔細翻檢和透視那些我們漸已淡忘的往事，梳理其中有跡可尋的基本線索，追溯六四民運的精神道統和經驗教訓，人們發現，一系列令人難以置信的相似之處和清晰的遺傳脈絡立即呈現在眼前。

精神的傳承確是強固而有力的。

由於六四與戊戌、五四、四五享有同一條「開放中國」的精神道統，因此，豐富性和複雜性都更強的六四，作為後繼者，它包容了前三者的基本特徵：

以戊戌變法凸顯出的中國統治集團內部的維新改革派與守舊頑固派的宮廷血腥鬥爭，驚人相似地重演於六四事件前後的中共高層政治舞臺。

五四新文化運動蔚成大潮的民主科學精神同中國傳統專制主義的尖銳對立以更宏大的氣勢再現於七十年後天安門廣場上青年學子、知識分子同中共老人幫的史詩般決鬥中。

以一九七六年四五天安門事件揭櫫的中國民眾對中共（文革派）極左專制的憤怒抗議在一九八九年八九民運中（以北京市民為代表）以更徹底更公開的反中共一黨專制的姿態和更撼人心魄的氣魄再現。

作為一樁複雜的現代政治事件，八九民運包容了上述三方面的基本內涵，甚至在某些表面過程上也亦步亦趨地追蹤著歷史遺下的足跡。譬如，四五及六四，其發軔均以悼念中共內部相對開明的已故領袖始：一以悼周，一以悼胡；其結論，均以血腥鎮壓民眾並以罷黜另一務實開明的領袖收場：一以罷鄧，一以罷趙。相隔十三年之久的兩樁政治事件其發軔、過程和結局如此巧合，即使在人類歷史上亦是罕見的先例。

鑒於此，我們有理由認為，儘管八九民運是由一偶發事件引發的，但它的各個側面的豐富磨難卻充分展開了中國近百年來的基本歷史記憶。這些記憶和訴求雖歷經困擾，歷程中斷，卻仍栩栩如生。

這對「開放」和「封閉」的兩個「中國」而言都是同樣的。

這就表明，中國政治演化的邏輯仍然是有某種線索可尋的。

筆者的興趣是整理這一線索，並試圖分別對六四與戊戌，與五四，與四五的潛在脈絡進行某種鳥瞰式的概覽。

作為這些文章的第一篇，本文僅限於戊戌變法與六四前後改革的某些對比，至於學生與民眾與中共的史詩式的對抗，則另文討論。

兩次變革，最終都激化一場血腥的權力鬥爭

戊戌變法與中國近十年的改革，作為兩次自上而下的制度性改革，究其基本原因，都並非起自預先認知之後的主動進擊，而是情勢所迫，被動回應，不得不改。前者係為應付國勢日衰，特別是甲午戰敗之態勢；後者則為挽救「文革」劫後經濟崩潰，統治合法性極大削弱的頹勢。改革的最終目的是通過挽救其統治集團的合法性來保障該集團的統治權力。因此，它必定從一開始就有一條不可逾越的底線——最後防線，即：最高統治權力不得因政策而喪失。在清朝，即清廷的統治權不得消解；在中共，則有所謂「四個堅持」，中共自己亦承認，四個堅持的核心，是「堅持黨的領導」，亦即中共統治集團的權力不得觸犯。這就是這兩場變法改變的基本邊界，絕對不准「越界」。

鑒於此，這兩場改革一開始就是「戴著鐐銬的舞蹈」，存在著深刻的內在矛盾，左右掣肘，進一退二，不得其路。它的嘗試往往只是起了分化和激化統治集團內部矛盾的效果，最後必定醞

釀和激化一場血腥的權力鬥爭，於是，改革中止。

其次，它們失敗原因還在於統治集團的權力結構是畸形的雙重架構，名實不一。極不規則，極不正常。改革的執行者沒有最終的決定權，它受制於雙重架構中的「太上皇」層次。這種雙重架構實質上是把政治體系中本應歸於單一統治主體的權力及其相應的責任分別分派給了兩方；一方是執行者，沒有權力，但有責任；另一方是「太上皇」，握有權力，卻不負任何責任。這種權力與責任的二元分離造成了政治體系的震盪，致使政局週期性地不穩，執行者頻頻更迭。同時，名義上的最高統治者（皇帝、總書記）沒有權力，有權者沒有名義，這種名實分離的架構必定導致政治運作的非規則化和權位更迭的非程序化，為陰謀政治留下了極大的空間。

第三，這兩次變革的推行者皆與中國政治中權力的最終源泉——軍隊的關係甚遠，而且，改革的進程又屢屢導致軍方的利益逐步流失，從而使軍隊成為反改革力量的最大堡壘。兩次變革都最後因軍方的干預而失敗。

在國際條件方面，雖然各國基本上都支持變法和改革，雖然總的國際大氣候對兩次變革都有利，但歷史上和現實的改革者們都對外國期望太高太殷，不切實際，從而影響了自己正確的判斷和政治運作。

誠然，恰如歷史考證的結果所指出的，在戊戌變法失敗後，沒有任何外國政府主使或支持慈禧政變進而垂簾聽政；也正如六四期間，也沒有證據表明有任何外國支持中共老人幫屠殺學生市民並使改革倒退，這些固然表明慈禧及中共老人幫在外交上的孤立。然而，也應同時注意到，戊戌時期，也沒有任何外國政府肯出面直接干涉，使光緒返歸實權在握的皇位；六四時期，同樣沒有任何民主國家肯直接干預，使趙紫陽及其改革派重回權力核心。雖然各國的反應在具體歷史條件下略有不同，但總體來說，他們的反應是有節制、有限度的。事實上，每個國家都有自己的國家利益，這是任何國家處理國際事務的基本出發點和歸宿。沒有一個明智的政府是會把其他國家民眾的利益置於自己國家的利益之上的。這是一條鐵的定律。

縱觀歷史，冷酷的政治原則是：絕大多數國家終歸是要同一個（無論用任何方式）最終控制了該國家的政權打交道的。

因此，最根本的方面還必須依靠我們自己的堅韌不拔的奮鬥。

仔細考察比較戊戌之後在名義上的最高統治者光緒遭罷黜，維新派首領或血濺市曹，或亡命海外後中國政治演變的軌跡，比較和思索在罷趙之後中國政治的循環，也許是可獲得某種啟示的。

康梁欲借助國外力量的夢想煙消雲散：政治畢竟是冷靜算計的產物

歷史雖然不可能為我們指出將來必定成功的坦途，但卻常常為我們標出了那些走不通的道路。讓我們略略概覽一下當年一些事變。

戊戌變法失敗後，清廷大興黨獄，維新派情勢危急。經過千鈞一髮的曲折過程，康有為得英國軍艦保護，避地香港，日本友人宮崎赴港迎接康有為至東京。此外，日本友人平山周到北京，安排梁啟超、王照穿日本服經天津登輪赴日。康、梁抵日後，日本政府提供給他們一切生活費用，並給予嚴密的警衛保護。英日政府官員並保護和救援了另二位維新大將張蔭桓和黃遵憲。在當時國際上普遍同情中國維新黨人的氛圍下，英人的《字林西報》慷慨聲稱：「我們希望他們乘坐英國輪船，而我們的船主不會讓他（指康有為）在英國旗的保護下被捕。如這樣現代聖人不幸在英輪上喪失生命，那將是我們永遠的恥辱。」（《字林西報》，一八九八、九、廿四）

亡命海外的維新黨人滿懷憂憤，試圖以文武兩種方式展開一場反對慈禧垂簾聽政的鬥爭，並繼續鼓吹變法。

在文的方面，梁啟超於日本創辦了《清議報》，以外國友人名義註冊，資金大部由旅日華僑捐助，宗旨在維持中國清議，支持變法，醜詆慈禧，力主光緒復辟。慈禧對此極為惱怒，懸賞通緝康、梁，甚至僅發現其屍首亦可領賞，清廷致函日本總領事曰：「光禁其（《清議報》）妄發議論……嚴飭貴國報館商人，萬勿代其分送此報。」清王朝並通令長江各關道查禁《清議報》。但是，《清議報》不僅仍發行且暢銷沿海沿江各地，國內各報亦多轉載。……因各中文報多以外人名義發行，殊難禁止。故清廷未達此目的。（參考《外人與戊戌變法》，王樹槐著，一九六五年版）

但在武的方面，情況就大為不同。康、梁在海外募集巨資，令唐才常以自立軍名義起事。戊戌之後兩年（一九〇〇）八月二十二日，唐才常、林圭及日本人甲斐靖等二十餘人被清大臣張之洞在英租界捕獲。唐才常等遇害，甲斐靖則被送交日領事，清廷請日本按律治罪。張之洞在英租界捕人是獲得了美國領事同意的。美領事視此事為類似拳匪，曰：「南方有所謂大刀會、長老會、維新黨諸種，皆與北方團匪相彷彿，有為亂者，即速擒捕，敝國決不保護。」（《梁任公先生年譜長編初稿》上冊，頁一三三）

同年，康有為在加拿大組建政治團體「保皇會」，旨在促成光緒帝復辟。不久，孫中山等創建「興中會」，鼓吹革命。從此，君憲（保皇）派與革命派的長期論爭和（偶爾）聯合的歷史就此揭開序幕。

如前所述，戊戌政變初起時，日本國民及政府於拯救維新黨頗為熱心。英國則除其救人外，其政府對康有為呼籲其幫助光緒掌權一事予以拒絕，鑑於此，日本以後逐步採取觀望態度，視其他國家（特別是英國）的態度而定。到日本內閣換屆後，新內閣主張親近當權派，加以清廷命臣張之洞力主親日，使日本更趨現實主義，更傾向親當權者。因此，當康有為赴英求救失敗而再次赴日時，被日本政府阻止登陸。一九〇〇年，又不再准許梁啟超使用日本護照，時勢至此，康梁欲借助國際力量的干涉以使光緒復位的夢想，已經煙消雲散了。

何以外國對維新黨人之態度前後不一，始親終疏呢？這就必須探究外人救援維新黨人的基本原因。正如有論者指出的：「綜觀英、日救助維新人士的原因，不外下列四端：

一、贊成變法運動，因之同情維新人士。

二、維護國家榮譽。（如張蔭桓曾得英國勳章，黃遵憲被派為出使日本大使。）

三、出自私人情誼。（如英公使之拯救張蔭桓，而不願救其他維新人士。）

四、出於正義感。（……）

但基本的原因則為維新派的親英、日的外交政策。」（《外人與戊戌變法》，王樹槐著，頁二○三）

這裡，最重要的原因乃著眼於維新派的政策取向對本國有利的基點上，那麼，既然維新派現已不掌權，其政策也就消失了，他們已失去利用價值，則外國漸趨冷淡是合乎常理之事。

政治，畢竟並非羅曼蒂克的田園詩，它大多數是冷靜算計的產物。對此，我們絕不應有不切實際的幻想。

現實迫使清政府執行變法者的政治遺囑，但是，鮮血浸溼的大地很難孕育出妥協漸進的果實

回過頭來考察中國本土，戊戌之後國內局勢的演變軌跡如何呢？

自從慈禧在榮祿的軍隊和高級旗人支持下下令停止新政，親自訓政後，維新派六君子血濺市井，變法支持者噤若寒蟬，內外政策迅速倒退。國際輿論雖多同情中國維新黨，但亦於事無補，無可奈何。

但是，這種局面是不可能持久的。雖然，政治上的反對派已經潰不成軍，但是，慈禧王朝所面臨的基本問題卻不會因反對派在政治舞臺上的消失而減少，反而變本加厲了。事實上，客觀而嚴峻的現實的強制力日益增長，最後，它迫使慈禧及其之後的清政府不得不執行死於他們手中的變法者們的政治遺囑，試看看如下的一張政局演化過程表：

戊戌政變後不到一個月，當時的部分中國報刊以外國可能干預為理由，為維新人士緩頰。同時，南方各重要督撫也電勸西太后請謹慎從事並反對廢立(即廢光緒，立新皇)，籲請對戊戌人士從寬，各國外交人士亦以此勸中國朝廷。李提摩太警告清廷說：「忠臣難得，諫言易入，人死不可復生，民動不可復靜。」

戊戌之後不到三年，一九〇一年，慈禧被迫頒布「變法」上諭，把戊戌新政的實質性內容開始一點一滴地實施。

戊戌之後六年，一九〇四年，清政府大赦戊戌黨人。

戊戌之後十二年，一九一〇年，清廷宣布於一九一三年召開國會，在一九一一年五月頒布新訂的內閣官制。於是，中國出現了第一部名為「憲法大綱」的東西，出現了第一個議院性質的機構和第一個責任內閣。至此，清政府徹底履踐了戊戌人士的「遺囑」，實行了「沒有維新黨的晚清維新」。

但是，晚了。

歷史的機會已經喪失了。

鮮血浸淫的大地很難孕育出妥協漸進的政治果實了。

革命的輪盤已經啟動。

從此，中國進入現代史的第一輪循環之中。

從戊戌到六四，統治集團上演的宮廷戲給我們昭示出那些走不通的道路

從戊戌到六四，在上層統治集團中，「開放中國」與「封閉中國」演出的兩齣宮廷戲，給我們以哪些基本的歷史啟示呢？

一、必須預先調整和改革權力結構本身。以一個雙重的或多重的、名實分離的不規範權力結構來實施改革是不可能成功的。

二、預先不宜鮮明而強硬地宣布改革的邊界條件。倘如此，便無退路，易進入政治死胡同。邊界條件須軟而模糊，每一時期有一邊界條件。逐步修改，循序漸退。

三、應預先周密擬定改革措施的順序，分期各個擊破。每次只宣布單一的目標，從而在每一

戰役時，總處於多數地位。並應從阻力最小的措施開始，逐級提高目標。倘全盤提出總戰略並一舉解決之，則無異於把敵人聯合起來，置自己於劣勢地位。

四、每一措施都必考慮到軍隊利益是否受損。基本上應以不損害軍方利益為前提，便於換取軍隊中立。

五、採取某一單獨措施時，應快刀斬亂麻。這使對手無法動員力量予以反擊；並且可迅速造成該改革措施的既得利益集團，成為維護和捍衛該維新措施的保障。

六、國際的支持不可長久依恃。所有國家政府都是本國利益至上者和現實主義者。應抓緊世界大氣候有利時壯大自己的政治參與力量和支持力量，從而成為恆久的政治資源。

七、謹慎而穩妥地放鬆對地方政府的控制造成地方勢力相對獨立的局面，從而對背逆改革的潮流造成不可抗拒的制衡。但需防止軍隊與地方政權的結合。

八、任何一方採取暴力流血手段，將使政治進程激化和兩極化，從而極大削弱了改革成功的可能性，引致社會普遍憤懣而導致民間武裝暴動。其結果往往是一輪新形式的流氓專制。

沮喪之中，仁人志士所讚揚的暴力革命，很大程度種下以後慘烈悲劇的禍根事隔九十年之後，人們會在假設，倘使當年慈禧接受了戊戌變法，中國這近百年歷史將會怎樣改寫？

也有人假設，縱使戊戌變法失敗，倘若當年的中國人接受了戊戌之後逐步實行的「沒有維新黨的晚清維新」，以後的歷史又將怎樣寫？

當然，歷史是沒有「假設」的。人們會論證說，戊戌時代，后黨是多麼頑固強大，新黨是多麼急躁、幼稚，慈禧怎麼可能接受變法？人們也會爭辯說，戊戌變法失敗後，清政府已對中國人結下血海深仇，更重要的是它乃是一個異族統治集團，占人口絕大多數的漢人不可能會容忍一個少數民族，而且又是曾對漢族犯下血腥罪行的異族統治者來試行英、日式的君主立憲制的。其時，種族革命的心態已瀰漫全國了。

誠然，上述論證和辯駁都頗有道理，但它們卻是無的放矢。因為前述的所謂「假設」，意思就是預先設定上述論證和辯駁的論據是不存在的（當然，在事實上，它們是存在的）。這就是學界所謂的「反事實的歷史研究」：我們設定在「反事實」的前提下，討論歷史可能的另一番面貌。

這並非毫無意義的智力遊戲。它對未來可能有某種啟示作用。所謂「反事實的歷史研究」並非指某段歷史的所有前提事實都不存在，而僅僅假設其中某一項或某幾項事實不存在，再配合以其他事實前提條件，推測歷史可能演化出的面貌。實際上，不同時期的兩樁歷史事件常常是既有其相異亦有其相似乃至相同的前提條件的。有時候，對某一事件的前提條件假設某幾項「反事實」，再來進行歷史事件的比較研究，常常會比單純的實際事件的比較帶給我們更多的洞察力，利於穿透歷史的煙霧，預見幾種基本的可能性前景，據此創造新的歷史條件，從而避害趨利，造福社會。

就戊戌事件及其之後中國政局發展至今的演化而論，這百年痛史總是令中國仁人志士扼腕太息，常常生出「一步錯過，步步皆錯」的深沈的惋惜，並令不少聰明人士發出「倘若歷史可以從上世紀末重演一次，我們絕對不會重蹈覆轍了」之類感慨。然而，令人困惑的是，往往正是上述仁人志士，在對迄今為止的中國現代史充滿絕望沮喪情緒的同時，又時時去讚揚這段歷史中的某些暴力革命一邊倒式的成功。支配其潛在意識的，基本上仍是那種「成則為王，敗則為寇」的老套路。他們似乎從未意識到自己的那種深刻的沮喪絕望情緒同對暴烈革命成功的讚美之間有什麼矛盾之處。

其實，正是他們所讚美的那些東西，在很大程度上種下了以後慘烈的悲劇的禍根。

六四展開的歷史記憶，提出一個緊迫課題：如何打破近百年來中國政治的惡性循環圈？

一個不能從歷史中汲取智慧的民族，常常演出形式和場景相似的歷史悲劇。

我們如果撇開六四時期的老人幫及其對手——黨內改革派所附加上去的一套意識形態用語，

不難發現，他們的應變策略、行為方式、心理狀態和語言結構分別同慈禧后黨與光緒帝黨幾乎如出一轍。從這中間，我們是否可以發現一些中國政治邏輯的一些基本結構呢？

當然，歷史是不可能被複製的。然而，歷史的慣性常常又出人意料的強。我們必須時時得面對歷史記憶的糾纏。就六四事件和戊戌政變的單側面（僅止於上層頑固派與革新派之鬥爭）比較而論，六四事件展開的歷史記憶給我們提出了一個嚴重而緊迫的課題：如何打破近百年來中國政治的惡性「循環圈」？其中實質上也就包含了如何去清理和分析這些歷史的記憶。這一過程，根本上也就是一個化解和重組我們的歷史記憶的問題。只有如此，這些零散的記憶構成的意識流才能凝結下來，結晶成基本的政治智慧，從而突破「革命加專制」的循環圈。

真能如此，才算對六四的亡靈有了交代，六四也才真正劃出了一個歷史時代。

（本文作於一九九〇年）

重新面對一九一一年

——辛亥八十與余英時先生對談

激進主義的濫觴

陳奎德（以下簡稱陳）：今年是辛亥革命八十週年，各方面人士，特別是知識界對此都頗有感慨。辛亥革命是本世紀初葉發生的影響中國現代命運的重大事件。如今，本世紀已近尾聲，在中國遭逢了世紀內各種各樣的大災變之後，回顧歷史，有些人提出極端的看法，認為辛亥革命沒有必要；較折衷的看法也認為要從這段歷史中吸取基本的教訓；當然，也有人認為辛亥革命仍是對的，需要這麼走，大體上也只能這麼走。處在當下這種急劇轉變的歷史時刻，作為歷史學家，余先生再回頭去看八十年前的辛亥革命，是否有一些新的看法？

余英時（以下簡稱余）：我也沒有專門研究，只是嘗試去理解。中國人和西方人研究辛亥革命，已有不少看法。剛才說的那個問題李澤厚也說過，他認為辛亥革命最好沒有，倘戊戌變法成功，中國反而更好。我最近在胡適的《留學日記》中看到他當時認為，倘若當年袁世凱不出賣，戊戌政變會成功，那就很好。但是這裡有一個問題，就是滿漢關係繞不過去。如果當時是漢人當皇帝，就可能採取君主立憲。（陳：正如英國和日本一樣，也許中國現代史就全盤改寫了。）但是滿洲貴族抓住政權不放，這是一個大障礙。這個障礙當時無法排除，因此，當年第一優先的事是排滿，大家是靠排滿聯合在一起的，反帝還是次要問題。孫中山一直與英美關係甚好，與日本也是這樣。我們這裡(Princeton Univ.)的Marius Jansen教授的成名之作就研究了孫中山與日本的關係，他根據日本保存的文獻——孫中山自己的第一手文獻指出，袁世凱打算與日本簽的二十一條，實際上孫中山最初也向日本作過類似的提議。這一點與在中國受教育者視孫中山為完美無缺的人的觀點很不相同。

陳：當年臺灣的李敖就孫中山與日本的祕密關係對國民黨攻得很厲害。他所指的孫中山與日本人訂有密約，我想就是Jansen教授所指的那件事。

余：實際上就是那個東西，基本上就是二十一條內容，孫中山是同意的。當然也不能以此來判斷孫中山的好壞。政治家是現實主義的。當時孫的首要目標是推翻滿清，雖然也怕列強瓜分，但當時壓倒一切的危險不在於此，甚至對列強還不能不採取某種合作的手段。因為首要面對的問題是滿族政權阻礙改革的問題，全部障礙，最中心的障礙是在這裡。因此，從這方面看，我們很難看出一條在滿清不被推翻前提下中國的出路。甚至這也有點像蘇俄革命時列寧簽訂的對德和約，以及蔣介石在三〇年代的「攘外必先安內」為的是集中力量首先掃除國內的障礙。在孫中山看來，現在先受點屈辱，將來還可以收回，還有辦法。

陳：但是當時滿清的情況是，戊戌政變已失敗了好些年，那之後直到一九一一年，清政府頒布了一系列變法措施，有些比起戊戌變法期間的法令，有過之而無不及，起碼從形式上看，已是相當全面的變法了。例如戊戌之後第三年，一九〇一年，慈禧頒布「變法」上諭，已有了戊戌新政的一些內容，一九〇四年，戊戌黨人獲大赦；一九一〇年，清廷宣布於一九一三年召開國會，在一九一一年五月頒布新訂的內閣官制，中國出現了歷史上第一部名為「憲法大綱」的東西，出現了第一個議院性質的機構和第一個責任內閣。

但是，一旦經過戊戌事變，似乎中國走君主立憲的歷史機會就一去不返了。戊戌血債，結怨太深，滿漢之間已勢難妥協了。同時，後來的變法完全是被迫的，僅僅是維護滿清的政權了。

余：清廷只是先給你一些幌子，緩和一下危機。陳寅恪曾有輓王國維的詩說：「君憲徒聞俟九年」，這就是當時人的紀錄。清政權作為一個外來人的集團，還想保持它的特權，因此與漢人的矛盾一直沒能解決。這件事最終總會面臨攤牌。辛亥革命是自發產生的事件，是由很偶然的事件引起。而其解決，無非是一場bargain（討價還價）的結果（南方臨時政府的革命黨人——袁世凱——清政府三方bargain）。清朝改革在中央並無多大起色，但有一點不可忽視，就是地方的獨立性增強了。這對以後的發展，影響是深遠的。

陳：清末，當時各省都成立了諮議局，當選的議員，大部分是地方的士紳，從而使諮議局成為地方政治活動的焦點，區域自治、自保的思想開始出現。這對辛亥之後的局面似乎也發生了重要影響。

本世紀一直有一個普遍的說法，即是中國人或中國文化先天就不適於議會民主政治。重要的根據之一就是辛亥之後民國初年中國人已試驗過各種各樣的這類東西，全部歸於失敗。但是，民初的這件事情是否就構成了歷史必然性的證據呢？訴諸現代民主國家在歷史上反反覆覆進退交替的歷程，上述結論是否下得太早了？

余：民國初年那段時期的政黨政治、議會政治確實有許多進展，其中最重要的人物是宋教仁，他的被暗殺就因為他將出馬競選，代表國民黨競選，其成功的可能性是很大的。他的犧牲、袁世凱的稱帝，都不能說有所謂「歷史必然性」。

陳：另外一個重要問題是辛亥前後，中國思想界爭論的焦點：憲政與革命的問題。當時的爭論是相當激烈的，雙方分別以《新民叢報》和《民報》為各自主要陣地互相叫陣，頗為熱鬧。但自辛亥推翻帝制後，這場爭論遂一邊倒向革命，包括很多中國學者對此的專著和專題論文，都隱含了某種以革命為最高價值的預設前提。如亓冰峰先生的《清末革命與君憲的論爭》，以及專門研究立憲派的張朋園先生等對立憲派都是相當貶斥的。這種因辛亥革命成功造成的某種「革命神聖」的精神氛圍，對本世紀中國的政治發展是否有潛在的重大影響？我們看到，無論孫中山、蔣介石還是毛澤東，對內部統稱革命同志，視「反革命」為罪大惡極之代詞，這種革命與反動的二元對峙、冰炭不容，褒貶鮮明，是否與辛亥革命的精神遺產有關？

余：是有一定關係。事實上，不要到辛亥革命，那種氛圍已經開始了，辛亥之後逐步加強。但是，進行議會政治和政黨政治的那段時間，總的氣氛還算正常，憲政主義的力量也不弱，只是由於袁世凱稱帝的野心膨脹，刺殺了宋教仁，逼出了那個第二次革命時，革命的氣氛才高漲起來的。因此，這種革命的被偶像化歷史進程與袁世凱的恢復帝制的行為是息息相關的，即是說，與這個偶然因素的強化作用分不開的。到袁世凱死去，帝制復辟失敗，「革命」這個詞就愈發神聖化、偶像化了。

陳：若回到剛才的憲政與革命之爭，就人材而論，很少有人能與憲政派的康梁相比的。特別是梁啟超還是一支宣傳的大手筆，他那支筆既有一定的學問為底，同時又具有極大的煽動力量，就個人而言，革命黨中無人能匹敵。但最後在輿論上仍是革命黨占了上風，說明整個激進空氣的趨向，形勢比人強。

余：那是一個輪番競賽激進的時代，隔三、五年一輪。三、五年前還是革命的人，三、五年後就落伍了，思想完全脫離了現實。辛亥之後，當時的知識界對現實無可為，對現實無所肯定。袁世凱的現實當然不行，孫中山的現實又建立不起來。永遠不存在開始建設的現實地基。

陳：當時何以不能出現一些不同的聲音，何以知識界幾乎都是一邊倒？是否「進步」的觀點，進化論的哲學在其中起了根本性的支配作用？嚴復發揮的達爾文主義在此時顯出了它的潛在影響。人們毫無批判地認為，歷史總是往進步的方向走的，今天總比昨日好，往後的價值又比今日高。這恐怕是激進主義的哲學根基，即把時間的維度和價值增長的維度完全同一了。像英國的那種健康的保守主義在這樣的精神氣氛中是完全沒有立足之地的。

余：除進化論外，從日本再販運過來的諸如Spencer等人的思想等都指向這一方向。當時，「保守」兩個字是完全不敢露面的。梁啟超當時曾對人說：「十年之後當思我。」意指十年後破壞得不可收拾後，你們會記得我所說的話。誰知這一輪迴豈止十年，一路激進到文化大革命！這種激進主義自成一個運行軌道，一步步加速運轉，直至達到極點——一條死胡同。試想《新青年》當初胡適是何等激進，不過幾年後，保胡適的人居然已成保守派、反革命了，已引不起革命青年的尊敬，國共兩方都罵他了！這恐怕是辛亥革命的主要後遺症吧。

當初，倘若革命與憲政兩方能合作，將會創造很好的歷史機會。但康有為不贊成。（陳：當時梁啟超是同意的，但康氏反對很力。）對，梁啟超比較平和、明智。倘二派匯流，中國的發展會比較健康。但由於康有為的原因，革命派《民報》與改革派《新民叢報》的筆仗愈演愈烈，常常把清廷也放在一邊了。兩派都認定自己要重新改造中國，用憲政主義，還是無政府主義，是三民主義，還是社會主義，爭執不下。但在現實層面，卻與這裡的主義關係甚少。社會上有勢力的仍是地方紳士。工商勢力不大，會黨當然也可搞事，但也沒有決定性的作用。孫中山為革命去聯絡會黨。因為革命總需要表現，但又不可能像汪精衛那樣通過個人的暗殺行動表現，於是聯絡會黨成為一種主要途徑。這就決定了辛亥革命的基本形式和隊伍的基本素質。辛亥前後，東南沿海的會黨勢力與孫中山都有相當的關係了。至於十月十日武昌的舉事並無人下命令，只因反叛計畫被發現而倉促發動的。但這一無準備的自發行動卻引發了各地方紳士起來反抗朝廷。（**陳**：之前四川的保路運動已形成地方勢力對抗中央的態勢。）對，保路的事正表明了這點，而武昌所在的湖北也是一省。總之，是地方抗拒清廷，關鍵就在這裡。到國民黨統一之前，到處是通電。北洋政府也動不動就通電全國，各地表態，形成一種相對獨立的政治景觀。

地方主義和政治真空

陳：從這點自然引出的一個問題是，辛亥革命之後，地方主義的興起。當時的輿論對於聯邦制、邦聯制、聯省自治等討論甚烈，而這一現象與滿清末年諮議局的興起，地方士紳的壯大，地方軍隊的創立，中央權力的削弱，似乎連成了一條基本的歷史線索，其主要指向就是中央與地方關係的弱化。（湖南在當時最為典型。有諷刺意味的是，後來的中央集權主義者毛澤東，當年曾是湖南地方自治的積極鼓吹者。）我想，如果沒有後來日本人的侵入（當然，北伐也是一種統一的力量），中國是否會出現另外一種格局？

余：我想，袁世凱亂搞之後，北洋就很難辦，恐怕那就非要邏輯地走到國民革命不可了。原因何在？主要是出現了合法性的真空。從前帝王統治，天與人歸。如沒有新王朝的繼承者，就會出現空白。辛亥之後，這個空白出現了，並且無公認的途徑填上。孫中山，大家也不認他是真命天子，北方就叫他孫大砲。（陳：如，中國最後一名狀元，知識界兼實業界人士張謇，就瞧不起孫中山，認為他沒有什麼學問。）至於國民黨統一後他被捧為國父，就變成了另外的局面了。但那是人為的。孫並不壞，總的還可以。我講個小故事，是唐君毅先生告訴我的。他說他曾問認識孫中山的歐陽競無先生對孫的印象如何，歐陽說孫先生看看相貌很慈祥。他只說這一句。此話就看你如何解釋了。當然，至少人不壞；至於是否中國的唯一不可或缺的領袖，那就難說了。不過，除他之外，其他人更不行。

這個空隙是在帝制消失後形成的真空。共和國建立後，誰做眾望所歸的領袖，始終沒有找到。根本的問題是，缺乏中間力量。如果中間力量凝聚起來，凝聚過程中又有一、兩位是大家可信賴作領導的，那就有可為。如中間勢力出缺，就無法。中國的中間階層太薄弱，只能在地方發揮一點作用。全國性的中間勢力從來就沒有形成組織。政黨是中國傳統所無，從西方搬過來的。這種臨時移植的東西沒有代表各地利益的基礎。

這種權力真空、合法性喪失的態勢，造成很大的混亂，一個革命緊跟另一革命，形成暴力循環。中國與日本的對比，正如法國革命與英國革命的對比。日與英相似，日本不動那些架構，frame

還在。也不管其中有無矛盾，任它去，凡好的都吸收，與架構有矛盾也沒關係，任何有助於富國強兵的都幹。如此，秩序不致大亂，社會體制不致大變，逐步形成漸進轉化的機制。

陳：你所說的中國的中間階層的薄弱和中間架構的缺乏，具體還是指辛亥之後中國社會的主要特徵吧。當時的士紳階級，作為立憲派的社會基礎，是否有可能擔當起上述角色呢？

余：其實在辛亥之前就已經較明顯了。紳士與商人的勢力主要是地方性的，沒有全國性的組織，當時商會的力量還很弱。所以就全國範圍說，中國社會的中間階層在內容和形式兩方面都微弱，不足以在政治上造成舉足輕重的影響。以前士紳是通過科舉制度和政治體制直接發生聯繫的。科舉大體上依人口分配在全國各地，舉人、進士做官後，多少能代表各地中間階層的利益。一九○五年科舉的廢止，使得一條基本的線索斷了。科舉制度保證了全國精英可通過這個制度去負起國家的責任，這是從整體利益方面講；另外從個人利益來講，可以做官有前途。從社會學來看，它提供了一條公開的渠道，一套競賽規則，通過這一渠道上升，具有某種客觀性和公正性，大家無可非議。過去大家常以為傳統完全是專制胡鬧。其實不然，在其範圍之內，傳統有其規則，有某種客觀性和普遍性。取消科舉和辛亥之後喪失了既有規則，又無法建立新規則和渠道。從而私人關係日益重要，原來的客觀性和普遍性都蕩然無存了，沒有上升的公開的途徑和渠道了。標準的喪失釀成了爭權奪利日益激化和混亂。北洋政府至少還根據一點規則，承繼了清朝末年的東西，還有些許規範，後來也被摧毀了。到國民黨時，只要你是黨員，就可雞犬升天，而共產黨更是變本加厲。問題就發生在這裡。誰來管這個國家?沒有領導人;誰應在政治上負責?沒辦法客觀界定。像私人關係這類東西，是沒辦法使之客觀化和普遍化的，不能成為公認的規範。這就是辛亥之後最大的問題之一：合法性真空的問題。

陳：有些資料表明，當時的知識界人士和地方士紳也看到了全國合法性喪失，真空出現的巨大危機。於是，有些區域開始尋求自保：自己組織起來，在小範圍內，家園之內自立、自治、自保，以免全國性的「城門失火，殃及池魚」。

余：像南通的張謇，有地方勢力，有聲望，就搞了地方自治……。

陳：這種情況的興起，表明辛亥以後的地區自立、聯省自治聯邦主義、省區獨立等等是淵源有自的。

余：從這個意義講，我們說軍閥並不妥當。中國還談不上有軍閥。只有一些無知的武人在全國流竄，並沒有什麼扎根於地方的勢力支持他。(**陳**：他們本來就是一些無根的武裝力量。)像吳佩孚，一會去河南，一會去兩湖，一會去北京，只有東北張作霖比較特殊一點，還有以後的閻錫山在山西未動，另外就是四川督軍。其餘在北洋時代都是四處亂竄，沒有鄉土之情，隨意拉伕、征錢，沒有深厚的地方基礎。想同他們合作的知識分子也沒有結果。像丁文江、蔣百里想在上海幫孫傳芳，根本不行，一會就完了。中國由此變成一個大的政治真空，社會真空，它勢必醞釀大變局。這一真空給共產黨的興起創造了機會，一般而言，它給多種邊緣人物打開了大門。沒有了制度上的軌道，什麼人都可以上，什麼路都可以走，越是邊緣人物越容易抓權，像項羽鬥不過無賴劉邦一樣。

陳：項羽畢竟是貴族後裔，有所忌憚，有所不為。在無規則的時代，愈是肆無忌憚者，愈是占上風。毛澤東自詡「無法無天」，他的行事方式是沒有任何規範的。完全不擇手段，唯一關注的就是勝利。

余：從辛亥開始，就是negative mood（否定的心態）當家（黑格爾），negation這東西，不破壞就不存在，它的存在完全靠破壞。我破壞，故我存在。若什麼都不破壞，我就沒有了。從這裡看，辛亥革命之發生難以避免，這是一回事。但是，它引起的後果是嚴重的。當時無人有準備去接管大帝國崩潰之後的局面。

陳：這一局面是超乎中國人傳統的想像力的。因為這次崩潰與過去的改朝換代很不相同，中國再也不是天下唯一的「中央之國」了，國際環境完全不同了，故當時知識分子稱此時代為「三千年未有之大變局」，在中國歷史上沒有這種經驗，故想不出任何系統的辦法來應付。

國運的三次機會

余：誰也不知道它忽然就來了，無人能預測，故完全無法應對。就像這次蘇聯政變，整個共產黨就垮光了，也出現真空，如何填補，它也走到與辛亥革命一樣的路上來了。如果國民黨在一九二八年成立後逐步建成一個中心，知識分子也與之合作，如蔣經國、翁文灝、王世杰，英美派都慢慢與它合作，包括胡適也因為國難深重，日本壓迫，也覺得需要有一個強有力的中央政府。那時雖然有人講民主，有人認為不妨獨裁，但這區別還不算最重要的，最重要的是大家承認，只要國民黨蔣介石好好做，我們可以支持。那是三〇年代以後，特別是九一八之後才發生的變化。但是，這一變化又因日本人來得太快而變得無意義了。西安事變是轉變的關鍵。當時蔣的想法是先解決共產黨再說。但那時已不能再打內戰，日本人也不給機會，內外夾攻，步步進逼，沒有餘地。這個中心又建立不成，失去了歷史機會。這當然是國際國內因素造成的。不能說三〇年代沒有合法性。確實是剛剛成立一個中央，開始有了一些合法性。年紀大點的人都記得，蔣介石剛從西安放出來時，全國鞭炮都是賣光了的，人們都哭得不得了，都覺得蔣委員長不得了，沒他不行，國家要完了。包括胡適這樣反蔣的人。胡適過去私下跟朋友寫信稱：「馮來蔣去一窩豬。」，對蔣是絕無敬意的。但他當時也說，蔣先生要不存在，中國將倒退二十年。其時剛剛勉強成立一個中心，可以開始建設、搞現代化了，結果一下子這個中心就毀掉了。（陳：可能日本人的進攻還是最重要的因素。）日本人是最大的關鍵。如果日本人不進逼，只到東北為止，到所謂「滿洲國」為止，局面或可維持。但它馬上就要華北，使「華北特殊化」，到此地步，不抗日是說不過去的。若說打共產黨是第一要務，但共產黨壞處未顯現啊，這是無法服眾的。人們無法預見今天共產黨的殘酷。若知道今天的情形，當時很多人可能寧肯繼續與日本妥協。（**陳**：正如今天千千萬萬的大陸人、香港人逃離家園投奔異國一樣。）中國在清朝末年，大家對滿清政府毫無信任，包括士大夫在內對外國人都並不仇恨。有人問一學者說，你在北京，若列強來瓜分怎麼辦？他說不過是「去無道而就有道」而已。應注意，這是大學者王闓運說的，他認為西方「有道」，他說，「不信神州尚有神」，神州死掉了，外國來征服剛好。這是中國老觀念《詩經》上就有「誓將去汝，適彼樂國」的名句。不能說中國人就只知道一個祖國，只要是中國人統治，你把我當奴才，無論怎樣糟蹋我，我都可以接受，並沒有這種觀點。現在是表達得更加明確而堅決了。「去無道而就有道」的觀念又出現了，並更普遍化了。王闓運也寫過一幅著名的有關「民國總統」的對聯：「民猶是也，國猶是也，何分南北；總而言之，統而言之，不是東西。」從這些都可看出民心的變化。

總之，辛亥之後，中央失去控制力，失去合法性，各種瘴氣毒氣在中原飛揚跋扈，建立不起中心；三〇年代眼看開始上軌道，又來日本人一逼，國民黨一抗，這就給共產黨造成機會。國民政府幾十萬最好的軍隊抗戰一次解決了，再也無法恢復；十幾年的建設毀於一旦，共產黨反而暗中慶幸。

陳：抗戰中，毛澤東當時的策略就是「坐山觀虎鬥」，讓國民黨在正面戰場上去同日本人消耗兵力，借日本之刀殺政治對手，而自己則坐大待機。所以，他特別仇視彭德懷搞「百團大戰」那種消耗中共兵力的戰鬥，在黨內屢屢批判，其原因就在於此。

余：中國的政治勢力如何同民間力量打通，這一直是個問題。國民黨根本沒有與民間打通，沒有把政治基礎建立在老百姓的基地上，老百姓覺得與我無關，這是國民黨的致命傷。

陳：抗戰勝利後，國民黨與老百姓反而更加疏離，它的各地的接收大員的搜刮行為對其政權的合法性傷害很大。有一點很多人難於理解，國民黨雖在抗戰中元氣大傷，但畢竟還有一些軍隊，國際上也有合法性，怎麼抗戰後三年多就被共產黨摧毀了？

余：這一點其實美國國務院有些人就指出過，他們看出國民黨非垮不可（陳：也包括著名的Stilwell將軍），共產黨確實在宣傳上也用足了功夫。

我看白皮書裡John Davis形容共產黨軍隊與人民是水乳交融，中國第一次有了一個人民的政權等等（採取中共的說法）。在這種情況下，美國因國民黨離心離德，不想支持它，並想慢慢拉拔共產黨。美國的這種現實主義更使國民黨無法維持。（美國對國民黨的敷衍是礙於情面，因為國民黨較為親美。）因此，可以說，激進主義的中共之得手仍可算作辛亥革命造成的一連串悲劇中最近的一個，他們想把整個社會拆掉了重來，它也是最極端的。

陳：有一種說法，認為辛亥之後，中國的國運曾有三次機會，第一次就是民國初年的重建，主要是袁世凱的機會；第二次是北伐勝利一九二八至三〇年代初葉，是國民黨的機會；第三次是五〇年代初葉，是共產黨的機會。若說有的話，三次都被葬送掉了。其原因可能個個不同。第二次很顯然，最基本的是日本人的原因。但第一次何以未能走下來，從而確立政治的法統？

余：這跟當時的國民黨有關係。國民黨比較激進。當然，也是雙方的，不光怪國民黨。袁世凱也不信任國民黨，而國民黨想以各種方式來控制他，如動議遷都南京等，並明顯地醞釀用議會政治來解決袁。袁當然不是傻瓜，這樣就形成反對力量變成推翻勢力的局面，從而不存在Loyal Opposition（忠誠的反對派）了。這個基本的格局雙方開始就未能確立好。（**陳**：雙方不是良性互動而是惡性互動了。）這就造成袁越來越依靠武力。第三次在表面看是機會，實際上沒機會。就本性而言，共產黨一定要毀掉現有的一切制度和架構，用一黨造成一種無遠弗屆的控制，直接控制了每個人，使這個社會永遠不得翻身，永遠再不可能產生推翻我的勢力，這是它的基本目標。它認為自己吸取了所有的歷史教訓。它認為歷史上有些政權所以被推翻是因為存在一個相對獨立於政權的社會，它要用Party來取代社會，還是秦始皇式的「萬世一系」的想法，當然比秦還厲害得多。所以我認為第三次沒有機會，所有的共產黨國家的歷史都表明沒有這個機會。所以產生有機會的假象是很多知識分子跟它合作，屈辱自己，造成全國似乎比較齊心的幻覺。

陳：當年從外表看，似乎全國一致都在跟共產黨搞建設，好像有一種向上的氣象。但若就共產黨的本性論，確實，應當說這些都是幻覺，因為所有共產黨當政的國家都表明他們從未把建設置於首位；他們孜孜所求的，只是維持權力；倘把建設置於首位，它已經就不再是共產黨了。最近十幾年的例子證明了這一點。

而從辛亥之後中國現代史總體衡量，中國共產黨這四十多年造成的災難比前面各政權的總和還要多。

余：那當然，多得太多了，軍閥根本不能比。而所有這些作孽，沒有理由可以解釋，因這四十多年，中國既無內憂，又無外患。在中共當政前那些年，軍閥不過在外跟土匪一樣，小搶小吠，是癬疥之疾，而中共則是心腹之患。蔣介石其他雖不行，但這點是懂得的。

包括日本人比較起來，也是小巫。將來的國際秩序絕不容征服中國的，蔣是懂這點的。

虛驕的民族主義

回過頭來看，從辛亥到共產黨，最基本的力量是民族主義，不是共產主義。各派都是為民族富強起來。（陳：弔詭的是，這正是這個民族眾多悲劇的基本原因之一。）對外還是那種天朝的心理未能去掉，外國人一欺負就過度叫喚要拚命。辛亥前後，簽二十一條時，在美國的知識分子，辦《留美學生季報》，胡適就與他們吵架。胡認為不可衝動，這些人則認為寧可打敗被征服也比這樣好，寧肯拚命不計後果。兩人打架或可這樣，國家怎能如此？一百年來，中國人一直謳歌林則徐。其實，林的愛國精神是可佩的，他的人格也很高尚，但他並沒有外交經驗，更不懂西方帝國主義的性質，所以也未能真有貢獻。只不過燒點煙表示點姿態，根本沒解決問題。所以我認為蔣廷黻的翻案文章是有道理的。他的〈琦善與鴉片戰爭〉是一篇很重要的文章。按林則徐的辦法，假如能造成虎門轟幾砲，英國人從此銷聲匿跡，不敢再來了的結果，那就可取。但是，實際上英國人是回去準備打仗了（原先並未準備打）。打過之後，無可協商，弄到香港要割讓，條件越來越壞，談判地位越來越低，甚至沒資格同對方談判了。你發狠有什麼用？就如同美國與伊拉克一樣。

陳：薩達姆就是好說大話。說大話的人在國內老是得到喝采，但實際的結果是使國家陷入深淵。從來如此。希特勒當年在德國的演說也是，多長德國人的志氣！到頭來如何？多滅德國人的威風！在中國歷史上這種風氣也是源遠流長了。

余：這裡有個虛驕的清議。這清議也是從清末開始的，特別是甲午戰爭前後。甲午之戰也是清議逼成的，非打不可，不打就是漢奸。李鴻章就夾在這中間。當年北京有一丑角名家名長三，時人有清議對聯曰：「長三已死無真丑，李二先生是漢奸。」就是指李鴻章的。你可看出中國不顧一切非理性地以整個國家作賭注，跟人一拚的心理一直存在，一直搞到抗戰。任何人稍說一點緩和的話，要同敵人辦交涉，就是漢奸，就是妥協，就是賣國。（**陳**：妥協這個詞在共產黨辭典中已變成了貶義詞。）甚至對汪精衛，我都不能像一般人那樣看他。他也有一個原則性，認為中國不能打，一打就完，並不是說他甘心情願當漢奸。當然，他做的事我也不贊成，既然抗戰了，就不能私下以你的地位去談和去建立一個政府，這是應該譴責的。即使是共產黨事實上也常以策略為藉口，對外採取妥協。一九一八年列寧和西方聯軍訂立Brest-Litovsk條約，如照中國人的說法，豈不也是「喪地辱國」？

但是中國人拚命的那種心理，那股虛驕之氣，那種清議，甲午之前就有了。李鴻章簽馬關條約回來後，陳三立致電張之洞，叫他聯合各督府，「請誅合肥，以謝天下」。他並非責備他簽約，而是責備他根本不應當打。因為以李鴻章的地位應當知道中國不能打，但他未能在慈禧面前不顧生死地力爭。再早一點如郭嵩燾……，也同樣認為不能輕啟戰事。這些都是有遠見者。

所以我認為，全中國都有一個negative mood，毛澤東就是在這個negative mood之下出現的。因此，如果把毛現象完全歸之於他個人，不免失之膚淺。試想，一個自大慣了的國家，視四周為蠻夷，如今忽然這樣，這口氣如何吞得下？吞不下就拚，又沒有力量拚勝，於是失敗。失敗後又罵主事者無能。怎麼可能「有能」呢？你實力、槍砲客觀不如人嘛，你看薩達姆，對付盟軍一敗塗地，但對付內部叛亂行得很，哪裡是「無能」呢？民國以後，這一連串的發展都是從辛亥革命開始的。

兩種合法性

陳：在某種意義上，目前中國大陸的局面又類似辛亥革命前夕了。我想，我們倘能利用辛亥八十年之機認真檢討一下歷史，釐清本世紀悲劇的基本脈絡，今後倘若再遇到類似的歷史條件時，中國人可能會稍清醒一點，稍有政治智慧一點，不至於完全被情緒所支配。

余：當然。如果說要吸取教訓應當對共產黨講，它應以滿洲人為鑒。它的地位像滿族，也是一個獨占權力的集團，通過意識形態和紀律等東西使黨的組織變成一族。（陳：一種利益共同體。）它覺得它就是中國，它就是天命所歸。在這種幻覺中，用馬列主義再「證明」自己代表時代潮流。其實，這種虛幻的感覺，相信的人可能一個也沒有了，包括鄧小平自己。可它利用這個藉口就可去抗拒黨內的改制力量，能拖一天算一天。殊不知反對「和平演變」就是期待「暴力演變」，這不荒唐嗎？變是非變不可的，絕非暴力鎮壓所能阻止，殺幾百上千老百姓有什麼用？老百姓不合作，人心丟了，離心離德，全面異化，黨內的腐化超過了滿洲人，又想永遠保住這個腐化的權，天下哪有這樣便宜的算盤？如果早點開放，早點讓位，或至少也實行多黨制，它的命運或可改變。現在卻是夜裡吹口哨，自己壯膽，說各種各樣的大話，欺人乎？欺天乎？這不是自己在準備將來的總崩潰嗎？況且現在連門也關不上了。所以，我們在海外冷眼旁觀的人，連氣憤都消失了，只覺得可笑。如果一個人如此無可救藥那就沒什麼可說了。

陳：歷史上反覆出現這種不可理喻的情況，不知是否為命數？

旁觀者，有歷史眼光的人都覺得非常可笑，想不通他們何以如此愚蠢，竟看不見眼前如白晝一樣的事實；而當事人卻不顧一切，不可理喻的往懸崖下跳，自己跟自己過不去。

余：這恐怕是切身利害的關係。你一改制，人家就要清算你的特權。正如從前國民黨一開黨禁，就被反對黨罵得狗血噴頭。共產黨無法接受這一局面，非拚命不可。如果共產黨與國民黨易地而處，它非把民進黨殺光不可。最後是自己的總崩潰。它崩潰不足惜，可惜中國又要失去機會。鄧小平是有機會的，比毛澤東多，因為他的有些想法改變了。但是，他變得不徹底。仍想保持它原來內部的合法性。

合法性有兩種，一種是在黨內有合法性，黨外就沒有合法性，跟滿清一樣，袁世凱也如此。另一種相反，在黨外有合法性，在黨內就沒有。在滿清末年和中國大陸目前階段，二者僅居其一。必然面臨選擇：是選黨的小集團內的合法性還是選全國人民的合法性。辛亥革命以來的教訓共產黨完全不能吸取，即選了黨內合法性，故它已喪失了全國的合法性。

陳：現在中共已走進了類似滿清當年的歷史困局中，確實，改革是一條看得見的出路。但真正的改革可以救中國卻不能救大清。故中共黨內反改革的力量如此之強是可以理解的。

余：它可以自己主導和平演變，但那時，共產黨就不叫共產黨了。其實，那不過是個名字，沒關係的。但是，欠了血債之後，又不敢鬆口，就麻煩了。六四是中共的關鍵，是它的生死關頭，六四把自己的好多路都封殺了，堵死了。如果不戒嚴，搞點秋後算賬什麼的，威信固然要降低，可不致像目前這樣完全走上了覆滅之途。現在看來似乎有點眼前的小利，整個局面好像在控制之中，但損失比那個大得多。我現在不談道德問題，就從如何維持它的生命來說，它把自己的生命線掐斷了。

陳：那次事件實質上使中共在基本精神上失去了合法性，雖然它目前仍在統治，但崩塌只是時間問題而已，這恐怕是很少人否定得了的。我認為鄧小平可能已經意識到六四對他以及對共產黨政權的戕害有多大，但現在已無從挽救了，只能走一步看一步，戰戰兢兢，維持平衡，強調穩定。中共目前實行的，從總體上看，是沒有總戰略的對策，沒有前瞻性的東西，挖肉補瘡，玩點小聰明（如投點棄權票等等），拚命維持現狀。如此下去只有走到「撞南牆」時，才可能思大變。因為所有的問題並未消失，而是掩蓋起來，積累起來了，到時必定面臨總攤牌。

當然，目前已經露出了一些希望的苗頭，即地方各省的情況也慢慢有點類似清末的格局了，地方的力量開始健康地出現並靜悄悄地成長了，這對中國的前景恐怕是根本的。

余：現在大陸的情況只能是day to day，將來可能是minute to minute。每分鐘都走了算，摸著石頭過河，可是已過不了河了。「六四」以後中共只是拖和混，完全失去了主動性。

不同於辛亥時的是，現在人們也不期待有辛亥時那樣革命了，大家雖然心裡十分清楚，共產黨不垮中國就沒希望，建設也搞不成，但基本上是在觀望和等待。從東歐和前蘇聯的經驗看，共產黨的垮臺有個pattern（模式）。自己頃刻之間就垮了，不需要另外有個勢力，即不需要外來的或內部有個什麼新生勢力來代替它。這就好比一架飛機失事。研究的結果發現不是什麼別的原因，而是metal（金屬）太老了，衰竭了，fatigue（疲勞），共產黨垮臺就是這種情況。

陳：現在與民初另有一點不同是，當時洋溢著一種樂觀主義情緒，現在則是悲觀主義籠罩中國，在知識分子中表現的最為明顯。特別突出的方式就是逃離家園，這在民初是難以想像的，二者的心態完全不同。

余：的確，如研究辛亥革命的Mary C. Wright教授(Yale Univ.)指出的，她在日本翻閱了五、六百種西文、日文等資料，當時的反應都是稱讚的，認為它是希望的開端，是中國的新生。(陳：畢竟，那是亞洲第一個共和國。)

現在，八十年過去了，從某些重要方面看，特別是從政治的品質看，不僅沒有進步，反而倒退了很多。悲觀主義是可以理解的。當然，辛亥革命投射的積極意義還是很大的。今天我們重新面對它，值得好好反省。它的很多遺產，值得重新清理和評價。我們在此只是分析辛亥革命在歷史上的許多困難問題，並不是徹底否定它。倘若因此能使中國人獲得某些政治智慧，下一個世紀也許就不會再走這許多彎路了。

(本文作於一九九一年)

再評新權威主義

北京學運爆發前，中國知識界正進行著一場著名的論戰，圍繞的中心是：新權威主義。不久，八九民運驟然而起，每日如電視連續劇般令人眼花繚亂，並以「六四」的血腥休止符嘎然而止。於是，關於新權威主義的論爭被人遺忘，變成了歷史的絕響。如今，倘若有人提及這樁公案，可能被人們不屑地回應說，八九民運業已判決了新權威主義的死刑，蓋棺論定，毋須贅述了。

但是，事情恐怕不那麼簡單。誠然，如果把新權威主義純粹視為一個實用色彩很強的政治謀略(如為趙紫陽真正掌權提供輿論準備或為鄧小平的政治實踐鋪墊理論地基)，它或許是失敗了或變得無意義了。同時，它的乖謬詭祕的命運(中共對之時捧時批，即在六四後也如此)，也使人望而怯步，避之不及，很難把它認真對待。但是，這僅是它的一方面，對此，本文暫不擬考察。

然而，它畢竟有其理論層面。並且，據筆者而知，的確也有個別新權威主義者有其理論興趣，並非政治謀略。鑒於此，作為學術問題，我們理應還它以公正、客觀論衡。

此外，據筆者觀察，從這場論戰中也可從側面透視出中國知識界近年來的心路歷程。從總結民運的角度，回溯這場論戰，也大略可以理解知識界在整個民運期間猶豫遲鈍的行為方式的原因的基本脈絡。

更重要的是，上述論戰所涉及的中國的基本問題，六四之後並未解決，且變本加厲。況且，即使風雲突變，六四的罪魁垮臺，仍不意味著這些基本問題的迅速消散。我們很可能還需重新面臨同新權威主義爭論的那些根本問題。

因此，重評這樁公案，無疑是有意義的。

一

所謂新權威主義，這裡是指少數知識分子提出的解決當時中國社會危機的理論方案，曾得到官方的默許。它主要流行於京、滬兩地理論界，贊成者不多，但仍有一定代表性。北京有吳稼祥、張炳九、戴晴等；上海有蕭功秦、王滬寧（本人不承認）等。各人所述不同，背景有別。學運爆發後，其代表人物迅速分化，命運各異：或仕途順暢，或身繫囹圄，或消聲匿跡，或亡命天涯。

筆者當時正動手寫一篇批評文章，主要針對蕭的觀點（因其提得較早且理論色彩稍重），未及一半，民運突發，就此擱筆。現在審讀，覺得大部份仍未過時，故略作補充修改，以就教於現仍潛在或顯在的新權威主義者們。

在對中國現代危機的分析上，新權威主義認為，近代以來，特別是鴉片戰爭以後，在舊的傳統權威尚未崩潰之前，鑒於人口、糧食、外患等基本問題的巨大壓力，鑒於經濟、政治、精神文化所面臨的嚴峻態勢，中國的危機局面早就已經出現了。對此，中國向西方學習的先知先覺和仁人志士，採取自上而下的全盤改革的行政手段或自下而上的激烈革命手段，試圖把現代工業化社會中只有中產階級作為載體存在才產生作用的市場商品經濟制度及其配套的政治制度全面引入中國。這種思潮，曾在五四之後佔居優勢，後來一度中斷。他們認為，該思潮目前又重新抬頭。但是，由於中國的現代化進程在本世紀五〇年代到七〇年代末葉經歷的那次斷裂，因此，社會上已經不存在獨立的中產階級了，因而，就根本沒有了與商品市場制度配套的載體，於是，該制度無法在真正的意義上建立、成活並發揮整合經濟秩序的功能。如此，社會成員和企業的經濟行為既不受舊制度和規範的約束，也不受市場制度和規範的約束。這種「舊者已亡，新者未立」的現象造成了人們社會行為、信仰和價值的無序化狀態，即社會學上所謂的「失範」狀態。在新權威主義者看來，當前，由制度的改革導致的「失範」已露端倪，其怵目驚心之處顯現於通貨膨脹、經濟滑坡、賄賂成風、官倒盛行、貪污腐敗、世風日下。新權威主義分析道，上述危機的出現，進一步被人們普遍誤解為是由於沒有進行與經濟改革配套的政治體制改革，因而就沒有防止權力腐化的分權制衡制度所致。於是，政治改革的浪潮在民眾特別是在知識界中日益高漲。上述政治思潮被新權威主義者稱之為「政治浪漫主義」。新權威主義斷言，由於不具備必要的社會條件，特別是由於中產階級的缺失，推行民主制度必定造成舊權威的迅速流失，而新權威的資源缺乏補充或補充太慢，於是，政府對社會的統治能力被極大削弱，失去了對腐敗官員的控制，進而必定造成政治無序以及失範，從而爆發經濟、政治和精神信仰方面的全面危機。以上就是新權威主義對中國當代危機原因的基本分析。

他們的藥方是，為防止政府權威的流失，現在必須加強政府權力，通過這種被強化了的權威來推進後進的、需幾代人才能完成的改良過程，並力倡目前中國這兩代人為民族未來的繁榮昌盛和開明，作出現世的犧牲。

首先應說明，對上述新權威主義的論述，有兩點筆者大體上不持異議，其餘則不敢苟同。這兩點之一是認為，自鴉片戰爭以來，中國現代化的自然發展歷程，在五〇年代到七〇年代末期，出現了一個歷史性的斷層，它使得當今中國社會的商品生產及交換結構的發展程度，即社會結構的現代性程度還不及二十世紀二〇年代後期。（見蕭功秦〈論當代中國的浪漫主義改革觀〉，《上海理論》一九八八年四期）實質上，該斷層即指共產主義入主中國大陸，剝奪私有財產，全面實行國有化，消滅中產階級，從而阻斷了市場發育。這一點是筆者完全贊成的對事實的描述。上述第二點是主張，當前中國必須提倡漸進式的改革戰略，反對政治浪漫主義，反對烏托邦主義。對此，筆者在原則上並無異議，不過，對於政治浪漫主義和烏托邦主義的涵義，筆者與新權威主義者理解略有不同。簡言之，筆者的理解或許可用兩樁歷史事件大略比喻，我們更傾向於英國一六八八年光榮革命式的不流血變革方式，希望竭力避免法國一七八九年式的流血專政式的變革方式。事實上，暴民政治是有傳染性的，暴力奪得的政權將用暴力維持，這是歷史的邏輯。但是，除上述手段外，在根本目標方面，與新權威主義不同，筆者鄭重主張，那些人類的基本價值（如人權、自由、民主、多元化……）是不可讓渡的，是不可由純粹經濟目標取代的。

此外，筆者主張，應當更進一步釐清政治浪漫主義的兩大類型。第一類的行為主體是執政者，如一九五六年之後的毛澤東式政治浪漫主義，在伊朗掌權後的霍梅尼的政治浪漫主義等。這類型浪漫主義的主體一般是集權的克里斯瑪(charisma)型的領袖；另一類，其主體是民眾特別是青年知識分子，如一九六八年法國與美國的學生風暴、南朝鮮的學生運動、中國文革初期的紅衛兵運動等。顯然，這兩類政治浪漫主義是很不相同的。筆者所主要反對的政治浪漫主義，是指前一類型，因為它所造成的惡果更加長久和恐怖。誠然，不可否認，這兩類浪漫主義有時會結合在一起，但該結合常常是前一類型佔居主導地位，文革初期就是其典型例子，它可能使任何秩序蕩然無存。但大多數情況下，這兩種類型是分離的，甚至是對立的，如文革後期一九七六年的天安門事件，一九八九年中國與東歐的民主運動，就是這類多數情況的例子。

同時還應指出，本文所指的「烏托邦主義」，係這樣一種社會理想，類似「基督再臨」。它堅信社會必能達到盡善盡美，毫無弊病的狀況，它認定這種完美的終極天國是可以通過找出歷史規律、預言歷史的前景，預先設計好一個周密的社會藍圖來實現的。以往的歷史表明，烏托邦主義是一條導致狂熱迷信之路，是現代專制最常見的形式。它的二十世紀形態就是共產主義和法西斯主義。筆者從根本上拒斥這種烏托邦主義，認為，並不存在這種完美的不可挑剔的社會。任何社會都是不完滿的，我們的永恆任務，就是不斷地對社會進行批判，進行糾錯，進行淨化，從而避免更大的禍害。但是，這種反烏托邦主義並不否認某些終極價值（如人權、自由）的存在。事實上，對現存社會的批判，正是導源於這些終極價值的。並且，在制度建構上具備了這種糾錯機制的社會，筆者以為，正是較符合終極價值的社會，而這種法治社會的狀況是可能達到的，它並非烏托邦主義。新權威主義這裡的問題主要在於，他們把對人權、自由、民主的渴求界定為烏托邦主義之一，這就混淆了自由主義與烏托邦主義的界限，導致某種理論失誤。

二

現在，讓我們進入主題，考察新權威主義的核心論點。

首先，是關於中產階級的問題。對該問題的論述，正是新權威主義得出自已的一系列結論的最基本的依據。

應當承認，在成熟的社會集團的意義上，當今中國尚不存在完整的和獨立的中產階級。（這裡的中產階級涵義是，那些在市場法則的鐵律驅使下追求其自身利益的獨立經營者或自由職業者。獨立謀生、自主經營、公平交易、自由競爭是其行為準則。他們是作為社會秩序和主流倫理道德的主要支撐者而立足於世的。）但是，這是否同時意味著，當今中國根本不存在任何胚胎狀態的中產階級？是否中國不存在在某些方面可以替代實業家中產階級的社會力量？我們必須仔細探究這兩個基本問題。

首先我們考察新權威主義者實際上主張的某種「中產階級預成論」。

誠然，當代中國的個體經營者和私人股份企業經營者在文化素質、道德水準、競爭行為規範等諸方面尚不盡如人意。但是，這些基本素養狀況是否凝固不變、永遠如此呢？在市場法則和逐步成長的法治環境的長期驅迫下，他們是否絕對不可能向現代意義的實業家進化呢？這是根本的問題。其實，訴諸西方歷史，人們發現，在歐美的現代化歷程中，也並非一開始就存在現代意義的成熟的實業家中產階級的。與之相反，正如歷史學家亨利・布朗在其經典著作中所指出的：「（公元）九世紀之後，西歐在本質上是一個農業社會。在這個社會裡，交易與商品流通已經降到最低限度。商人階級消失了。」（《中世紀歐洲經濟社會史》，上海人民出版社）當時，根本談不上任何實業家中產階級。即使到文藝復興時期，這種成熟獨立的中產階級仍付之闕如。只是在工業革命之後，他們才戰戰兢兢地從歷史的帷幕後面逐步站出來。原始積累時期，作為當今中產階級先驅的「暴發戶」們，與其文質彬彬奉公守法的後輩在素質上相去不可以道里計。正如當代眾多歷史學家和社會學家所指出的，中產階級的產生和發展，經歷了好幾個階段。平心而論，當年那些被貴族們鄙夷的粗俗的「暴發戶」們，並不比當代中國的「個體戶」高明到哪裡去。因此，可以斷言，實業家中產階級是在歷史長河中誕生、發育和逐漸成長起來的，根本不存在一個天生的、預成的、成熟的獨立的中產階級貫穿在整個歐美歷史中，並隨時等待著突然降臨的市場經濟制度和配套的民主憲政制度的。新權威主義者認為，如果把自由競爭的經濟制度看作弈棋規則，那麼，作為市場經濟的載體的中產階級，就是必不可少的弈棋者。倘若沒有規則弈棋者，棋規是無法自行運作的。這誠然不錯，但是，新權威主義忘記了，這種具有某種資格、素質和才能（即遵守棋規，又會下棋）的弈棋者，正是在對弈的過程中逐步學會並成熟起來的，並非天生預成的。正是市場法則和法治條件，催化成熟了一個獨立的實業家中產階級。這是客觀的歷史事實。

要言之，成熟的中產階級是歷史運動的結果，而不是歷史運動的先決條件。

當然，更深一步分析表明，即使是「弈棋規則」，也是在歷史上逐步完善的。無論是實業家中產階級，還是市場經濟的秩序，都處於相互促進的互動過程中，沒有一方是絕對的原因，另一方是絕對的結果。因而，沒有理由斷定一方為另一方的先決條件。特別不能片面地斷言只有市場經濟秩序需要歷史過程漸進地形成，而實業家中產階級就是先在地預存於歷史中等待「秩序」降臨而不需要歷史過程的。很顯然，這種論述在邏輯上存在嚴重漏洞。

另外一個問題，就是當代中國是否沒有可部份地替代實業家中產階級的社會力量？著名政治學者亨廷頓(S. P. Huntington)指出：「中產階級的產生和發展可能會經歷好幾個階段，一般地說，最初登上社會舞臺的中產階級分子，是兼具傳統遺產和現代價值觀念的知識分子。」(《變革社會中的政治秩序》，華夏出版社，頁二八三）證諸事實，的確如此。特別是對於非原發性現代化國家（日本和亞洲四小龍）就更為典型。這些國家極其重視教育的功能，因而知識階層承擔的現代化推動者和社會秩序和倫理的支撐者的作用就更為顯著。原因很清楚，只有靠知識階級去吸納消化現代化先驅國家的經驗教訓，本國才能少走彎路，從而在世界性的競爭中迎頭趕上。因此，這些後發性現代化國家內的知識階層與原發性現代化的西方國家的實業家中產階級，在社會角色的承擔方面是頗有類似之處的。

當然，現代中國知識分子的社會地位和群體人格還沒有西方中產階級那樣獨立和強有力，也不像日本及四小龍的知識階層成為現代化運動的中堅力量。然而，儘管如此，同其他社會集團相比較，無論就其基本利益還是觀念形態而論，他們仍是中國社會裡推進現代化的先鋒力量；無論就其文化素質還是覺醒程度而論，他們也是各社會利益集團中的優異群體。誠如亨廷頓早就指出的：「最早出現的中產階級分子是最具有革命性的。」(同上書，頁二八四）。倘若能逐步開掘這部份動力資源，倘若知識分子能強化自身的角色意識，則當代中產階級的歷史使命是可能由這些經濟實力尚弱的知識階層部份承擔的。

誠然，實際情況並不很妙。由於中國知識分子傳統包袱和現代高壓下的精神環境，特別是在公有制下經濟和政治上未能獨立，導致中國知識分子在社會地位和觀念形態上的孱弱，實際上未能發揮歷史所期許於他們的作用。這表明「知識分子充當革命角色的能力，取決於他們與其他社會集團的關係。」（同上書，頁二八四。）在當代，特別取決於他們與有經濟力量的非官方階層的關係，自然，也取決於他們與城市工人的關係。倘若在歷史的召喚下，自然演變萌生出知識階層與私人股份企業和個體企業經營者聯盟的情勢，則其意義將十分深遠，在如此的態勢下，雙方將產生某種「互補」的關係：在文化素質、倫理規範和法律意識等方面，個體股份企業經營者將會從知識階層那裡獲得某種補充；而知識分子則從可供選擇（並非國家壟斷式的）的個體或股份企業經營者那裡獲得自己相對獨立的經濟地位，擺脫無可選擇式的人身依附關係，逐步確立自己的獨立人格。當然，就一身而二任（以知識分子出身而從事獨立企業經營）的社會階層而言，他們之過度到成熟而獨立的中產階級就會愈加迅捷。如此，上述幾種社會力量將能夠發育成現代中國社會的先驅利益集團和健康有力的獨立制衡力量，創生和擴展出非政權能支配的「民間社會」，從而，在變動中的中國社會這一大棋盤上，逐步成長出一批有相應資格、素質和水準的「弈棋者」。

這是變革中國的長期社會需求。

三

新權威主義的一個基本假定是：現實的統治權威都具有某種爭取國家現代化的善意。這一假定倘若忽略了這種善意必須是在不危及統治者的權力的前提下方可成立的話，將十分危險。鄧小平之處理「六四」事件就是顯例。現在讓我們在添加了上述前提下姑且先行認可新權威主義的假定。即使如此，仍將產生如下重大的困難：如何保證權威的施政效果與其善意相符呢？

因為，倘若實行新權威主義，民眾必定無權批評，更談不上制度化的監督批評的機構和陣地。這是由於，若用高度集權的方式來保證現代化藍圖的「施工」，必定用權威來統一思想、統一步伐、統一行動，因此，壓制批評言論和剝奪反對意見就必然成為常規工作的一部份，這就使得輿論一律、封鎖新聞、精神貧乏和文化單調成為制度化的特徵。所以，即使是仁慈開明的統治者，也很難聽到對自己大政方針的不滿和批評。而倘若缺乏這種輿論反饋的檢驗，同時更沒有公民祕密投票反饋的檢驗，統治權威就總是身處「鶯歌燕舞」的環境和狀態中，自我感覺總是極佳。於是，他們根本不可能發現其政策是否達成了預定的目標。並且，這類統治權威一般都是終身執政，正如中國的毛澤東、伊朗的霍梅尼、阿爾巴尼亞的霍查、羅馬尼亞的齊奧塞斯庫和中國的鄧小平一樣，既不受輿論的監督制衡，也不受選舉的選擇制衡，不存在任何自動糾錯機制。在這種體制下，開初的戰略決策倘若「差之毫釐」，若干年後，就將「謬以千里」，最後，只有走到「天怒人怨，瀕臨崩潰」的局面時，或許才幡然醒悟，然而，恐怕已無力補天而大廈傾塌了。

歷史已為上述推論提供了驚人相似的眾多證據，茲不贅述。

對於開明的權威統治，還存在另一個根本難題，就是權位的傳承問題，即，如何保證同樣開明的繼位人掌權？經驗表明，這類權威主義政權的繼承，作為歷史事件的一種類型，本身是無規律可循的；並且，它往往是一場政治動亂的導因；同時，繼任者的素質又常常低於其前任，導國家入深重的災難中。這是該權威主義體制無法繞過的「政治陷阱」。

上述兩點都涉及一個根本問題：是否應該以及如何創建權威的合法性基礎？這正是新權威主義的要害之一。如所周知，權威不僅有量的差異，也有質的區別，後者即指政治權威是否具有合法性基礎的問題，也即是否受到多數選民的委託和認可問題。新權威主義故意迴避這一點，似有難言苦衷。其實，它既是一個基本原則問題，同時也是解決上述兩個難題的現實方案。應當看到，具有合法性基礎的政治權威對於推進現代化，匡正可能發生的重大災難，實現具有政策連續性的權力轉移，都是極其有利的。因此，廢止一黨的權力壟斷，創建政治多元化的局面，奠立政治權威的合法性基礎，重新配置各類獨立權威的相對關係，達成其相互間分立制衡的格局，無疑是非常重要的。

四

新權威主義強調權力的集中與統一，斷言分權制衡在目前中國的形勢下必將導致「失範」，這一判定，過於武斷，實際情況要複雜得多。亨廷頓曾在比較中日兩國現代化歷程後指出如下事實：「在十九世紀中葉，權威和權力在中國比在日本遠為集中：一個是官僚帝國（中國）；另一個基本上仍然是封建制國家（日本，這裡「封建」的涵義與中國國內不同）……，然而，使日本的德川幕府看起來比中國滿清更為落後的一種封建體系，卻為擴大政治參與和把傳統部族與較新型的商業集團融合於政治體系中提供了社會基礎。……另一方面，儒家的價值觀和態度阻礙了政治精英轉向改革事業，而一旦他們願意時，權威的集中化又會妨礙和平地同化因現代化而產生的社會集團。」（同上書，頁一六六）。

這就表明，高度集權的政治體系，儘管在很多方面現代性更強，最終卻不易實現現代化。相反的，「傳統政治體系的結構越多樣化，權力越分散，則其政治現代化將越不具有暴力性，也越容易適應政治參與的擴大。這些條件使一個現代的和參與的政治體系的出現成為可能，而且更有可能出現民主的而不是專制的政體。」（同上書，頁一七二）當然，不應忘記，日本當時的幕府與天皇的二元結構也對日本邁向現代化提供了有互相制衡性質的有利條件。

綜上所述，無論統治者喜歡與否，分權制衡之道是現代化進程中必經的「獨木橋」。新權威主義的根本問題之一，就是因獨佔權力而無法吸納其他社會集團進入政治體系，從而孕育著某種緊張的態勢，蘊含著有流血衝突和動亂的因素，於是必定造成週期性的（不同形式的）集權政治的循環。「擴大政治權力的能力和把集團同化到政治體系之中的能力是呈反比例關係的。」一九八九年中國民運為這一論點提供了最新的論據。中國大陸出現的血腥屠殺和歷史倒退，固然是使權威者的垂直政治權力擴大了，然而全國的政治參與卻日益萎縮，政權已無力把社會集團同化進政治體系之中了，最後形成的態勢是：幾個孤家寡人式的權威者同整個社會的對峙。這顯然是最不穩定而不能持久的態勢。

一百多年來我國政治演化的歷史向我們昭示，中國若不過度到某種形式的分權制，就永遠只能在原地循環兜圈，不得其門而出。因此，分權制衡，這是當代中國政治的焦點。

亞洲四小龍是被新權威主義者所常援引的例子，以論證像中國這樣的後發展國家必須以集權方式才能贏得經濟發展。有人甚至擬定了一個數量臨界值，即所謂國民人均收入在四百美元以下的國家必須實行集權方能推進現代化。這種似是而非的論點值得專文認真考察，本文限於篇幅，不擬深論。這裡只想請論者考慮如下兩點：⑴這些國家和地區的發展實情究竟如何？⑵中國的政治經濟制度與四小龍有無根本差異？若有，差異何在？為何不能把中國國情向它們作類推？

首先，對四小龍一概名之曰非民主的集權，已模糊乃至抹煞了其間的重要差別。人們謂香港為非民主社會，原因是它不存在民主選舉而由總督任命官員。但是，切不可忘記，香港政制存在一個大背景：英國的民主政制。同時，香港也存在獨立報刊的輿論監督。作為法治社會，作為自由港的地位，總督的選任、香港市民的基本權利……，所有這些，都與英國的民主憲政息息相關，受到憲法的保障。要言之，香港並非一塊獨立的非民主政制區域，而是在民主政制總體系中的一塊特殊區域。至於臺灣，現在已日益清楚，它的經濟發展是同集權體制的逐步鬆動、社會的逐步開放相伴隨的，雖然這一過程充滿痛苦，但目前畢竟已走上反對黨合法的民主選舉的階段。南韓與臺灣亦有類似之處。事實上，這些地區和國家至今尚感受到前一段非民主歷史的包袱對當下政治、經濟發展的牽制作用，沒有任何證據表明它們若及早推行民主會延緩其經濟發展。新加坡是個異數，仍在抵抗民主潮流，但不應忘記，它的法制是相當健全的。當然，尤為關鍵處是包括新加坡在內的四小龍與中國大陸的最根本差異並不在上述各點，而在下面要論及的意識形態導致的鴻溝。

中國號稱社會主義國家，是國有制經濟主導，四小龍則是私有經濟主導，這才是二者最根本的差異，前者產權不明，抹煞了基本人權——財產權，抹煞了個人的創造性與主動性；後者產權界定清楚，個人的創造性得到了極大限度的發揮。前者是政治、經濟、文化一元壟斷的政治全能主義，社會中不存在政治權力不能侵入的領域，從而政治權力的變動將波及經濟文化等整個社會；後者則是政治、經濟二元分離的，政治權力的震盪不會波及經濟領域。

更深一步分析，上述的差異實質上在於：是否存在「民間社會」(civil society)？現在已越來越清楚，有沒有獨立於政權的由私營企業、私立大學、教會、社團……等組成的民間社會，是能否實現現代化並過度到民主的關鍵。中共式的全能主義政治摧毀了任何民間社會，從而也就決定性地斷絕了現代化之道。而四小龍則是存在這種現代化及民主制的潛在土壤的，一俟時機成熟，它將結出歷史求索之果。新權威主義企圖在中國大陸這種缺乏民間社會的國家內通過加強政府權能而實現現代化，無異是南其轅而北其轍，結局是不問可知的。

作為一樁歷史公案，新權威主義基本上已銷聲匿跡。其代表人物已天各一方，難於重振旗鼓了。它的理論誤區在去年的大事變之後也愈益彰顯。中國的八九民運、六四血案和東歐革命想來將對新權威主義者們產生強烈的震撼和令其進行反思。但是，無論如何，他們所提出的基本問題仍是值得我們認真思索的，他們的部份論點，也有相當的參考價值，展望將來中國可能產生的變局，也許類似的爭論還將再度出現。當然，筆者認為，鑒於東歐等世界格局的巨大轉變，中國要在共產主義的框架中謀求現代化是越來越不可能了。因此，中國發展的一個基本前提是，放棄「四個堅持」。只有卸下了這個沈重的歷史包袱，中國人才有可能從容不迫地選擇自己的基本生存方式，並在同包括新權威主義在內各家的爭鳴中，穩健而縝密地規劃我們的未來。

這一天不會太遠了。

（原作於一九八九年初，中國上海。完稿於一九九一年，美國普林斯頓）

新愚民主義：特徵與限度

幾千年來的一部中國史，在統治術方面，無論王道霸道，都有一個基本的國粹是萬變之中的不變法寶：民可使由之，不可使知之。

就政治文化而言，愚民主義是中共統治方式中最富歷史承續性的部分，淵源有自，傳統深厚。但是，倘若我們就此完全抹殺其發明創造，卻也不盡公平，並會妨礙我們對中共進行深一步的剖析。

本文所欲考察的是，當代新愚民主義有哪些基本特色，它的限度何在？

愚民主義的本質特徵是封鎖信息源，禁絕言論自由

一般而言，愚民主義最根本的方面是徹底封鎖信息源，禁絕言論自由。所有的新聞、文藝、學術、文化處於高度集中的單一權力的箝制之下。國民的耳際永遠迴響著同一種聲音。一切新聞

文化學術的唯一最高目標，就是為當局的統治進行辯護。整個國家，處於一種單一的政治語彙和政治語法的循環圈內，不得其門而出。其功能，首先是殺傷任何獨立思考的能力，扼殺任何新的政治語彙和語法產生的可能性。即使偶有一絲思想火花迸出，由於得不到回應，也會自生自滅，不能轉化為現實的精神資源。於是，整個社會將陷入一種普遍的非思維化狀態。大部分人將逐步「非人化」，最後，終於「物化」！這就是愚民主義者所欲達成的理想社會——奧威爾式的《一九八四年》的社會。

這種封鎖，是一種徹底而絕對的武器。如果把它放到某一個有限的空間和時間範圍內去厲行貫徹，往往非常有效。然而，它的基礎卻極其脆弱。倘若一旦出現裂縫，門戶洞開，則狂飆驟起，立成山崩地裂之勢，一發而不可收拾。此理容易理解，本文不擬細論。

語義學技巧是當代愚民主義的另一特徵

以下想要討論的重心之一是當代愚民主義的另一特徵：語義學技巧。應當說，它可算作當代愚民主義對傳統的新發展。雖然效果不如前者絕對，卻頗堪玩味，似乎擴展了其適用的空間。所謂語義學技巧，簡言之，即，仍然大量沿用一些深得人心的舊詞彙，然而在其行為方式上卻無時無刻不在摧毀這些詞彙所代表的基本價值。這就存在著行為與詞語的逆向分離。由於行為者充分了解這些詞彙和概念所代表的價值標準在人們心目中的神聖地位，而他們的全部行為所摧毀的，正是這些價值標準，於是，語義學技巧應運而生。

這種技巧實質上是向人們日常語言的邏輯挑戰。

長期處於中共體系中的人們，特別是毛澤東時代的人們，不難體驗到一種普遍的時代特徵和特殊的語言邏輯：當中國被嚴酷地，從上至下無所不包地控制起來後，就意味著人民獲得了解放；凡是民主權利被剝奪殆盡之時，報刊廣播就特別誠懇地保證，這裡已出現了大民主，即人類歷史上空前廣泛的真正民主；而在自由被埋葬之地，那裡就誕生了更深刻、更全面的新自由，那是以往的「資產階級舊自由」所無法比擬的。……於是，解放與控制、民主與專制、自由與奴役、平等與等級、公僕與主人……所有這些概念之間的界限已蕩然無存，二者已渾然一體，可相互替換。由此，語言的意義業已消失，它已無所指稱，或有無限多指稱。能指與所指之間的固定關係業已被徹底摧毀。部分詞語已變成一個空殼，既可表達事物的正面，也可表達事物的反面，一切視鞏固政權的需要而定。語言實質上變成了一組無實在意義的聲響。

上述一些詞彙所以仍然被使用，唯一的原因僅僅在於，它們曾經在歷史上被人們賦予了巨大的正面價值，人們深厚的感情因素和價值取向已經穩固地聯結在這些詞彙上了。因此，為了抹殺前述的行為與詞語的逆向分離，為了俘擄已牢牢黏在該詞彙上的正面價值和感情色彩，為了博得人們對政權的認同，他們被迫仍然使用這些詞彙。雖然，它們的本來意義業已完全喪失，它們與所指稱的事實常常相反。

意識形態語言怪圈導致對日常思維邏輯的破壞

不過，應當指出，這種對日常詞彙意義和日常語法邏輯的破壞是需要一定的前提的。這一前提是必須預先引入或設立一種新的語法怪圈，即他們所稱的馬列主義和毛澤東思想，諸如人類社會五階段發展論，群眾、階級、政黨、領袖學說、毛澤東階級鬥爭理論等等。一旦你進入了他們長期灌輸的那一套意識形態語言怪圈，你就脫離了正常人的思維習慣和日常語言用法，從而身陷囹圄，被那種語言的魔障所罩住，正常的判斷力消解，智力嚴重退化。這就是所謂「改造世界觀」。凡是受過那種「語法教育」的人，後來發現自己要像正常人一樣地說話和思維有相當嚴重的障礙，總是要受到被灌輸的語彙的干擾。必須在開放的、正常的語言環境中經受長期薰陶，才能逐步消解，因此堅持平實地說話，不使用中共的基本語彙諸如：「解放以來」、「資產階級」、「無產階級」、「剝削」、「剩餘價值」、「民主集中制」、「人民民主專政」等等套語，堅持不進入意識形態的「語言怪圈」，堅持使用國際通用的正常的政治語彙、學術標準和語法邏輯才是破除上述精神迷障的不二法門。

就中共的情形而論，自毛澤東去世後，情況有了一定的變化。由於逐步進入了國際社會，愚民術技巧的使用範圍日益縮小，其原因導源於兩方面的困難。困難之一是，鄧式政權為拯救毛氏政權合法性的驚人流失（以四五天安門運動為象徵）必須重建合法性。這就引入了經濟增長作為支撐其合法性的柱石。於是，對愚民政權而言，這裡就蘊涵了一個危險的悖論，既然要實現經濟增長，就必須發展與國際規範大體相似或協調的能夠交流的教育事業，而現代知識和面向世界的規範教育，從根本上說，正是愚民政權的掘墓人。困難之二在於，國門打開的結果，除了封閉式的單一信息場一朝解體外，語義學技巧的運用也面臨困境。因為國際間經濟、政治、文化、學術的流通需要有統一的「出牌規則」，即規範的語法和通用的語彙，不容有對公認的語詞含義和日常語法邏輯的公然破壞。於是，愚民主義的語義學技巧在很大程度上失效。

鄧氏政權對此有兩點補救：一是嚴格劃分政治領域和經濟領域，實行政、經二元化；二是撕開遮羞布，在政治領域，不用或少用語義技巧，直接反對國際公認的價值，如人權、自由、民主等。鄧對此有一句名言：自由化就是資產階級自由化，沒有無產階級自由化。其蠻橫無理，躍然其上。至此，列、史、毛氏的「無產階級民主、自由」、「社會主義大民主」的聲音已逐漸偃旗息鼓，乃至銷聲匿跡了。

「文革式伎倆」的重演表明統治集團平均智商低下，是中共統治的衰世之兆

不要低估這一轉變的意義。它是一個信號，標誌著共產主義運動在道義上公開取守勢，它再也沒有咄咄逼人的進攻態勢了。其次，它也清楚地表明，過去奉行的愚民政策，特別是語義學技巧，不得人心了。共產主義運動已不得不亮出了自己極權主義的盧山真面目。這種對人類基本價值的公開背離，實質上預示著一個大的歷史轉折時期的降臨。

一九八九年北京擴展遍及全中國的民主運動，前蘇聯、波蘭、匈牙利、東德、捷克、保加利亞、南斯拉夫，席捲東歐的狂飆，正是這一世界史大轉折的一次預演。

不過，應當清醒地看到，共產主義意識形態的那一套語法和語彙及其語意學技巧，由於與其組織制度所配合造成的內在邏輯，使之具有極大的慣性和內驅力。鞏固權力的需要往往會迫使共產黨統治者在放棄它後再次倒退回頭，重拾舊有「法寶」。在中國，開放改革十年，本來已向正常的語言和國際慣例逐步靠近，社會經濟生活教育水準也已經有了一些起色。但民智開啟對中國共產黨一黨專政的合法性造成了極大的威脅。這一威脅愈演愈烈，終於演變成在世界歷史上嘆為觀止的中國八九年民運，並導致權力壟斷者的一場血腥屠殺。隨之而來的是向毛氏愚民統治和高壓

手段的復歸。

由此我們發現，毛氏愚民術本是此類極權統治的內在需要，是不因個別統治者的好惡而容許有根本的不同的。最終倒向毛氏方式的個人政治悲劇，表明了這種內在邏輯和內驅力是何等強固有力。

目前，中共的一套宣傳方式，倒退了近二十年。某種程度上「新文革時代」已降臨大陸。重新嚴密封鎖新聞，干擾美國之音；強化政治洗腦，「雷鋒」幽靈再現；堅持反修防修，防止「和平演變」；整肅知識精英，重興「焚書坑儒」，……上述種種完全抄襲毛氏故技，其想像力和創造性之貧乏，達到了令人難以置信的地步。統治集團的平均智商如此低下，正是中共統治的衰世之兆。

愚民教育的必然結果是培養專制統治的掘墓人——「反體制的政治動物」

具體描繪這一「文革式伎倆」不是本文的任務。我們的興趣在於，這一套了無新意的愚民術的前景如何？限度何在？

最近中共的宣傳機器面對道義喪盡，共產主義教條被棄之如敝屣的困境，疾呼（愚民術式的灌輸）「政治教育必須從七歲的小孩抓起」。這是病態的焦慮心理蒙蔽了正常的理智。其實，稍能面對現實的人都無法迴避一個顯眼的事實，歷次民運中的中堅力量正是那些從七歲多開始就領教了愚民化的意識形態教育的青年人。東歐、前蘇聯的情況也都是這樣。越是浸泡在該愚民體系中，其反抗體制就越激烈。這幾乎已成了一條定律了。愚民主義教育從長期看，是徹底的失敗。在共產國家，它造就了一大批真正的「政治動物」——反體制的政治動物。

原因何在？首先，共產國家特別是中共，奉行的是一種世界史上從未有過的高度集權的全能主義政治。整個社會，所有方面都處於共產黨的一元化的嚴酷的政治箝制之下。這是一個泛政治化國家。它缺乏一種國家政權與社會的分離以及政治與社會諸領域的分離。簡言之，即根本沒有一個與國家政權相對獨立的民間社會(civil society)。缺少一種非政治的、或政治淡化的空間。在這個意義上，毛和列寧所說的「政治掛帥」、「政治決定一切」是確實的。在這種國家中，不存在純粹的經濟問題、文化問題、學術問題、軍事問題，它們全被還原為政治問題。在這樣的社會中教育出來的人不得不認定一種「政治決定論」；唯有解決了政治問題才可能解決其他問題。全能主義政治控制了你的生活的各個方面，沒有任何人能真正超然於政治之外。浸泡在這種氣氛下的人，尤其是知識分子只能是一種「政治動物」——比亞里斯多德的意義更純粹的「政治動物」。連「政治冷感」都極難真正存在。

其次，愚民主義教育實質上是對受教育者的智力的一種侮辱，是對基本人性的嘲弄。長此以往，必定引起受教育者在情緒上的反彈，「逆反心理」由此而生。對智力水準較高的人特別如此。因而，大學生的反彈特別強烈是不難理解的。同時，只要經歷相當長一段歲月，徹底的消息封鎖在技術上也是不可能的。……況且，在現代信息社會中，全世界已成為一個「地球村」，要想在「村」中劃出一塊面積不小的「孤島」，任何高超的科技也無能為力。再說中共的科技也並不那麼「高超」。更何況中共治國的政績在比較之下是如此慘不忍睹，即使殫精竭慮，也很難找到幾句好話為它遮羞。綜上所述，只要假以時日，便注定了被教育者在基本傾向上必定是「反體制」的。

如前述，這種愚民主義教育出來的人既是「關心國家大事」的政治動物，同時，長期強制灌輸又必定孕育「反體制」的基本情結，那麼，結論很明顯，愚民教育的產物必定是它的掘墓人——反體制的政治動物。

現在中共又重複從七歲的小孩就開始進行「政治思想教育」了。這種灌輸的前景如何呢？如果前述的邏輯不錯，結果必定是與愚民者的初衷相反的。過去國內外愚民教育的「果實」，已充分證明了這一點。這是推行現代愚民主義的重要限度之一。

自由知識分子群體的出現使中共愚民宣傳的可信度跌至最低點

限度之二，是自由知識分子群體的出現。

如所周知，世界史上，作為自由職業者的知識分子群的存在，一直是遏止愚民主義的精神支杜和主要社會力量。但是，在中國，自一九四九年後，由於國家所有制的壟斷，知識者的生計操縱於國家（即中共）手中，缺乏獨立的經濟地位，從而也就沒有獨立的政治地位，更由於一九五七年的反右事件，中國的知識精英在政治上受到摧毀性打擊，心靈的創傷導致精神的「雌化」；即使有極少數精神未被閹割者，也在事實上喪失了發言權；再加以中國知識者歷史上對政治權威屈從的傳統；因此，自五七年以降，作為一個整體，知識分子既未能成為一股有效的抗議力量，也未能成為一支有效的啟蒙力量。

但是，近十年來，上述情況在悄悄地起著變化。毛澤東曾稱的「皮之不存，毛將焉附」的那一張籠罩天地之間的「大皮」，即公有制之「皮」，已逐步在被靜靜地分割。一部分知識分子，即毛澤東所謂的「毛」，不必依附於無所不包的國家單位，也漸能生存下來了。在作家群裡，在學者中，在鄉鎮企業、民辦科研單位、民辦學校，在海外無數知識分子正在奠立自己能自立自強的那一張張小「皮」，他們的精神發展開始了獨立性的航程。此外，相對開放的文化環境使中國知識分子逐步認識了自己的社會批判者的地位，對一九四九年以後知識界的精神「雌化」和「萎縮」歷史有了一定的反省和批判。於是，以知識分子個人和以知識群體（如準民間研究所和編委會的蓬勃興起）為單位的社會啟蒙力量和抗議力量，在近三、四年以來逐漸成長，成為一支不可忽視的社會變革力量，並對中國大陸的年輕一代知識分子（特別是大學生）產生了相當巨大的影響。一九八六和一九八九年的學運即為證據。

由於自由知識分子群體的存在，中共的愚民主義宣傳教育，在社會上的可信度已跌至四九年以來的最低點。知識的領域，本是愚民術無法入內的「禁區」。因此可以認為，知識擴展，正是對愚民主義最根本的限制。

已開啟的民智不可逆轉，已印入中國人頭腦中的記憶不可能被抹成一片空白

限度之三，是民智開啟過程的不可逆性。

《聖經》所載人類的祖先亞當、夏娃偷食智慧果的故事，富有寓意地揭示了一樁根本的原理：啟蒙是不可逆的。即精神現象有一個重要特性：它可能保持在蒙昧無知的狀態，也可能過渡到知識和智慧開竅的狀態，然而，一旦進入知識和智慧狀態，是絕不可能倒退回混沌蒙昧幼稚的時代的。這正如一個幼稚無知的兒童受教育到大學畢業，我們強要他返還童稚一樣絕對不可能。而目前中共政權正在做的，正是上述蠢事。自從十年前中國逐步開放以來，中國人的視野和精神都以一個長期封閉的黑暗洞穴中脫穎而出。他們知道了世界上其他國家三分之二的人民是處於如何的「水深火熱」中的，從反胡風、反右、三年大饑饉、文化大革命、兩次天安門事件的種種駭人聽聞的血腥事實中，知道了中共是怎樣的「偉大光榮和正確」的，從比較中知道了世界上所有的社

會主義國家在貧窮與專制方面是如何大大地「優越」於資本主義國家的……十多年來，歷史的進程、開放的眼界、凝重的思索，已在中國人心靈上刻下了深深的烙印，刀砍不去、火燒不盡。即使中共開展一場規模浩大的「摧毀記憶運動」（中共實際就是這麼做的），中國人的頭腦中的記憶仍不可能被抹成一片空白，不可能退化到愚昧狀態。他們已經吃了智慧之果，「無可救藥」了。

因此，重溫毛澤東時代的愚民舊夢，從根本上說，是一樁時代的誤會，是在上演一齣服裝場景都倒錯了的歷史滑稽劇，是注定要被歷史所嘲弄的。愚弄國民的人，最終發現是愚弄了自己。它的失效既是共產主義運動的歷史氣數，也是中共愚民者的智商悲劇。

套用中共語彙中的一句老話：二者都是不可抗拒的。

（本文作於一九九〇年）

潮起潮落又逢君

——看「反西方主義」再興

遙望潮起處

來自各方的信息表明，被稱為「反西方主義」的一個幽靈，正在中國大陸知識界縈繞低徊。令筆者頗有興趣的原因在於，據說這些「反西方主義」的主將在八〇年代都是所謂「西化」的活躍分子，普遍對當局有離心傾向。因此，有理由相信，其傾向是感受和思考的結果，而非壓力的產物。

據報導，形成這一現象的主要因素，有如下四方面：

(1)俄羅斯和東歐的社會制度轉型的沈重代價。

(2)西方式市場經濟所導致的世俗化價值觀念的蔓延，使知識階層的精神和物質地位雙重失落，從而滋生了對現代化理論的否定思潮，並帶出了反西方主義。

(3)二〇〇〇年奧運會主辦權受挫，懷疑人權口號的功利性。

(4)在同西方主流知識界的交流中，由於「西方文化霸權」，中國知識分子很難為對方所接納。

目前中國知識界的「反西方主義」，有下面這些基本內容和特徵：

(1)在經濟的客觀態勢上，中國與西方已成為主要的競爭對手。因此知識者必須確立自己的認同。

(2)在後冷戰時代，民族和文化的衝突已上升到了主要地位。

(3)人權呼籲含有西方國家利益自身的功利目的。

(4)雖然反西方，但是並不認同中共官方意識形態，並且避免陷入狂熱的民族主義。（見《中國時報周刊》第一〇二期）

如果報導屬實，我想，上述「反西方主義」的心理演變脈絡是可以理解的。限於主旨和篇幅，這裡不想作全面評析。但竊以為，它所反映出的主要情結似乎仍值得仔細釐清。

「天國」顯身之後

「反西方主義者」的文章涉及了一些熱門話題和問題，有一些屬於純粹的心理感受，如：「歐美人眼中的『非我族類』」，一望而知是華夏中心主義心理的反轉。因為過去只有我們堂堂中央之國的人才有資格蔑稱那些蠻夷為「非我族類」，而近代則形勢翻轉，如此，情何以堪？考慮到這些感受是相互的，且很難訴諸客觀的論證，故不擬討論。

然而，倘若我們考察另外一些典型的「反西方主義」的問題，就會發現幾乎都有一個共同的有趣特徵，即：無法回答。

如問題之一是：「他們（指美國人）文明嗎？」誰能回答這個問題？什麼叫文明？恐怕並沒有公認的答案。

類似的如：「美國擺脫了後冷戰思維嗎？」由於其意涵不夠清楚，答案恐怕也是見仁見智的。……如此等等。

據了解，主要是有關人權口號的功利性問題，引發了中國知識者的上述疑竇，並相當大地影響了他們的判斷取向。

深具道德主義傾向我們中國知識圈，經過仔細深究，近幾年來似乎發現了一個重大祕密：西方政府以人權等為武器同北京當局打交道時，仍是以自己的國家利益放在第一位的。然而，這是否能算是一項重大發現呢？把國際政治的基本常識視為重要發現，這一事實只是表明近代中國部分知識分子過去在政治上不可救藥的羅曼蒂克。每一個國家都有自己獨立的國家利益。既然我們自己也把中國的利益置於首位，那麼，我們是否有權利要求別人犧牲自己的國家利益而把其他國家的公民的權益看得高於一切？顯然，我們沒有權利。這一要求既是不公正的，也是不現實的，更深一步從邏輯上說，這一訴求也是不可能普遍化的。

作為中國人，面對任何政治行為，我們只須根據中國人的福祉進行獨立判斷。只要是能增進中國人福祉的舉措，無論它來自何方，無論其動機如何，我們都必須支持。這是基本的標尺和原則。而要求和促使北京當局改善其本國人民的人權狀況，正是屬於上述性質的舉措，它無疑有利於改善中國人的基本生存狀況。至於倡導和推動者是否或者在多大程度上是為了其本國的利益，與我們何涉？我們何須在乎？即使出自本國利益的考量，那又何妨。我們對自身利益的判斷何須圍著他人的動機旋轉？這豈非浪費精力，並且被他人的動機所支配？

倘若進一步仔細分析，我們發現「反西方主義者」有一個絕對主義的預設。他們預設了一個絕對文明和正義的「理想國」，在他們期待中，西方國家就是這樣的角色。一旦發現西方國家的作為不符合他們的期待，一股沮喪、失落和怨恨的情緒油然而生，於是，兩極相通，由熱烈擁抱迅速轉化成了深刻敵意。

但是，人間其實根本就不存在「上帝之城」和「天國」，不可能有理想的國家或政權。在這個地球上，放眼看去，只有一些滿載自己的欲望和利益、充盈著喜怒哀樂的芸芸眾國。這才是真實的世界圖景，也是我們思考此類問題的基點。

但是，這絕不意味著所有國家無分軒輊，可以一視同仁了。繞開了絕對主義的陷阱，放棄了極度理想化的奢望，我們反而擁有了更真實的手段來比較各國的制度、法律和行為方式了。也就是說，我們雖然很難回答美國人是否文明這一問題，但是，倘若我們換一個問題：「美國現政府比中國現政府文明嗎？」恐怕大多數人都可以有把握地獲得肯定答案，都會有基本共識。

這裡的區別是極關緊要的。

筆者不敢自詡為有先見之明。但自問對所謂「西方」的看法，除了個別細節外，幾十年來，無論是當年在中國，還是後來在美國，並無什麼改變。原因很簡單，當時就以平常心看待有血有肉、充滿七情六慾的各個國家，知道這個世界不存在天堂。消解了這種過高期望，自然以後也就不會有失望了。

以平常心理解政治，這是擺脫癲狂的兩極搖擺症的解毒劑。

而認真追究，知識圈內的前後相繼的親西方和反西方這兩極，恐怕都是滋生於同一個源頭：絕對主義和理想主義的思維模式。

當然，仍有兩個層次的問題是不能混淆的。第一，存在著必須遵守的基本的公認的底線。第二，在底線之上各國有權利盡其所能爭取自己國家利益。

前述的「反西方主義」認為，當今世界安排國際秩序的原則仍然完全是——弱肉強食。

這一圖景恐怕過於簡化。

誠然，實力是當今世界秩序的基本因素，但它不是沒有限度和底線的。如果上述圖景是精確的話，則二次大戰之後曾有一段美國單獨擁有核武器並且國力如日中天的顛峰時期，倘若當時它完全沒有行為的底線，為所欲為的話，人們很難想像前蘇聯及前東歐集團存在的餘地，很難想像會有長達四十餘年的冷戰格局。

換一個角度看，我們能想像任何其他的現代國家的政府當局由於自己的政策失敗導致幾千萬人餓死而不引咎辭職嗎？我們能想像任何政權能施行像「文革」那樣的長達十年之久的空前規模的政治迫害嗎？遑論把國防軍開進首都中心掃射徒手的市民及學生了。

這些就是底線，不可逾越的底線。只有以這些底線為標尺，我們才可能對現實形形色色的國家及其基本生存方式進行比較。而比較的結果是不言而喻的。

「中－西二分」的魔障

在另一方面，從根本上說，當今「反西方主義者」產生上述感受和思考的立足點仍然是奠基在「中－西二分法」上的。而且，是一個輿論一律的統一的西方同輿論一律的統一的中國的對峙。然而，遺憾的是，時至今日，這幅圖景已經油彩剝落，畫面模糊，甚至虛假不實了。

首先，不同於中國，並沒有一個輿論一律的「西方」。在西方各國社會，公開支持北京當局的大有人在，也不乏自己的輿論陣地。社會的主流聲音是與其他聲音共存競爭的。這不是此類社會的虛弱，而是在根本上的強大和有生命力的體現。據報導，前不久在北京發表了一篇文章，指出「西方知識分子」在評價義和團的原則問題上，與中國知識分子水火不容。此文令我困惑的是，誰是「西方知識分子」？據我所知，在義和團問題上，有好幾派極不相同的觀點，更重要的是它們都能公開發表。人們不解的是，究竟是哪一派「西方知識分子」在同「中國知識分子」作對呢（在這裡，「中國知識分子」倒不用操心，反正有官方聲音統一為之代言的）？

可見，不易察覺的一個習慣是，人們往往不自覺地以自己在一元化社會中凝固積澱下來的思維方式去思考完全不同的多元化社會。

時至今日，粗略的「中—西」兩分法已經無法準確描繪上述圖景了。越來越強的「地球村」紐帶把各地拴在一起。尤其是當今的世界經濟秩序具有強制性的整合力量。你中有我，我中有你，互相影響，互相滲透，國界已逐漸失去往日的重要性。文化的交融也在拆除精神的圍牆。這就是所謂「信息時代」對於傳統地緣政治景觀的解構作用。

特別是，自前蘇聯和東歐集團解體後，所謂「後冷戰時代」蒞臨地球，集團性的東西方對峙消失，「西方—東方」兩分的二極世界正在逐步步入歷史的煙塵之中，不幸的是，由於種種因緣際會，作為冷戰思維遺物的「反西方主義」卻在中國知識界冉冉升起。

筆者猜測，亨廷頓先生(Samuel P. Huntington)最近那篇著名的論文〈文明的衝突〉(*The Clash of Civilizations*)的聳人聽聞的預言：「文明間的衝突將會取代意識形態與其他形式的衝突而成為世界上最主要的衝突形式」，或多或少強化了中國知識圈對自身文化意識的自覺。反西方主義和形形色色的反帝國主義論在中國知識界日益時髦恐怕與此不是毫無關係的。然而，令人失望的是，仔細閱讀該文章，卻發現其論證是缺乏說服力的。從長程的歷史眼光來看，文明的接觸主要是強化了相互間的敵意，還是加強了理解和同情，增強了共處的智慧，乃至導致了某些方面的同化？幾百年世界史提供的答案是清楚的。因此，目前學術界相當多人對該文提出強烈的批評正是預期的題中應有之義。而跳出一百多年來已陷於僵化態的「中－西」二分的魔障也許正是預期中國知識界的當務之急。大概只有如此，才可能以正常心態進入國際競爭的遊戲，為中國人謀求福祉。

忽忽風過耳

總體來說，目前中國大陸勃興的「反西方主義」浪潮，無非是對知識圈中過去的浪漫主義憧憬的過度反彈，當然，也是中國知識者對中國在國際態勢中的當下位置的本能反應，鑒於它們都屬於帶強烈時期性特徵的趨向，缺乏堅實的利益支撐，因而，並非長期的穩定潛流。

此外，我們從上面的一些簡要概括中已不難看出，同一百多年來中國出現過的激烈起伏的思潮一樣，這股「反西方主義」思潮的內容帶有強烈的否定式色彩，幾乎不含有肯定式的、建設性的內涵。其次，它還是一種相當強的情感反應，並未經過理性的審慎推敲和過濾（這從其中有一些相互矛盾的內容即可發現）。因此，要期待它對中國的未來走向提供內容豐富的方向性的貢獻，肯定是會落空的。但是，企圖借助理性的溝通，去化解由歷史際遇導致的情感反應，大概也是效果很小的。

我們不能抨擊忽起忽滅的風，只能等待它過去。

（本文作於一九九四年）

解除歷史的魔咒

五四運動七十一週年了。

聯繫到去年五四運動七十壽辰時，北京發生的震撼世界的一幕，聯繫到其後在東歐和蘇聯爆發的改變世界歷史的澎湃浪潮，我不由得想起世界歷史上一樁古老而又常新的現象：歷史的「入魔」和「脫魔」的問題。

無疑，當代世界正處於一輪新的歷史性「脫魔」時期。

所謂「入魔」，係指一種世界性的心理體驗，即被魔咒所籠罩所支配。魔咒使人類的群體心理感受到某種迷狂、某種召喚、某種烏托邦式的幻影，從而堅信有某種超自然的魔力在冥冥之中控制，它無所不能，戰無不勝。這種類似宗教神諭式的感應，在歷史上像陣陣狂濤，驟然而起，呼嘯而去。

所謂「脫魔」，正如著名德國學者馬克斯・韋伯所描繪的：「世界的脫魔，就是從魔幻中解脫出來，……脫掉了那層神祕的但有真正精神行為的外殼，……進入從各種宗教預言中脫穎而出的有條不紊的倫理生活方式的偉大理性主義。」簡言之，這裡的脫魔，就是拒斥神祕力量的世界理智化進程。

就廣義而言，從古典多神教開始發展到近現代的西方文化，其上下幾千年的持續過程，就是一個總體的脫魔過程。就狹義而言，亦可說歷史上曾經發生過多次入魔與脫魔的交替嬗遞的更迭。以本世紀為例，法西斯主義運動、共產主義運動和以伊朗霍梅尼為代表的伊斯蘭原教旨主義運動，都是其典型代表。

本文主旨在討論狹義的脫魔，特別是二十世紀人類的一項重要標記——共產主義魔咒的興衰；另外，也對五四運動與中國共產主義之間的關係略作考察。

讓我們先來看一張時間表。

一八四八年，共產主義的先知馬克思和恩格斯發表「共產黨宣言」，宣佈共產主義幽靈降臨世界。

一九一七年，過了約七十年。中國的龐大北鄰——俄羅斯，走火入魔，被共產主義魔咒所罩。

一九一九年，五四運動發生，共產主義經俄國傳入中國。

一九二一年，中國共產黨成立。

一九四九年，共產主義魔咒全面籠罩中華。

一九六六年，文革爆發。中國陷入高度的共產迷狂，構成入魔的巔峰狀態。

一九八九年，又過了約七十年。中國、東歐、前蘇聯開始偉大的歷史性脫魔。

有誰會料到，當兩位先知在上世紀中葉宣稱共產幽靈在歐洲徘徊時，該幽靈竟會在下一世紀支配了半個地球，使落後世界陷入迷狂？

又有誰會料到，當本世紀五、六〇年代共產主義勢力鼎盛，似乎將席捲全球時，三十多年後它竟然在頃刻之間，幾乎土崩瓦解？

這或許是歷史上所有魔咒現象所固有的神祕色彩。

由此引出本文關注的三個基本問題：

第一，共產主義何以應如實地被稱為魔咒？

第二，五四運動何以既是脫魔又導致入魔？它的自由主義與民族主義這雙重資源以及科學與民主這兩個口號是如何相互衝突並導致悲劇的？

第三，掌握政權後的共產主義魔咒的基本特徵及其命運如何？

共產主義無疑是一樁極複雜和重要的歷史現象。其重要性不會因為它在政治上的勢力迅速瓦解而消失。問題是，以科學自命的共產主義學說為何應被恰當地稱作魔咒呢？

研究共產主義的書籍業已汗牛充棟，本文無意在此重複。我只想強調指出當代大多數學者的一項基本共識，即，在嚴格的學術意義上，共產主義不是一種科學，而僅僅是一種意識形態，一種憤怒的抗議。

現代社會學的創始者涂爾幹研究馬克思主義後大為詫異：它從科學借用來的資料是那麼稀少，那麼薄弱，但是從此引申出來的實際性結論卻那麼多，而且這些結論卻又正是社會主義的中心論點——當我們看到這二者之間這種極不成比例的情形，誰能不感到驚訝？」涂爾幹在考察《資本論》後指出：「馬克思為了要確立（社會主義）這種學說才去研究它，而不是因為研究它才產生這種學說。……這些體系中充滿了情緒化的內容；它們的產生以及它們的力量都是對一種更完美的『正義』之嚮往造成的。……社會主義不是一種科學，也不是社會學的縮影——它是痛苦和吶喊。」

實際上，作為一位對人類的痛苦有著敏銳感受的抗議者，馬克思本人負有一種宗教式的使命感，他期望自己能像先知一樣拯救全人類。因而，在他的著作中有一種內在的激情和道德上感人的力量。其結論是預先就給定了的，然後再去搜集材料。於是，這些經過篩選的極不充分的材料實質上不過是某種經過刻意經營的辯護詞而已。鑒於此，遠在上世紀末，學者們就指出：「馬克思之所以能發揮影響力，主要因為他算是個道德上的導師；因此，他或許也能夠在自十八世紀以降的偉大的世俗改革家中佔有一席之地。」

明乎此，當我們看到共產主義幾乎總是在那些貧窮專制的國家得手，而不是如馬克思預言的在發達的資本主義國家成功時，就不會特別詫異了。因為它以天啟式的預言勾畫未來，以先知的方式傳佈福音，在感情上和道義上調動了這些國家文化較低的窮苦者對烏托邦天堂的內在嚮往，從而產生了某種神祕的控制力量，導致了魔幻式的迷狂。

對於知識分子，共產主義學說以其龐大的帶強烈黑格爾思辨色彩的理論體系，構成了雄辯的科學真理的外觀。它堅信有某種神祕的內在矛盾推動社會從一種形態嬗變到另一種。這種不可抗拒的必然性驅使社會達到終極天國——共產主義，於是，人類得救。這在相當程度上吸引了知識者的想像力，滿足於其潛在的理想主義心理需求。並且，馬克思主義內蘊的極強烈的道德感和批判色彩，引發了這些國家備受壓抑而強烈反叛的知識者共鳴，從而在感情與理智兩方面都征服了其中不少人，進而使其喪失了科學工作者應有的懷疑和實證的基本態度，弱化了其判斷力。

如此，在這些落後國家，共產主義也就攜有了現代魔咒的主要特徵。

在中國歷史上，五四運動的作用是雙重的。一方面，它是一次意義深遠的脫魔，其主旋律（民主與科學）甚至迴響在七十年後的天安門廣場上；另一方面，毋寧諱言，中國現代史上的再次入魔，與五四也有一定關聯。實際上，共產主義魔咒是在五四新文化運動中導入中國的。

這種脫魔與入魔的雙重作用，導源於五四運動的複雜性，導源於支配五四運動的兩種精神——自由主義與民族主義，也導源於五四之後「德、賽」兩先生的此消彼長的不平衡發展。它們撕裂了五四的靈魂。

有兩個五四，它們具有不同的內涵。

其一是作為新文化運動的五四，即以《新青年》為中心，從一九一五年至一九二三年間掀起的一場啟蒙運動狂飆。它的基本精神資源是自由主義，其基本口號是「民主、科學」。

其二是作為民族救亡運動的五四，即一九一九年五月四日當天因巴黎和談外交失敗而爆發的學生遊行示威並火燒趙家樓事件，並延至六月三日的上海罷市為止。它的基本精神資源是民族主義，其基本口號是「外抗強權，內懲國賊」。

上述區分已成了近年來學界的基本共識之一。

雖然，上述兩個五四略有一點銜接之處，但其基本精神卻大相徑庭。五四之後中國的基本路向都與五四運動的上述精神分裂相關。

外患深重，是當年中國所面臨的基本態勢，這一情勢加諸中國人以極大的心理壓力並支配了大部份人的價值取向。民族主義成為他們深層的最高判別準則。自由、人權、民主、科學價值種種，在人們心中，無非是拯救這個古老民族的藥方之一而已。即使是以自由主義自命的知識分子，當他們認為人權自由會妨害國家利益時，就會決絕地拋棄之。對其中的大多數而言，如下這一更根本的問題似乎從未進入其視野：民族國家強大的根本目標是什麼？難道不正是保障並實現國民的基本權利——生命權、財產權、言論自由權……等？倘若離開了這些個人的基本權利，富國強兵何用？國家主權何用？徒然滿足專制統治者的虛榮心而已。

他們所開的更大的歷史玩笑還在於，當犧牲了國民的基本人權後，人們發現，與其預期相反，不僅沒能富國強兵，與其他國家相較，中國反而更加貧弱。這種雙重失落構成了中國近代史的基本悲劇。

反之，七十年過後，縱觀世界，以保障基本人權為立國之本的國家，大部份竟然意外地同時獲得了經濟繁榮、政治穩定的富國強兵的結果。簡言之，富國強兵的目標常常是在以保障人權為本的民主法治社會中附帶獲得的副產品。這一目標在開初是並非置諸首位刻意追求的。胡適之當年的一句話點明了其中的邏輯關係：「現在有人對你們說：『犧牲你們個人的自由，去求國家的自由！』我對你們說：『爭你們個人的自由，便是為國家爭自由！爭你們自己的人格，便是為國家爭人格！自由平等的國家，不是一群奴才建造得起來的！』」

然而，談到這裡，筆者以為不能不首先澄清近年來頗流行的一種決定論推理：五四的主流——激烈的反傳統主義在邏輯上導致最激進的馬克思主義支配中國思想界，這就使一九四九年中共奪權成為必然。

上述推理是過於簡單化和武斷了。其中每一論斷都經不起推敲。五四的主流是激烈的反傳統還是其他？五四的真正傳統是應以綿延未絕的「民主個人主義者」為代表還是以中共為代表？中共四九年勝利的主要因素是思想上的勝利還是抗戰之後基於國民黨腐敗而導致的刀槍上的勝利？在上述這些基本問題上筆者都不贊成前述的流行見解並想進一步指出，這一見解中有些本來就是中共解釋歷史時造成的認知混亂。但這些並非本文主旨，尚須專文闡述，茲不贅言。

但是，客觀而論，筆者不想諱言，五四的兩種精神資源之一的民族主義佔了自由主義的上風確為共產主義在中國的瀰漫創造了一定的社會心理條件，而五四之後的著名的科學玄學論戰中科學派獲勝導致的科學迷信，也為共產魔咒的生效產生了某種催化作用。

毫無疑問，在中國歷史上，五四新文化運動是一次偉大的脫魔運動。中國文化傳統中的神祕色彩雖不如歐洲基督教文化那樣濃烈，但其宗法社會中黑暗的非理性因素，強調天人感應的直覺式渾沌化的感知方式等與歐洲的入魔狀態並無根本的歧異，不過少有歐洲式宗教意味極強的狂熱態而已。只是到了五四，開天闢地，新文化運動的個性解放、民主科學為中國引入了一套新的價值系統和理性化方法，才開創了一條嶄新的路向。五四的自由主義理想，雖然自三〇年代至七〇年代曾被蓄意淡化，乃至淹沒不彰，但一條精神的脈絡仍時隱時顯，綿延不斷。從蔡元培、胡適之、聞一多、朱自清、上海七君子，到胡風、羅隆基、儲安平、傅雷等右派份子及殷海光、方勵之……雖屢遭橫逆，仍不絕如縷。作為五四傳人，他們共享一條精神上的道統。在這個意義上，五四是當之無愧的脫魔運動。

但是，五四何以又同共產主義魔咒在中國興起有一定關聯呢？這就勢必涉及一段複雜曲折的歷史。

前已述及，自由主義的價值被民族主義熱狂所壓倒，是共產主義趁虛而入的原因之一。此外，三〇年代西方民主營壘的經濟危機和法西斯國家的強盛導致的對自由民主的普遍懷疑，又進一步弱化了自由主義理念。

此時，科學迷信的風氣隨科玄論戰後科學主義的勝利而泛濫開來了。這是一種逾越本份的無批判性的科學概念。科學成了終極真理的等價物。它可以無所不包地解決一切問題，從自然到社會到人生。它成了一個價值判斷詞，任何學說一旦被稱為科學，似乎就獲得了不受懷疑和批評的豁免權。科學主義陣營的主帥胡適之描述道：「這三十年來，有一個名詞在國內幾乎做到了無上尊嚴的地位，……那個名詞就是科學。」

經歷了現代科學革命之後，在今天的無論哪一派科學哲學看來，上述關於科學的觀念都是令人吃驚的幼稚，它本身就是反科學精神的。人們看到，當年那種科學萬能、神聖至尊的崇拜，已使科學染上了一點萬能咒符的色彩了。

在這樣的精神氛圍之下，以最新最前沿科學的面目出現的馬克思主義出場了。它聲稱自己正像牛頓與達爾文揭示了物質和生物世界的因果律一樣揭示了人類社會發展的鐵的因果律。它的強烈自信加上前述的共產主義在落後國家作為魔咒的基本原因，對當年部份知識分子產生了巨大的征服力和催眠作用。

更重要的是，對處於焦慮救國心態的、重視實踐的中國知識者而言，共產主義在俄國的掌權無疑表明了它是救國的靈丹妙藥。鑒於此，「社會主義才能救中國」成為最新咒語，甚囂塵上。

於是，陳獨秀、李大釗、瞿秋白這些當年的知識精英們，迅速轉向了馬克思主義。陳獨秀並向他的朋友兼科學主義主帥胡適之推荐這種「最新最完美的社會科學——經濟一元論」。雖然胡並未接受，但他何曾想到，他自己為科學迷信大行於世所做的拓荒工作，已經為新的魔咒——共產主義的加冕準備了一條小小的紅地毯。

當然，我們不能苛求前賢。在某種意義上，面對如此巨大的精神磁場，要不被吸引是極其困難的。倘若人類沒有這七十多年特別是近四十年的共產主義實驗，也絕不會有今天的脫魔狂飆。因此可以說，共產主義這種魔咒導致的迷狂症，正如天花等疫病一樣，倘若人類從未患過，就不會具有免疫力。因而，在這層意義上可以認為，五四以及之後共產魔咒的興起，也許是中國的劫數，在在難逃。

於是，人們看到，依靠更根本的方面，借助抗戰的機會，中共坐大待機，積蓄武力，借助國民黨戰後的腐敗，共產主義憑藉槍桿，支配了大陸。

作為現代魔咒，共產主義迷狂最充分的表演，還是在它與國家權力溶為一體之後。

一九四九年之後，「政教合一」，共產主義魔咒變成了中國的神聖不可侵犯的國教。

在這種國度，統治者掌權的合法性溯源於他是否這一魔咒的持有者（即是否馬列主義者）。實質上，倘若壟斷了魔咒的解釋權，也就獲得了統治的合法性。由此，我們很容易理解，何以在社會主義國家，一切行動和言論都必須訴諸共產主義諸先知：馬克思、恩格斯、列寧、史達林、毛澤東；而且，闡釋上述先知的符咒有愈益簡化的趨向。因為只有簡單明瞭，訴諸情感的咒語，才可能造成廣大範圍的號召力，產生群體催眠的效應，陷入精神的迷幻。

魔咒的另一基本功能在於，它在人類的精神與外在現實之間築起了一道人為的屏障。這一魔障使人類無法直達現實，不能獲得正常的判斷力。中邪的人們自覺不自覺地被引導透過這一魔障去觀察事物，從而使萬物染色並變形，乃至脫離了常識。人們當記得，透過這一魔障，人們是如何虔誠地相信水稻畝產十三萬斤，以及老教授比工農更無知的。在這個意義上，所謂「脫魔」也就是摧毀這一魔障，使人們重返實在人間。

當然，任何熱狂都有退潮的時候，魔咒的催眠時間更不是無限的。畢竟，人類的基本感覺（吃、穿、住、行）是無法由魔障全面隔絕或消解的。當餓腸咕嚕時，任有念念有詞的精神魔咒也敵不過一頓美妙的晚餐。而共產魔咒的致命傷恰恰在於，它的實踐證明它無法提供「美妙的晚餐」。

這就導致了它的衰亡。

共產黨國家在經濟上的潰敗是二十世紀這一主要神話破產的基本原因。自然，它也是剝奪公民基本人權之後的邏輯後果。為了挽救這一魔咒消亡的命運，十幾年來，共產世界興起了一場場的教義改革運動，這場改革使共產主義諸位先知之間發生了分裂和格鬥。最先被逐出局的，是史達林這個先知，然後是先知毛澤東的神聖性被貶值，往後受到挑戰的是恩格斯，目前輪到了列寧……，掌權者們節節後退，「回到馬克思」一度成為部份念咒者的響亮訴求。於是，共產教義的原教旨主義應運而生，他們力圖挽救共產神話被脫魔的歷史命運。

然而，原教旨主義並未表明它在解決基本經濟問題方面有任何特別高明之處，並且，根本的困難還在於，儘管節節敗退，但是原教旨主義仍有一道基本底線不得逾越。他們以魔咒掌權，因此，儘管任何其他東西皆可變，但魔咒的稱號不能變。原因在於，一旦放棄了這一名稱，他們的統治合法性也就喪失了。明乎此，我們就不難理解，何以魔咒體系內的改革派們儘管咬緊牙關忍痛割愛了許多過去被視為神聖的內容，但最終仍然祭起了那最後的四道魔咒——四個堅持，絕不退讓。這並非表明他們真心相信或欲竭力維護四個堅持的具體內容，因為那些內容（如：何謂社會主義、馬克思主義）其實是見仁見智，莫衷一是的。要害在於他們欲堅持的，是這些魔咒必須對人們享有支配權，以及他們自己必須享有對魔咒的壟斷權和解釋權。這是他們的四塊通靈寶玉，權力基礎，萬萬丟失不得的。

然而，青山遮不住，畢竟東流去。經過去年的歷史性劇變之後，共產神話的世界性脫魔前景業已呼之欲出了，其終局，連瞎子也能看見；其喪鐘，連聾子也能聽到了。美籍日裔學者Francis福山較早敏銳地觀察到了這一趨勢，並聳人聽聞地用「歷史的終結」來為時代命名。我想，就將來相當一段時期的歷史大勢而言，福山是具有洞見力的。但是，「歷史的終結」這一用語畢竟有譁眾取寵的黑格爾主義之嫌。誠然，共產神話在世界史上的破產是無疑義的，然而，鑒於在科學昌明的時代竟有約一半左右的人類被這種烏托邦魔咒催眠達一世紀之久的事實，鑒於歷史上曾經反覆出現過的人類迷狂的週期性循環的事實，我們不能不對人性中的一些基本弱點和難於駕馭的本能懷有深深的警惕。試想，在若干年或若干世紀之後，當對手已消亡，當大部份人厭倦了平淡無奇的自由民主體制下的生活時，有什麼超自然的力量能夠擔保人類不會再創立一套嶄新的咒符並再次掀起世界性的烏托邦狂熱？這類週期性的漲落在世界史是屢見不鮮的。

記得本世紀初葉，馬克斯・韋伯斷然向世界宣佈：「我們的時代是一個世界理性化、智化，特別是脫魔化的時代，……」我注意到他演講的時間是一九一七年十一月，這真是歷史的諷刺！他何曾料到，就在此時，一種新的魔咒已經潛入並支配了俄羅斯大地，一場世界性的入魔迷狂已經開始醞釀了。

明慧如韋伯者尚且如此，福山憑藉什麼靈感來保證自己不重蹈韋伯覆轍呢？

沒有任何東西能一勞永逸地保證自由的確立，唯有永恆的警惕和不懈地抗爭。

共產主義神話在二十世紀的肆虐，給予人類最重要的教訓之一或許是：凡是借助理想王國的美好訴求以批評現存秩序者，倘若這種理想世界是理想家構思設計出來的，並非自然生長演化起來的；假如它從未曾在現實世界試驗過，那麼，最穩妥可行的辦法是如實地把它視為一種批判力量、淨化力量和改革力量，從而促使現存社會的良性變遷。倘若把該理想王國當作某種必然歸宿和正面目標來狂熱追求，並不惜任何手段強制實施革命性總體動員，則對人類往往是一場血腥的悲劇。簡言之，各式各樣的烏托邦，作為批判性的因素是富有價值的，作為肯定性的目標是極其

何物百年怒若潮？

——民族主義與現代中國

群賢畢至，少長咸集

發軔於中國古都北京的五四運動，已經七十五週年了。如所周知，五四賦有雙重符號象徵，一為啟蒙主義，一為民族主義。而尤以後者對中國近代史影響既深且巨。在七十五年之後，從中國大陸到新加坡，從俄羅斯到波西尼亞，民族主義再次在全球勃勃興起，成為當下世界怵目驚心咄咄逼人的現象。有鑒於此，一九九四年五月四日和五日，普林斯頓中國學社和哈佛儒學研討會在普林斯頓聯合舉辦研討會，即以「文化中國：民族主義與後冷戰時代」(Cultural China: Nationalism & The Post Gold-War Era)為題。

參加這次研討會的，除了作為東道主的普林斯頓中國學社各研究員外，還有文化中國這一理念的倡導者和長期傳播者杜維明教授、傅偉勳教授，自由主義旗幟的不動搖的秉持者林毓生教授，著名美學家和哲學家李澤厚教授、高爾泰教授以及郭羅基教授，語言學和中國現代文學專家林培瑞(Perry Link)教授，著名作家叢甦女士、《世界日報》副總編孟玄先生、政論家胡平先生、《河殤》合作者之一謝選駿先生，來自美國各地的中國學者安延明先生、商戈令先生、周劍岐先生、駱寧先生、康華先生、齊海濱先生、陸俊杰先生、胡建先生、朱漢民先生，日本學者山田辰雄先生以及來自中國大陸的幾位學者等。剛從日本講學歸來的余英時教授趕上了第二天的會議，並向與會者致詞。甫從中國大陸出獄赴美就醫的王軍濤先生，也專程趕到會場，會見舊雨新知。

有人已經注意到，自一九八九年以後，以「文化中國」為總主題的研討會，每年一度都在五四紀念日前後召開。儘管討論的重心各各不同，但是，拒絕迴避中國及世界的現實問題，則是其一以貫之的共同特色。從開初的「從五四到河殤」，到「思潮與取向」，繼而「詮釋與傳播」，再到「經濟發展與價值變遷」，直至今天的「民族主義與後冷戰時代」，從這一系列具體展開的題目上，人們大體上也能多少窺視到一點近幾年來中國知識者的心路歷程。

今年的會議，是沿著以下三個方面的議題展開的：(1)民族主義在當代：一種文化的、政治的、經濟的現象，(2)中國的民族主義：過去、現在和未來，(3)民族主義與當代文化衝突。

從歷史到現實：騷動的精靈

普林斯頓中國學社主席劉賓雁先生致歡迎詞後，會議即進入了熱烈的爭論之中。

杜維明先生由追溯歷史而切入主題。他指出，民族主義的興起顯然與民族國家(nation-state)的建立息息相關，但是另外一個因素亦很關鍵，正如Greenfield 注意到的，「若不從社會現象來理解民族主義的興起，則對民族主義內涵的認識會有相當大的片面性」。即是說，民族主義的興起同一個特殊地區的文化、政治和經濟有密切的關係。它最先出現在英國，後來才逐漸擴展到歐洲。由於建立民族國家的道路差異很大，英、法、俄、德、美這幾國的民族主義就呈現出各自不同的特點。譬如，英國的民族主義實際上成為民主運動合法性的理性基礎，民主化運動與國家認同的觀念連接起來了。其中，洛克等人提出自由人權等觀念，成為民族國家認同的凝聚核心，是其發展的關鍵。法國的過程很不相同，它有三個重要的認同因素：宗教（天主教）、王權和國家。法國的民族意識與起同教會和王權有深刻而複雜的關係。英國帝國主義是從貿易出發，法國帝國主義則以傳教為特色。前者強調實際利益，後者強調文化認同。而俄國的民族主義特點則是與俄國知識分子有密切關係。受法國啟蒙主義影響的俄國知識分子的形成，貴族傳統內部的危機和矛盾，都是俄國民族主義的催生因素。德國的過程同早期的所謂「德國精神」有關，它有兩個內涵：一是德意志浪漫主義，二是(pioutism) 一種強烈的宗教情緒。二者結合起來面對法國民族主義的挑戰，產生了一種恐懼和仇恨（針對法國）的情結，以及反西方（法、英）和反猶太的傳統，後來的社會主義（共產主義）和國家主義在德國的出現就是以上述內涵的「德國精神」為源頭的。美杜先生最後提出是否有人類的「公產」——核心價值？如果有，哪些是？它們各文化特殊價值的關係如何？他認為，事實上，現代化可以有各種不同的文化現象。現代文明所突出的中心價值，雖然是出現在西方，但全世界都必須要接受，如人權、自由、民主、科學。我們現在最關切的問題是人權問題。人權問題在美國提出是與美國歷史有密切的關係。人權觀點是在十八世紀美國提出的，當時突出的是政治權利；社會權利的出現是在十九世紀，與馬克思主義的思想有緊密關係；在二十世紀提出經濟權利的觀點。所有在二十世紀以後出現的憲法，都有經濟權利和社會權利的內容，通常我們辯論人權問題僅限於政治問題，而現在則擴大到經濟和社會範疇。這對於人權論說的整合性是個挑戰，對美國也是個挑戰。美國在社會權益和經濟權益的自我認同方面有必要作認真反省。

郭羅基先生面對這個衝突紛擾的世界，主張更多地研究民族融合的問題。他指出，中國文化作為一個完整發展的活的標本，在世界上是獨一無二的。以中華民族在歷史所表現出的強大的同化和融合的力量為借鑑，將有助於增加世界各民族融合的智慧。

作為評論者，李澤厚先生首先釐清概念，指出民族主義基本上還是一個政治學的概念，是與建立民族國家有關的。總起來說，他不認為民族主義是一種歷史的進步現象。關於現代化與西化的關係問題，李先生指出，現代化當然不等於西化，但是，在中國乃至很多國家為什麼仍把二者等同起來是有原因的。很明顯，西化的一些基本的東西，如船堅砲利、新式工業、管理方式……，總之，這些物質文化是普遍化、一元性的。與此成對比，精神文化其內在就要求多元化。李先生同意中國近代的啟蒙本身也存在一些問題。譬如，為什麼在中國是法國式而非英國式的啟蒙路線占了上風，很值得深思。

胡平先生的評論認為，整個二十世紀實質上是民族主義占有支配性地位，兩次世界大戰均因此而起。不過，由於冷戰時代雙方意識形態色彩顯得很強，給民族主義披上了一件外衣。一旦外衣脫落，原本的色彩就浮現出來了。他並指出某些集團性、排他性、派別性具有深刻的人性根源。

天普大學(Temple Univ.)宗教系教授傅偉勳先生的發言則指出民族主義主要是受到外來的壓力時所起的反應。他強調文化民族主義與政治民族主義的分殊。他以日本的歷史為例，說明兩者的關係，並指出文化民族主義作出的貢獻是比較燦爛的。他認為，中國目前已經到了應當放棄政治民族主義的階段了。因為只有在自己民族遭受外來民族壓迫時，政治民族主義才可能有其意義。當你已經站得起來後，這種必要性就不存在了。而淡化政治民族主義，對於臺灣和西藏問題的解決，也是有正面意義的。

密西根大學東亞系安延明先生指出近代中國知識分子一個最基本情結：恢復中國昔日的光榮，但由於他們又接受了西方文明主導的現代國際社會的基本準則，這就產生了矛盾的心理和某種雙重標準。隨著潮流的起伏漲落，雙重標準的天平也隨之向某一方傾斜。

駱寧先生談到他的三點觀察，(1)當中國與西方大規模接觸時，在中國的王朝循環史上，正好處於一個朝代的衰落期，氣數已盡，特別虛弱。它對西方的反應的方式與這種時期的偶然性有關，也許並不一定是如許多論者所說是中國固有文化傳統的必然產物。(2)中國近代著名知識分子如梁啟超等在西方遊學時，西方的精神狀態與早先日本學人學習時已不相同，日人學習時還是進步主義占上風，而華人學習時西方已有某種懷疑乃至絕望的心理（一戰前後），這也影響到中日的不同道路。(3)中國作為一個大國，並沒有成為一個完全的殖民地，形成了內地和沿海租界的反差，這就造成不同區域淵源的政治力量的取向和（中國式）道義基礎的不同，影響了現代中國民族主義的特殊走向和各派成敗。

借用托克維爾對兩種愛國主義(patriotism)的區分，評論人林毓生先生把民族主義也分為相應的兩類：(1)本能的民族主義(instinctive --)和(2)反思的民族主義 (reflective --)。以此為模型，分析了中國的情勢。林先生並指出，民族文化只有內在發生的部分，才是最有原創性的東西。此外，對於像六四這樣的事件，他的觀察是，主要源起於中國人特別敏感的公平觀念，民族主義成分很少。

康華先生的評論認為中國與日本兩國文化民族主義的差異涉及到各自的文化是否具有普世性的問題。

災難的淵藪，復興的基點？

下午的會議專題回歸本位，討論了中國的民族主義的特點問題。

林毓生先生的發言除了深入分析了前述兩類民族主義外，特別提到了在自由主義起源中，特權泛化對於強化人權觀念的作用。他指出，人是目的，從根本上說，人不是任何其他目標手段，當然，也不能作為民族的手段。在二十世紀的中國，由於把人當做了民族的手段，因此，民族主義成了所有一切災難的淵藪。

高爾泰先生追溯了八〇年代中國民族主義思潮的興衰，指出中國共產黨利用民族主義的緣起及其與知識界的複雜關係。

中國的民族主義是以近一百五十年來的混亂時期為背景，這是謝選駿先生的基本論點。他解釋了何以民族主義成為中國一百多年來的一種最主要的意識形態的原因。由於中國迄今尚未建成現代民族國家，所以談不上建立民主制度。那是第二步的事情。因此民族主義是有其當下的合理性的，中國知識界目前的「反西方主義」，也是可以理解的。他並設想了中國的三種可能的前景：(1)中國解體，變成多個民族國家，然後建設現代化。(2)通過極強的壓力，同化少數民族而實現一個民族國家。(3)維持現狀，變成一個充滿內耗不同心而又硬拉在一起的三等國家。他認為上述中國的沙文主義雖然有歷史和現實的基礎，但基本上也是一種西方思想的產物，是受到西方影響後才形成的。

杜維明先生的評論指出，東亞文化圈及其文化認同、文化中國和某種意識形態下的民族主義之間的關係是什麼?這個問題非常複雜，我們很難通過這一次討論把這個問題談清楚。舉兩個例子，如日本有人假設十七世紀孔子帶三千弟子攻打日本，日本的儒家應該如何反應。討論了很久，答案很明確：一定要打倒，因為侵略外國是不合法的。所以看來儒家學說可以為日本的儒者建構其文化意識和民族意識提供依據。最近有關這方面的研究認為越南的民族意識基本上是反華的，這與越南的儒者有很密切的關係。還有朝鮮著名的儒者認為他們是朱子傳統的繼承人，而中國明代王陽明所代表的儒家傳統是偏離正統的。在整個儒家文化世界裡所發生的鬥爭、衝突和討論與在中國大陸地域性之間的鬥爭、衝突和討論都和儒家的象徵意義有關，這之間的變化是相當複雜的。

第二點涉及共產主義在中國大陸的興起。高爾泰先生的觀點是共產黨的興起把民族主義給消解掉了，而謝選駿先生則認為共產黨的興起是依靠民族主義，杜先生認為這兩個問題都有很多證據可以說明。假如沒有日本帝國主義的侵略，共產黨靠民族主義在中國興起的可能性是絕對沒有的。因為當時很多知識分子認為只有靠共產主義才能救中國。現在也有很多人認為，從歷史上看，這種力量的興起一方面是強烈的反傳統主義，一方面是西化，其中又包括馬克思為代表的反資產階級的西化思潮，這後者在中國的文化思想中有非常豐富的土壤，能夠使其生存和發展。第三點是林毓生先生談到的非常重要的一點，在中國的現代化過程中，民族主義被充分的政治化以後形成的一個殺傷力極大的意識形態。平常我們所了解的民間社會要有兩個基本條件，一個就是存在相對於政權的勢力，特別是中心政權的勢力；一個是獨立的民間團體，包括民間的媒體、學術界、工業企業、法律工會及各種不同的自由組合，其中每一個獨立的利益集團又能通過正常的法律途徑影響到政治核心。這兩個條件必須滿足。現在大陸已經具備第一個條件了，第二個條件還沒有出現。而第二個條件的出現必須靠法律制度實現。狹隘而強烈的民族主義被政權勢力運用後成為消解文化認同，消解原來傳統裡既有的各種結構的因素。無上權威的中央政權和所有的中間組織被消解以後，面對的是一些孤立絕緣的個人。這樣的局面對中國造成很大的破壞。

蘇煒先生的評論指出前述發言人講了三種不同的民族主義：林毓生先生所批評的意識形態化的民族主義、高爾泰先生所說的傳統意義的民族主義以及謝選駿先生所描述的二者混合型的制度化了的狹隘的民族主義。安延明先生所講的雙重標準就是在上述因素的複雜作用下產生的。

從一個美國人的角度看待中國的民族主義，林培瑞 (Perry Link) 先生有四點觀感：(1)中國的民族主義是二十世紀的一個新的現象，與過去的「天朝意識」不同。(2)從通俗文化的觀點看，中國就是「漢」，中國人就是「漢人」。(3)民族主義在中國是比較強的、比較情緒化的概念。(4)中國人的自我認同有一種泛道德化的因素。

自稱是個復古主義者的孟玄先生，出語驚人，他希望中國最好能恢復到帝制時代，維護大家長制。他聲稱相當強烈地反對走自由民主的道路，認為它不適合中國人。前蘇聯的解體，對研究國際政治和研究文化的人，包括他自己，刺激很大。他指出，前蘇聯有以薩哈羅夫為代表的西化派，也有俄羅斯土地派。目前的發展是，西化派幾乎已沒有信奉者了。俄國的主流知識分子非常痛苦，他們的思考結果是，我們仍然要走俄羅斯自己獨特的路，即所謂俄羅斯自由主義，而非西方自由主義，當然也並非吉米諾夫斯基那種極端派。中國目前也面臨類似的問題。

他的一個觀察是，個人——家庭——國家——天下這連續擴大的四個單元之間，相鄰的兩個單元的組合是易於衝突的。而相隔的兩者的組合則本性易於相容。如西方以個人及國家為單位，它們易於納入一種自由主義的政治秩序中。而中國則以家庭和天下相配合，這兩者易於與儒家的社會秩序相協調。中國不必走民族國家的道路。他指出，傳統的「三從四德」等家庭教育有其重要的正面意義，它加強了海外華人對其他族裔競爭能力。他極力推崇近代出自新加坡的曾受過西方教育的兩位華人：辜鴻銘和李光耀，指出他們的抗拒西方價值是有道理的。總而言之，經過這一百多年來的曲折，中國人必須要重新思考自己的根本道路了。

孟先生的論點引起了熱烈的爭論，以致在會間休息時，人們仍無法止息，特別是在場的女士，對於「三從四德」的主張進行了情緒激動的抗議。

周劍岐先生對近代中國的精神做了某種心理分析，指出與十八世紀的德國相似乃至尤為甚之，中國陷入嚴重的精神分裂和自我怨恨之中。目前最緊要做的，是建立民族文化的認同。

著名作家鄭義先生分析所謂「毛澤東是愛國主義者」這一神話，指出中共從組織根源和意識形態上，都是非中國的。從開初瑞金時期的受制於第三國際，到後來抗戰中保存實力以坐大，再到韓戰越戰，都是不顧民族大義的。他籲請人們注意中共口頭上的民族主義被政治化之後的惡果，特別是希望海外華僑不要因為某種強大母國的心理需求而忽略了國內同胞被殘酷迫害和壓榨的事實。

金春峰先生的評論指出孟玄先生的意圖是想尋找一條復興中國文化的道路，但是難以迴避近代中國的基本潮流，找不到復興的基礎、源泉和力量，這是他的基本困境。

林毓生先生的自由主義與孟玄先生的民族主義之間的歧異和緊張，引起了阮銘先生的興趣。他指出二者之間還是可能有妥協點的。他援引Mr. Kuznets 的區分，把民族主義分為主權（政治）民族主義和文化民族主義，前者是排他的、封閉的，後者是包容的、開放的。他認為後者是可能與自由主義協調的。他批評孟先生把中國民族傳統的內容狹隘化了，歌頌了傳統中的帝制、等級制、三從四德等應當揚棄的內容，反而忽視了中國文化中的優秀成分。他主張民族主義的自由化，而反對人為的強制的統一。

林毓生先生針對孟玄先生的論點指出，他基本上贊成中國式的家庭教育和管理方式，但是，要把政治國家的建立和管理與家教嚴格區分開，否則，「家天下」是極其可怕的。第二，中國式的華僑家庭的子女在社會上所以成功，是由於利用了美國（西方）社會外在的結構，如果同樣的家庭到了中國，就不一定會成功。而新加坡的成功依賴於英國殖民地的法治，而不是如它公開宣傳的那樣。

普世性與特殊性

民族主義與當代文化衝突是第三節的討論主題。不必諱言，這一主題與亨廷頓最近發表的著名論文〈文明的衝突〉有一定關聯。

實際上，在前兩節的發言中，已有學者涉及了該文。杜維明先生就指出，亨廷頓(Huntington)的基本論點是兩個問題，一個是基督教的問題；一個是他所了解的政治自由主義的問題。由於現在西方文明受到挑戰，那麼政治自由主義也受到挑戰。政治自由主義又和基督教文明有一種內在的聯繫。他在文章裡把西歐和美國擺在一起，屬於基督教；然後是拉美的天主教；其後是解體後的蘇聯和東歐，是東正教的傳統；日本獨立成一個文化體系；最後是南亞、非洲和回教的傳統。他認為歐洲和美國一定要通力合作，這些是自由民主的政府，是基督教文明的核心。第二次世界大戰以後日本和美國的關係很密切，日本走向民主也是受美國文化的影響，由於日本的經濟實力雄厚，美國也一定要和日本合作；非洲和南亞對西歐和北美影響不大，也不會有什麼危害，非洲是否能成為一個文化體系還是個問題。具有危害和挑戰性的是回教傳統，是中東和亞洲，還有以中國大陸為代表的儒家文化。他舉例所談到文明衝突的都是有關人權問題。認為現在對人權的挑戰主要不是來自中國，基本上來自特別以馬來西亞為代表的回教文化，其反西方色彩最為濃厚。馬來西亞為代表的回教文化從曼谷會議以後，加上李光耀參加其論說，再加上中國，即儒家文化和回教文化相結合構成了對西方的最大威脅。他有以下論點：⑴要阻止他們的合作，要看到儒家文明和回教文明的矛盾，要使其尖銳化；⑵西方的文明要通力合作，以抵禦外來文化的干擾。從長遠來看，多元文化是不可消解的。

J. Rawls 提出政治自由主義的觀點，這是亨廷頓認為最重要的核心觀點，是絕對不能放棄的。但杜先生認為，政治自由主義作為一個文化現象、政治組織和社會信念，也具有排他性。

著名學者李澤厚先生的發言首先批評了亨廷頓文章把中國現政權同儒家混為一談，對文明的理解是表層的，也沒有分析兩種文明衝突的內在原因。他指出該文是當前西方世界受到東方文明挑戰的反應。李先生提倡民族文化，反對民族主義，認為那是衝突和流血的根源。也不贊成文化民族主義或民族文化主義的提法。他的基本看法是，當今之世，意識形態的力量以及軍事、政治的力量都不可能消解民族主義，只有經濟的發展可以消融民族主義，促進民族聯合。

天普大學宗教系商戈令先生談到了當下的世界事實上仍然是以民族國家分野，也確實存在民族歧視的現象。這對追求普遍化價值的中國知識分子造成了某種心理困擾，並產生雙重標準。另外，中國近年來的經濟起飛，給中國人增加了自信心，修改了當年「文化熱」中普遍的悲觀主義結論，這是我們研究民族主義時必須注意的現實情勢。關於亨廷頓文章涉及的文化衝突和文化多元化問題，商先生認為，目前的問題是，文化之間的對話，事實上是各說各話，沒有深度，是不能解決文化衝突問題的。

著名作家叢甦女士把民族主義的來龍去脈作了釐清。

筆者向與會者，特別是針對孟玄先生和杜維明先生的論點，提出了幾個基本問題，希望能獲得更為深入的討論：(1)在相對主義瀰漫的這個世界上有沒有最基本的普遍性標準，最低的共同價值，公認的遊戲規則？是否有某種特殊的文化對這些標準有豁免權？(2)在沒有武力脅迫下，通過充分的交流和辯論之後，倘若認可和接受了某些並非源自本族文化的價值標準，是否具有正當性？價值的出產地是否優先於人們的理性選擇？(3)人們對族群利益的認同與他們對自身個體利益的認同何者更根本？(4)雖然亨廷頓先生以國際政治的邏輯來理解文化衝突的邏輯在短期內似乎有所見，然而從長程的歷史眼光來看，它有道理嗎？(5)截然兩極的「中—西」二分法永遠有效嗎？它的限度和誤區何在？

胡平先生在最後的發言中描繪了近代中國式愛國主義的某種特殊之處——模糊不清，因而特別容易為中共官方所利用。並指出當前中國知識界出現的某種反西方主義的、民族主義的情結與信息封閉、缺乏公開討論和壓制異議是有密切關係的。胡先生也揭示了北京當局為自己六四的行為辯解的荒誕。中共說它絕不向外國道歉，這是偷換問題。人家並不要求你向美國道歉，而是要求你向被你所殘害的中國人道歉，向被壓制人權的本國公民道歉。不是要你屈服於美國壓力，而是要你屈服於中國人民的壓力。這與民族主義是不相干的問題。

胡平特別強調自己這一代人生長於封閉的環境之中，精神資源非常貧乏，他們接受自由民主的觀念基本上是一個自發性的、內生性的過程。胡平說自己不能接受亨廷頓的看法的主要點在於，這不是西方文明和東方文明的問題，而是我們自己內在地就有這種要求，與自由主義思想家有共鳴而已，並不是一種外在的、輸入的關係。他特別提請在海外的中國人警惕那種把母國的富國強兵擺在壓倒一切地位以使自己有臉面的心態，該心態容易使人對母國政權的暴行與罪惡視而不見。

高爾泰先生的論證指出自由和尊嚴是每個人都需要的，它要求有一些普世性的價值標準來承諾這些東西，因此價值的底線是存在的。而此類問題的解決，有助於歷史遺留下來的困難的民族問題的解決。

郭羅基先生希望能把民族與文化的關係同民族主義與文化的關係這兩者辨析清楚，他提出在承認文化多樣性的同時也要承認價值的一元性。

最後，余英時先生在閉幕詞中指出，在中國大陸，目前民族主義情緒確實在上升，確也受到政治力量的利用，這是我們必須正視的。思想界學術界對此問題的探討和研究，澄清以人的尊嚴為本質的各文化共有的人權觀念，消解某些情緒化的民族主義誤導，將有助於避免或是減弱某種狂飆式的民族主義浪潮所帶來的歷史性災難。

這次會議使人們意識到，民族主義作為近代的一個基本課題，它幾乎觸及了每個人最敏感的神經，複雜而微妙。目前的探討僅僅是開始，它恐怕會長久地困擾並縈繞人類的心靈。

（本文作於一九九四年）

中共民族主義的困境

眾所周知，共產主義運動在理論上的國際主義訴求和實踐上的民族主義特徵一直是自前蘇聯十月革命之後七十多年來頗為引人注目的矛盾。

前者以馬克思的名言「工人無祖國」和「國際歌」為代表，後者的典型表現則是前蘇聯史達林時代與希特勒瓜分弱小鄰國的密約以及中蘇紛爭、中越戰爭和越柬戰爭等。這類民族紛爭或分贓的格局由於未逃出傳統的地緣政治的範疇而為人詬病。於是，除了共產國家中的經濟貧困、政治集權、文化單調之類的通病外，上述極端的民族沙文主義鬥爭也是使共產主義運動日益衰微的因素之一。

應當指出，伴隨著共產意識形態在國際對比中的失敗，民族主義作為一種歷史悠久的傳統凝聚力量，在共產國家中日益強化了自己的政治地位，這對中共來說尤其如此。

文革之後，中共本來試圖用改革開放政策來重建自己的瀕臨絕境的統治合法性。雖然這一過程進二退一，步履維艱，內在矛盾重重，但畢竟也略有進展。然而，在六四屠城之後，改革進程兵敗如山倒，它的統治合法性幾乎全面崩潰，無論在政治上、經濟上、外交上、文化學術上都面臨基本困局，因為該政權的喪失人性和踐踏基本人權令全世界震驚。在這種內外交困的基本態勢下，中共只剩下了最後一道合法性的防線：民族主義。

在中共的辭典中，民族主義常稱作愛國主義，它是用如下一些典型的用語來界定的：六四是「中國的內政，不容干涉」，屠殺市民是「中國的主權」，方勵之為保障自己的生命權而進入美國大使館為「賣國主義」，學生追求民主自由為崇洋的「奴化思想」，以及中共從不怕「外界壓力」云云。簡括言之，這是一種「政府主權至上」論。很顯然，面對世界滔滔輿論和各國的經濟制裁和外交抵制以及東歐風起雲湧的浪潮，這是中共最後的也是唯一的救命帆舨。

問題是，這塊帆舨能否救它安渡風暴？

誠然，回溯中國歷史，自上世紀下半葉末，進入國際社會的中國面對世界列強的攻勢，民族主義乃成為眾多革命和變革的主要推動力量：五四時期，巴黎和會關於中國山東的條款而激起的民族主義浪潮，大大擴張了中國民眾的政治參與，五卅慘案推助了北伐戰爭，抗日戰爭凝聚了全國各界，四〇年代末反美情緒對共產黨的幫助……這些歷史，中共領導層銘記尤深，他們勢必要充分調動民族主義作為政治資源，從而在共產主義日益式微之際挽救其統治合法性。

鑒於此，這裡就出現了三個問題必須釐清，首先，在理性的層面，在這種民族主義之上是否還有更高的基本原則？其次，在現實的層面，當代民族主義的強度幾何，人們事實上對它有多高的認同？最後，中共自身充任民族主義代言人的資格又如何？

如果不健忘，人們當記得，當年世界各國對希特勒帝國屠殺猶太人發出抗議時，第三帝國也指責他國「干涉內政」；當年愛因斯坦等不堪法西斯統治而離國出走時，也被德國政權指為「賣國」，然而，歷史的結論如何呢？

道理其實極簡單，我們首先必須是人，其次才談得上做中國人、德國人、美國人等某一民族的成員，倘若連起碼的做為人的權利都被剝奪了，即基本人權——生命權、財產所有權、言論自由等——都喪失了，談何中國人？談何民族尊嚴？政府主權用來做什麼？難道它最終不是用於保障每個國民的基本人權嗎？

因此，方勵之先生之進入美國大使館，同當年愛因斯坦、費米等科學家離開自己祖國一樣，是基於對自身基本人權的維護，同時，也是對一個喪失人性的政權的抗議，顯然，無可非議。

明乎此，我們就可以邏輯地獲得現代社會的一項基本共識：基本人權高於政府主權。

誠然，各國政府有各式各樣意識形態和統治方式的差異，但是，聯合國人權宣言理應超越這些差異，成為普遍原則。既然譴責希特勒屠殺猶太人談不上干涉內政，既然反對南非種族隔離並非侵犯主權（中共自己也承認），那麼，文明世界對中共軍隊殘殺手無寸鐵的和平公民的暴行的嚴厲聲討，當然無關乎什麼「干涉內政」，這裡根本不是純粹的內政問題，而是遠超乎這之上的人類社會的基本規範問題。事實上，屠殺本國和平居民永遠不屬於政府主權。中共必須牢記這一點，否則，歷史將會用自己的方式迫使它承認。

在現實的層面，在當代世界的政治潮流中，民族主義的實際政治潛能究竟多強，即是說，它可能發揮的現實政治功效有多大？我們不妨剖析一個典型例證：香港問題。

如所共知，近代中國民族主義感情既深且巨的一點，是對帝國主義加諸中國的不平等條約的拒斥感，是對處於殖民地地位的屈辱感。而英國之佔據香港，正是最典型的不平等條約和殖民地的象徵，香港問題正觸及中國民族主義神經的最敏感處。一九九七年，按照中英協議，香港將歸還中國，中國最後一塊殖民地終將消失。這無疑是一件近代史上的重大事件，理應使中國人的民族主義情緒獲得極大的宣洩，並導致香港人山呼海嘯式的歡呼。

然而，事實上，香港幾百萬居民對「九七大限」的回答，竟是洶湧澎湃的移民潮！他們寧可作英國人的被殖民者，不願作中華人民共和國的「主人」；寧可作漂泊異鄉的流亡者，不願返國作社會主義優越性的享受者。

這對中共的臉面無疑是摧毀性的打擊，極為尷尬。面對移民大潮，中共除非把六百萬香港人統統指為賣國賊，否則，何言以對!?

與此相應，大陸青年學子、各界知識分子乃至一般民眾，已視中共治下的家國為一艘即將沈沒的大船，凡稍有辦法者，紛紛棄船而去，踏上不歸路，這就是大陸人所謂的「勝利大逃亡」！

上述大移民潮和逃亡潮，清楚地表明了人權高於主權的時代潮流，表明了民族主義訴求在當代的有限性，同時也表明了，中共政權空前的喪失人心。實際上，類似目前香港這樣在回歸前夕的移民狂潮，就是在四、五十年之前的中國都是難以想像的。它象徵著這個歷史上罕見的殘忍和謊言的政權，帶給國人的恐懼感已超過近代史上任何政權，甚至超過對外國殖民者的恐懼。它與今年（一九八九年）突破柏林牆的東德逃亡潮具有同一種政治符號象徵。它意味著無權用投票選擇政府和生活方式的人們，在用「腿」來選舉。雖然風險較大，但這是他們唯一可投的不信任票了。

況且，即使是在有限的民族主義認同的範圍內討論，仍然要發生最後一個基本的問題：中共作為民族主義代言人的資格問題。

這裡，且不說中共本身就是一個在國外的組織——共產國際指令下成立的政黨，且不說中共載入憲法的「立國之本」，是非中國人創立的意識形態——馬克思列寧主義，更不必說每逢國慶典禮，天安門廣場都會赫然豎起四幅外國人的巨幅畫像：馬、恩、列、史（史達林還是世所公認的劊子手），其實，以這樣一個外國烙印很深的政黨來象徵民族主義，本身頗富現代幽默感。但是，我以為這還不是最根本的。

最根本處在於，一個對本國公民實行國家恐怖主義的政權，一個對數百萬人極鮮明地表達出的政治意向不僅置之不理，並且用坦克來剿滅的政府，究竟在何種意義上還能自命是民意的代表、民族的代表、主權的象徵？四十年來，中共政權造成的人民非正常死亡高達數千萬，把中國弄得如此貧窮、專制、野蠻、民不聊生，豈非是近代史上中華民族最大的歷史罪人？就其對民族的禍害而言，與賣國賊何異？

曾有朋友指出，民族主義在東歐是促發共產主義崩潰的力量，而在中國，卻成了拯救共產主義的因素。在某種意義上，這是不錯的。然而，鑒於前述三方面的分析，可看出中共政權的民族主義合法性基礎是極其狹窄和脆弱的。有移民潮、逃亡潮為證！世界在八〇年代以後，民族主義的力量正在悄悄消退。倘若解除新聞封鎖，實行自由選舉，則中共的民族主義代表合法性必定一朝崩潰。謂予不信，請拭目以待。

（本文作於一九八九年）

作為歷史形態的民族主義

民族主義與極權主義：思想史一瞥

觀察當今世象：冷戰結束後，「潘朵拉盒」開啟，幾十年來被屏障在意識形態帷幕背後的民族主義(nationalism)，破繭而出，跳脫飛揚，眩人耳目，成為支配當代歷史的主導力量，沛然莫之能禦。人們鑒於民族主義比意識形態更加基本和持久的事實，眾口鑠金，不假思索，已把它視為某種永恆不變的基本政治要素了。

不過，這裡恐怕忘記了一項更基本的事實：就整個漫長的世界史長河而言，民族主義的出現其實也只是其中一椿短暫的歷史現象，迄今不過二百年左右。它是伴隨「民族國家」(nation-state)共生的衍化物。所謂民族國家，即國家的領土與某一民族所居住的疆域一致，國家由民族決定。這一情勢的鑄成，與上世紀歐洲內部特別是德國的歷史演變關聯甚深。

雖然歐洲的幾個主要國家都以不同的方式與現代民族主義的發生有關，如英國的海外貿易和以自由人權奠基的主權觀，法國大革命及盧梭的「公意」和「主權在民」思想，德國建國過程及其反西方（法、英）和反猶太傳統以及德意志浪漫主義，義大利的馬志尼主義及其奮鬥歷程，都與民族主義的產生有重要關聯，但是在思想史上對建構民族主義觀念影響最大的，當首推三位德國哲學家：赫德(J. G. Herder)、費希特(Fichte)和黑格爾。

赫德發其端，首先提出「最自然的國家，是一個國家所包含的人民只具有單一的民族特性。」（他的老師兼朋友康德敏感地意識到了其中蘊涵的非理性的浪漫主義及其危險，當時即對之提出過批評。）

費希特奠立了德國民族主義理論，這是針對拿破侖席捲歐洲的強烈反應，是一種本能的底層自發的民族主義，它甚至主張國家疆界要由語言來決定。

黑格爾集其大成，他看出民族主義確實滿足了一種心理需要——人要找出並知道他們自己在這個世界上的確定位置，並希望能歸屬於一個有力的集體。為了避免本能的自發的民族主義的顛覆性危險，黑格爾把民族主義馴服為國家主義(statism)，實際上是一種普魯士威權主義。誠如對其國人有透徹了解的康德所指出的：「在所有文明人中，德國人最容易長久屈服於它所遇到的政府，……」（康德：《人類學》）

黑格爾說：「國家是塵世的絕對力量……。國家即是人民自身的精神。……應由國家來支配世界。」（見黑格爾：《法哲學》，第三三一節）這樣形成的國家不能不是極權主義的，即國家的力量必須滲透並控制人民生活的一切功能。因此，現代極權主義比較重要的概念，幾乎都傳承自黑格爾：

(1)民族主義。根據歷史主義者的觀念，國家是創造國家的民族（或種族）的精神（或血統）的具體化。被挑選的民族注定要統治世界。

(2)國家是一切其他國家的自然的敵人，必須在戰爭中肯定其存在。

(3)國家免於任何道德責任。歷史，即在歷史上的成功為唯一的審判。集體的效用為個人行為的唯一原則。允許宣傳者說謊和曲解真理。

(4)戰爭的「倫理」觀念（整體和集體主義的）。特別是在新興國家對抗古老國家中，戰爭、命運和名聲是最值得追求的東西。

(5)偉大人物的創造性角色。具有世界性、歷史性的人物，具有深度知識和高度熱情的人物，現在已成為領導原則。

(6)英雄式生活的理想（冒險），與過著布爾喬亞（資產階級）式生活的俗人相反，是一位英雄。

正如安德遜(Anderson)所說：「當正統基督教衰落時，民族主義就以一種神秘的信仰經驗取代了基督教。」（安德遜：《民族主義》，頁一三）而費希特和黑格爾在建構這一傳統的過程中，起了關鍵性的重要作用。

當然，嚴格說來，即使在民族主義僅有的兩百多年歷史中，也從未達到過純粹的民族國家形態。在之前，是大帝國或城邦，在之後，其他的形態亦若隱若顯，飄然而臨，即，民族國家是有可能異化變形的。

因此，同歷史上曾有的潮流一樣，民族主義也是一種歷史形態。

如上所述，由於黑格爾的影響，民族主義一開始就染上了極權主義的色彩。這一傾向的典型歷史結果，就是以國家社會主義(national socialism)著稱的德國納粹政權。指出極權主義與民族主義之間的原始姻親關係，對了解當前世界民族主義的飆興及其後果是有其特殊意義的。

中國民族主義的心理分析

一、政治心理：從國際競爭的邏輯看

中國的情況略有不同。人們公認，歷史上中國從來不曾有過「民族國家」的觀念。在中國人眼中，中國就是「天下」，就是世界的中心，其他地方都是「蠻夷」和「化外」，是圍繞中國旋轉和朝貢的。

然而，在經歷了漫長的「天下」觀念的主宰後，近百年來，中國被迫進入了基本上由民族國

家組成的充滿競爭的國際社會，從而進入了建立現代民族國家的歷史進程之中，由此出現並逐漸強化了民族主義觀念。在諸多建構中國民族主義的歷史事件中，就其影響面的深度和廣度而言，當首推本世紀三〇至四〇年代的抗日戰爭。那是一次動員面空前、正當性昭然的民族主義大爆發。

但是總體而言，眾所周知，中國近百年作為民族國家的經驗是一次失敗的經驗，充滿了挫折、屈辱和痛苦。

因此，如果簡單籠統地說，由於近百年來在進入國際社會後所受的屈辱尚未償還，中國人勢必還需要過一下「民族國家」的癮，洗去失敗的痕跡，發洩民族主義的情緒，從而獲得心理的補償和平衡。因而，相對工業國家而言，在中國，存在一種遲到的集體情緒渲瀉的渴求，應當說是大體不差的。

然而，如果細緻地分析，在事實上，民族國家的利益尤其是其核心——主權，並不是由普通國民所代表的，國家利益也並不是均等地分配於每個中國人身上的。它在權力精英、知識精英和普通國民身上有極不均等的分配。在極權主義國家，這種差異尤其重要。它有助於我們梳理「主權」這一概念的真實涵義。其實，只要觀察一下上述各階層在民族主義問題上的真正興奮點及其強弱分布，個中的微妙原因就不難明瞭了。

鑒於中國文化傳統的遺傳，有人認為，中國士大夫（或知識精英）具有某種（對未來的）「準立憲」功能，因此，他們有比一般民眾強烈得多的民族意識。作為權力精英和一般國民的中介，考察他們的心理變遷或許是有典型意義的。

有關民族主義的問題，在國際政治層面，由於中國經濟地位的上升，中國與西方強國的利益衝突也隨之升高，在中國知識界的心理層面，某種情緒性的反應以及分歧鴻溝迅速擴展開來，成為這種態勢的邏輯後果。

最近，筆者參加了一個為期一週的人文學科的研討會（一九九六年六月七日至十一日），地點在紐約上州的一處偏僻山莊 Adirondack Work / Study, Inc.（研討會後它被與會者命名為德夏書院），東道主是推動東亞特別是中國的人文學精英層面研究的哈佛大學燕京學社。與會者有來自中國大陸北大、社科院、上海大學、中山大學等單位的六、七位學者以及來自法國、美國各地的中國學者。

會上，有學者現身說法，以自身的感受分析目前在留學生中民族主義高漲的心理原因。他們指出，過去，大陸知識分子推崇西方體制，並非由於其經濟發達，而是其代表的道義力量和基本價值。現在，情況發生了根本改變：在臺海危機中，美國軍艦介入，聲稱是捍衛自己國家的利益。然而，如果反過來，中國軍艦開到美國的海域附近，那麼美國人有何感受？美國政府的作為使中共過去對「帝國主義」的那些宣傳一步步變成了現實。這就動搖了留學生們對西方制度的信念。另外，特別是中東問題上，譬如上次以色列轟炸黎巴嫩平民區，美國輿論媒體沒有一家出來說公道話，壓倒性的意見仍是開脫性的。這就不能不使人相信過去中共所說的美國報界被猶太人操縱的傳言。

如果沒有基本準則，只有國家利益的爭奪，「強權即公理」，那當然會有民族主義的高漲。人們對自由民主的基本信念是取決於現存的西方國家（包括政府和人民在內）的行為的結果。如果現實世界的典範被打碎了，這種信念就難以維持。

但是，上述推理似乎難以面對如下的異議：每個國家都有權利爭取自己的國家利益，美國亦然。這是無可非議的。問題是，各國追求各自的國家利益是否邏輯地等於「強權即公理」？是否能邏輯地推出在爭奪國家利益的過程中沒有是非之辨，沒有國際公認準則？在臺海危機的具體實例中，關鍵之點在於：何方炫耀武力在先？倘我們設想一下，在大陸的飛彈和軍事演習步步升級，咄咄逼人的態勢下，倘若沒有美國這個第三者出現（何況它仍是停在國際法允許的公海領域），臺海危機可能出現什麼後果？

我們姑且暫時把臺海兩岸當局有關主權的爭議擱置一邊，起碼得承認使用武力來解決這一爭議是不可取的，是對雙方都有害的。如果具軍事優勢的一方以武力相威脅，國際社會是否最好袖手旁觀，眼睜睜地看著另一方被強力所壓倒、所征服、所毀滅？在這種時候，常識的理智是，有個「國際警察」總比沒有好。雖然，由某一國家扮演「警察」並不合適，因為它也有自己的國家利益，從而有裁判與參賽者角色混淆之嫌。然而，「兩害相權取其輕」，這是當代世界的現實性的平衡因素。況且，這一超強的行為還受到其憲法、新聞界、反對黨、國會乃至選舉等等因素的制約。當前，在聯合國事實上還無法也無力有效地扮演「國際警察」的情勢下，如果沒有這一角色，則國際社會立呈「無政府狀態」，那才真正是「弱肉強食」的「動物世界」了。

聯想到最近大陸出版的一本引起轟動的新書《中國可以說不》，其代表的傾向就更值得玩味了。該書蘊涵強烈的反西方色彩，自稱是「廣泛民意的映射」，聲稱要聯俄抗美，甚至主張不惜以武力「收回」臺灣，云云。聽來氣壯如牛，而書名又以一種受壓者的口氣自我謙抑地聲辯「可以」說不，似乎隱然指控誰在壓制它不許說。心態曲折，可圈可點。然而，仔細揣摩，倒覺得頗有點滑稽。

一個基本的問題是：誰是中國？誰能代表中國？

倘若說答案是中共，則此書完全是多此一舉。它何勞你曲曲折折地來說不？毛澤東早在幾十年前就把對西方對美國的「不」字叫得震天響了。其結果如何，是眾所周知的。毛以對西方說不為姿態宣稱「中國人從此站起來了」，但是事實卻是史無前例數量的中國人「倒下去了」：八千多萬中國人死於中共政權導致的饑餓、批鬥、勞改、監禁、槍斃、自殺等非正常因素，這是超越了中國歷史上任何階段的「豐功偉績」！因此，所謂中共「對西方說不」，實質上，是「對中國人說不」，是對中國人免於恐懼、免於饑餓、免於匱乏的基本生存權利說不。應當有理由說，中國人四十多年來所遭受的巨大苦難是同一種過時的、粗糙的主權觀念有相當關聯的。

此外，該書完全照抄日本極端民族主義者幾年前反美的一本書名，其缺乏想像力的程度讓人難以想像。當然，這種抄襲也許正反映了二者之間「心有靈犀一點通」的微妙況味。

倘若說答案是一般中國大眾，則顯然更是無的放矢。試想，在沒有新聞自由的中國，如何去說不？而該書所謂「廣泛民意的映射」又是通過什麼樣的民意調查得出的？

不過，該書的長處是，它用一種最極端最尖銳的形式表達了部分自命「中國代表者」的知識界人士的基本情緒和思潮轉向。從而使人們清醒地意識到當代中國某種思想動向的空虛浮泛及其虛張聲勢的表達方式。

二、文化心理：從兩次思潮轉向看

五四之後（二、三〇年代）和當下的九〇年代，中國知識界發生過兩次平行的思潮轉向。

筆者曾指出，從思想文化的層面觀察，可以發現，目前民族主義的轉向，與七十年前一樣，同樣也得到了來自西方的新思想資源的奧援和支持。五四之後當時西方送來的新思想是馬克思列寧主義，六四之後在中國部分知識者中時髦的則是「後殖民主義」等西方諸「後學」理論。

兩次轉向的思想脈絡十分近似。

當年，中國知識分子、青年學生，以《新青年》的「民主、科學」為旗幟，西化色彩鮮明。但一紙「巴黎和會」的不公正條款，就迅速聚集了強烈民族情緒，產生了對西方的主流文化排拒的精神土壤。其時，俄國十月暴力革命，給中國送來馬列主義——列寧改寫的非西方國家（殖民地）反抗西方國家（宗主國）的意識形態，賦有了民族主義色彩。它既是西方最新「科學」，又是本民族反西方列強的利器，恰好投合了中國部分知識者兩方面的心理需求，從而在智力上和情感上支配了他們。

從二〇年代到九〇年代，歷經七十個春秋後，另一次思潮的轉向在中國重演了。

正如前述，六四事件後，由於種種原因，在外交格局和意識形態上，已經儲蓄了中國民族主義崛起的潛在土壤。但是，倘若沒有在智識上和道義上的強有力的「支援意識」，知識界是不會如此輕易轉向的。

適逢其會，以「後殖民主義」、「文化霸權理論」和「新馬克思主義」等諸種「後學」翩然而來，標榜反思啟蒙運動主要遺產，聲稱反對西方主流「話語」，與潛在的民族主義土壤在智力和道義上的需求一拍即合，遂成潮流，成為支撐當代中國民族主義的主要思想武器之一，從而使部分知識者「理直氣壯」地告別了八〇年代「淺薄的」擁抱民主自由親西方的類「五四」潮流。

正如五四之後的轉向一樣，這一轉向，也恰好在兩個基本方面滿足了部分中國知識者的心理需求：智力上「新」，感情上反西方主流。遂一拍即合。

因此，筆者把中國知識界的民族主義高漲看做國際態勢和西方「後學」思想相互激盪的結果。這種新理論給了原始本能形態的民族主義情緒以嶄新的理論架構，給予了智識上的漂亮包裝。而「後學」也獲得了某種已存「情結」的廣泛支撐，填充了它的精神土壤。

因此，民族主義，特別是在第三世界，終於獲得了它的當代理論形式。不過略微遺憾的是，這種形式仍是從它強烈抗拒的西方世界所販運過來的。它似乎永遠逃不出那個冥冥之中的敵手的施捨，逃不出循環式的邏輯怪圈。

中國民族主義：現狀與限度

出於了解中國民族主義思潮的欲望，筆者曾經與來自大陸的學者進行了深入的討論和廣泛的諮詢。大體上對有關這一點的基本精神氛圍有了一些感受。簡括言之，在目前，中國大陸的民族主義思潮泛濫的程度，並不如海外學者所想像的那樣嚴重。原因有三：

(1)對官方而言，現在他們逐漸發現，民族主義是一柄雙面刃，它既可以作反西方主義，從而作為挽救自身統治合法性的利器，但同時它又可能成為譬如新疆、西藏、內蒙古、寧夏回族等少數民族地區爭取獨立的依據。事實上，這方面的危機已經日益明顯。因此，北京當局目前在這方面的宣傳相當謹慎，比前幾年收斂多了。甚至已有個別御用學者建議不用「民族主義」而改用「國族主義」一詞，官方的心理敏感程度由此可見一斑。

(2)對社會大眾而言，前幾年爭取主辦奧運被拒等事件，以及臺灣海峽兩岸當局圍繞「主權」和「統一」等問題引發的爭端，曾激起他們民族情緒的一時高漲。但中國人基本上仍是一個講求實際的民族。事件過後，人們意識到影響自己日常生活最具支配性的因素，仍然是貪污橫行，物價高漲，社會安全下降，子女教育堪憂，因此反西方式的民族主義的市場已相對縮小。這一點，從大批人仍然急於送子女到西方（特別是美國）留學，以及香港人急於獲得一個英國身分等事情上即可得以窺見。

(3)對知識界而言，雖然由於各種「後學」如「後殖民主義」、「後現代主義」、「亞洲價值論」……等時髦論說的泛濫曾使一部分人強化了民族情緒。然而，日常生活仍然是最有力量的。事實上，對他們有最切近的影響的，目前仍然是中共體系無處不在的壓制。當下當局對傳媒的言禁的加強，對異議分子的加緊鎮壓，以及高層生活的腐化與知識分子捉襟見肘的清貧的對比，使他們反西方的民族主義情緒有所緩和。對其中較有理性的高級知識分子尤其如此。

很明顯，民族主義在中國是一個變數，而不是常量。它與外部因素密切相關。平常，在人們的基本理性和判斷占上風的時候，它是隱而不顯的。但是，不容否認，作為一顆潛藏的炸彈，一旦遇到某些刺激民族感情的事件，在某些政治人物的因勢利導下，它將突然噴發而出，匯湧成一股摧毀性的破壞力量。因此，余英時先生所擔憂的中共政權向法西斯主義的轉向並非絕無可能。在這方面，國際社會的公正、謹慎和深思熟慮的舉措乃是至關緊要的。

經驗表明，情緒是不可能經由理性辯論消解的。它的消解只能有兩條途徑：或是被時間沖淡、抹去，或是被另一種強烈情緒所取代。

我們不必去抨擊飄忽呼嘯行蹤不定的「風」。

我們能作的，只能等待它過去，或等待它被其他較少破壞性的「風」所抵消，所壓倒。

民族主義的未來趨勢

一、潮流正在轉變

歷史形態就是歷史形態，它不可能立地成佛，羽化成仙，凝為永恆。

如果仔細觀察，事實上，在民族主義發源地的西歐，目前的歐洲聯盟已經不動聲色地在同民族國家這種政治實體拉大了距離。從長程的歷史眼光看，民族主義正處於衰落的歷史流程之中。

更重要的是，由於全球化經濟對民族主義的衝擊，民族國家的僵硬形態已越來越不適應現在面臨的國際環境。基本的「風向」正在緩慢改變。

目前，世界已進入無國界全球經濟體系的時代，全球市場對民族國家產生了越來越大的解構作用，對傳統的「主權」概念有極大的腐蝕作用。

事實上，日益明顯的趨勢是，傳統的民族國家在無國界經濟體系中，已變得不自然甚至日益變成不成功的經營單位。民族國家極力主張傳統意義和形式的經濟主權，即，把國界內的一切人民和土地納入規範，結果適得其反，這種主權至上的行為損人而不利己。全球化的經濟對它的懲罰是：把投資和資訊轉移到其他地方去。

在歷史上的重商主義時代，民族國家曾經扮演過創造財富的有效率的龍頭角色。但是今天，它已在全球經濟方面淪落到了跑龍套的小角色，甚至成為全球無國界經濟發展的絆腳石。例如，在全球經濟體系中，某些產品不再由「本國」生產後，當地人民反而容易取得成本低廉、品質優良的替代品。像新加坡，雖然國內沒有自己的農民和耕地，但新加坡人卻能享受比日本人更好更便宜的農產品。同樣，不造建材的新加坡所用的建材比日本便宜。因此，貿易保護主義從長遠看是無意義的。

對內部差異很大的國家，民族國家成了毫無效率的財富分配機器。如中國、義大利和俄羅斯，其巨大的內部差異使平均數值的概念毫無意義，民族國家以一視同仁的態度對待這些內部地區，在經濟上是幼稚和失敗的。

二、經濟區域的興起

當前，全球性的經濟區域的出現，是值得關注的重要現象。

所謂經濟區域，是指環繞某個區域經濟中心而發展的地區，通常跨越國界，人口從數百萬到一、兩千萬不等。有論者也稱之為區域國家，以別於傳統的民族國家。下面的簡表大略提示了兩者之間的主要區別。

從工業時代到資訊時代的轉變

舊時代競賽	新時代競賽
工業時代	資訊時代
十九～二十世紀	二十世紀末～二十一世紀
由民族國家政府推動	由民間資本和資訊推動
國家主權	公民主權
中央集權控制	相互依存的私人企業和地區實體組成的自治網
對邊界很敏感	本質上沒有邊界之分
偏好國內資金、保護本國公司	歡迎外資與世界級公司、專家，創造高品質工
期望透過開發與出口，製造導向型經濟成長，達到一國富裕繁榮	希望通過相互依賴以網絡為中心的公司創造資訊密集的服務，博得消費者認同，最後達成和諧的區域繁榮
政府主導	企業精神主導
好政府協助強化領先工業的體質	好政府協助區域發展，不局限特定產業
變革速度緩慢，動輒數十年	變革發生迅速，通常在數月到數年之間
德國	香港／深圳
日本／新日本	新加坡／柔佛／巴譚島
英國	臺灣／福建
美國	南中國（珠江三角洲）
	印度南部（如班加羅爾）
	北墨西哥／美國南部
	矽谷
	紐西蘭
	倫巴底（義大利北）
	美國西北太平洋沿岸

空前流動的全球資訊將幫助人們跨越一道又一道政治門檻。在歷史的此刻，無論某群人是屬於何種文化，他們都可以得知世界其他人民在過著什麼樣的生活，買什麼產品，消費品味與偏好如何改變，渴望擁有的生活形態又是什麼面貌。在此時，國家疆界已不重要了，地球上大大小小的經濟區域興起了。它們衝破固有的國界，構成了新的實體：經濟利益共同體，重畫了世界的地圖。（參閱Kenichi Ohmae, *The End Of the Nation State*, 1995, New York）

（本文作於一九九六年）

二戰的遺產

隨著五十年前的那兩朵蘑菇雲的煙塵落定，一個新的地球出現了。

第二次世界大戰所產生的世界結構和基本秩序，支配了這半個世紀幾代人的生存和思維方式。直至幾年前（一九八九年起），這一結構和秩序的大廈才嘎嘎作響，搖搖欲墜，從而進入了一個不確定的時期。

又一個世代交替正悄悄降臨。

人們注意到，對二戰結束時形成的基本價值的挑戰正在凝聚。目前，相對主義，反「普遍主義」之風甚囂塵上。如果有人要談及「正義」或「勝利」，立即就會有人問：「誰的正義?」「誰的勝利?」如果說二戰是「正義的勝利」、「人類的勝利」，這自然是小兒幼稚病，是盲目接受戰勝國的「霸權話語」；而順理成章地，二戰的主要精神遺產「聯合國憲章」及後來的「聯合國人權宣言」、「赫爾辛基宣言」當然也是此類「霸權話語」的組成部分了。

容易發現，「重寫歷史」、「解構主流話語」，是轉換時期的主要精神活動之一。

例證之一是在日本重新抬頭的「自衛戰爭論」。

該「自衛戰爭論」的背景理論是「人種主義」。一些日本人認為，在過去對世界的劃分中，歐美白種人國家占了大便宜，擁有大量殖民地和財富，在當時（一九二九年）經濟大蕭條中其困境也遠小於日本。而西方仍壓制和排擠日本，要日本安於現狀，永遠禁錮在狹小的島嶼上。因此，日本倡組「大東亞共榮圈」，舉起「人種主義」旗幟：黃種人聯合起來，把英美白種殖民主義者驅逐出亞洲。所以，在他們看來，當年的「大東亞聖戰」，不僅是日本人的「自衛戰爭」，同時是把亞洲各國人民從英、美、法白種人統治下解放出來的正義戰爭。

另一例證是李光耀先生的「亞洲價值論」。據這位資深政治家說，華裔新加坡人「所要的，就是有人能把他們管好，並提供他們所需要的東西。」他認為亞洲人自有自己的價值觀，並不需要「我們在美國所看到的那種自由」。我不知道這些話對亞洲人是讚，還是罵。但聽去聽來總覺得像另一種形式的「種族歧視論」。顯然，「聯合國人權宣言」這種歐美人寫的東西是不合具有「亞洲價值觀」的李光耀胃口的。

當然，筆者並不認為同盟國方面的行為具有免於批評的豁免權。上帝也不擁有這種豁免權。事實上，筆者極為敬佩和尊重羅爾斯(John Rawls)等學者對廣島核爆的質疑及其代表的那種反省精神。儘管筆者並不同意羅爾斯的觀點。

不過，同樣的話，由不同背景的人說，對聽眾所起的心理和生理作用恐怕是不同的。羅爾斯們質疑廣島原爆，訴諸本國（民主國家）自身的基本原則，即我們不可「以牙還牙」，「以其人之道還治其人之身」地對待侵略國。這顯示了一種反省的深度和胸懷。但日本政客的控訴卻被人還以白眼。原因無他，蓋作為南京的大屠殺者，作為珍珠港不宣而戰偷襲轟炸者，沒有絲毫反省，卻無休止地誇大並抱怨自己的原爆受害角色，則其「訴苦」效用是：讓人們的皮膚不可抗拒地泛起了雞皮疙瘩。

看來，「人種主義」對「人道主義」，「特殊主義」對「普遍主義」，以及作為另一種表述的「文明衝突」論，雖然是老掉牙的話題，但在二戰結束五十年後的今天，仍然牽動著人類的神經，令人揮之不去。

（本文作於一九九五年）

一九四六年憲法‧‧新護法運動

什麼是中國政治的基點？中國政治的遊戲規則應當建立在什麼基地之上？它的可能性如何？這是關心中國走向的人不能不未雨綢繆，預作思考的。

從根本上看，這涉及未來中國的憲法前景問題，最近讀到的王珞和楊小凱先生的「中國的憲政發展」提出回歸一九四六年「中華民國憲法」的問題，筆者以為是一個重要的思考方向，特略作呼應，以期引起討論。

從辛亥革命之後的臨時約法算起，迄今，中國已有過許多部憲法了，但是，法治和民主在中國至今未見蹤影。用一句大陸流行的句法，很顯然，紙上的憲法條文並不是萬能的；但是，沒有憲法卻是萬萬不能的。一部穩定的憲法對於國家的長治久安，其意義仍是不容低估的，許多國家的歷史已經證明了這一點。

中國未來憲政體制的確立，有下列四種可能方式：

(1)基本保存中共的現行憲法，(2)對中共現行憲法進行大幅修憲，(3)重新立憲，(4)回歸過去中國憲法中較好的一部。

第一種方式，顯然，並不能確立憲政體制，因為訴諸階級專政的、一黨壟斷政治的、政教合一的（意識形態指導憲法）以及所謂「社會利益一致」的憲法與憲政的定義矛盾，無論從現實還是從法理層面看，其非憲政性都是沒有疑問的。

第二種方式，這裡涉及何謂「大幅修憲」，因為中共憲法在理論根基上是所謂統治階級意志的表現，與社會契約無關，根本沒有對國家和社會之間的權利關係做出界定，因此，一涉大幅修改，實質上就等於整體解構，重新立憲。

於是，我們涉及的，實質上只是兩種方式的比較，即：是重新立憲還是回歸過去中國的某部憲法？

過去幾年來，關心中國憲政民主前途的人注意的焦點集中在重新立憲上，看來進一步的思考是有必要的。

立憲是一個複雜而曠日持久的社會工程，如果沒有廣泛認同的權威立法機構，如果沒有各種政黨和派別的廣泛參與，如果沒有各種社會利益集團的妥協折衷，匆匆擬定的憲法是經不起歷史考驗的。

當下中國，顯然不具備上述條件，即使中共的一黨專政消失，要產生一部經得起考驗的憲法，也需要相當長的時間才有可能出現上述必要的社會條件，而這往往是痛苦的政治和法律過程。

一九四六年的憲法卻沒有上述的根本缺陷，憲法學者朱諶教授認為：「中華民國憲法（即一九四六年憲法）……是根據民國三十五年（一九四六）政協會議的制憲原則起草的，政協會議包含了全國各黨、各派、各階層，甚至中共也參加了這個憲法的制定。」

王、楊的論文回顧歷史，也指出：「國民黨和共產黨都參加了一九四六年的制憲是一個歷史事實。」更重要的是，該文提出，臺灣在一九八六年之後的民主化進程，是以一九四六年憲法為基礎的，即只是在廢止「臨時條款」和「戒嚴令」後對該憲法的自然回歸，而臺灣社會對憲法「只修不制」的壓倒性主張，表明該憲法已贏得了民眾的信心。

筆者以為，上述論點是有說服力的，由現代中國著名學者、憲法專家張君勱先生一九四六年起草的憲法是經受了歷史考驗的，是有助於奠立統一的中國的憲政法統的。

但是，筆者認為，回歸一九四六年憲法以重建法統，最大的障礙來自海峽兩岸四十多年的歷史性隔絕，大陸的朝野雙方已很難認同將近五十年前產生的那部憲法了。在朝方面自不必說，在野方面，由於四十年的隔絕及共產黨反憲政政治秩序的浸泡，人們早已習慣把一九四六年憲法視為某一黨派（國民黨）的私產了，這實質上是一種巨大的社會心理障礙，要使大陸國民了解近五十年前的制憲過程，了解自那時至今的法統脈絡，消除前述的心理障礙，認同這一憲法秩序，其社會工程之難度，與重新立憲相比，何者更大，筆者很難斷定。

茲以此問題提請關心中國憲政前途的有識之士研討。

（本文於一九九四年）

第二編 文化思潮

普遍性死亡：一個當代傳說

喧嘩的「後學」

當有人說，「科學就是科學，民主就是民主，它們是超越種族和文化的，具有普遍性」時，你可能會覺得此人有病。否則，何以會去重覆這些大白話呢？

不對。這次是你病了，而且是「小兒科」病。你所謂的「大白話」目前正在受到廣泛抨擊，並被指為「霸權話語」(hegemonic discourse)。

讓我們先來看看近年來中國知識界的一些典型言論。有論者指責亞洲各國很多人認定「科學是中立的，科學無國界，科學具有普世性，放之四海而皆準，這些現代性的結論，被毫無疑義地接受了。這樣，在拼命反對西方政治霸權的同時，卻心甘情願地接受了西方的文化霸權。」

（《讀書》一九九四年十二期，頁二六）

「自由民主一直是近代知識分子為之奮鬥的目標之一，但自由民主又顯然是來自西方的價值，是後現代主義所批判的西方現代性的一部分。當我們批判西方的文化霸權、強調中國社會的獨特道路的時候，如何在理論上界定作為我們自己的文化經驗一部分的自由民主呢？」（《讀書》一九九四年七期，頁六一）

「所謂普遍性只是一種幻覺，個人的自身認同只在他作為社會次級團體的成員時才顯示出來。」（《讀書》一九九四年一期，頁一二二）

「為什麼中國人可以有『人權、民主、自由』，卻不可以有或者不配有由『後現代』和『後殖民』話語出發的對『人權、民主、自由』的反思呢？……到底有什麼根據可證明這種來自西方的『舊』理論（指『人權、民主、自由』）就天然地適合『中國實際』和『中國生活經驗』呢？」（《二十一世紀》一九九六年四月號，頁一二三）

如果仔細琢磨一下，從目前形形色色的「後現代」諸論，如「後殖民論」、「文化霸權論」、「文化相對主義」到「亞洲價值論」、「中國式第三條道路論」、「制度創新論」，……等一系列「新」理論，從學界的傅柯、德里達到詹明信（F. Jameson，又譯杰姆遜）、薩伊德，再從政界的李光耀到鄧小平，人們不難發現，其共同瞄準的靶子是：普遍性。

簡單地說，對於「是否存在普遍性？有沒有超越文化與民族的人類基本價值和共同規範」的問題，目前，很多知識者不容置辯地，斷然予以否定。

普遍性，這個昔日神聖的字眼，已經同「西方中心論」被綁到了一起，遭到八方圍剿，在「後現代」袞袞諸公的詞典中，它尤其成了一個受嘲笑的落伍詞。

不過，且慢。奇怪的是，如果我們仔細檢查一下「後現代」諸公的「武器庫」，卻發現全是西方進口的「洋貨」，如：能指、所指、他者化、鏡像化、話語、解構……，如：討伐普遍性的五根「洋金箍棒」——歷史性、相對性、種族性、文化性、差異性等等。而「武器鍛造者」又都是西洋人：M.傅柯、J.德里達、F.詹明信、E.薩伊德、P.里柯……。筆者在大惑不解之餘，只好假定中國的「後現代」諸公在接受這一套西方「話語」時，想來是先天有「話語免疫系統」的特異功能護身，因而並沒有「心甘情願地接受西方的文化霸權」罷？

據說，按照「話語理論」，其實世界上根本就無所謂客觀性普遍性。人們所謂的普遍價值實際上都是在某種「話語」所控制所操縱下的產物。

既然如此，人們當然就有理由追問，這種如此高妙的「話語理論」本身有沒有普遍性呢？如果它不具有普遍性，不適用於所有情況，那就說明有些價值並不是在某種「話語」所控制下的產物而具有普遍性，則該理論破產。如果它享有普遍性，則說明世界上確有普遍性存在，則其理論也破產。所以，是「進亦憂，退亦憂」，這種時髦的話語理論難逃其邏輯上的兩難困境。

當然，如果追問一下該「話語理論」本身是否在某種「話語」控制操縱之下時，他也會陷入同樣的尷尬。

因此，當人們對「科學無國界」進行嘲笑時，不能不令人聯想起了三〇年代愛因斯坦的相對論被指控為「猶太人的物理學」，和第三帝國的學者們要創建的「日耳曼物理學」，以及在前蘇聯被自豪宣稱的「蘇維埃科學」。很可惜，這些名詞都已消失在歷史的煙塵裡了，而今天留下來的，仍然是未帶任何限制詞的「無國界」的「物理學」。那些被湮沒的辭藻的唯一功用，僅僅是使人們長了點見識，知道了批判普遍性的「文化霸權論」的精神先驅，是可以追溯到很遠的。它並不是新發明出來的時髦。

也因此，當人們從「後現代」和「後殖民」話語出發對「人權、民主、自由」反思時，也不能不令人聯想起上個世紀馬克思、恩格斯、列寧對「虛偽」的「人權、民主、自由」的「反思和批判」，特別是聯想起幾十年來從毛澤東、鄧小平到江澤民等北京當局對「西方式民主自由」的反思、批判和防堵。目前的「反思」，無非是多披了一件時髦的「話語理論」外衣而已。

尤有趣者，有人追蹤溯源，挖掘出傅柯和新馬克思主義者詹明信的精神先驅，指出中國的文革乃是他們的先聲和靈感，他們的某些思想無非是毛澤東文藝政治論的餘緒時（參見郭建：〈文革思潮與「後學」〉《二十一世紀》一九九六年六月號），人們發現，在中國部分知識者所引的「後學」經典，在某種意義上，不過是「出口轉內銷」的返銷版本罷了。

兩次平行的歷史轉向：「趨新」流行病

不過，話說回來，客觀而論，現代西方諸種「後學」自有它的產生的社會依據、理論創造及學術洞見，否則難以在西方批評界「喧嘩」一時。而諸種「後學」在中國知識界突然如此時髦發熱，當然也不是純粹偶然的。

然而二者之所以「走俏」，原因卻各不相同。

就中國思想圈而言，我想最主要的原因有兩條：一曰「趨新」流行病，其內蘊的是一種進步主義哲學：新即是好。恰如八〇年代人們說的那條「創新的狗」，它驅迫人們東突西竄，喘不過氣來。其二是「後學」對西方主流的犀利批判滿足了中國部分知識者意識底層的民族主義情結，有一種「代朕立言」的痛快感。

在這裡，筆者想嚴肅指出的是，如果回溯思想史，可以發現，目前「後殖民主義」諸論在中國知識界的流行，與五四之後知識界主流的歷史轉向——告別「德、賽二先生」而被「馬（克思）先生」所支配，二者的思想脈絡十分近似。

這絕非故作驚人之語。

想當年，崇尚西方「德、賽二先生」而聚集在《新青年》周圍的中國知識分子，特別是其中的青年學生，受「巴黎和會」不公正條款的刺激，驟然爆發強烈的民族情緒乃至「義和團情結」，從而開始對西方的主流文化產生排拒感。

當時，俄國十月暴力革命既成，列寧把西方非主流的馬克思主義改寫成了非西方國家（殖民地）反抗西方國家（宗主國）的意識形態，於是，馬克思主義在兩個方面正好滿足了中國知識階層的深層精神需求：其一，它是最新最先進的「科學」。如陳獨秀在著名的「科學與玄學」論戰後期，以總結者的姿態推薦了一種「最新最完美的社會科學」：經濟一元論，即馬克思的唯物史觀。從而滿足了知識圈對最新的「賽先生」的精神渴求。其二，它反對西方主流文化，特別是批判「虛偽」的自由主義英美文化。從而滿足了社會上瀰漫的反殖民主義反西方的「義和團情結」。因此，當時剛進入中國的馬列主義，迅速構成了一個強大的精神磁力場——既是最新「科學」，又是反西方主流的利器，恰好投合了中國部分知識者心理需求，遂一時風靡神州。

上述心理需求，正如余英時先生曾指出過的，其關鍵的微妙處就是：反西方的西化（anti-Western Westernization）。

在當時的時代風氣裡，連著名哲學家馮友蘭先生也不能免俗，拜倒在最新的潮流底下，他聲言：「就西洋說，在政治方面，從前的民主政治、自由主義，現在不行了，替他的是共產黨及法西斯黨的專制。在經濟方面，自由主義、自由競爭，也不行了，替他的是統制經濟。」（《哲學評論》，六卷，二三期，〈秦漢歷史哲學〉）

這就是「趨新」心理的典型表達。這種「唯新是尚」的進步主義是當時中國知識界的深層意識形態。其時，就「西學」而言，自由主義已經陳舊落伍過時，而馬克思主義法西斯主義作為最新時髦，正逢其運，風行全球，焉能不趨而附之？

從二〇年代到九〇年代，歷經七十個春秋，中國知識界重演了一次思潮的轉向。六四事件後，中國思想界陷入凝重滯悶的氣氛，而國民經濟卻因遭逢歷史的機遇以及當局的網開一面而起飛。中國開始向世界強國的地位爬升，與西方的主要強國處於競爭的地位，在外交格局和意識形態上，中國政府與西方各國關係都日趨尖銳緊張。所有這些客觀的國際態勢，影響了中國知識界部分人的思考方向，從而迅速告別八〇年代「淺薄的」擁抱民主自由親西方的類「五四」潮流，轉向了反思啟蒙運動主要遺產的、反西方主流的「後殖民主義」和「新馬克思主義」諸種「後學」。

正如五四之後的轉向一樣，這一轉向，也恰好在兩個基本方面滿足了部分中國知識者的心理需求：其一，「後學」是最新最前衛的西學，具有深刻犀利的批判力量，滿足了知識者跟上時代新潮流的心理。其二，它強烈質疑西方主流文化道統，把現代性、普遍性、理性、人道、自由、民主、統一性、邏各斯中心統統消解掉，滿足了知識者抗拒西方主流文化的民族主義情結。

不過，筆者並不相信歷史會完全重演。很明顯，今日之「後學」已完全喪失了當年馬克思主義那股自信和氣勢，它絕無可能長期統治思想界，支配中國命運，並成為天命所歸的「國教」了。

原因無他，翻檢本世紀歷史，令中國的袞袞「後學」諸公難堪的是，遙想當年，引領新潮的馬克思主義後來不僅沒有取代陳舊落伍的自由主義，相反，在世界範圍內，經過一九八九年以來的歷史性大震盪，新學居然如山崩海嘯一樣應聲而倒，而舊學反而歷久不衰與日精進。舊學竟然戰勝了新學！這不能不使「唯新是尚」的進步主義者產生強烈的心理震撼。

自此，新舊與優劣對稱，時間先後決定價值高下，這一進步主義的基本教義已決定性地破產。基本價值的源頭再次激起人類精神的高度興趣。

「老馬」與「新馬」：從普遍主義到部落主義

平心而論，若剔除其基本的失誤，作為人類現狀的批判性產品，馬克思主義是有其智力上和道德上的引人入勝之處的。今天的諸「後學」也繼承了它這方面的長處。除了知識論上的缺陷外，馬克思主義的最大敗筆，在於它僭越本分，企圖跨出學院，走出書齋，進行社會動員，實行暴力革命，從根基上摧毀自然生長起來文明社會及其基本規則，狂妄地意圖按照自己的藍圖重新設計和建造一個「理想社會」。這才造成了極其可怕的災難性後果。

不誇張地說，馬克思的影響和悲劇很大程度上來自其名言：「哲學家們只是用各種方式解釋世界，但問題是改造世界。」

這一「改」，就「造」成了近一個世紀幾億人的無辜血淚！

當代西方的「後學」「新馬」諸公，在這一方面是明智多了。他們謹守自己的專業本分，在學院內部唇槍舌戰，高談闊論，砥礪學術，磨練智力，用筆和舌進行文化批判和社會批判，成為當代西方社會的一種平衡的、批判的創新性的力量。對於居社會中心的、權勢性的、惰性的因素，具有持續性的消解和制衡作用；對弱勢團體、女性和發展中的民族，則以其代言人自居。

應當注意的差別是，經典馬克思主義是追求普遍主義的（所謂共產主義大同），而「新馬」「後學」則主張一種「新部落主義」。即是說，它把弱勢的文化、民族、族群和性別放到了自己論述的中心地位，而對普遍性、統一性則棄之如敝屣。

坦率地說，筆者對上述西方「後學」諸公的犀利批判力及其良苦用心，持欣賞的態度；閱讀其著作，是一種智力上的愉悅。只不過，欣賞歸欣賞，由自身切身的生命體驗和長期苦思力索所獲得的獨立結論，由於它來自獨立的思考和深厚的背景，是不容易輕易放棄的。因而，筆者並不特別嚴肅認真地看待他們的學術結論。

智力體操就是智力體操。文化批判就是文化批判。如此而已。

有鑒於此，當聽說近年來，有關「後現代主義」、「後殖民主義」、「後結構主義」、「新馬克思主義」、「文化霸權理論」、「第三世界批評」和「話語理論」等各種「後學」在中國大陸知識界突然發燒時；當看到從大部頭專書到小豆腐乾短文，從各類報章到知識界的論壇《讀書》、《二十一世紀》、《東方》到各種文學批評期刊等雜誌乃至到官方的《嘹望》，各種人文學科、社會科學甚至新聞出版物都搶搭班車，絡繹於途時；當驟然之間，「後學」在故土似乎已成為「顯學」，來勢洶湧，甚囂塵上時；坦白地說，我的第一感是稍覺詫異：中國思想界是否在重演「再意識形態化」的歷史？

特別是，當讀到以下的文字時，就愈發啼笑皆非了：「西方政府的『人權』話語……已將中國政治化為了一種可資利用的文化再生產的商品。『人權』早已變作了對中國市場進行調控及對於貿易進行控制的籌碼，變成了對『中國』的他性進行定位的最後幻影。」（張頤武：〈闡釋「中國」的焦慮〉，《二十一世紀》一九九五年四月號，頁一三一）

本來，趨新鶩奇，人情之常，不足為怪。然而，略有趣味的一點是，正如上面那段文字所充分表現的，當前中國知識界部分人的「後學」正在興致盎然地與中國的「官學」酬唱傳情，相互呼應，而按趙毅衡先生的觀察，則是「後學」與「新保守主義」的結盟。總之，它們構成了一幅風景極佳的「漁舟唱晚」的混響暮色。頗應了中國的一句老話：「兩極相通」。而所「通」者，「反西方的西化」是也。

這就使人不得不警惕，在中國的「後學」與「新馬」追隨者對文化批判的「越位」應用。事實上，一些人早就急不可耐地越出學院院牆，把對外域權勢的文化批判轉換為對本土權勢的政治獻媚了。

譬如，我不久前看到一篇發表於北京的權威刊物《瞭望》上的妙文，作者是一位在美國取得博士學位歸國的學者，為免獨占樂趣之嫌，特錄一段典型「話語」以分享：「相當一段時間以來，我們已經喪失了從根本上去挑戰和拒絕西方權勢話語、殖民話語的勇氣。比如關於人權問題、市場經濟問題、知識產權問題，我們與西方國家進行具體的談判時顯得那樣被動，原因之一是我們還拿不出一套完全擺脫了西方權勢話語的論述方式。」（張寬：〈薩伊德的「東方主義」與西方的漢學研究〉，《瞭望》一九九五年第二七期）作者並介紹了薩伊德在《文化與帝國主義》中列專章討論殖民地國家和人民的「抵抗話語」，凸顯第三世界國家和人民在文化上對西方強權的抵抗。

閱讀至此，一般人會認為此文是獻給北京當局的一篇很好的策論。但筆者琢磨來琢磨去，總覺有什麼地方不對勁，恐怕其美意很難獲得當局的賞識。但究竟是他的揣摩工夫尚欠火候，還是真的內蘊了「顛覆性」的良苦用心？尚難斷言。讓我們先嘗試分析其「兩罪」之後再作衡量。

其一，該文鼓勵「我們」要有勇氣，用中國自己的「抵抗話語」去公開挑戰「西方權勢話語」，其心可憫，其勇可嘉。但仔細想想，問題大了。他實際上是要求用北京當局的「抵抗話語」同「人權、市場經濟」等「西方權勢話語」公開對話、論爭，讓所有的話語自由進出，讓中國的升斗小民自行判斷，決定取捨。也正如北京出錢支持的電臺、電視臺、《人民日報》海外版……在北美大陸暢通無阻一樣，這也邏輯地要求北京對等地讓各種西方和中國異議分子的媒體也在中國大陸通行無礙。無人能說這不公平罷。它必使北京「啞巴吃黃連」，反對之言說不出口，從而陷北京當局於公開辯論的陷阱。既如此，倘若不是智商的問題，那自然要被懷疑為居心叵測了：即，作者是妄圖用一套冠冕堂皇的「話語」抗爭理論作誘餌，陰謀在中國實現「言論、出版自由」？其心可誅，罪莫大焉。

其二，該文這麼起勁地介紹薩伊德的反對自身所處體制的激進的反帝國主義反殖民主義觀點，這就惹得中國老百姓免不了要好奇地問，這位薩先生肯定被判了十四年「顛覆政府的反革命罪」吧？此問一出，事情就麻煩了。一旦人們獲悉，薩伊德在他批判的體制內反而因此聲名大噪，成為權威教授時，大家就難免不去對比並關切中國的「薩伊德」——魏京生的命運。兩相對比的結果，不言而喻：陷北京於不義。

上述分析表面上看雖有深文周納之嫌，但邏輯上卻也無懈可擊。有鑒於此，該文作者似乎已難逃「陰謀顛覆」之罪責了。

然而，通讀全文，特別是考慮到作者在文中用故意的「誤讀」甚至「盲讀」來曲為當局回護的種種苦心，我推翻了自己的判斷。譬如，他僅僅強調了「薩伊德在《文化與帝國主義》中贊揚第三世界國家和人民在文化上的『抵抗話語』」，卻完全不談該書所表達的對於反霸權者偏激話語（譬如，「阿拉伯人只讀阿拉伯的書，只用阿拉伯的方法」）的嚴肅批評，不談薩伊德平實地指出的，今天西方文化業已傳布全球，其中一些成分已變成普遍性的事實（例如貝多芬的音樂就是全人類遺產的一部分）。作者鮮明的立場使我們再次見識了睽違多年的高度「黨性」，因此在直覺上我深感作者對黨的動機是純正的。一切「陰謀論」的罪名，都應予平反昭雪。而該文存在的不足，不過就是一點智商上的問題而已。

自由無膚色：普遍性的復歸

有鑒於上述奇特的經驗，筆者深感，當人們這些年來經受了各式各樣「後學」的輪番疲勞轟炸後，為平衡心智，有必要轉過頭來聆聽一下其他思想家對「民主自由」的仔細的反思和梳理。譬如薩托利(Giovanni Sartori)先生的大作，就是其中的佼佼者。作為當代最著名的民主理論思想家之一，薩托利對自由主義的基本內涵作了深刻仔細的分疏，分析了其中的普遍性成分和特殊性成分。

譬如，他通過嚴謹的分析，指出：「保護人民在自由民主的兩個對立因素中是不可缺少的、決定性的因素。而且，我還要指出，這個因素是全球性的、普遍性的，是一個可以輸出到任何地方、移植到任何土壤的因素。由於這個因素主要與以組織和法律手段限制和控制權力的行使有關，因而與抵制專斷和絕對權力有關，我們在這裡可以把一種政治形式（由於它僅僅是一種形式）放在任何文化上面，不管它下面的社會經濟結構如何。」

對於動輒以「文化傳統」「國情」為名拒絕老百姓的基本自由權利的「話語」，他不可辯駁地針對封閉社會的衛道士指出：「詢問人們更喜歡什麼而又從來不向他們提供可作比較的另一方面事物是毫無意義的。」他機智地創造了「逃避危害」的著名法則，從而決定性地使得如李光耀等把自由抨擊為「個人主義」的說詞歸於無效。文中強調指出，在逃避人身傷害方面，處於社會環境內的個人與分散孤立的個人的表現是一樣的。因而，人權的要求是超文化、超國界的，具有無庸置疑的普遍性。

另外，他對當代憲政民主國家「財務守門人」失蹤的憂慮，也是發人深省的。

在我看來，薩托利這裡的寥寥數語，就足以廓清那些「後學」名家們幾部大書「反思」自由民主中散布的漫天迷霧，同時又深化了自由主義思考。

不錯，人們當然承認自由民主是來源於西方的制度形態。但是，制度的產地是否構成排拒制度本身的理由呢？洋人們是否因造紙印刷術來源於中國就拒絕使用並放棄讀書了呢？遍覽偶然事件層出不窮的人類史，在文明中生長出某種制度形態，具有相當的偶然性。在互相隔離的人類多種文明中，僅僅在西方文明中出現了自由民主的制度形態，而在其他文明中並未獨立自發出現這種形態，這就表明它是個特例。正像中國人發明了文官制度，愛因斯坦發現了相對論一樣，具有某種偶然性。馬克思式的「歷史必然性」是無稽的。然而，一旦各種文明有了空間上的交流和接觸，這就提供給了各文明中的人們以比較、選擇和檢驗的可能性，各種制度形態在滿足人們的意願、保障人們生存質量及其延續的競爭能力方面就表現出了差異，其中的優勝者就可能獲得各種文化的青睞，從而取得普遍性。

某種形態的產生、發現是偶然和個別的，而檢驗、評價和選擇則是公共的，可普遍化的。事實上，科學就是循著這一程序發展的。它的普遍性和力量即來源於此（順便說一句，「後學」諸公常引庫恩的科學哲學來消解科學的普遍性，然而其中是有誤讀的，筆者將於另文討論）。

「後學」常常以文化多元的名義拒絕自由民主憲政體制，指控它欲以一元的體制籠罩原本多彩多姿多元的體制形態。然而如所周知，憲政體制的基礎之一正是保障公民個體精神和物質的多元化，即自由。倘若在這一根本方面欲與憲政體制相區別而標榜「多元」，就意味著取消個體多元化，取締公民自由。因此，或者是現代各文明各民族都享有保障個體自由多元的普遍性的體制；或者是各文明各民族體制「多元化」：有的體制保障個體的多元化，有的體制則強制個體整齊劃一輿論一律——實行一元化管制。要言之，或是個體多元，或是體制多元，二者只居其一，你作何選擇？

西方「後學」諸公把「人權自由民主」視為西方主流支配其他民族的「霸權話語」。而令人困惑的是，他們這些高妙的「後學」理論卻只有在「人權自由民主」這種「霸權話語」的社會中，才能生產發表出來，而他們自己是想也沒想過要去那些缺乏上述「霸權話語」的社會中討生活的。至於問到他們向其他未受「污染」的民族推薦何種非「霸權話語」式的生存方式時，對不起，沒有。我想，他們恐怕還不好意思推薦「人權自由民主」的對立面：「極權奴役專制」吧？

「文化熱」的主要思想淵源及兩種傾向

大陸「文化熱」概覽

自一九八四年下半年開始，在中國大陸，特別是在其學術文化界，興起了一股文化討論的熱潮。「中國與西方，傳統與現代」再次成為討論中最基本的劃分方式和爭論焦點。在表面上及某種程度上，其基本的景觀與「五四」時期有驚人的類似之處，故有人亦號之為「第二次新文化運動」。它幾乎席捲了當時大陸的整個知識界，並波及到了相當廣泛的大眾文化層面。這就是世稱的一九八〇年代下半葉中國的「文化熱」。

這場「文化熱」緣何而起？背景如何？基本脈絡何在？經歷了哪些事件？思想淵源主要來自哪幾方面？這裡需要概略交代一下。

它的總體社會背景已被世所周知，本文不擬詳述，衹想簡單強調如下幾點。

首先，是中國的共產主義制度性的改革在那時已走到極限。這場改革所產生的內部張力已經逼使意識形態及共產社會結構的「殼」難於承受其內部日益膨脹的壓力了。

其次，社會各階層、各利益集團已開始萌動了對自身基本利益的發現和覺醒；特別是知識階層，得風氣先，最早意識到了這一歷史轉折的契機，並起而推波助瀾。

「文化熱」出現在知識界本身亦有其特定的背景和發展脈絡。

眾所周知，文革後中國，在一九八〇年代前期，由於「西單民主牆」、「民辦刊物」和「大學校園競選」幾大事件的被鎮壓，自由主義思潮主體方面潛入地下，而其他民間的思潮被迫逐步轉向合法化方面發展，其中以思想界的科學主義思潮的興趣，人道主義的馬克思主義的論爭和文學界的「解凍型」作品最為引人矚目。前者接過官方所謂的「科學」旗幟，高揚科學理性，從而使自己在大陸正統意識形態的官式「掃蕩」中賦有了豁免權，並進而張大其勢。在群體上以「走向未來」叢書編委會為重要代表；在思潮及方法論方面，引用自然科學的思維模式以抗衡正統意識形態，並引用所謂舊三論（系統論、控制論和信息論）和新三論（耗散結構論、突變理論和協同學理論）進入人文研究領域和社會科學領域，導致一時震撼。它勢必激發人文和社會科學領域的全面回應。因此，一九八〇年代前期的科學主義正是一九八〇年代後期「文化熱」的精神刺激劑之一。（鑒於自由主義思潮、人道主義的馬克思主義和文學界的「解凍」已有專文論列，本文在此從略。[1]）

從更直接和專業的角度去考量這場「文化熱」，在人文學術界內部的脈絡，其前奏可追溯到中國大陸的兩次文化史研討會，即一九八二年六月和同年十二月在上海的復旦大學舉行的「中國文化史研究學者座談會」。這是自一九四九年以來大陸首度召開有關中國文化史的學術會議。此之前的三十多年，在當局意識形態的嚴密控制下，大部份人文學科和社會科學均遭取締，與社會學、人類學、政治學、法學等學科一樣，文化史也難逃厄運，在大學被禁多年，研究中斷。放眼學界，當時中國大陸實際上，已然不存在嚴格意義上的社會科學和人文學科了。這種狀況，祇是自鄧小平一九七九年出山，倡導「改革開放」，意圖「中興國運」之後，才得以逐步改變。當國門重開之後，相較於國際學術界，大陸學科空白點在在皆是，怵目驚心，慘不忍睹。於是，出現了某種社會科學和人文學科復甦的浪潮，上述的「中國文化史研究學者座談會」不過是應運而生的其中一朵浪花而已。

但是，作為其先聲，結合前述的中國大陸情勢的一系列複雜原因，它促成了中國大陸「文化熱」的興起。

應當說，「文化熱」的正式興起，是一九八四年下半年。讓我們一覽自那時起的一張學術文

---

❶ 有關自由主義、新馬克思主義和西方現代主義在文化熱中的情況，請參閱胡平：〈自由主義思潮在中國的命運〉，丁學良：〈新馬克思主義對中國大陸的影響〉，蘇煒：〈文學的「尋根」與「話語」的嬗變——略論西方現代主義文學思潮對八〇年代中國文學的影響〉等文。

化界大事紀表。

在一九八四年下半年的主要事件有：

・由北京大學教授湯一介先生等學者，發起成立了一個準民間學術團體：「中國文化書院」；

・「中國近代文化史學術討論會」在鄭州舉行；

・中國首屆「東西方文化比較研究討論會」在上海舉行，隨後，成立了上海市「東西方文化比較研究中心」。

一九八五年一月，中國文化書院和九州知識信息中心在北京舉辦第一期「中國文化講習班」，以後又舉辦多次，由中外著名學者梁漱溟、馮友蘭、張岱年、李澤厚、任繼愈、杜維明、龐樸、金克木、湯一介、孫長江、戴逸、牙含章、袁曉圓、虞愚……等主持演講，題目計有「中國文化要義」、「中國哲學的特質」、「比較文化研究問題」、「儒家哲學與現代化」、「中國傳統文化的價值與前途」等等。❷

同年，北京成立了「孔子研究所」，武漢成立了「文化研究沙龍」，上海、西安、廣州等地亦組建了形態各異的文化研究組織。

同年，全國東西方文化比較研究協調會議在深圳召開。

同年，「中國傳統文化與現代化」大型講習班在湖北省黃石開講。

❷ 中國文化書院講錄編委會編：《論中國傳統文化》，三聯書店，一九八八年一月，北京。

同年，武漢地區召開了「明清文化史」三次聚談會。

一九八六年春，「首屆國際中國文化學術討論會」在上海隆重舉行，海內外學者雲集龍柏飯店，濟濟一堂，研討中國文化的歷史、現狀及其前景。

同年，「文化：中國與世界」編委會在北京成立，這是一個以迻譯現當代西方人文學科和社會科學名著為主的學術團體，它集中了近年來北京頗為活躍的一部份中青年學者，故這個團體的活動在以後幾年中產生了較大影響。

同年，全國東西方文化比較研究第二次會議在杭州舉行。

與上述會議、講習班等等相伴隨，大陸各重要大學、中央及各省的社會科學院、期刊、報紙也捲入這場大討論之中，紛紛出專輯、闢專欄，遂成一時之盛。

同時，以上海為發端，不少大城市出現了有（改革派）官方色彩的所謂「文化發展戰略研討」活動，其中上海和廣州的此類活動以其浩大的聲勢最引人矚目。

此外，在文學界，與這種文化反思關係頗深的所謂「尋根派」文學乘潮而起，破土而出，出現了所謂「尋根熱」。

於是，我們可以發現，「文化熱」的興起和發展從橫向觀察有三條線索，其路向不盡相同。

第一條，是其主線，即學術文化界的線索。其討論的焦點是中西古今之爭，雖然論點紛呈，理論淵源各異，但大體上仍不離所謂「中體西用」、「西體中用」和「全盤西化」這三極。在討論後期特別凸顯了激進西化派與文化保守主義之爭。總體上看，無論前後發生多重大的變化，但大陸學人鑒於自身的體驗，其反傳統的傾向仍是主流；而大部份海外華裔學人則更有興趣於中國文化的復興，特別是新儒學的復興。

第二條，是文學界中的線索，以阿城、韓少功等作家的創作活動為其代表。「尋根派」文學其實是一個自覺的、設計性很強的文學浪潮，其路向直指中國文化的草根性源頭，以某種超越性的關懷，飄然於現世切近的利害紛爭之上，從而染上了頗強的形而上色彩。它與「文化熱」後期的「文化保守主義」亦有某種隱然若存的呼應關係。

第三條，則是改革派官方出面舉辦的各式各樣「文化發展戰略研討」。基本上是把文化發展作為整體性改革規劃的一翼，是官方的某種政策設計中的一環，是政治、經濟、科技、軍事、文化……諸改革方案中的一方面。其特徵是自上而下的；其重心不在思潮所趨的方向，而在政績之顯示，並摻有尋找深化改革的突破口的政治策略運用的考慮，這在上海特別明顯。雖然如此，但無可否認，這種官方活動與知識界的討論，有某種相互利用和相互借重的關係，當然也應看到，該關係呈現出極不穩定的狀況，隨勢遷移。

不過，海內外各界一般所指的「文化熱」，主要仍是意謂其主線，即學術文化界的論爭。應當看到，該熱浪發展至一九八六年年底，「文化」一詞已風行全國學界，取代「科學」變成最新的時髦。倘若某文章中沒有從文化角度論述問題，就幾乎會被視為「冬烘」和「落伍」的危險。其勢之盛，其溫之高，為前所罕見。其情其景，頗似某種「文化狂歡節」。

但是，自一九八六年底至一九八七年初，中國大陸風雲驟變，官方發動了反資產階級自由化運動。隨著胡耀邦的下臺，「文化熱」實際上受到政治高壓氣氛的抑制，迅速冷卻，漸成強弩之末，進入低潮。

然而，出人意料的是，沈寂了一年之後，一九八八年夏季，代表「文化熱」討論中主流觀點的電視片「河殤」在中國大陸中央電視臺連續兩次播出（第二次是應觀眾的強烈要求而重播的）後，在全國激起了巨大的反響，並波及海外。降溫冷寂達一年多的「文化熱」，驟然復興，挾著前些年的勢頭，摻雜著全社會普遍的騷動、煩躁、憤懣的情緒，迅速家喻戶曉，從學術文化界擴展到了整個社會，從學術討論會和書籍、期刊進入了大眾傳播媒介，從菁英層面擴展到了大眾層面。「河殤現象」，成為一樁學術思潮和現代大眾媒介結合，產生獨特社會效應的範例進入現代中國史。而「河殤」事件與中國當時錯綜複雜的政治經濟形勢糾結交織在一起，對於從一九八八年至一九八九年學運以及「六四」天安門事件這一段歷史進程產生了人們未曾預料到的相互作用，至今仍能感受到其殘留的餘波，因而至今亦難以對其歷史地位蓋棺定論。

不過，可以肯定的一點是，中國大陸一九八〇年代的「文化熱」，正式的休止符是由「六四」事件劃定的。

思想淵源及其互動

這裡有必要簡略地指出「文化熱」中主要的思想來源及其互動的脈絡。

雖然，如所周知，中國大陸長期的精神饑渴，使古今中西的幾乎所有曾發生過影響的思想，都曾在「文化熱」中粉墨登場。但是，應當實事求是地指出，大部份卻未被消化，幾乎都是囫圇吞棗，玩弄新詞，裝點時髦，極少有深切的理解，更難談得上獨立的鑒別、評判以及創造性的發揮和運用了。不過，也正如歷史上所有的文化傳播一樣，接受者對各種文化的承受都是有選擇的、經過了過濾的，甚至是歪曲的。用陳寅恪先生的話說，即是經過了自身的「格義」的。應當說，這也是題中應有之義。而且，鑒於中國當時特殊的精神需求，其中有幾種思潮就產生了比較明顯和比較重要的作用。應指出，它們是分別通過各自不同的知識群體發揮作用的。

前面所提及的「科學主義」，在「文化熱」中雖然聲音漸弱了，但並未完全消失。一部份研究者轉向了西方科學哲學。這種在西方亦是象牙塔中的學問，在中國由於一個偶然的原因而廣為學界所知，重要原因在一種重要的科學哲學家卡爾·巴柏(Karl Popper)同時也是現代自由主義的重鎮。於是，現代自由主義通過「科學哲學」這一學術渠道而進入中國知識界。也由於這一機緣，中國的科學哲學研究者與自由主義者開始接榫。方勵之先生，作為科學家和科學哲學家（他也帶科學哲學研究生）實際上是這一特殊結合的、浮在面上的象徵性人物。而美籍華裔學者林毓生先生，在大陸講學帶入的海耶克式的現代自由主義，更進一步補充和深化了巴柏的自由主義，豐富了學界對當代自由主義的認知。

另外一條線索是從新康德主義走向中國式的主體性哲學。這條線最重要的代表是李澤厚先生。在「文化熱」中，有不少人曾發揮過自己的思想影響，本文限於篇幅，無法一一列舉。但無論如何，李澤厚卻是不能不提的。李的思想比較龐雜，早年仍想從革新馬克思主義找出路。但自從「文革」中潛心研究康德，文革後隨即出版了他的《批判哲學的批判》❸後，他的路向就逐步清晰起來。其基本思想並不深奧、複雜、新穎，實際上是藉用康德以來的啟蒙思想來高揚人的主體性，並以這一理論視角來重新梳理中國的古代、近代和現代思想史，並接連出版了以此為主題的三部專著❹。

---

❸ 李澤厚：《批判哲學的批判——康德述評》，人民出版社，一九七九年，北京。一九九〇年八月，臺灣，風雲時代出版公司。

❹ 李澤厚：《中國近代思想史論》，人民出版社，一九八四年，北京。一九九〇年八月，臺灣，風雲時代出版公司。
李澤厚：《中國古代思想史論》，人民出版社，一九八六年，北京。一九九〇年八月，臺灣，風雲時代出版公司。

由於他開風氣之先，同時又善於用自己的語言綜合梳理已然消化的啟蒙理念，因而在青年知識界有廣泛的影響。可以說，李澤厚是用德國古典哲學式的語言闡釋現代（英、美）個人主義的核心，他又用了中國人文傳統的論說方式，來讀解德國古典（特別是康德）哲學，因此，他在中國學界發生影響是不難理解的，因為存在著吸收它的廣泛土壤：⑴在思想傾向上，年輕一代對共產集體主義的排拒和對個人主義的渴求；⑵在話語系統上，多年來對馬克思（以及黑格爾）等一套德國哲學語言方式的偏食性灌輸，使得用這套話語寫作的作品容易被人吸收並顯得有「哲學深度」；⑶在文化傳承上，使用標準而有文采的中文寫作，以及融通中國人文傳統典故的論說方式，使人不覺有「食洋不化」的感受，並以前述的視角去透視中國的「文化心理結構」，這就從而破解了文化隔膜之「牆」。這三條正是李澤厚成功地發揮影響力的基本原因。

應當看到，李澤厚力倡的「主體哲學」，除了與他自己本人在「文化熱」中所提的「西體中用」和「啟蒙與救亡的雙重變奏」現代中國史觀一脈相承外，同時也明顯地與「人道主義的馬克思主義」思潮有同盟關係，與「自由主義的個人主義」互為援手。並且，它對文學批評界也產生了相當重要的影響，這點衹需考察中國社會科學院文學研究所所長劉再復先生的著作和言論，即可很清楚地看出。所以，平心而論，就大陸學者而言，李澤厚先生的思想影響是很廣泛的，也是

李澤厚：《中國現代思想史論》，東方出版社，一九八八年，北京。一九九〇年八月，臺灣，風雲時代出版公司。

「文化熱」中最主要的思想來源之一。

「文化熱」中海外華裔學者的思想衝激和影響是不容忽略的。在這一海內外華人學者的對話中，雙方增進了了解，並拓展了文化討論的深度和廣度，乃至開闢出了一片嶄新的論說天地。應當指出，「中國文化書院」為這種對話作了重要的橋樑，並提供了最主要的講壇。

先有杜維明先生秉持某種宗教式的熱忱，風塵僕僕，多次由美國前往中國大陸講學、辯難。他討論儒家的現代命運，宣講儒學的第三期發展，研究儒家哲學與現代化的關係，從而帶出了新儒家的一系列理念，導致了深入的論辯。有部份學者認同了這一理念或受到相當的影響。另外，雖然大部份大陸學者並不同意新儒家的基本理念，但在雙方辯難的過程中，理解了該問題的複雜性，深化了自身對文化系統與現代化錯綜關係的思考，激起了思想界的波瀾。

後來是余英時先生的幾部著作和幾篇文章發行到中國大陸，特別是其中的《士與中國文化》❺、〈從價值系統看中國文化的現代意義〉以及〈中國知識份子的創世紀〉❻和〈中國近世宗教倫理與商人精神〉❼。雖然余先生自一九七八年之後就未曾去過中國大陸，但其著作仍在中國知識界引起了重要反響。這不僅是由於他作為一位當代學貫中西的學者，對於中國文化與現代生

❺ 余英時：《士與中國文化》，上海人民出版社，一九八七年，上海。

❻ 余英時：〈中國知識份子的創世紀〉，載《知識分子》季刊，一九八七年夏季號。

❼ 余英時：〈中國近世宗教倫理與商人精神〉，載《知識分子》季刊，一九八六年冬季號。

活間的複雜關係給出了自己的、有創意的圓熟看法，超越了全盤西化和國粹派的兩極，同時更在於他集中論述了中國知識分子的傳統及其向現代型轉化的問題，特別引發了身處當時敏感情勢的中國知識界的深深共鳴。

「文化熱」後期，林毓生先生的《中國意識的危機》❽在中國大陸出版，同時他本人也造訪大陸，闡揚他所心儀的現代自由主義，特別是以海耶克代表的自由主義之精髓，並發揮自己對中國傳統的「創造性轉化」的論題，其論點導致大陸中青年學界的廣泛興趣和論辯。

其餘的傅偉勳先生、李歐梵先生、黃仁宇先生、成中英先生等都曾身體力行，或遠赴中國，或通過著作精神交流，為「文化熱」作出了自己的一份貢獻。在後期，人們更回過頭去發掘本世紀幾位先驅的、被淹沒了的思想，特別值得一提的是梁漱溟先生和熊十力先生的創造性成果。

除了前已述及的幾家西方思想流派之外，對「文化熱」的討論產生了顯著影響的如下西方思想派別是不能不提的。

其一，即是湯恩比主義。在「文化熱」中直接研討湯氏大作及其思想的論著雖然不多，但其意識形態卻是潛在於不少學者的作品中的。甚至有些學者自己也未曾清晰地意識到這點。如「走向未來」的金觀濤先生，雖以自然科學方法引入社會領域自命，但細察其著作，湯恩比大歷史觀的影響相當濃，祇是混雜進了黑格爾式的歷史決定論，而變成某種「文化決定論」。這一基本色彩，

---

❽林毓生：《中國意識的危機——五四時代激烈的反傳統主義》，貴州人民出版社，一九八七年，貴陽。

在蘇曉康等撰寫的電視片「河殤」中，仍是十分鮮明的。

其二，則是韋伯(Max Weber)思想的影響。韋伯的影響在「文化熱」中是很顯著的。一九八五年至一九八七年，北京曾召開過有關韋伯思想的專題研討會，杜維明先生也在大陸介紹了韋伯對中國問題的基本論點，特別是對儒學的觀點；以後，「文化：中國與世界」叢書又出版了他的名著《新教倫理與資本主義精神》❾中譯本。於是韋伯遂被炒「熱」。韋伯之被重視，其中一個很重要的原因之一是，他對中國傳統文化的看法與大陸相當部份知識分子的感情傾向一拍即合，即：中國未能發展出現代形態資本主義的主要原因在於儒學，這與知識界主流及傳統傾向是平行的；此外，韋伯糾正了馬克思之偏頗，強調精神文化對社會轉型的重要性，這也投合了大陸知識界，對官方意識形態馬克思主義經濟一元論的抗拒情緒。因此，「文化熱」中韋伯思想的興起是與當時中國思潮主流的方向協調一致的，因而，韋伯思想對當時主流傾向的強化作用也是顯著的。

不能忽略另一種理論解釋學(hermeneutics)在「文化熱」的中後期的影響。其中，「文化：中國與世界」編委會曾發揮了重要的媒介作用，解釋學理論與中國老一輩學人梁漱溟的重新被重視，這兩大因素是促使「文化熱」後期的「文化保守主義」形成的主要動因。解釋學在「文化熱」中所以能發生作用，基本上在於它從另一個嶄新的理論視角致力於重建傳統，重建遺產這一概念，指出我們與傳統的對話導致了嶄新的精神空間，從而為創造和自由提供持續不斷的基本資源。這

❾ 馬克斯・韋伯(Max Weber)：《新教倫理與資本主義精神》，三聯書店，一九八六年，北京。

就在一定程度上，矯正了流行數百年的啟蒙精神的某種偏頗。啟蒙思想家對於「先入之見」的徹底掃蕩，使我們缺失了與傳統遺產對話的必要一環，從而縮小了我們的視野，並喪失了某種精神運動的連續性，於是，當下的經驗成了破碎零散而不相貫屬的碎片，沒有了歷史感的統攝。須知，一個喪失記憶的人是無法從事理解的，更遑論創造了。在某種意義上，現代世界的《一九八四年》型的新式烏托邦正是這種傾向發展到極端的結果。

在上述解釋學對於傳統和遺產的開放性理解的影響下，綜合對中國近代文化史的歷史回顧，「文化保守主義」在學術界圈子中應運而生。這特別在後期以「文化：中國與世界」編委會甘陽等人鼓吹最力，它表達了他們對自身早期的思想傾向的重大修正。應當指出，在「文化熱」後期，文化保守主義與新儒家倡導者，實際上已形成相互呼應的犄角之勢，而與聲勢浩大的「文化激進主義」拉開了距離，逐步形成有內部張力的平衡態勢。

西方馬克思主義在「文化熱」中的命運是頗為奇特的。由於中國以馬克思主義意識形態立國，研究馬克思主義構成了很大一個專業群體。其中，不甘於成為意識形態「注經者」的相當部份青年學者，轉向了西方馬克思主義。如葛蘭西(Gramsci)、馬庫色(Marcuse)的思想引起了一時關注。但尷尬的是，這些理論的旨趣集中在對現代（資本主義）文明的批判上，與追求現代文明的中國主流知識界的傾向正相對立。因此，在「文化熱」中，人們除了對這些理論中淵源於弗洛伊德泛性主義的部份感興趣外，其餘的雖曾一時引起注意，但未能成為持久而有力的潮流。

另外一翼則是「文化熱」後期萌發起來的對基督教神學思想的研究。其人數不多，然而卻顯示出了它的潛在生命力。這裡應提及的兩位年輕學者是劉小楓和陳維綱。劉小楓對西方文化中的希伯來因素用功有年，且氣質頗合。他的《拯救與逍遙》❿和《走向十字架的真》以及陳維綱在《讀書》⓫上發表的論述布伯(Buber)等神學家思想的文章，為大陸文化思想界吹進一股清新的風，彌補了中國知識界對西方文化的理解中過於強調其希臘因素而忽視希伯來精神的偏頗，從而激起了文化圈內的普遍興趣。在「文化熱」後期知識界內它的影響愈益增大，相當部份學者認為，無論贊成與否，與這種思想進行深度對話無疑是極有收益的。

不容忽視的、帶普遍性的思想是多元主義的興起。實際上，多元主義的訴求在「文化熱」之前的一九八三年就正式出現於哲學界了。但其後受到壓制，在「文化熱」中對上述壓制的反彈使之大張其勢，並使之擴展到了思想文化的所有領域之中。緣起於一九八三年六月在中國桂林市，召開的名為「現代科學與馬克思主義認識論」的學術會議，來自上海復旦大學的六位學人在會上作聯合發言(筆者即為發言稿定稿人並代表大家發言)，全面批評了官方正統哲學體系，引用現代

❿ 劉小楓：《拯救與逍遙》，上海人民出版社，一九八八年，上海。一九九〇年八月，臺灣，風雲時代出版公司。

⓫ 馬丁・布伯(Martin Buber)：《我與你》，陳維綱譯，三聯書店，一九八六年，北京。陳維綱：〈馬丁・布伯和《我與你》〉，載《讀書》雜誌，一九八六年第十期，北京。

學術成果，論證真理多元論等「異端」⑫。這一「桂林事件」引發軒然大波。當局以此事及其它幾件事為內部理由發動了「反精神污染」運動⑬，中共中宣部並專為此事發內部文件至全國，用政治手段壓迫學術觀點。「清污」夭折後，多元主義遂大行其道。「文化熱」中，更成為使用頻率極高的概念之一。就學理脈絡而言，除哲學界來自近代詹姆士、杜威等等的思想淵源外，更加上了當代德國哲學家高達美和美國哲學家羅蒂(R. Rorty)的影響。此外，文化多元論、政治多元化……都湧成一時之潮。它們各自的學理背景和脈絡雖然很不相同，但在當時中國大陸的特殊情勢下，卻都賦有了反對獨斷論、反一元主義的色彩。因此，在其後期，中國大陸學界所稱的多元主義已不再是指稱某一特殊學術理論和派別的思想了，它已成了「學術自由」、「政治自由」的某種代號，被賦予了更普遍的涵義，而風行於知識分子群體之中。應當指出，上面提到的「文化熱」中的各種思潮雖然各呈其彩，乃至相互論辯，但對多元主義都取認同之態。它所受到的壓制僅僅來自官方，且並非採取學術論辯的方式，而是政治迫害的手段。因此，可以看出，多元主義與「文化熱」

---

⑫ 桂林會議發言中導致官方批判最烈的部份為「真理多元論」，其觀點主要發表於拙作〈現代科學與真理觀的進化〉，載《社會科學研究》，一九八三年第三期，和拙作〈多元化與獨斷論〉，載《書林》，一九八五年第三期。

⑬ 一九八三年底，中共中央宣傳部下達內部文件，摘錄了復旦年輕學者發言〈關於認識論的幾點意見〉（即「十條」），在「按語」中稱之為「全面反對馬克思主義的觀點」。

中的其他思潮相比，可以說並非是同一層次上的理論，它事實上是反對獨斷論的代用語，因而具有更為普遍的性格，可與大多數思潮相容。

前已說過，「文化熱」中，古今中外各種理論思想大部份都曾在中國大陸粉墨登場。但是據筆者觀察，真正發生了某種影響的，大體上是以上所列舉者。當然，在「文化熱」之前曾有過種種發生過重要影響的思想，如沙特(Sartre)的實存主義、海德格(Heidegger)的哲學、弗洛伊德精神分析的主要思想、尼采主義，乃至後來相當時髦的後現代主義、解構主義、哈伯馬斯、德里達、傅柯等等，但是或者因為與「文化熱」討論的焦點關係不大，或者其「熱」已過，或者是僅僅侷限於專業圈子的象牙塔裡賞玩，局外人難於問津。總之，它們未能成為「文化熱」中的精神源泉則是一個歷史事實，祇需仔細梳理當時的資料即可明白的。

這次「文化熱」與五四時期相比的一個極重要的相似點在於，所有外來思想，凡是中國當時的知識界思想傾向，或價值取向相合，或大體相合者，便能造成相當大的影響，並成一時風靡之勢。相反的，則很快瀕於弱勢，銷聲匿跡。

這次「文化熱」與五四時期相比的一個極重要的區別在於，五四時期來自外部危機導致的民族主義情緒，與新文化運動中的自由主義，成雙峰並峙，並且民族主義日益占上風並演變為排外主義。因為當年自由主義者的終極目標，同樣也是解決民族存亡的危機，其重心是向外的。而一九八〇年代的「文化熱」則根本上是向內的，並沒深重的外部危機感，即使是一時聳人聽聞的「球籍」問題討論，實質上也直指中國的當局者，警告其急需改弦易張，否則「國將不國」也。因為其時並未有任何外國或外部勢力構成對中國的直接威脅，使之可能亡國亡種。筆者認為，中國現在和未來的知識菁英和權力菁英，若對五四與「文化熱」二者之間的上述區別缺乏領悟，將會對中國的未來有嚴重的精神誤導。

由於共產主義入主中國所造成的新的社會政治結構，「文化熱」與五四相比的另一個相異處是在「文化熱」中出現了兩種顯著的基本傾向，至其後期，二者間的對比呈日益鮮明之勢，這就是本文下節要討論的主題。

泛文化主義與政治全能主義

在「文化熱」中，關注中國命運的大陸知識界出現了兩種不同的基本傾向，它們此起彼伏，互成對比。這就是本文所稱的泛文化主義與政治全能主義。

這裡的所謂泛文化主義，就縱向看，是指把中國當前的弊病和災難從根本上歸咎於中國的文化傳統；就橫向看，則把社會其它領域（政治、經濟、意識形態……）的問題，統統化約為文化問題。

所謂政治全能主義，則是直截了當地認為，在當今中國這樣一個極權主義國家內，祇有政治，才是解決一切問題的鎖鑰、萬應靈藥和唯一途徑。須說明的一點是，這裡所指的政治全能主義與鄒讜教授所說的「全能主義政治」⓮略有不同。鄒的術語指稱的是中共統治方式，其涵義是指政治機構的權力，可以隨時無限侵入和控制各階層、各領域。而本文所稱的政治全能主義則是一種思想觀點，通常為知識階層所擁有。當然，很明顯的是，這兩個術語是緊密相關的。作為一種傾向性思潮的政治全能主義，正是在全能主義政治的土壤裡生長出來的。後者為因，前者是果。

在一九八〇年代的文化討論中，我們不難發現泛文化主義與政治全能主義這兩種傾向的東西震盪。

但是，這兩種傾向是否真像它們表層語言所顯示出的那樣分處兩極，絕不貫通呢？鑒於政治全能主義的觀點清楚明白，且各方的論述也較多，以下將重點式地討論泛文化主義。

泛文化主義的原因、特徵及其缺失

其實，上述兩種傾向是有很深的內在聯繫的。仔細考察起來，全能主義政治作為基本背景，正是泛文化主義興起的重要原因之一。

⓮ 鄒讜：〈中國二十世紀政治與西方政治學〉，載《思想家》創刊號，華東化工學院出版社，一九八九年一月，上海。

眾所周知，到一九八〇年代中期，中國的經濟改革在原有的政治框架內已達到頂點，走到了瓶頸。非經濟因素對經濟進一步發展變革的制約已經日益明顯，日趨嚴重，無法迴避了。但是，在中國的全能主義政治及其意識形態控制的嚴峻環境下，中國大部份知識分子無法直指所處的政治體制桎梏。於是，在「文化熱」中借助於五四時期的靈感，古老的中國傳統文化中的弊病就成了一個現成的、方便的，看起來也頗深刻的靶子。這種鞭笞，各方心照不宣，心領神會。於是，一種特定的文化批判成了政治批判的替代品，進入歷史，並成一時之盛。

這是泛文化主義滋生的直接現實原因。

但是，問題還不僅僅如此簡單。

確實有一些知識分子，是出於理智上的認知，而走向了以文化批判為特徵的泛文化主義。他們特別注意到了一九八〇年代的改革，與清末民初改革的某些類似性。人們大體上公認，當年中國對西方的反應是有層次地逐級深入的，從洋務運動到戊戌變法、辛亥革命，再到五四新文化運動，眾多學者認為是經歷了從器物層面而制度層面，再至精神文化的價值層面逐步深化的。同時，也相當普遍地認為五四新文化運動所直指的文化價值系統的批判和改造才是最根本的。對比一九八〇年代的改革，人們也發現中國人在門戶洞開之後也產生了類似的「三步曲」的反應。不過步伐的頻率比世紀初加快了而已。首先就是召開「全國科學大會」，大力提倡科技，所謂「四個現代化」正是典型的器物層面的訴求。接著是經濟體制改革，這已經開始觸及制度層面了。然而，緊接著就碰到了全能主義政治，及其意識形態這座難於逾越的大山。於是，迅速跳過了這一關卡，訴諸自己從歷史汲取的靈感，迅速指向了人們認為的最根本最核心的層面。他們的潛在邏輯是，既然文化價值系統是最根本的層面，我們何不直搗巢穴，一蹴而就？這樣的解決，豈不是一了百了？於是，這批人認認真真地搞起了文化批判，鞭撻起老祖宗來。這種最終以某種文化價值系統作為基本生存方式變遷的依據的觀點，頗有些韋伯式的色彩。訴諸一九八〇年代的文化批判主流，實質上是認為中國文化中的基本價值，不可能或極難產生現代化的生活方式。這個問題，至今仍是聚訟不休的焦點之一。

以上兩點，大體上是泛文化主義興起的主要原因，一為外因，一為內因。

倘若上述分析基本屬實，那麼，有人當會問，在上述的第一個原因中，用文化批判的語言來掩飾政治批判的內涵，豈不會貶低這一批判的道義力量，從而令其形象受損？而在第二個原因中，既然在步驟上未能擺脫世紀初的「三段式」模式，而總體來說，在具體內容的深度上仍未超越五四，豈不會貶低這次批判的學術水準？

的確，從道義水準和學術水準這兩方面衡量，上述質疑是有道理的。事實上，一九八〇年代的泛文化主義與政治全能主義，正是中國大陸特定階段所產生的怪胎的一體兩面，它們互為表裡。可以想像，籠罩有政治全能主義陰影的半心半意的文化研究與批判，學術上恐難有深入的進展。這兩種傾向的出現和相互論爭，實際上凸顯了在極權體制下知識界的無力感，同時也表現出當代中國知識分子為自己重新定位的艱難嘗試。這些年來，運思較深的知識分子都在嘗試著尋找自己獨立的生存空間和生存方式。我在後面將會談到，這一努力在一九八〇年代末期已經出現了一些突破，忽視這點是不公平的。

在「文化熱」的討論爭訟中，如前面所論及的，其主流觀點帶有相當明顯的湯恩比主義和黑格爾主義的色彩，特別是前者更濃。作為代表前幾年文化討論主導性結果的電視片「河殤」，實質上就是這二者混合而成的某種「文化決定論」。而這種文化決定論的邏輯結果必定是某種普遍氾濫的悲觀主義。雖然該片並未明確在結尾點出這點。其基本的原因在於，按該泛文化主義的觀點，現代化的基本前提是徹底摧毀傳統文化，而稍有常識者即可看出，以中國文化這種綿延不絕、根深蒂固的穩定性，要在實現現代化的十幾年內徹底改造或摧毀，無異是神創的奇蹟。因而，中國的現代化是不可能的。這應當是文化決定論的邏輯歸宿。因此，那些年的公開討論中雖然慷慨之聲不絕，但私下的言論裡，卻是「悲涼之霧，遍於士林」。這種深刻的內在矛盾，也特別表現在從五四至今的西化色彩很強的思想先驅身上，具體體現在思想與行動的嚴重分裂上，這就出現了一批批人格分裂者乃至雙重人格者，如五四時期的胡適之（婚姻）、魯迅（孝道）、陳獨秀（家長制）等等。據我觀察，當代知識菁英對這種分裂人格的繼承是相當完整徹底的。這種悲劇性人格，似乎是一百年來一以貫之的一個重要文化現象。並且，給現代中國文化平添了某種深度。

應當如實地指出，泛文化主義之很難為自己作強有力的論證不僅來自理論層面，同時也來自實踐層面。我們且不必作冗長的、精細的理論梳理而去發掘傳統中可資借用或轉化的精神資源，祇需對世界狀況作仔細的觀察和比較即可。在某種意義上，社會科學也是可以做實驗的，世界舞臺就是一個大實驗室，世界史的某些演化結果也就是實驗結果，可以分析比較的。文化熱中有一個焦點爭論一直難以澄清：導致中國大陸眼前災難的，主要是傳統中國文化還是社會制度？

其實，世界史已通過臺灣與東歐做了對比實驗。大陸與臺灣，文化傳統相同，社會制度不同；大陸與東歐，文化傳統不同，社會制度相同。於是，前述的問題轉化為：大陸面臨的根本問題究竟是與臺灣更相似呢，還是與東歐（一九八九年前）更相似？我想，結論是比較容易得出的。無庸諱言，主要的相關因素是社會制度。

鑒於此，相對而言，雖然政治全能主義有歷史眼光不夠長遠以及簡單化的弱點，但它可能仍比泛文化主義更接近當代中國的實際。

泛文化主義的歷史意義

雖然在文化批判內隱藏的政治因素和功利因素，使其道義形象和學術形象受損，但我們仍想追問，一九八〇年代的泛文化主義有沒有其正面的歷史意義？

筆者的意見是肯定的。

正如任何智力活動一樣，文化討論一旦持續下去，參與者們也就逐漸淡忘了原意，淡忘了這場討論的原初意旨。於是，它逐步獨立起來，成為自給自足的精神活動，並使人們樂此不疲。對某些人而言，它甚至成了某種砥磨智慧的特殊「智力體操」。

其實，這並不足怪，世界學術文化史上就充滿了類似的情況。當人們進入某種話語(discourse)後，他們往往會不自覺地沉溺於其中，並自得其樂，很少有去反省其前提或追問何以進入此話語。這正如科學中的範式(paradigm)一樣，一旦你能接受了某學科的訓練，通常就不再考察其基本的前提和發展史了，而僅僅把它們當作天經地義的東西來接受。祇有當科學危機頻頻出現且當某個足夠強大的懷疑精神出現後，這種情況才被打破。應當強調，進入科學一定的「範式」，並依賴它進行研究，這是學術常規，並非壞事，反而對學術的深化乃至創造都有極大的意義。否則，科學體系就不可能穩定和深化而是頻頻變遷。這種不穩多變正是前科學時期的典型狀況。鑒於上述，進入文化討論之後，逐步形成一些基本的術語和研究規範，自給自足，這對於缺乏「為學術而學術」精神的中國文化而言，無寧是一件意義十分重大的事。這種智力活動，倘持之以恆，有可能誕生出一批精緻的文化產品和豐富的學術成果。事實上，在文化熱的後期，學術的分化和轉化已開始出現，上述趨勢已開始萌動了。這就是常說的所謂「無心插柳柳成蔭」。這一後果，顯然是政治全能主義者們未曾預料到的。

同時，筆者這裡想更一步強調，上述後果，對於中國新的獨立文化系統的出現，對於開掘中國知識分子新的精神資源，都將產生自己重要的作用。

無庸諱言，多年以來，大陸的文化系統是依附於政治系統之上的，並且是被無所不包的意識形態網絡所籠罩的。由於全能主義政治的控制，尤其是社會科學、人文學科和文學藝術各界，他們極難從西方的精神資源和中國自身的精神道統中獲得憑藉，因而，無論是獨立的社會定位、精神定位，還是語言定位都無從談起。文革結束之前，中國大部分人文知識分子幾乎都匯入了官方意識形態的語言網絡中，喪失了自己個體的語言方式，從而也就喪失了獨立思考能力。

這是大陸知識界最基本的精神上被奴役的方式。

少數堅持自己的語言和思維方式的人，不是被整肅，就是被放逐出整個社會。一九七八年之後，這張巨大的網絡雖被沖破了一些缺口，但基本的構架大體上仍然存在，仍在吞沒著將特立獨行者。由此，我們不難理解，在蘇聯中國這種大極權國中，何以有時反而是少數自然科學家（如薩哈羅夫、方勵之），反而成了文化系統挑戰政權的象徵性人物。基本原因在於他們所受的精神奴役較人文學者為輕；同時，他們對自身所由憑藉的精神資源（自然科學體系）又比人文學者更加充滿了自信心。

鑒於上述分析，我們可以斷定，獨立文化系統的萌芽，無疑是有極重大意義的。人們不難發現，自從「文化熱」到一九八九年「六四」為止，大陸知識界一直在拓展自己獨立的公共交往空間(public sphere)，逐步在試圖形成民間社會(civil society)中重要的一部分。

在那段時期，知識分子的一些創造性的組合和交往方式紛紛出臺，重要的有：編委會、研究所、書院、中心、函授大學……等等。如北京的「走向未來」、「文化：中國與世界」編委會，「中國文化書院」、「北京社會經濟科學研究所」（即王軍濤、陳子明系統）、上海的「新啟蒙」、「思想家」編委會、「東西方文化比較研究中心」、武漢的「青年論壇」等等。如果從中國社會結構和文化變遷的角度去考察這些組合和交往方式，將會發展它更深遠的歷史意義。

這之後，一九八九年知識分子三次聯名簽署要求當局釋放魏京生，更是文化系統獨立進程中的重要里程碑。它成為一次文化系統聯合行動的象徵，從而具有了很高的示範價值和道德鼓舞力量。特別是由於魏本人原是一名普通工人，而當局強加於他的罪名又極可怕，這在過去，他一定是個不可接觸者和賤民，而大多數民眾也會習慣於認同當局製造的形象。而如今竟有如此多的知識界名人挺身而出為之呼籲，而其中甚至有中共用之作招牌的名字。這中間所產生的震撼作用是很難估計的。它表達的是一種基本權利的覺醒，表達的是知識界自我意識的產生，表達的是知識者決心維護在意識形態之外的我們常人的思維方式和語言方式。因此，它可以被視為是一個新的文化道統誕生的明確訊號。它也顯示了消解全能主義政治的基本途徑。

當然，六四事件暫時中止了這一歷史進程，使中國一切似乎繞了一圈，重回原地。但是，我願意指出，這僅僅是外觀的幻覺。經過這一重大洗禮，中國的一切，本質上都變了。中國當下的社會，已成了一個普遍虛飾化的社會，一個雙重社會。官方媒體表徵的社會，祇是真正的中國社會上面的泡沫。而社會的本體，沈默的或牢騷的、憤怒的多數，已與官方聲音沒有什麼關係了。社會的統治階層與社會本體如此異化、疏離乃至敵對，是四十年從未發生的。特別是，統治階層與文化系統的對立更是涇渭分明，劃然而別。這就表明，中共的全能主義政治實質上已經失敗，從更長的時段看，它對中國人日常生活的支配作用已日益衰落了。

應當看到，六四血案及其之後對中國知識界的清算，既是對中國文化再生能力的一次嚴峻考驗，也是對近年來逐步形成的文化系統網絡的試金石。據筆者觀察，與已往相比，中國知識界的脊樑骨似乎已不再似過去一樣脆弱，不至於經此打擊後又立即返回毛時代的精神狀態了。他們絕大多數均以不合作主義維持自己心靈的平衡，並從這十年來儲備的精神資源中獲取滋養。這種有所憑藉的精神狀態要比過去堅韌得多、持久得多，這才是彌足珍貴的。

訴諸歷史，外在環境的嚴酷，往往是文化學術的深度和史詩式巨著誕生的精神土壤。當年，十九世紀下半葉，黑暗的沙俄帝國內，俄羅斯的知識分子們竟然奉獻給了人類以目不暇接、極有深度的文化珍寶，杜斯妥也夫斯基等幾乎是舉世無雙的。當然，我們寧可沒有撼動人心的文化成就也不願償付血腥的代價。畢竟，人權是至上的。然而，當殷紅的血業已流淌後，倘若我們仍未能在精神領域獲得超額補償，那麼，這個民族也許就真是無可救藥了。

但是，筆者並不徹底悲觀，且讓我們等待歷史的判決。⑮

---

⑮ 若要大略了解「文化熱」，除參閱上述出現的文字之外，還有如下出版物：

△《河殤》（解說詞）。

△《讀書》（自一九八四年——一九八九年各期）。

△《走向未來》雜誌（自一九八六年創刊）。

△《文化：中國與世界》雜誌（自一九八七年創刊）。

△《新啟蒙》叢刊一～五期，上海王元化主編，湖南人民出版社出版，一九八八年創刊。

△《思想家》，陳奎德主編，華東化工學院出版社，上海，一九八九年一月。

△《復旦學報》（文化研究專輯），一九八六年第三期。

△《中國文化輯刊》，復旦大學歷史系編。

△《中國文化熱》，吳修藝著，上海人民出版社，一九八八年一月。

△《青年論壇》雜誌，武漢出版。

△《論中國傳統文化》（中國文化書院講習錄第一集），三聯書店，一九八八年一月。

另外，對「文化熱」產生思想影響的海外作品還有：

△《港臺及海外學者論近代中國人》，姜義華、吳根梁、馬學新編，重慶出版社出版，一九八七年十一月，重慶。

△R. Rorty:*Philosophy and the Mirror of Nature*; Princeton University Press, 1980.

△J. Rawls:*A Theory of Justice*; The Belknap Press of Harvard University Press, 1971.

△K. Popper:*Open Society and Its Enemies*; Editorial Paidos, Buenos Aires, 1957.

△F. A. Hayek（海耶克）：《到奴役之路》（一九六〇年代中譯本）（The Road to Surfdom; Chicago, 1940)。

△Hans G. Gadamer:*Truth and Method*; English ed. Sheed and Ward, London, 1975.

△Martin Heidegger:*Sein und Zeit*; (and its English Translation）Niemeyer,Tubingen, 1986.

（本文作於一九九〇年）

文化討論的命運

——兼與杜維明先生商榷

問題的轉換

一個世紀來，中華民族，尤其是它的知識分子，一直受到同樣一個問題的纏繞：傳統文化❶向何處去？

近年來的「文化熱」，再度把這個令人困惑的問題提上了議事日程；並且，其中還包含著一種對「五四」的「反傳統」的批判性再反思和再評價。

然而，從戊戌、辛亥和「五四」前後的幾次大討論歷程的驚人相似性和一次次「三部曲」式

❶ 這裡文化一詞，取較為廣義的理解，係指處於發展中的人類生存的模式。是構成民族與民族之間、時代與時代之間相互區別的東西。包括語言、藝術、神話、哲學、科學技術、宗教、行為方式、禮俗習慣、心理特徵、社會制度、財產、政府等成份。傳統文化的涵義隨本文的展開而逐漸清晰。

的循環中，迫使我們向其前提深自追究，是否可以轉換一下問題的提法，可否把歷次討論的核心——「傳統文化向何處去?」——代之以如下的類似「心理治療」的問題：

如何解決民族（知識分子）心理上的一種「二律背反」？

一方面，為了確立自己的民族心理認同，理應強化民族傳統文化自尊心；另一方面，一百年來歷史和現實幾反幾覆的嚴酷事實表明，為民族的生存、強大和發展，邏輯的結論又必須徹底反省、批判傳統文化。

這種自尊心和危機感的「二律背反」，這種感情與理智的雙重取向，導致了知識精英中的如下結果：作為個體，造成了某種心理上的人格分裂以及某種「文化回歸現象」❷；作為群體，造成了幾次文化討論中的情感激動的大論戰。

但是，核心的問題依然故我。

毋庸諱言，這次「文化熱」的興起，其源蓋出於「文化大革命」的劫難震撼了國人。人們透過沈滓泛起、舊魂君臨的慘劇，再次實在而痛切地感受到傳統陰影的無所不在的籠罩，同時，它

---

❷ 文化回歸現象，係指近代史上一些向西方學習的代表人物（如嚴復、康有為等）在其早期抨擊傳統，引進西學，不遺餘力。然而經一系列挫折和事變之後，晚期幾乎都回歸於國粹之中，極言東方文明和孔孟之道的「量同天地，澤被寰區」了，甚至深自痛悔自己前半生的工作。文化回歸現象最典型的人物就是嚴復。這是值得認真玩味、探究和深長思之的一個近代文化現象。

也使正在駛向現代化的航船增加了負荷；另外一點，則是鑒於歷史上幾次大討論因故夭折，未獲結果，人們切望把這根中斷多年的線頭再度接合起來。於是，討論遂興，迅達熱點。

然而，它能否擺脫上述「三部曲」的糾纏？這次討論是否會重蹈覆轍，再度墮入一輪循環之中？目前尚難預言。但有一點筆者似可大膽斷定：這次倘能有幸超出上述文化討論的輪迴，必將「有大音聲起」，然其基本的動力源泉也許並不來自學術文化圈子內的討論。

這裡的關鍵在於如何擺脫重新陷入「保存國粹」與「全盤西化」這兩極震盪的命運（以及在此二極之間作程度不等的折衷的命運），同時，還在於如何替代「去其糟粕，取其精華」的籠統模糊、「永遠正確」的概括性結論。後者，由於對我們具體的行動不能提供有信息量的方向性的導向，因而學界對此類空話早已煩有嘖言。事實上，對於何者為「精華」，何者為「糟粕」的價值判斷，本身絕不能脫離一個文化價值系統的參照而孤立得出。況且，由於系統的整體性，各個元素相互牽連，「一損俱損，一榮俱榮」，也很難獲得「捨此留彼」的「理想結果」。

基本的課題是解決「二律背反」，排除「心理障礙」的問題。

為強調主線，廓清核心，我們略去枝蔓和細節，模擬老黑格爾的「三段式」來大體描述一下上述那種「三部曲」式的循環的歷史程序：

正題。事起：危機襲來，反省傳統，舉凡弊端，悉數討之，斯文掃地，訴諸西化。反題。回潮：傳統斷裂，自尊心起，「挽救國故」，「國粹熱」興。強固文化認同，盛讚東方文明，回歸文化本位。在某種意義上，可視為「集體的無意識」——阿Q精神對正題的反應。魯迅先生名之曰「愛國的自大」。這裡過度的民族文化自尊心，其實正是民族自卑心理的反面表現。因為它已沒有勇氣和自信去面對西方文化的挑戰，只能龜縮向內，強固精神堡壘，實質上是自覺到西方文化的領先地位而對文化同化結果的恐懼。這點容後詳論。

合題。調和：「極高明而致中庸」，不中不西，亦中亦西，「國粹不滅，歐化亦成」，「擷精取粹，熔鑄一爐」。在某種意義上，人們正是在這種似乎「絕對正確」的調子的催眠下重新入睡的。

對於自戊戌至今的幾次文化取向的大討論，倘若我們認真剔除每次論戰中由當時的具體問題和慣用術語加諸其上的一些外在的偶然形態和色調，仔細對比，不難發現，其內核始終沒有改變。因此，認定中西文化衝突與交融有實質性的進展的論點，似乎還可斟酌。我們完全可以設想，若把「五四」那次歷時十餘年的論戰轉換背景，改變幾個術語，移入今天的文化討論的一次會議上，人們仍會饒有興味，不覺荒誕。

概覽各次討論，一個顯眼的特徵就是屢屢重覆出現的國粹派和西化派這兩極，以及在兩極所連成的直線之上的種種折衷派別。沒有充分的證據表明，這次討論不會再次出現身穿八〇年代服裝的「新國粹派」和「新西化派」以及中間派。事實上，仔細翻閱論文，不難發現此類派別正在開始形成。這是一種文化的悲劇！

我們的創造力已到此止步了嗎？能否跳出這循環往復的劫運？筆者以為，要擺脫兩極震盪，超越二元對立，就需深入分析文化心理病症，解決「二律背反」的問題；而轉向對傳統文化的再審查，也許正是進行文化「心理治療」、解決「二律背反」的前提。

所幸者，目前已有論者注目於此了。

固有傳統文化是否存在？

傳統文化的存在性是不容置疑的，這是基本的事實，我們每個人都實實在在地感受到其重壓。然而，**固有**傳統文化的存在性卻是可疑的。事實上，超越時空的、預定的、凝固的傳統文化並不存在，單因素的純粹傳統也不存在。

眾所公認，在縱的方面，傳統是一流動的、開放的過程。五千多年來，包括「五四」的先驅加入的嶄新的成分，都一起在建構我們的傳統。在橫的方面，傳統是多元因素建構而成的。最明顯的例子之一，是從兩漢之際開始傳入中國的印度佛教，它構成了傳統文化中相當重要的因素。據海外華裔學者余英時先生考證：「自魏晉至隋唐這七、八百年，佛教（還有道教）在中國文化中是占有主導地位的。」❸此外，自十七世紀以降，西方文化開始傳入，尤其是「五四」之後更是大規模湧入；這些成分，雖還未完全「熔鑄」，但在事實上卻也匯入並逐步構成了中國文化傳

❸ 見《知識分子》，一九八六年春季號，頁七。

統的一個成分。茲不贅論。

再進一步，深入探究不難獲知，所謂傳統文化，從來都滲入了解釋者自身的歷史痕跡；用現代詮釋學術語，所謂傳統，就是傳統的解釋者與作為對象的「本文」（傳統）在雙方的視界融合後的產物。沒有獨立於解釋者的純粹客觀的傳統本身。我們在與傳統對話時，介入了傳統，超出了傳統。譬如，不同時代的人所得到的傳統文化顯然不盡相同；同時，中國人和歐洲人所獲知的中國傳統文化也是兩回事，按現代觀點，這是順理成章，毋庸置疑的。因為我們每個人都無法消解自己獨特的視角、心理結構，我們也無法擺脫自身所處的具體歷史境況。

要而言之，文化傳統本無預定的本質，沒有預成的、封閉的、純粹的固定傳統；從不同的視界出發看同一個傳統，就會出現不同的嶄新的東西。傳統文化時時在超越自身，時時在創造，也時時在選擇。道理很簡單，倘若傳統具有某種預定本質，它就不可能發展；因為真正的發展就是自我超越；而倘有固定本質，則超越這一本質後，它就不復為文化傳統了，因為其本質業已喪失。有鑒於此，我們可以斷言文化傳統並無本質。事實上，「五四」以來的新文化，業已構成傳統；而我們今日的選擇和創造，也勢將塑造一個新的傳統，誕生一種新的文化。

文化的自我超越過程，勢必涉及參照系的問題。縱覽歷史，我們相信，超越自身的基本方式就須借助其他參照系。否則，猶入困在現代哲學家庫恩(T. Kuhn)所說的「範式」之中，進行常規研究，難以揭示這一「範式」的深層的預設前提，從而很難自我超越。古人有云：「不識廬山真面目，只緣身在此山中。」恰如描摹此狀。我們只有走出廬山，借助天空、河流這些非廬山作參照系，廬山的輪廓真面才得以豁然顯現。即是說，我們須借助參照系，借助某種外來的力量與自身相互作用，傳統文化就會越出原先的自我形象，達到某種新的自我形象，成為新的存在物。

我們看到，兩種文化的參照、對話，對於雙方都是自我超越的過程，都是向自身灌注生命力和新鮮血液的過程；在特定的條件下，有時甚至有起死回生之效。

當然，沒有絕對均衡的對話。某段歷史時期，常常有占主導地位的文化，這也是題中應有之義。中國，作為「中央之國」，與鄰國文化相比，曾在很長一段時期內作為主導型的文化存在，在與鄰國進行文化對話、交流時，常常起了主導的、甚至同化（異國文化）的作用。這在大部分中國人（包括知識分子）看來，似乎是天經地義的事。

現在，情勢發生了逆轉，我們的主導型文化地位喪失了。這就使相當一部分人產生了心理不平衡，進而有了惶惶不可終日之感。其實，仔細想想，很多文化不是多少世紀以來就一直是這樣的非主導型（甚至被同化的）文化嗎？我們何以有這樣大的心理障礙呢？歸根結蒂，恐怕仍是萬國來朝的「中央之國」的大國心理作祟。

其實，只要我們擯棄這種大國心理，真正以世界眾多民族、各文化中的平等的一員界定自身，確立自己的文化認同，正視現實，借助與其他文化進行對話，參照這一歷史機遇，孜孜於文化的再反省、再借鑒、再創造，本不難解決上述心理障礙問題。

關鍵在於不能把傳統預成化、僵化、神聖化，而必須使之流動化、多元化、開放化，成為一股生生不息、奔湧不斷的創造性的洪流。

評對「五四」先驅的再評價

鑒於上節所述，我們看到，具有某種參照系，對於一種文化而言，不啻是其自我反思、自我更新、自我超越的契機，自不必惶恐不安。只要不把文化的載體（民族）自身的榮辱繫於一種預成化、固定化的傳統上；尤其是，只要不把那種預成化、固定化的傳統的存亡置於文化載體的存亡之上，那麼，當我們融合、借助、參閱其他文化對自己的傳統文化進行反省、更新、超越時，前述的民族心理上的「二律背反」本不難獲得解決。

這裡沒有觸犯民族文化的自尊心的問題。事實上，如上節所分析的，改造之後的文化仍是中國傳統文化。同時，這裡的改造，由於使之適應了歷史的挑戰，也就順理成章地解決了危機感的問題。

當然，在上述過程中，最為根本的一點，乃是維護了文化載體的生存權。不容爭辯，這個問題是至高無上、至關緊要的問題。試想，倘若文化載體已滅，民族已亡，遑論什麼精神文化的價值？

明乎此，我們也就明瞭「五四」時期的一代精英，尤其是《新青年》周圍的一批學者，何以幾乎是眾口一辭地激烈批判、痛切地反省以「孔家店」的旗幟（其實主要是宋明理學）的僵化的傳統文化了。

毋庸諱言，歷次中西文化論戰，都鑲嵌在畫面沈鬱的民族危機深重的歷史背景之上，並不全是純粹學術的緣由所致。

本來，中西兩種各具特色的文化體系，各有其自己獨立的價值取向和標準。在漫長的歷史時期內，由於空間的隔離，也由於沒有超越二者之上的一個絕對價值體系，因而二者很難通約，很難判定其價值的優劣高下。二者都是經過長期考驗的人類存在方式。但是，自從兩種文化在空間大規模接觸後，競爭淘汰的問題隨之產生，價值比較的課題也就日益凸現了出來。在一種文化處於攻勢，而另一文化處於守勢時，尤其如此。這時，已開始出現了某種客觀的評價標準：文化賦予自身載體的適應環境挑戰的能力。即：載體的或存或亡，決定了文化的取捨，制約了文化的優劣標準。「皮之不存，毛將焉附？」在這種背景下，對於「五四」先驅反舊有傳統的徹底，對於魯迅先生所謂一本中國書也不要看的激憤，我們就可能有一種精神上的諒解和移情了。

嚴格地說，真正為民族文化自尊心奠基的，是《新青年》周圍的那批精英，而不是《東方雜誌》的少數國粹派。遺憾的是，這些先驅者的工作由於歷史的原因而致夭折。然而，他們的活動成果，在中華民族的傳統上，仍然留下了不可磨滅的印記。

毫無疑問，敢於說出中國過去舊傳統文化業已落伍，敢於面對現實，而不諱疾忌醫的人，恰恰是充盈民族文化自信心的精神上的強者。他們上下求索，自信能改革現狀，能在參照、借鑒、引進外來文化的基礎上，創造民族的新文化，從而躋身於世界先進文化之林。同樣毫無疑問，那種不敢面對嚴酷現實，不自然地、人為地極度強化民族自尊心，在危機迭起時仍高唱中國文化優越、冠於天下的人，在其深層結構中，有一種極度自卑的阿Q心理。

問題在於，如何從屈辱邁向自尊？顯然，不能靠迴避現實、抱殘守闕的方式來解決。日本的現代史極好地證明了這一點。它在第二次世界大戰中失敗後，被外國占領軍占領。日本在其整體文化上有一個重大轉向。這是日本民族及其傳統文化的一段空前屈辱的時期，它極大地震動了日本全民族的自尊心理：「我們今日何以到此屈辱的地步？」於是，他們毫不留情地反躬自責，痛切地反省歷史，無所顧忌地批判自己的舊傳統文化（包括儒家舊傳統）。在文化的各個層面，尤其是在經濟、政治制度等各基本層面參照、引入和融合了歐美文化，形成了有著自身特點的、有創造性的文化形態，從而塑造了日本民族的新的存在方式。它獲得了自尊，甚至比以往任何時期都更加自尊。這段日本現代史是頗令人深思的。

由日本，我進而想到目前一個熱門的主題：所謂「東亞工業文明的奇蹟」問題。

近二、三十年，東亞地區（日本、香港、南朝鮮、新加坡等）的經濟成長較快。鑒於這些地區歷史上的文化背景，因此，海外有個別敏感的論者迅即指出，這似乎證明儒家倫理有助於經濟的高速增長。

此論目前已遭眾多懷疑和非議。筆者以為，其似是而非之處主要在於，它僅看到了某些外表的歷史傳統文化虛飾，而未洞察其根本上的文化變遷。

一個基本點是，上述地區的經濟文化形態，其核心部分，無論就其所有制特徵、經營方式還是政治體制、上層建築（特別是法律制度和教育內容），大體上都是從歐美移植過去的，並非直接發源於本土。誠然，還有若干歷史上儒家文化的外表形態摻雜其中，如一些倫理道德以及表層的禮俗習慣乃至服飾等等，但這些歷史上的儒家文化成分對其上述的核心成分甚少溶入，它只是作為多種文化因素之一，尤其是作為主要的文化裝飾而存在著，再也不具有歷史上大一統時期作為官方意識形態和國家組織方式的經典依據那樣一種地位了。這是儒家文化及其地位的根本變遷而不僅僅是程度上的削弱。因此，把東亞工業文明奇蹟訴諸傳統儒家倫理，這不能不是一廂情願的新儒家相思病。

海外華裔學者杜維明先生長期研究儒學，有不少真知灼見，給我們以啟迪。但他把「五四」精英的激烈主張同當時國粹派的狹隘種族主義等量齊觀，認作是兩股缺乏思想性、知識性的情緒化浪潮❹，並聲稱對儒學的批判是由於還未把握到過去傳統文化（尤指儒家）的菁華和精彩內涵，因而應當說還未掌握到批判的權利等等。

❹ 見《讀書》一九八五年第十期，頁一二四。

對上述論點，筆者不敢苟同。「五四」的一代文化精英，如魯迅先生等，對中國歷史上傳統文化在精神上的把握，對國民性洞察的深度，我以為從那時至今無人能出其右；同時，那批知識分子也絕不是對西方文化一知半解、隔岸看花的學者。在這兩方面，他們都是本世紀學貫中西的佼佼者。唯其如此，他們才有那樣的價值取向，並且，其姿態是何等激烈，其基本方向又是何等驚人的一致！我想，這是可令我們深長思之的。

杜維明先生認為，在「五四」時代，中國知識分子基本面臨的是中西文化的二分模式，而今日面臨的環境和挑戰業已根本不同，至少有三種文明，如有蘇聯東歐文明等。

這裡的問題在於，杜先生似乎已改換了他自己的概念體系。他是把古典軸心時代興起的文明體系作為基本對象，以它們來比較立論的。由於其餘的亞文明不在此獨立的軸心文明之列（亞文明在劃類上可向軸心文明靠攏或隸屬），因而把它們並列是不妥的；就其悠久性和文化的獨特性而言，杜先生所新加的文明似乎也還未構成獨立的（它們只是軸心文明的混合）新文明；再者，就大的歷史時代而言，我們時代仍與「五四」同一時代，我們所面臨的基本挑戰和基本歷史使命從「五四」至今仍是相同的。構成挑戰的、占主導型的、與我們的文化性格差異最大的也仍然是西方文化。總之，從最根本的態勢和挑戰著眼，「五四」的歷史任務還未完成。任何在中國經歷了「文革」大災變的知識分子，由於其所受痛苦和折磨的強度與理解自己時代的深度是成正比的，因而，他們都能從切身體驗中感受到與「五四」時代大體相似的文化衝突背景，並從這一角度去考察舊傳統文化的改造和創新問題，而不可能有其他角度。

這就是說，在根本歷史態勢上我們時代與「五四」仍共屬於一個時代——現代；我們與「五四」時期知識分子所面臨的基本挑戰也仍是一致的——現代化。

誠然，海外華裔學者論述新儒學復興，其心理背景是完全可以理解的，也是頗值得同情的。他們與我們處於不同的文化環境和歷史環境中，其整體生存方式和文化氛圍基本上是西方化的、現代化的，因而他們對中國舊有的傳統文化尋根是順理成章的事（見下節詳論）。這裡既有文化認同心理，又有對精神的豐富化和多元化的審美要求。

但是，在中國本土的中國人與他們所面臨的思想挑戰恰恰不是如杜維明先生所說是相同的，而是大大不同的。有不同的環境（或用杜的術語：語境），就有不同的挑戰，每個人都無法擺脫歷史條件和文化環境對自己心理的籠罩，不可能把時間與空間因素自行消解，這裡雙方具有不同的總體挑戰背景是完全可以理解的，若相同，反倒是難以索解的。

當然，還有不少西方學者對中華古老的傳統文明津津樂道，讚不絕口。我們絕不懷疑其中的真心實意者。尤其是有些嚴肅的西方學者已開始有某種「反西方中心主義」的認真討論，我認為是值得仔細研究的。不過對某些西方人對東方文明的超度誇張，除了使我們的「集體的無意識」的自尊得到某種滿足外，並不值得認真對待。況且即使是嚴肅的東方古典文明愛好者，我以為，大多數仍是把中國古代傳統文化視為點綴他豪華客廳中的一只古色古香的瓷器而愛不釋手、多方賞玩的。然而，倘若要他作一個二者只居其一的抉擇：或者是客廳，或者是中國瓷器，二者不可兼得；那麼，我以為，選擇後者的西方學者，即使有的話，也是寥寥無幾的。概而言之，在他們多數人的骨子裡，仍藏有對自己文化的高度「自尊」。

杜維明先生把「五四」的那批知識精英劃為「全盤西化」派，此論似可分析。關鍵是這裡的「全盤西化」是何涵義。固然，從表面看，胡適曾有過不少極端的言辭，大家都是熟悉的。另外，魯迅先生要青年「不讀一本中國書」，指斥典籍的字裡行間只有「吃人」二字，抨擊「愛國的自大」；平心而論，他有些言辭之激烈甚至要超過胡適。而陳獨秀、李大釗以及蔣夢麟、羅家倫諸人更是激憤慷慨。這些都是共知的歷史事實，這裡不再贅列。然而，我很懷疑，像魯迅先生等，他們真的相信有可能把中國文化改造成純粹的西方文化嗎？未必見得。

口號的激烈是一回事，實際能達到的結果又是一回事，二者並不能同日而語。這裡有極其複雜的時代背景和心理因素。有一段眾所周知的魯迅語錄，似可窺其心境：

「中國人的性情是喜歡調和、折中的，譬如你說，這屋子太暗，須在這裡開個窗，大家一定不允許的，但如果你主張拆掉屋頂，他們就會來調和，願意開窗了。」

我們應當慮及的一點是，歸根結蒂，文化的變革是體現在它的載體——該文化的成員身上的。我們大家的血管裡，都在不同的濃度上流淌著孔夫子等祖先傳下來的血，在某種意義上，精英尤其如此，他們也同樣是榮格所謂「集體的無意識」的分享者。深入分析，可以發現，整個民族演化發展的精神殘存物，種族歷史的許多世代反覆經驗的結果的殘存物，都內化在他們的無意識深處，因此，無論怎樣徹底的「全盤西化」，其實所獲得的結果仍是一個「混血兒」，這是必然如此的。「取法其上，僅得其中」❺，天下皆然。

因此，作為一代精英，我以為其中的最清醒者是意識到了這種文化的、種族的、歷史的制約的。他們之中大多數人的激進的觀念形態和保守的行為模式的分裂似乎也顯示了這一點。唯其如此，他們才用心良苦地豎起了那樣極端的旗幟。而其意識的底層，是不是正翻騰著他們要打倒的孔家店的鼻祖所謂「知其不可而為之」的慷慨之氣呢？

鑒於此，我想，即使是對胡適一類學者，若把他們指為「全盤西化」派，也是大可商榷的。起碼，應當把這一術語限制在某種特定的涵義之內。

析「尋根意識」

近來，在我國文化領域，主要是在文學領域中，興起了某種「尋根熱」。

據我所知，上述「尋根意識」成為一種引起廣泛注意的「熱」，並非源於我國，而是若干年前在美國興起的。

❺ 這裡的「上」和「中」都不具有價值高下的涵義。

美國，作為多種民族、多種文化的多元雜處的社會，是個流動多變，競爭激烈，疲於奔命，人情淡漠的金元世界。一個來自不同種族、不同國度的人，一旦投入這個人欲橫流的大海，立刻目迷五色，躁動不安。他們根斷了，源竭了，無親無故，像浮萍漂浮於茫茫人海之上。遭遇此情此景，人人都會萌生出一種強烈的孤獨感和難以排遣的失落感：「我從何而來？去向何方？根在何處？」這成為迷惘的人們的一種普遍的基本的心理狀態。而當一位黑人作家尋找自己家族根源的小說《根》一出版問世，迅速俘虜了上述大多數「失根的人」，「尋根意識」一時風行。因此，在美國出現「尋根熱」，完全順理成章。

然而，在時下中國，「尋根意識」的出現卻頗令人迷惑不解甚至啼笑皆非。

在軸心時代興起的幾大文化中，比較而言，我們古老的傳統文化特別是儒家文化是歷史意識和「尋根意識」最為強烈的文化。如杜維明先生所言，它產生於一種惟恐前代文化失傳和斷裂的「憂患意識」，因而，一切「以史為鏡」，以家族血緣關係為中心。史籍浩如煙海，傳種視為盛業，宗法觀念強化，家譜綿延不斷。總之，古典的中國傳統文化中的歷史因襲主義遠甚於其他文化。

出自這樣一種文化氛圍中的「尋根意識」，倘若僅僅作為變換文學創作的多樣化角度，僅僅為增添其神秘、古老、異樣的色彩，無疑是一種值得嘗試的努力，相信也會引發某種藝術共鳴的。然而，倘若是作為文化的整體性的「尋根」轉向，那就頗令人困惑了。

這裡有兩種情況，似乎應加以區分。

如果確是對某一新時代初期特徵（改革、變動初起，競爭流動增加，人情淡化等等）的直接的、朦朧的感受和反應，那也無可厚非。固然，眼下有幾分人心不古，但整體而言，我們的「根」基本未斷。倘若僅因這麼一點小小的變革擾動就頓生「尋根意識」，甚至導致文化整體轉向，那麼，我們大家的「根」也可謂夠深的了，對「根」的動搖的察知也可謂夠敏感的了。這些儘管令人遺憾，然而既然發乎自然，動乎真情，也是無可奈何的事。

但是，作為文化轉向的「尋根意識」，倘若是著眼於引進，那就不能不說是一種文化的誤會了。

具有幾千年歷史的崇尚大一統的中國，與幾乎無歷史的多元化的美國迥然不同。歷史屢屢表明，我們的這些「根」，不尋而自在，不請而自來，揮之而不去，時時在糾纏著我們，還值得挖空心思地去「尋」嗎？現實屢屢提醒我們，「人血濃於水」，「親情重於山」，有必要殫思竭慮地去強化它嗎？這裡面是否既有空間地域上的誤會，又有對過去歷史傳統的誤會？我不敢肯定。尤為甚者，就引進文化轉向的「尋根意識」而言，是不是我們文化的創造力業已衰竭的徵兆？抑或只是對他鄉的時髦未作反思而引起的短暫潮流？我更不敢斷言。但願我了解有誤，所論有錯，則文化幸甚。

概而言之，我意欲強調，我們過去凝固化的傳統業已死去。我輩已被拋入這個競爭激烈、機會眾多、詭秘奇幻、挑戰頻繁的世界。除了我們自己，誰也不能救我們。沒有什麼可供依賴。「根」

也好，外部世界也好，一切都僅供參照，我們有選擇的完全自由。但是，應戰是不可逃避的，創造新傳統的責任也是不可推卸的。這就是說，我們站在一個新的起跑點上，面對現實環境、歷史條件和外部文化的挑戰，一空依傍，獨立判斷，獨立創造，重新締造一個價值體系，一種新的文化，一個精神面貌全新的民族。這是歷史對我們的文化的考驗。

何去何從，或興或衰，完全取決於我們的創造性的精神力量。

超出輪迴

前已論列，要跳出歷史上幾次文化論戰的循環，似應通過再度分析傳統來治療心理上的「二律背反」。另外一點，則是需要有深沈的歷史感，敢於面對本世紀以來一直存在的文化挑戰，深入探究一百年來的幾次大論戰的邏輯線索和歷史動因。

在這次的文化討論熱中，有少數學者走入對「文化」、「積澱」等術語進行瑣細語義辨析和史料考據的路數，一頭栽進技術性細節中，並希望整個文化研究都轉向這種真正純學術的科學研究，並斷定唯有如此才可把討論深化、純化、科學化。弦外之音，頗有批評一百年來幾次討論的情緒化和非科學化之意。筆者不敢苟同。

照此邏輯，一百年來中國的文化精英康有為、梁啟超、嚴復、章太炎、蔡元培、魯迅、陳獨秀、胡適等人，沒有一個是真純的學者，因為他們之中每人都捲入了近代史的政治變革之中。然而筆者以為，恰恰相反，他們探究的，正是真正的學術，最重要的學術。

超越具體時空的所謂「純學術」是不存在的。並且我敢大膽斷言，在「文化」等類術語的定義上，即使再爭論一百年，也未必能得到公認一致的定義。而在你絞盡腦汁糾纏在字義上時，世界上關於文化的研究恐怕已碩果累累，大進一步了。說到底，概念、術語不過是一種工作假設而已，它的精密程度要視在你論文中整個語境的地位而定，它僅僅起技術上和實用上的作用，是達到目標的手段。而目標，則永遠是表達思想。因此，名詞、術語並非第一等重要的，甚至為了表述思想，有些概念換一說法也無妨。英國哲學家卡爾・巴柏深有體會地指出，自然科學之所以比社會科學發展得成熟一些，主要是「因為自然科學多半已從言詞之爭中解放出來了，然而咬文嚼字過去曾經並且現在仍然以多種方式在社會科學中泛濫。」❻

當然，筆者絕不輕視廓清詞義、概念進行深入考證對學術發展的重要意義；同時，每個人將自己專業和自身的喜好視為根據，以自己的方式投入文化討論，這正是使討論細緻、深入、多采多姿的途徑。筆者意在表明，考證和辨析詞義，並不是學術的全部，甚至也不是其最根本的部分。若捨本求末，汲汲於此，則學術也就勢必如歷史上的經學一樣，會萎縮下去的。況且，有些學者陷入繁瑣的考據之爭和詞義之爭，有意無意地迴避一百年來幾次文化討論的歷史動因和背景，這

❻《無窮的探索》，頁一六。

不能說沒有可以理解的原因。但是我以為，這原因恐怕正反映了我們知識分子本身的一些弱點。從康、梁到魯迅，整整一代知識分子，構成了知識分子乃至全民族的菁華和脊樑，其宏論巨制猶存，這是舉世公認的。然而我以為，即使是如他們那樣一代精英，若僅限於學術文化圈子的討論，對中國舊傳統文化的根本改造仍是無濟於事。因為，即使解決了知識分子群體心理上的二律背反，卻不能解決整個民族心理上類似的二律背反。我們歷史上的傳統太古老了，其慣性太大了。每當一輪反省和批判深入到核心階段，觸及文化自尊心時，「集體的無意識」自尊就必定顯化、抬頭，進而中斷這一反省歷程，於是重返循環。

純粹學術界的無論多麼高明的改造舊傳統的「創造性方案」，若訴諸民族整體，最終必定碰到上述難以逾越的心理障礙，從而也就逃不出那種循環。

正像前面論及日本戰後史一樣，一個民族，沒有一段奇恥大辱的臥薪嘗膽時期，沒有極為劇烈的心理震撼，任何傳統文化要進行真正痛切深刻的自我反省、自我批判、自我超越都是不能成功的。

因此，必須震以雷霆之聲，投以電閃之光！

今天的中國，所能借助的雷霆之聲，就是十年「文革」。這是歷史賜予的寶貴機會。「文革」的空前災難，刺激全民族清醒，這一強烈的震動也許有可能摧毀那一次次循環中不可逾越的「心理障礙」。

今天的中國，所能借助的閃電之光，就是對外開放。這是歷史提供的嶄新視界。開放的外來文化，向傳統灌注了活力和智慧，提供了新的對話者，借助這種外來因素與自身的相互作用，我們的傳統有可能超越自身，塑造新的自我形象。

十年浩劫鑄成了感情的一翼；對外開放鑄成了理智的一翼。這就提供了傳統文化自我超越的雙翼。「其翼若垂天之雲。……水擊三千里，搏扶搖而上者九萬里。」（莊子〈逍遙遊〉）借助「左翼」，我們震以雷鳴，痛自反思；借助「右翼」，我們視界豁然，洞燭萬象。借助這雙翼，我們的傳統文化也許能超出那多次循環的輪迴，走出這關鍵的一步。「乘天地之正，御六氣之辯，以遊無窮。」

是所至望。

（本文作於一九八六年）

文化危機與價值重建

現代中國文化：危機與契機

鴉片戰爭之後的一百五十年近代史，是一部中國文化逐步被解構的歷史。被動地與外部強勢文化發生大規模的空間接觸，以及中國文化自身發展的內在脈絡，是這一解構所以發生的基本原因。

解構所涉及的方面是總體性的。它發生在大、小傳統，菁英文化和通俗文化等精神價值各個層面上，這是中國文化在本世紀的基本命運。

一九一九年前後的五四新文化運動，以其狂飆突進的姿態開始了崩解文化傳統的攻勢，從而成了近代中國文化激進主義的濫觴，同時，也開啟了中國文化整合進世界格局的曲折歷史過程。

一九二七年六月二日，一代國學宗師王國維自投昆明湖，以身殉中國文化。一九六九年，史學大師陳寅恪在一片毀滅中華文化的喧囂中黯然辭世。這兩宗象徵性事件，標誌著整體意義的傳統中國文化壽終正寢。

令人怵目驚心的是，一九四九年以後，在中國文化的本土——中國大陸，文化危機愈演愈烈，已經逐步陷入非文化乃至反文化的荒蕪野蠻的生態環境。中國文化已經化成了一縷縷「遊魂」，支離破碎，居無定所，八方飄零。

從時間上觀察，上述文化危機，在毛澤東和鄧小平兩個時代，分別有不同的表現形式。

在毛澤東時代，中國文化在政治的全面籠罩之下，受到兩方面的夾擊。一方面，外來意識形態的馬克思列寧主義以國教的地位君臨天下，在消滅封建文化的名義下，中國文化中人本主義的、中庸寬容的、優雅獨特的層面被政權體系沖刷蕩滌。另一方面，政治化儒家思想中的「綱常名教」的秩序傳統卻潛在地進入統治階級的行為模式之中，並為中共的獨裁專制的政治運作提供了政治文化的土壤。這與政治化儒家與馬列毛主義在結構上的「同型」有其深刻關聯，同時也同中國下層傳統中的「痞子文化」與馬列毛的邊緣人文化共同的「反智主義」，特徵有重要關係。

這種雙向夾擊所導致的文化崩頹現象，在所謂「文化大革命」時期發展到了極點。當時，「反傳統」和「極端傳統」兩種截然相反的現象在中國大陸同時出現。在「反傳統」的側面，伴隨著「破四舊」、「反封建」和「橫掃一切牛鬼蛇神」的官方口號，中國文化殘存的代表人物和知識分子受到殘酷迫害，士紳階級已被消滅，文化經典和文化遺跡遭到毀滅性的掃蕩，幾千年的文明幾乎蕩然無存。而在「極端傳統」的側面，則是帝制幽靈沈滓泛起，傳統君權登峰造極，等級制度森嚴恐怖，愚民主義臻於極致，文字冤獄遍於國中，痞子行為橫行無忌。它已經走到了文化沙漠的邊緣，導致了大規模的文化流亡。

在鄧小平時代，作為對於毛時代的反彈，中國文化一度出現了短暫的復興。先是，出於對人治式文化專制主義的反撥，在如潮流般湧入的外來時髦文化思潮的衝擊下，出現了八〇年代多元化的「文化熱」，借助五四反傳統主義的幽靈，文化激進主義再次勃興。之後，隨著思考的深入，對五四本身的反省也開始進入知識界的視野。在鄧時代後期，文化保守主義也成為知識界關注的焦點之一。

但是，由於幾十年文化斷裂的後遺症，文化積累浮躁淺薄，缺乏深厚的文化根基，致使一九八九年事變之後，形勢急轉直下，在政治力量的高壓下，文化復興迅速退潮，商業大潮席捲神州，出現了更為深廣的文化危機，同時也帶來了真正的文化轉型的潛在歷史機會。

經濟起飛與價值危機，就一般而言，並無直接關係。但是，如果社會的最基本的政治經濟制度結構尚未建立起來，則經濟起飛可能導致價值崩潰的重大危機。

作為一個沒有「公民社會」傳統的中國家族式結構型的「私性社會」，在公民意識和公民道德的這方面的資源極少，如果僅僅通過純粹的經濟過程，公民意識和公民道德是難以出現和提升的。

作為一個宗教感相當薄弱的文化，中國文化的超越性的色彩是內斂的，正如余英時先生所說，是一種「內在超越」的文化。中國人從整體上並沒有與一個超驗而神聖的上帝訂立契約，更沒有一套形式化的儀式來強化認同，這種世俗性文化在神聖性方面的缺失，特別是原有的傳統價值被掃蕩毀棄的情勢下，缺乏宗教感化的精神提升，倫理道德的價值資源勢將愈益稀少，容易造成精神生命力的萎頓，從而為價值失範準備了精神條件。

當前，中國大陸的基本狀況是，在幾十年極度貧困的背景下，被長久壓抑的對財富的欲望第一次被普遍釋放了。與此同時，泛濫全球的大眾消費文化以摧枯拉朽之勢進入中國。然而，拜金主義大潮是緊接著四十多年史無前例的文化斷層之後出現的。共產式政教合一的社會在價值規範方面的虛偽性：實際行為和宣傳口號的二元分裂，隱蔽行為和公開行為的二元分裂，上層標準和下層標準的二元分裂，摧毀了它公開宣揚的道德規範。而消費文化又對中共「黨文化」以及傳統中國文化這兩種價值體系產生了進一步的消解作用。因此，商業狂潮不得不泛濫於沒有現代法治、群體信仰幻滅、傳統價值斷代、宗教精神貧弱的土壤上。有鑒於此，毫無約束的拜金主義，成了脫韁的野馬，催生了怵目驚心的道德文化危機和總體價值崩潰的現狀。

中國大陸當前文化危機的主要徵兆，是人文精神被遮蔽乃至淪喪，出現了普遍的價值真空和精神真空。中國大陸有再次步入價值和文化的荒漠的危險。

具體而言，自一九四九年以來，中國文化的悲劇性主要表現於一種「內衰而外昌」特殊際遇之中。

近幾十年來，由於固有文化在本土受到政治系統的壓制和戕害，中國文化重心的向海外（特別是向臺灣、香港）發生了持續不斷的大規模流亡（一九四九、一九六二、一九七九～一九八九、一九八九～一九九四）。碩果僅存的中國文化的代表人物和文化遺產，海外已壓倒了中國。這一文化流亡的情勢是史無前例的。

另一方面，從根本上說，我們對中國文化的強烈關注還奠基於一樁中國歷史上前所未有的事實，即筆者在另文中曾指出過的：當代中國的政治、經濟和文化三個層面，已不再重合。三位一體的中國已不復存在。即是說，當下的歷史格局，已並列呈現出三個不完全重合的「中國」：經濟中國、政治中國和文化中國。

倘若我們仔細觀察文化中國的實際生活世界，不難發現，最初，重建中國文化的過程是多元分立進行的，在相當一段時期內，甚至是在地理上隔離進行的，例如，在臺灣，在香港，在新加坡等地。這些同源文化的不同衍生物，獨立繁衍生息，只是在最近，才在空間上接觸，進入互動的歷史進程中，構成了一幅複雜的文化變遷圖景。

目前的基本狀況是，一統性的傳統中國文化已經解體，許多歷史上視為當然的東西現在已蕩然無存，而過去從未想過的東西卻紛至沓來，確是「三千年未有之變局」。這種迅速變動的文化狀態，由於尚未凝結，遠未定型，恰如玻璃的熔漿，正在尋求自己相對穩定的生命形態。

中國文化的解構、崩裂、分立；文化變體的互動，文化的大規模流亡；所有這些現象，歷史性地誕生了重新建構中國文化價值系統的強烈需求。抓住這一開放的歷史機會，推動中國文化各變體間的互動，在相互影響的過程中，重建中國的文化及價值系統，這是我們的歷史使命。可以想像，一種贏得廣泛認同的價值系統的出現，將轉化為一種文化力量，有利於文化中國的整合，從而提升我們的存在狀態。

文化的精神資源

在中國文化的價值系統的重建過程中，廣泛的研究和吸收各重要的文化精神資源無疑是至關緊要的。儒家傳統、道家、佛教、基督教、中國本土伊斯蘭教等等，都是這種資源的重要成分。

首先，各種資源中最基本最核心的部分，仍然是我們自己民族的記憶。而我們必須以非意識形態化的方法與態度來了解我們的遺產資源。

儒家傳統以及因應現代挑戰而產生的新儒家，是值得我們重視的文化現象。它是與傳統聯繫最為深厚，同時也針對現代問題的重要精神資源。實質上，它就是在此中國文化危急存亡的重大歷史關頭，對中國文化的重新詮釋。可以想像，正像儒學在宋明兩代進入有佛學競爭的新時代後，當時的中國的儒者對它重新詮釋，從而呈現出嶄新的宋明理學形態一樣，今天，倘有贏得廣泛認同的對儒學的詮釋出現，即新儒家所稱的「儒學的第三期發展」，就是儒學在當代的創造性轉換。它勢將成為強化認同的精神紐帶，從而轉化為一種文化力量，對重建中國文化的價值系統作出重要貢獻。

贏得舉世尊敬的以老子、莊子為代表的道家思想，以其深邃的哲思給中國文化貢獻了形而上的深度，並在人與自然的關係方面為人類的後現代生存方式提供了啟迪。

中國古代和近現代的各區域文化，豐富多彩，形態各異，如中原文化、楚湘文化、吳越文化、南粵文化、巴蜀文化……等等，都是挖掘不盡的精神寶庫。前面提及的現代的中國文化的各變體，更是切近的文化資源。

我們絕不可忘記另外一個精神資源，就是中國近代的人文道統。一百年來，從康梁以降，我們看見章太炎、王國維、陳寅恪、蔡元培、辜鴻銘、胡適、李叔同、魯迅、梁漱溟、熊十力、錢穆、張君勱、張東蓀、儲安平、羅隆基、馬寅初、傅雷、殷海光，……翩翩而降，進入歷史。雖屢經橫逆，仍不絕於縷。這一精神道統，正是中國文化面對現代世界的挑戰而誕生的。它面對的問題，在根本上，與我們相同，因而賦有特別親切的色彩。總結他們的精神遺產，具有更現實的意義。將來中國新的人文價值系統，也一定是在上述的精神道統中，薪盡火傳，滋養生長起來的。

此外，人們注意到，通過研究佛學、基督教和伊斯蘭教，有不少華人知識分子正在深入挖掘並弘揚中國文化中的超越性層面。這是為中國文化「招魂」乃至「立魂」的大事，不可不大書特書。它可恰當地被稱為挖掘乃至輸入中國文化的「神聖性」的課題，其重要性是根本的。

當代對於中國文化最強有力的競爭者，無疑是基督教文化。而且，綜合各方面的報導，當前中國大陸的基督徒已達八千萬之眾，已經形成了一股重要的文化力量。顯然，作為全球性的主導性文明，基督教文化尤其是其中的新教倫理有值得借鑒之處。但是，我們必須對基督教的哲理內涵有較深入的了解，才能對中國社會的良性演化有正面的作用。我們要警惕一種膚淺的急功近利的福音式許諾，要防止基督教被中國的知識精英所排拒，而僅僅被沒有多少文化的群眾所盲信的局面出現。實際上，基督教的各個教派對於西方社會歷史轉型的意義及其結果是很不相同的。以清教徒裡最極端的喀爾文教派而言，他們主張上帝早已決定什麼人能獲拯救，多禱告和做好事對此沒有影響。表面看來，這一主張是不人道和不合理的，但是卻產生了非常強大的理性精神，即「入世苦行」的精神。它不是為了結果，只是為了侍奉上帝；不是為了創建資本主義，卻未曾預期地產生了資本主義。此外，按新教倫理的教義，為了光耀上帝，必須以某種方式介入公共生活，而這種方式是相當系統的。因此，新教倫理不僅是西方資本主義的精神資源，而且是十七世紀以後西方的社區民主生活的精神資源。但是，中國的基督徒介入公共生活的意願卻比較淡薄，主要目的是為了拯救自己，故社會政治意義比較小。這恐怕是受中國文化傳統影響而產生的不自覺的行為模式，是值得我們認真反省並改進的。

對上述中國及世界上主要的文化資源的研究，不僅對中國的文化前景有重要意義，而且對理解全球性的文化紛爭也將有貢獻。哈佛大學資深教授亨廷頓(Samuel P. Huntington)把未來的衝突界定為「文明的衝突」(The Clash of Civilizations)，且特別憂心於伊斯蘭文明與儒家文明聯手對付西方基督教文明。這一論點，引起了廣泛的關注。從現象看，冷戰之後，世界上出現了象徵性的宗教戰爭，人們從海陸空各個途徑去爭取靈魂。這中間最大的問題是廣義的基督教（包括天主教和新教）同伊斯蘭教的衝突。然而，就文化精神而言，在對儒、回兩家文化關係的理解上，這種「儒家與伊斯蘭教聯盟」的預言，是否有足夠的文化依據，國際政治邏輯是否等同於文化關係的邏輯？就這一點看，亨廷頓先生的理解相當有限，值得進一步探究。

在本世紀末葉，伴隨著非世俗化的宗教復興過程，出現了三種宗教態度，第一，是排斥性(exclusive)的宗教，現在，原教旨主義的力量很強，就屬此類。第二，就是包容性的宗教，它接受世界上各不同的宗教傳統，但是唯我最高。第三，就是多元化的宗教，在學術界較為流行，一般認為是應該肯定的。它的態度是，對我最好的，不一定對我的鄰居最好。類似於孔子之道，「己所不欲，勿施於人」。中國大陸將來在各種宗教爭奪靈魂的過程中，會出現何種主流的宗教性態度，對中國的精神前景關係極大。

價值重建的前景

我們只能在自己文化傳統的基地上重建和創造。

中國文化的精神，特別是其中儒家文化的精神，每當進入一個不同的時代時，就會呈現一種不同的顯相，成為該精神的此時形態。最為典型的例證則是前述儒學在宋明兩代的表現。當進入有佛學競爭的新時代後，它呈現出一種嶄新的形態，即著名的宋明理學。

今天的問題是，具有生命力的那部分中國文化精神，如何與某些具有普遍世界意義的現代性架構協調共生？我們的文化能否對環境作出極有創造性的回應？

這裡的意義是，上述文化精神如果尚未招致滅亡，即如果其價值核心是具有生命力的，則它在每一個時代都能找到承載上述核心和精神的外在制度和行為，從而使該精神外化為某種制度形態和社會行為。借一個基督教的用語，基本的問題就是，中國文化如何在當代「道成肉身」。

這是我們文化面臨的最根本的挑戰。

這裡所謂的「道」，係指文化中那些具有相對穩定性和長遠性的核心價值和核心觀念，如，中國文化中具人本主義的「仁」的價值和「天人合一」的觀念……等等。

當然，即使是這些核心價值和觀念，其穩定性也不是絕對的，而是在演化過程中浮現出來和緩慢變遷的。而在各文化大規模的空間接觸的現代態勢下，其他文化的價值和觀念滲入核心，也是題中應有之義。

這裡就涉及到一個基本的問題，即所謂「中國性」的淡化問題。

不難理解，「中國性」的淡化，即該文化傳統的特徵已不再像過去那樣單一、濃厚和純粹了。這是它與各文化在空間接觸互動的產物，是文化交流歷史進程的應有之義。這種互動，不僅發生在歷史上很不相同的文化之間（如中國文化和西方文化），同時，也正在和即將發生在半個世紀來業已形成的中國文化的幾大變體之間。這種互動是不可避免的。

我們關注的問題是，在這種互動的過程中，是否會在歷史上逐漸浮現出一些共性，遍布於各個文化之間，從而作為現代文明的最低普遍標準？同時，各自又在某種程度上保留自身的部分特殊文化形態？

雖然，「中國性」的流失是文化互動中不可避免的代價，但關鍵是，這種「中國性」的流失要到何種程度才能與文明的普遍標準相容配合？淡化到何種程度還可以被有意義地稱作「中國文化」？不可否認，上述的普遍性（文明標準）和特殊性（中國性）之間，存在複雜的關係，其中也包括某些衝突方面。如何取捨，如何妥協？我們的現代智慧面臨著上述基本考驗。

在重建價值系統和人文精神的歷史過程中，也許有三點是至關重要的。

其一，我們並不存在於文化的真空中，而是被範圍在一個具體的歷史場景之內。我們對中國文化價值系統和人文精神的重建，是決不可能超歷史的。不存在一種絕對完善的參照系。無可逃遁，我們將攜帶自己身陷的歷史脈絡帶給我們的視角、遺產和成見來形塑現代中國文化。它們不僅包括上述當代中國文化的基本命運，同時也包括當下世界文化的基本格局和態勢。並且，上述因素都不是僵死的，而是生生不息、流動生成的。

其二，我們不必僵滯於某個長遠的總體目標，尤其不能不擇手段地去促其實現。手段應高於目標，過程就是一切。

其三，無論是如何高尚的理念，也要防止其單一化。壟斷化，特別要防止它同權力體系糾結在一起。實際上，危險較少的「道成肉身」的過程，是與「道」的多元化、豐富化，以及「道」與權力中心的分立過程聯繫在一起的。

這是近代中國文化史給我們提供的最寶貴的教訓。

中國文化精神遺產在當代「道成肉身」，這是當下重建中國文化價值的核心問題，也是我們必須面對的基本歷史責任。

不難想像，一個多世紀以來一直未能定型的現代中國文化，它的「道成肉身」，將是一個異常艱難和長期的歷程。中國文化在這一過程中，恐怕將經歷鳳凰涅槃式的煎熬，才可能獲得再生，產生出具有現代性的價值系統和人文精神。屆時，擁有燦爛歷史的中國文化將綻放出現代的光彩，變成世界共享的多元文化大花園中的一朵奇葩，成為全球華人的精神寄託的聖地。

（本文作於一九九四年）

回儒恩怨

——兼談「張承志現象」

自本世紀七〇年代以來，出人意表地，在世界範圍內突然湧現了三樁引人注目的異象：

(1)文化上：伊斯蘭文化的復興。

(2)經濟上：東亞的經濟力量迅速崛起。

(3)政治上：原社會主義陣營（蘇聯、東歐）突然崩解。

這三股強大「氣流」的交相衝激，勢將使世紀末的全球「大氣候」風生雨起，面目全非，並且，將影響到二十一世紀世界的基本格局和環球「生態」。

我們這裡試圖把目光略為收縮，觀察並探索在伊斯蘭文化復興的世界性氣候下，中國回民及本土伊斯蘭文化的歷史沿革與現狀，及其與中國主流文化的可能互動。

伊斯蘭的崛起

一七九八年，一代梟雄拿破崙侵入埃及，立馬金字塔邊，睥睨阿拉伯世界。以此為起點，伊斯蘭文明在其傳統對手基督教文明的全球性咄咄進逼下逐漸居於下風，伊斯蘭國家漸次淪為列強的殖民地或半殖民地。個中原因固然很多，其中恐怕與伊斯蘭教沒有像基督教一樣經歷過宗教改革，亦沒有經過「政教分離」和「宗教寬容」的現代洗禮有重要關係。

但是，「兩百年河東，兩百年河西」。經過近兩個世紀，尤其是兩次世界大戰之後，情勢開始逆轉。肇端於伊朗的柯梅尼革命，導致伊斯蘭原教旨主義者於一九七九年在伊朗掌權。作為風暴的原點，伊斯蘭原教旨主義在全世界呼嘯而起，一些政教合一的伊斯蘭國家在全球聲勢大張。最近，阿爾及利亞原教旨武裝恐怖力量在全球的威脅，更加劇了世界性的神經緊張。如下兩件事堪稱西方世界對此的高度敏感的象徵：最近，北約組織秘書長聲稱，伊斯蘭原教旨主義已構成像以前共產主義那樣對西方的威脅。而哈佛大學資深教授亨廷頓更把未來的衝突界定為「文明的衝突」，且特別憂心忡忡於伊斯蘭文明與儒家文明聯手對付西方基督教文明。

在人口上，請記住這兩個數字：十二億和三、四千萬。即，全世界今天已有十二億穆斯林，而在中國這樣一個非伊斯蘭國家中，穆斯林也達三、四千萬之多，並且除回族外，還遍及十個少數民族之中。這兩個數字裡面蘊藏著的能量，意味著什麼？

在地域上，以中東阿拉伯國家和伊朗為軸心，西起西非的塞內加爾、茅里塔尼亞，東到南亞的阿富汗、巴基斯坦、馬來西亞和印尼，這一大片廣袤的世界，都是在新月旗籠罩下的伊斯蘭勢力範圍，它已經超越了歷史上興盛時期的奧托曼、薩瓦菲與莫臥爾三大伊斯蘭帝國廣闊疆域。

如果我們洞悉上述人口和地域這兩者的基本內蘊，就不難理解亨廷頓的危言聳聽，也不難想像伊斯蘭文化復興的可能歷史後果了。

於是，有人驚呼，正如歐洲十字軍東征的基督教中世紀一樣，現在已輪到了伊斯蘭教的「中世紀」了。而當下，正是「新月軍西征的時代」！具體的徵象，就是伊斯蘭原教旨主義者氾濫全球的恐怖行動，就是以一本《撒旦的詩篇》獲罪於伊朗「伊斯蘭裁判所」而被全球極端穆斯林分子追殺的魯西迪。

倘若如是，那幅圖畫看來並不太美妙。

在當前，儒家文化圈對西方主流文化的挑戰主要來自經濟領域，而伊斯蘭文化的挑戰主要來自信仰和武力。倘二者結盟，會演出一場什麼樣的歷史活劇，恐怕是頗值得玩味的。而偏偏不久前（一九九五年三月十二～十四日）又在馬來西亞的吉隆坡市舉行了「儒家思想與回教文明對話」國際研討會，似乎也隱隱傳遞出某種訊息，在在印證亨廷頓教授的豐富想像力。不過，這種想像是否能轉換成為世界史的現實，尚待嚴肅的評估。

問題是，伊斯蘭文化與儒家結盟的可能性究竟有多大？

對此，有必要區分中國國內方面和國際方面。把該問題放在中國國內與國際間來看，其答案是截然不同的。

簡言之，筆者以為，伊斯蘭與儒家的結盟，在中國國內，近乎不可能；而在國際上，則有暫時的可能。中國國內的不可能性來自歷史的恩怨和文化的脈絡，國際的近期可能性則來自國際政治遊戲的邏輯。

討論中國國內回儒兩家之關係，當然牽涉到伊斯蘭文化在中國文化格局中的位置。讓我們進入儒家文明的發祥地中國，考察一下大陸伊斯蘭文化，觀察它與以儒家為重心的中國文化的關係的沿革，或許對上述問題的答案有所提示。

中國回史一瞥

追溯歷史，伊斯蘭教創立不久，時值盛唐初年。踏著陸上的「絲綢之路」和海上的「香料之路」，阿拉伯、波斯和中亞各國的穆斯林進入中國，從此，揭開了回儒兩大文化在中國的漫長而複雜的關係史。

簡括地說，伊斯蘭文化在中國的唐宋元明四朝期間，同中國主流文化有較為和諧的關係，並呈日益上升的態勢。但自清朝至中共時代，該關係則每下愈況，日益惡化，並且，與這一歷史進程同步，他們在華居住的地區也逐步邊緣化了。

有唐一代，在長安等大都會，都有外人居住的「蕃坊」。其中穆斯林的宗教生活未曾受到干預與限制，而蕃坊中的「蕃長」則成為禮拜寺內率領穆斯林教眾進行宗教活動的教長，並處理穆斯林之間的民事訴訟。穆斯林與本地人雖曾有糾紛，然無礙大局。「蕃客」隨著「住唐」年代的久遠，繁衍後代，「僑居蕃客」變成「土生蕃客」。這就是中國本土穆斯林的濫觴。

宋朝，來華穆斯林日眾，並開始向外傳教。他們興建和重建了眾多的清真寺，並修築了穆斯林的公共墓地。五代、北宋之際，由於哈拉汗王朝的皈依，地處新疆天山南北的民族信奉了伊斯蘭教，這就是現今在那裡伊斯蘭文化影響仍然強勁的緣起。

「元時回回遍天下」，《明史》中的這一記載，生動地表現了伊斯蘭教在蒙古人統治的元朝的發展盛況。成吉思汗的鐵蹄，蕩平了各國的邊界，使中國、中亞、西亞連為一體，締造了橫貫歐亞的蒙古大帝國，促成了頻繁的人員和物資交流，導致穆斯林大批來華，顯空前之景，這就是元代官方所謂的「回回」。另一個導致元代伊斯蘭文化發展的因素是其等級制度。如所周知，元代等級森嚴，公開按種族排序。其時，回回被劃歸「色目人」之列，地位僅次於蒙古人，高於漢人和南人。其中部分人在經濟、政治上都躋入主流和統治階層。這當然是穆斯林來華的具有誘惑性的因素，也是吸引人們皈依伊斯蘭教的現實原因。

這裡特別要提一下元代的「西域親軍」，即信奉伊斯蘭教的阿拉伯人、波斯人和中亞各族軍人。他們東征來華，屯養定居，以陝、甘、寧大西北為主要生息之地，與本地人通婚，混雜了血統，繁衍了後代，喪失了母語，保留了信仰。這些「西域親軍」就是異質性最強的中國大西北伊斯蘭文化的遠祖。

明代，承接著元朝回回膨脹的餘緒，伊斯蘭文化有了更大的發展。正如本文所提及的，很多回回是明朝的開國元勳，並且，中國歷史上最偉大的航海家鄭和，也是由回回貢獻出來的，他亦體現了明朝對外政策的親回色彩。但明代最值得一提的，可能還是最終形成了一個講漢語的、以伊斯蘭教為精神紐帶的民眾共同體——回族。同時，還形成了信仰伊斯蘭教的撒拉族、東鄉族和保安族等，紛呈一時之盛。

清朝，是伊斯蘭文化與中國主流文化關係的轉捩點。

鑒於回回與明朝的特殊淵源和較為穩定的地位，他們自然容易同情並參與清初的「反清復明」舉事。這就決定了有清一代當局與伊斯蘭教之間基本的敵對態勢，並預示了穆斯林在清朝及其之後的悲劇命運。

讓我們以西北的伊斯蘭哲合忍耶教派為案例看看回儒的恩怨。

從大西北異端透視回儒關係

自清以降，伊斯蘭文化與中國官方文化內蘊著高度的緊張，特別在西北，成為最具異質性的文化。

溯其源流，中國本土的伊斯蘭教派賦有自己很鮮明的特徵。近代以來，由於當局的鎖國政策，中國穆斯林與外界交流並不是非常充分，因而發展出了不完全同於阿拉伯伊斯蘭世界的一些教派和傳統。僅就中國的蘇菲派而言，廣為人知的就存在所謂四大門宦：嘎德忍耶、虎非耶、哲合忍耶以及庫不忍耶。大西北的回回在同滿清政權悲愴鬥爭中，展示出了某些精神化的氣質，其中哲合忍耶由於其泣血淒絕的悲壯歷史和堅韌卓絕的殉道精神而把它昇華到了極點，從而與中原的儒家主流文化形成了極大的反差，並具有難以抗拒的感召力。作家張承志被其召喚，撰《心靈史》為其吶喊，即是典型證據。

「也許，主為了證明，在歐洲選擇了猶太人，主也是為著證明，在中國選擇了回民。」張承志如是說。

哲合忍耶教派是中國回回的「新月旗」。

哲合忍耶是正統中國文化的異端。

哲合忍耶教義的核心，是東海達依主義。所謂東海達依，就是指為伊斯蘭教而犧牲。

誠如張承志所說，血是宗教的種子。從根本上，哲合忍耶這朵奪目的異端奇葩是由鮮血澆灌的。

我們來概覽一下哲合忍耶的殉教史：

乾隆四十六年（一七八一），哲合忍耶的蘇四十三起義，對清朝發動了第一場衛教聖戰。官府逮捕並殺害了哲合忍耶的創教人馬明心，自蘇四十三以下，約三千名戰士殉教，被俘者無一投降，悉數被屠，蘇四十三等被刨挖祖墳，燒毀揚灰。循化和孟達峽以西的哲合忍耶被斬淨殺絕。馬明心在二十幾個縣裡的哲合忍耶被剿殺了十之八九。然而，哲合忍耶獲得了聖徒馬明心拱北，它鼓舞哲合忍耶奮鬥達兩百餘年。

乾隆四十九年（一七八四），哲合忍耶的田五於四月十五日起事。二十四日，田五殉難。七月初四，清軍攻入石峰堡，時值開齋節，回民正在禮拜，沒有抵抗（據張承志考證），兩千多穆斯林殉教，三千多戰士和婦孺被俘。七月初十，底店慘案發生：官府告示回民遷徙，在押送中「共正法回民一千二百六十八名」，底店婦女幼童二千五百餘口，全部賞給滿清官兵為奴。從此哲合忍耶完全潛入地下，進入深不可測的恐怖黑幕之中。

同治年間，西北回民大起義。同治九年十一月十六日，哲合忍耶的十三太爺馬化龍自縛出金積堡東門，走進官營，請以一家八門三百餘口性命，贖金積地區回民死罪。在酷刑拷打五十六天後，馬化龍被淩遲至死，身首異處，其家門三百零二人壯烈殉教。哲合忍耶教派慘遭屠滅。

然後是——

一九四九年寧夏起義、一九五二年固原起義和一九五八年寧夏起義及其悉數被鎮壓，

哲合忍耶沙溝派教主馬振武冤死獄中，

最後，就是一聲火箭炮巨響——一九七五年震顫人心的對雲南沙甸回民的屠村。

……

死亡給信仰增加了重量。殉道是一切宗教的引力中心。

離開了耶穌在十字架上受難的象徵，我們還能夠想像基督教在全球的大發展嗎？

離開了猶太人在歷史上重重苦難和（納粹對他們的）慘絕人寰的種族滅絕史，難道能有以色列的復國？

由於其卓絕的殉難史，幾十萬人的哲合忍耶成了中國七百萬回民的核心。而哲合忍耶那種甘於貧瘠，棄絕今生，追求苦難，毅然赴死的特異的信仰精神，與中國的世俗文化顯然是格格不入的。

作為歸宗入教的穆斯林，特別是作為西北回回哲合忍耶的代言人，張承志對以儒家為主流的中國文化有一種深惡痛絕的感情。在《心靈史》中，他寫到：

「信教——這對中國人來說，是一直很難理解的事情。……在以苟存為本色的中國人中，我居然闖進了一個犧牲者集團。……中國對心靈和心的靈性，從來是冷淡的。……雖然以孔孟之道（包括與孔孟之道同質的佛教及道教）為代表的中國文明是世界上最璀璨的偉大文明，但是對於追求精神充實、絕對正義和心靈自由的一切人，對於一切宗教和理想，對於一切純潔來說，中國文明核心即孔孟之道是最強大的敵人。……孔孟之道化、世俗化、中國化乃是比『公家』屠刀更凶險的敵手。……中國人民就是這樣一種存在——當別人流血犧牲大聲疾呼時，他們是不參加不理睬的。他們有驚人的冷淡、奴性、自私；烈士精神對他們的感召力是微乎其微的。這也許是中國人劣於世界任何一個民族的地方。但是中國人同時又是大奇蹟的創造者，一旦他們集群而起，他們便突然間拋盡了血液中的奴性和冷漠，以真正的史詩教示世界。……中國文化，這是一個使中國人感受複雜的題目。它光輝燦爛，無可替代，但是它壓抑人性，它深奧博大指示正道，但是它阻止著和腐蝕著宗教信仰。」

模擬魯迅的筆法，話說得尖刻、決絕，然而，內中不乏真切的心理體驗，是值得中國人反省的。

從一方面看，作為回教徒，作為西北回民準《可蘭經》的作者，張承志的上述對儒家思想的深刻仇視和蔑視，客觀上是有其代表性的。

從另一方面看，中國的大部分權力和知識菁英，與他們對基督教的態度相比較，其內心深處對伊斯蘭教是輕蔑的，混沌模糊的頭腦中充斥著「原始、落伍、暴戾、野蠻、極端」等刻板印象。因此，應當如實地看到，回教與儒家在文化精神上，是處於兩個極點上的，充滿了內在的緊張。亨廷頓的「儒家與伊斯蘭教聯盟對抗基督教文明」的預言，就文化精神而言，是對儒、回文化關係直覺的遲鈍，不足為訓。從長遠來看，該預言是虛妄的。

但是，這並不排除在世界範圍內，在國際政治邏輯的驅使下，儒家世界與伊斯蘭世界的暫時結盟。然而，這種聯手並非文化性的，而是政治功利性的。譬如，北京與伊朗及中東阿拉伯伊斯蘭國家在武器問題上的交易，如果把它看成文化上的聯手，而且在文化上把中共算成儒教政權，就近乎開玩笑了。無疑，這主要是為了對付較強大的共同政治經濟敵人——西方——而達成的臨時聯合，基礎薄弱，隨勢轉移。

「張承志現象」與伊斯蘭中國

與世界性的漲潮趨勢相平行，近年來，中國大陸的伊斯蘭文化也出現了復興的徵兆。「張承志現象」就是一個例子。

然而，無論世界還是中國，伊斯蘭的復興是否真的意味著另一次「黑暗時代」的降臨呢？

筆者並不作此杞憂。

伊斯蘭文化的復興，無論就深度和廣度言，都是有限的。

況且，伊斯蘭教內部的紛爭，必將抵消它成為一個全球性的主宰性力量的上升勢頭。

回顧一下歷史上的宗教紛爭，再回顧一下「兄弟國家」的中共、前蘇聯同「敵對國家」美國的三角關係吧？歷史表明，任何宗教或意識形態成形後，必將因對教義的解釋不同而劃分為眾多派別。歷史同時表明，同一宗教或意識形態內部的衝突往往比對異教和其他意識形態的衝突來得更加殘酷和血腥。

事實上，自七〇年代伊斯蘭文化復興以來，最慘烈的戰事都發生在伊斯蘭國家之間。如，一九八〇～一九八八年曠日持久的伊朗伊拉克戰爭，一九九一年伊拉克對科威特的侵略等等，具反諷意味的是，恰恰是作為異教背景（基督教文化）的西方聯軍與伊斯蘭文化的科威特和沙特阿拉伯聯合擊退了另一個伊斯蘭國家伊拉克。

當今世界上，國家利益顯然是優先於宗教信念認同的。

不過，作為中國人，筆者對於「張承志現象」的興趣卻另有所在。所謂「張承志現象」的內涵，是指一個雖為回族，但在毛時代的北京長大，「紅衛兵」的命名者，自小深受漢文化薰陶的漢語作家，皈依了伊斯蘭教後，猛烈抨擊儒家文化、漢族知識分子和所謂西方「盎格魯．撒克遜」文化的現象。這個案例涉及回教、儒家、西方英美文化和中共黨文化，是值得反覆剖析和深思的文化現象。

事實上，張承志雖詛咒中國文化，卻坦承：「我想用中文漢語營造一個人所不知的中國」，「（哲合忍耶）愈來愈象徵著一種嶄新的東西——中國的信仰及其形式」。這就表明，他其實並未放棄中國。實際上，他是想在中國輸入「信仰」實即「超越性」這一特質。對此宏願，筆者深為欽佩。事實上，筆者也曾撰文論及「賦神州以神性」對中國人的緊迫性。在中國，基督教和伊斯蘭教等宗教的傳播，對於中國世俗文化的昇華，對於裹脅一切的「拜金潮」的精神平衡作用，對於國運的緊要關係是不必贅言的。因此，對兩教在中國的真誠信仰者和傳播者，筆者表示由衷的敬重。

不過，這裡想說的，卻是另外一點。瀏覽張的大部分著作，筆者赫然發現的，卻是一個浸染了毛主義色彩的穆斯林。經過他解釋的伊斯蘭教，與當年的紅衛兵命名者有某種潛在的一脈相通之處。

張承志的著作貫穿著幾個價值基點：(1)反對任何體制，(2)窮人的倫理優越性，(3)反智主義，(4)極端理想主義，(5)矯情的浪漫主義。所有上述特點，恰恰正是（毛公開表述出來的、而非實際政治操作的）毛澤東主義的基本點。

關於「窮人的倫理優越性」，在其它文中已有平實的分析。本文限於篇幅，只略論其餘諸點。

翻開張承志的著作，關於反對既成體制，讚美原始生命力的觀點觸目皆是，這已成為他價值判斷的基本標尺了。最近，他在一篇批評美國非暴力主義黑人領袖馬丁·路德金的文章中說：「我覺得毛主席有一種未曾被解釋過的哲理的深刻——非暴力主義完全可以當成體制的招牌或粉飾；它有那麼一股奴才氣，把正義通過下賤表達，讓年輕人覺得不舒服。」（〈真正的人是X〉，《讀書》一九九四、九）

誠然，毛曾經用刺激性的語言鼓動年輕人對「體制」造反，但是，不應忘記，正是毛澤東，建構了一個龐然大物的體制，它比其他體制更加具有壓制性。倘若張承志是一九五七年中國的「年輕人」，你對那轟然壓頂而來使你二十多年不得翻身的毛「體制」是何感受呢？倘若你是一九七五年沙甸村的回回「年輕人」，你體驗到那些「毛體制」的火箭炮表達的是什麼「深刻的哲理」呢？

不可否認，反體制是人的自然傾向，特別對天性浪漫的人、敏感的人以及處於「遁入荒野」的青春期的年輕人更是如此。因為任何體制都有壓制人的一面。而放浪形骸、叛逆、極端和暴力的行為，由於對精神的刺激強勁有力，故與酗酒有異曲同工之妙，常常引人「上癮」，有一種特殊的美感。

但是，個人化的審美情緒不能混同於群體生活原則。對於非馴化生活的讚美只能被限制在審美的精神領域。所有的原始的生命力，蠻荒浪漫率性暴烈的詩意行為方式，是不可能普遍化制度化的。

野蠻狀態導致人人自危，只有具有遊戲規則的體制化之後才能長存。

其實，如果沒有一個體制框架，對暴力毫無禁忌，作為書生，張自己勢將很快化為齏粉，遑論在這裡高談什麼浪漫主義了。因此，體制也有保護人的一面。盧梭式的「返還自然」的訴求，實踐的標本之一就是中國詩人顧城。顧城式新西蘭荒島的「詩意」浪漫生活及其慘劇終局，已對此中邏輯作了戲劇性的演繹。張的這種觀念和傾向在歷史上屢屢出現，已經被人分析得相當透徹了，若以此高自標榜，難逃思路不清之譏。

歸根結柢，人是離不開體制的。不是此制，就是彼制，無可逃遁。關鍵還是體制與體制之間的比較，「兩害相權取其輕」。

誠然，毛是反對西方「盎格魯．撒克遜」體制的，然而他自己締造的體制卻要恐怖千百倍。毛也曾短暫地反對過他自己締造的官僚體制，然而卻再造了一個更殘酷的體制。即以被張承志極口讚頌的、反「盎格魯．撒克遜」體制的黑人穆斯林馬爾克姆．X而言，他自己在他所反對的「盎格魯．撒克遜」體制中，同樣被容納。表現他的思想和生平的電影和錄影帶，廣泛發行，進入了「體制」內，而毛澤東的書亦可以在其中大量發行。這表明該體制的容量。試問，毛體制能容忍一星點非毛體制的言論麼？遑論鼓吹暴力了。

此外，當被張承志蔑視的中國知識分子挑戰毛體制時，當沙甸回民反抗毛體制時，張承志如何為自己定位呢？是反體制呢還是捍衛體制呢？看來，他離逃這個「體制的悖論」。

張承志的反智主義，集中體現在對中國知識分子的態度上。他在接受訪問時說：「（毛）就覺得紅衛兵應該向農民學習，簡單的來說，我支持他的思想，……我感到毛澤東鄙夷知識分子，不是沒有道理的。」顯然，這種觀念出自他的「窮人的倫理優越性」（即毛的「卑賤者最聰明」），但是，張卻又承認，「在內蒙第二、三年的時候，就想到出路問題。人往高處走，水往低處流，這時，招工農兵學員，機會就來了。」（當然，這時就不必學習農民了。）事實上，他的軌跡同常人沒有兩樣，大部分時間的生活遵循常人法則和身處的體制，並在該體制中獲得了利益，在實踐上仍然沒有真正貫徹狂野的浪漫。這本也無可厚非。但倘若與此同時又喜歡用誇張的語言標榜烈性、叛逆、暴力和赴死，則未免矯情。

其實，平凡的外在生活常常是非凡的內在生活的必要條件！歌德、康德、托爾斯泰等人實為例證。外在與內在兩者皆非凡的狀態，只能偶一為之，不可能長久；若長久，必然導致精神崩潰。外在生活的非常態與精神生活的深化，二者並無必然聯繫。刻意為之，不僅不示人以深度，甚至不給人以真實。

我注意到，張承志的《心靈史》寫到一九四九年之前就嘎然而止了。這大概是出於可以理解的自設禁忌。考慮到該書完稿於一九九〇年六月，也許，筆者忽略了張承志的弦外之音。他是否別有寄託？他可曾在私下比較過同治年屠殺與沙甸屠殺和六四屠城的殘酷性？這些，都是筆者不敢妄斷的。

然而，無論如何，他在對待毛澤東和清政府的態度上，陷入了雙重標準。還有一點也是清楚的，不管怎樣仔細解讀被張承志狂熱讚美的某些理念，我們也很難發現深刻的自我反省。正如國內有人在論文中問他「如何能回答二十世紀中國的理想主義和災難的緊密關係？……如果沒有真正的眼光反思災難和我們的關係，我們怎麼有權宣布新的追求和信仰只會獲得愛和幸福而不可能重新遭受災難？」（薛毅：「張承志論」）

「張承志現象」所以引起我們的興趣，不僅由於他是中國本土伊斯蘭文化的重要代表之一，同時也在於他流露出萌芽狀態的信仰不寬容和中國式的原教旨主義色彩（雖然他並不承認自己是原教旨主義者）。對於中國的未來，這二者都是值得高度關注和警覺的。

精神是很難絕種的。

從一度沈寂的伊斯蘭文化的復興及新儒家的崛起，我們再次看出，各種思想、流派、宗教的存在是永恆的現象。人類最緊要的，恐怕是在精神和思想領域內，取消正統和異端的區分，是學會與不同精神狀態的人的相處之道。

而這種「相處之道」，就是確立一種大家都有存在權利的憲政架構。

筆者注意到，馬來西亞副首相安華・依不拉欣，作為一個回教徒和亞洲國家政治領袖，最近發表談話說：「亞洲面臨最重大的挑戰之一，就是如何培植一個尊重公民權的社會。說實話，我們必須承認亞洲仍然掙扎著要清除那些所謂『東方式的暴君政治』的一些殘餘。這些殘餘是不會自動消失的，除非我們積極地發展，並且加強尊重公民權的社會體制，促進確實代表權的代議政治，倡導法治而非人治，並且催生一個自由而負責任的新聞界。」不必諱言，這裡有對部分（某些亞洲強人提出的）所謂「西方價值觀」的接納，它承認這個世界上畢竟還是有些東西具備普遍性的，它顯示了這位回教政治家反省的精神和博大的胸襟氣度。

這是亞洲伊斯蘭原教旨主義退潮的先聲。

這種胸懷的泛化，無疑乃是消泯中國、亞洲乃至全球宗教和文化血腥紛爭的福音。

（本文作於一九九五年）

叩問華運

——從猶太人看中國文化及其變體的前景

衰微崩裂之運

一九二七年六月二日，一代國學宗師王國維自投昆明湖，以身殉中國文化。作為一種象徵，整體意義的傳統中國文化自此壽終正寢，他化成了一縷「遊魂」，居無定所，八方飄零。從此之後，那些擁有「中國情懷」的學者，實際上，都在盡其「一生為故國招魂」（余英時悼錢穆語），即為中國文化招魂。

有歷史學家曾經提到中國現代史的一個悖論，為了「救國」，反而陷入了「亡天下」的險境。「國」未亡而「天下」已亡。而「亡天下」，按顧炎武的定義，即是中國文化的滅亡。

這是中國人近百年來的文化悲劇。

這一悲劇的顯著歷史後果之一，是自本世紀下半葉起，具有高度統一性的中國文化崩裂瓦解，同時，在不同的空間又滋生出了多個不同的文化變體，如：大陸的中國文化、臺灣的中國文化、香港的中國文化、新加坡的中國文化、海外華人社會的中國文化、……等等。他們雖仍被稱為中國文化，其實卻各有自己獨特的生存形態。其間的區別，已絕不容忽視了。

事實上，只要稍稍留意，就不難發現，在當今世界，的確存在著「大陸人」、「臺灣人」、「香港人」、「新加坡人」、「海外華人」等不同的族群，它們之間，在行為方式、思維方式、精神風貌乃至語言形態等文化的各基本的方面都有極明顯的差異。人們常津津樂道於大陸人之不拘法規，積極攻取，辯才無礙；臺灣人之彬彬有禮，步步為營，精明圓熟；香港人之法治觀念，團隊精神，求實作派；新加坡人的循規蹈矩，拘謹守法，崇拜權威，……諸如此類。而各自語言方式的判然有別、風味迥異，更是鏗鏘在耳，眾所週知。有人甚至極而言之曰，幾十年隔離而獨立的演化，甚至影響到了這些不同族群人們的外貌形象、動作舉止等生理特徵。倘若面對一個陌生華人，只要稍一接觸，你就差不多立即可以對他作出族群背景的判斷，而這種定位常常是八九不離十的。

套一個常用的意象，中國文化這棵古老的大樹，在其本土已經枯萎凋零，其種籽花果已無根可依，無土可育，遂無奈而飄泊出海，散布到世界各地，長成幾株新的文化樹苗，而這些樹苗的土壤已經各不相同了。這就形成了同種而異苗，同源而異態的現象。

這當然是文化生態的不同所導致的自然異象。

上述文化裂變，最基本的一個歷史原因是，在中國文化的本土——中國大陸，自一九四九年以後，已經逐步陷入非文化乃至反文化的荒蕪野蠻的狀況，以所謂「文革」時期為其極點。筆者曾用文化的「內衰而外昌」來形容當代中國文化的命運，至今看來，恐怕仍是適宜的。其強有力的證據之一是，雖然鑒於維繫人心等特殊的考慮，中國大陸官方近年來也開始指示學界研究國學，然而，即使在官方批准的重點研究項目如「現代新儒家思潮研究」中，也是以梁漱溟、張君勱、熊十力、馬一浮、馮友蘭、賀麟、唐君毅、牟宗三、徐復觀、錢穆、方東美為欽定的研究對象。人們不難發現，即使在北京當局心目中，代表中國主流文化（儒學）的上述學者，大部分也都是僑居海外的，而即使是其中仍居大陸的學者，其代表性著作也是在一九四九年之前完成的。更何況在一九五八年沸沸揚揚於世，由張君勱、唐君毅、牟宗三、徐復觀簽署的號稱「現代中國文化宣言」的「中國文化與世界——我們對中國學術研究及中國文化與世界文化前途之共同認識」，也是在中國大陸之外發布的。

這種文化「內衰而外昌」的現象在中外歷史上都是極其罕見的。

雖然有論者也許會認為，在中國悠久的歷史上，自周秦以降，文化興盛的中心一直在從西北向東南進行空間的大轉移，因此，近幾十年來中國文化的移動和裂變是歷史的慣性發展，不足為奇。但是，仔細分析，這種說法似乎忽略現代的一些特殊情勢，是值得再推敲的。

確實，中國文化的重心在歷史上歷經遷移，由西向東，自北往南，但是，基本上都是囿於中國大陸的疆界之內，並未越出疆域向海外流亡。只是在十六世紀以後，才出現向海外的個人性的移民，有些個人和家庭離開了自己的故土，出走海外（主要是東南亞）。但它並非文化重心的遷移，而是個人性或家庭性的，賦有非政治化的特徵。

然而，在近幾十年，中國文化重心的向海外（特別是向臺灣、香港）流亡是大規模突發性的，是由於固有文化在本土受到滅絕式的戕害而發生的，因此這是特定歷史時期的現象，具有極強的政治涵義。這些情勢都是史無前例的。

正如余英時先生針對「美籍華人」這一稱謂所清楚指出的：「……『美籍華人』顯然都是一九四九年以後出現的。一九一一年辛亥革命以後，一九二七年國民革命以後，甚至一九四五年抗戰勝利以後，都沒有聽說過世界上有所謂『美籍華人』這種奇怪的動物。」（《文化評論與中國情懷》，頁三八〇）

這一論斷，甚至可以擴大到所謂「外籍華人」這個更普遍的稱謂上。

華人與猶太人

身為「華人」而擁有各種不同之國籍，這是本世紀下半葉日益彰顯的現象。並且，筆者預測，中國人及中國文化出離故國，向海外流亡，並組合成各個不同的族群的現象，至下一世紀亦不會中止，它將形成一種歷史性潮流。

這樣，也就誕生了一系列嶄新的歷史性課題：這種種不同的中國文化變體及海外華人，將如何自處，如何定位，將可能發生怎樣的變遷和互動，產生何種新的歷史後果？

它使人不能不聯想到世界上另一個有名的族群——猶太人的歷史。

自從以色列王國和猶太王國在公元前七二一年和五八六年相繼滅亡，直至一九四八年重建以色列國，在這幾千年的流亡歷史中，猶太人雖散居異鄉，但卻頑強地保持自己民族和宗教的特性，猶太教和希伯來語成了連接他們民族共同體的精神紐帶。但是，猶太人維護自己特性的努力不是沒有代價的。他們雖然加入了所居住的國家，但卻不受歡迎，甚至備受迫害。反猶太主義成為猶太人居留地的長時期的基本特徵之一。其登峰造極之點，是納粹德國對猶太人的種族滅絕時期。

猶太作家西奧多・赫茨爾曾寫到：

「我們是一個民族，我們在各地曾真心實意地設法加入周圍的民族大家庭並且只希望保留我們祖先的信仰。可是，人們不允許我們這樣做。我們是忠誠的，而且在一些地方甚至是極端的愛國者，但這也無濟於事。我們白白地付出了像其他公民所付出的同樣的財力和犧牲。我們曾努力用科學和藝術來提高祖國的聲望以及通過貿易增加它的財富。事實說明，這也是徒勞的。在那些世代居住的祖國裡，我們一直被稱為外國人，甚至當我們的父兄在這裡呻吟時，他們的家族還不曾在這個國家落腳的人們也稱我們為外國人。……」（摘自《猶太國》）

這種不受居住國人民認同乃至受到排擠和迫害的經歷是令猶太人刻骨銘心的。

個中原因主要有，在某種意義上，整個流亡散居的猶太人的歷史，就是抗拒同化的歷史。他們雖然接受了居住國的政治和經濟結構，卻抵制該社會的主流宗教。因此，他們生活於一種與生俱來的持續壓力之下，他們幾乎每時每刻都處於某種緊張狀態：是接受同化，還是維持民族特性？在抗拒和妥協之間，選擇多大程度的平衡度？這種與居住國之間的內在緊張是先天性的、不可完全消解的。

其次，引發反猶主義的動因還有世俗利益的衝突。例如在十九世紀的歐洲，猶太人固然在數量上無足輕重，如在法國占總人口的百分之一弱，在德國稍多一些，在奧匈帝國也約占百分之一，然而他們的力量特別是經濟力量卻絕對不可忽視。在所居國的人們憤怒且帶嫉妒地盯著那些有經商天才的猶太銀行家的錢袋時，要想人們對他們唱讚美詩當然是不可能的。當時，若要想譴責一種新成立的社會組織並聲稱它不受歡迎，沒有比給它貼上「猶太人」的標籤更有效了。猶太人越來越被看做是一個特殊的、國際的、受一種宗教、一種語言和一批著作影響的抱成一團的民族，被看做對居住國宣稱忠誠，而實際上卻嚮往自己故鄉的民族。

這就是流亡數千年的猶太人的基本生存環境。

今天，人們已經開始在說：「凡有太陽的地方，就有華人和中國餐館了。」事實上，華人在地球上的分布範圍恐怕早已超過了猶太人。雖然，就影響力而言，二者今天尚不可同日而語，但鑒於某些可資比較的基本特徵，可以預料，將來，世界各地移居於非中國大陸的華人的生存環境與猶太人是會有某些相似之處的。由此，人們自然要問，猶太人的經歷向我們昭示了些什麼？

同猶太人一樣，中國人亦是世界上少有的難於被同化的族群。擁有輝煌文化和歷史的中華民族，在經歷了無數浩劫之後，仍然奇蹟般堅韌地在歷史上存活了下來。直至今日，這種連續性和生命力在世界文明古國中是極其罕見的。並且，在當下的海外，華人族群仍是保有自身的特殊生命形態最多的族群之一。他們早已被其他人看成擁有特殊的固有傳統和文化，「對居住國宣稱忠誠，而實際上卻嚮往自己故鄉的民族」了。

同猶太人一樣，（如果不故作謙恭態，也可以說）中國人亦是世界上少有智力優秀的族群，同時也擁有與猶太人很相似的「勤」和「儉」的特徵。在應付各類不同的智力挑戰的環境時，中國人的表現令人刮目相看。在各居住國中，尤其是自本世紀下半葉以來，華人在商業、科學、技術、教育……等行業的優異成就都是有目共睹，獲得公認的。然而，倘若其經濟實力繼續增長，科技成就愈益輝煌，與其他族群形成引人矚目的反差，他們是否會陷入一個充滿敵意和嫉妒的生態環境呢？

事實上，在南洋等華商擁有強大經濟力量之地，排華反華已成了週期性的紓解本地困境的泄洪口了。

二者類似的處境是顯而易見，昭昭在目的。

當然，我們還不至於盲目到忽視華人與猶太人之間重要差異的地步。最主要的是，華人一直存在一個幅員廣闊的母國在自己身後，而猶太人數千年來卻是亡國之民，無家可言。第二，華人數量眾多，稱世界之最。而猶太人則是名副其實的少數族群。

本來，上述兩項差異均凸顯出華人的強勢，然而，如果把當今世界上華人和猶太人在各主要寄居國的成就和影響力稍作比較，那麼，無庸諱言，存在著的，卻是相反方向的差距，猶太人的影響力和在經濟領域、政界、學術界、藝術界等都幾乎達到了巔峰的成就，極其卓越。且不去說那些大金融家、企業家、國會院外集團、諾貝爾獎得主了，只要注意一下極少數的對本世紀人類思想有重大影響的人物中，猶太人愛因斯坦、馬克思、弗洛伊德赫然居前，我們就清楚了。這種影響力與其人數相比，極不相稱。

這種奇怪的反差是令人玩味的。

當然，一些現成的解釋總是不難找到的。諸如，猶太人在西方社會已經生存了幾千年，他們雖然保有自身的一些特點，但是卻實實在在地生活於這個社會的基本政治經濟結構之中的，與其居住的社會大體上是「一損俱損，一榮俱榮」的「命運共同體」。這個社會的主流價值和規範早已內化進了猶太民族，成為他們的基本本能了。例如，他們的法治觀念和守法傳統、權利意識等等，都是西方式而非東方式的。因此，他們的成就是奠立在所處社會發展程度的基地上的。

而華人之作為少數族裔進入西方，就群體而言，則不過是最近一、二百年的事，從長程歷史眼光來看，實質上仍處於文化適應的階段。

更何況，在淵源上，基督教與猶太教有特殊的關係。猶太人把《舊約》、把單一神的觀念以及先知和救世主的觀念帶給了基督教，同時帶給了西方各民族以一種不同於循環論的新歷史觀：歷史是一個內容豐富的、不斷向前發展的運動，它的黃金時代在未來……救世主的降臨。況且，耶穌本人就是一個猶太人，而《新約》的〈福音書〉就是有關一世紀初居住在猶太和加利利的猶太人的生活描繪。因此，客觀地說，希伯來人的觀念和倫理學確實貫穿在基督教中並以一種超越性的力量統治西方文明達兩千年之久。這就是人們常說的西方文化中的基本元素——希伯來因素，西方歷史上屢起屢仆的烏托邦構想和運動與此是相當有關的。

很顯然，猶太人與西方基督教文明的這種歷史淵源關係是華人不具有的。

無疑，從上述均可大體理解猶太人在西方的驚人成就與影響力，但倘若不注意其獨特性，我們就可能低估他們對人類文明的貢獻。

歷史告訴我們，猶太教及其文化所以在滅國之後仍能綿延幾千年香火不斷，並最終重建故國，是大大有賴於它的具有高度超越性的、神秘主義的一神教特性的。該宗教賦有一個極強烈的信念，認定猶太人以色列人是一個被上帝選中的、負有特殊精神使命的民族。以色列國滅亡之後，流亡散居的猶太人時時受到死亡的威脅，同時又面臨各種巨大的誘惑，目睹外邦豪華殿宇和物欲享受，在在都誘使他們屈從於周圍的環境，放棄自己的信念、語言和生活方式。而他們所以能經受住這種極其嚴峻的考驗，是與他們那種對自己精神使命的神聖信念和承諾分不開的。比較其他民族而言，猶太人的精神性重於其物質性。對上帝的信念和猶太人的受難史是他們取之不竭的精神財富和支柱，幫助他們熬過了一個又一個的駭人聽聞大災變。

賦神州以神性

今天，在大陸之外，遍布全球的華人已有數千萬之多了。站在未來世界的門口，作為中華文明的傳人，我們想叩門而問的是：在傳統中國文化已經裂變解構的情勢下，大陸之外的文化變體及海外華人仍能歷久而不衰，保存自身的獨特性嗎？作為一個公認的世俗化的重實際的文化，它靠什麼在外域長期維繫自己的認同？它的可能前景如何？

坦率的說，這個問題的答案目前仍是晦暗不明的。

鑒於中國文化不具有強烈的宗教感，其超越性的色彩是內斂的，並不明顯，沒有與一個超驗而神聖的上帝訂立契約，更沒有一套形式化的儀式來強化認同，因此，當我們耳聞歷史上的流亡的猶太人以非凡的毅力忍受和抗拒屢屢襲來的慘絕人寰的反猶主義，而仍抱持著對上帝的堅定而神秘的信念時；當我們親見現實中的猶太人在戰後幾十年如一日，上窮碧落下黃泉地搜索那些殺害猶太人的漏網納粹屠夫，不一日稍停時，作為中國人，反躬自省，多少是會汗顏的。因為它映照出了我們這種世俗性文化生命力的某種委頓。

因此，筆者以為，影響華人在未來能否堅持自己獨有的文化特性，影響中國文化是否有足夠的精神力量在異邦免於消亡，並提升自己的生存狀態的一個重要因素在於：我們的文化能否對環境作出極有創造性的回應。

其實，人們注意到，已經有不少華人知識分子在深入挖掘並弘揚中國文化中的超越性層面了。這正是為中國文化「招魂」乃至「立魂」的大事，不可不大書特書。它可恰當地被稱為挖掘乃至輸入中國文化的「神聖性」的課題，其重要性是根本的。

實質上，它就是在此中國文化危急存亡的重大歷史關頭，對中國文化的重新詮釋。可以想像，正像儒學在宋明兩代進入有佛學競爭的新時代後，當時的中國的儒者對它重新詮釋，從而呈現出嶄新的宋明理學形態一樣，今天，倘有贏得廣泛認同的詮釋出現，勢將轉化為一種文化力量，並成為強化認同並賦有神聖性的精神紐帶。

這是文化精神的重生方面。

然而，這種詮釋，不可能是一蹴而就的短期之功。在現實層面，我們不能不看到，作為一種在根本上仍是入世性的文化及其變種，在舉世滔滔的異文化環境中，如果不能靠某種宗教性的非凡信念及傳統儀式來傳承，則可以預期，它們被同化的幅度將比猶太人來得大。事實上，它們不得不面對一些基本的考驗：身分的認同、文化的失傳、幾代之後母語的退化乃至完全喪失等等。

這裡就涉及到一個基本的問題，即所謂「中國性」的流失問題。

容易理解，當一種傳統深厚的文化從它的本土家園向外流亡，花果飄零時，倘若該文化之根源是深植於那塊現實的土地之中，而不是高懸於「六合之外」的神聖天國，那麼，文化流亡的過程，就自然是其「本土性」隨之淡化的過程，在這裡，也就是「中國性」的淡化過程。它實質上是某種較純種文化的「稀釋化」，即該文化傳統的特徵已不再像過去那樣單一、濃厚和純粹了。顯然，這是該文化與其他文化接觸後所產生的歷史後果。因而，中國性的某種稀釋化是這一歷史進程的題中應有之義，不足為怪。

另外，中國文化的各個變種由於所處的「生態環境」不同，其「中國性」稀釋化的歷史後果也不盡相同，變異的結晶是豐富多彩的。

但在另一方面，事實上，上述進程同時又是該文化的傳播和影響面日益擴展的過程，即它已不再局限於本土家園，而變成了世界共享的多元文化大花園中的一朵奇葩，並將吸引更多的人前來欣賞乃至認同。

因此，「中國性」的稀釋化和擴張化是同一歷史進程的兩個方面，二者是同步的。

我們的問題是，上述「中國性」的稀釋到何種限度之內仍可有意義地被稱為中國文化？很顯然，這裡的關鍵是「度」的問題，即，人們不得不在堅持「中國性」和接受同化這兩極之間維持某種平衡。況且，這一平衡點還不是凝固不變的，而是隨歷史時期的不同而移動的。這就加諸了華人隨時隨地作出選擇的精神壓力，於是在一個充滿同化壓力的環境中，背上了某一特殊文化認同的永恆十字架。

應當平實地說，一種非宗教性的文化，要落地生根在異域之中，如果缺乏源源不絕的資源，要長期抗拒同化、維持自身的文化認同，是極其艱難的，甚至是不可能的。

所幸的是，我們並非缺乏自身獨特的資源。

就資源而言，移民聚居人口的規模雖然並非最重要的一點，但仍不可低估。試想想那些中國文化變體例如，台灣、香港，由於其足夠大的人口數量規模，無人懷疑他們能把中國文化、語言等基本特徵一代代地傳遞下去。在異文化之中，倘若你的數量和地域有了相當大的規模，在該區域內，同種文化的移民之間在文化和語言上相互強化，並足以產生本區域的行政機構和經濟組織，那麼，人們被迫同化的可能性就小得多了。世有「規模經濟學」，研究經濟組織規模大小與其效益的關係。我想，何妨研究一下「規模文化生態學」？定量考察一下，在其他文化的包圍下，某種文化的自我繁殖，代代傳遞和長期生存，究竟需要多大的人口規模，「臨界數值」如何？在人口方面，無疑，華人是有足夠資源的。在若干年後的地球上，若有人說，除了「中國城」外，在某地又出現了「中國省」、「中國州」，筆者是不會驚詫的。

但是，最重要的資源是，在這個星球上，存在著一片深染華夏文化色彩的廣袤神州。這是我們至關緊要的文化源泉。

誠然，目前，那裡的文化色彩衰敗暗淡，蠻荒退化；文化整體分崩離析，各自為生；文化重心流亡遷徙，飄泊無所。正是所謂「神州無神」。

但是，我們不應忘記，這種「故園荒蕪」，只是發生在二十世紀下半葉的一樁歷史事件，同漫長的中國歷史相比，它只是短暫的異數。

況且，這一異數是隨一種全球性的魔咒狂潮的興起而誕生的，隨著歷史性的全球解咒，它的退潮和消解將是自然的歷史歸宿，任何機關算盡的小聰明都無濟於事。

事實上，目前它已經開始進入退潮的歷史流程了。隨著以淡化意識形態為契機的大陸經濟的崛起，這片故土已靜靜地納入世界的經濟甚至政治結構之中。這本質上就是解除魔咒的關鍵環節。因此，人們是有理由期待，在經過一段混沌迷離的痛苦歷史階段之後，蠻荒的故國會出現真正的中國文化復興的。

只有到那時，恐怕才有可能解決全球華人和各中國文化變體的長期認同問題。

這裡絕非意味著說，屆時將在全球形成一個華人回歸大陸的滾滾浪潮。那是不可能的。因為回歸與否，並不完全取決於社會政治結構的變化，還取決於基本的生態條件，如，人口的壓力、經濟水準、環境汙染……等等。

筆者想說的是，到那時，人們所以不必戚戚懷憂於中國文化的消亡和自我的身分認同的問題，是因為華人在現實和精神兩方面都有了較好的安身立命之所。

在現實層面，鑒於大陸中國人獲得了最基本的尊嚴和權利，大陸恢復了中國文化家園的地位，海外華人在身分認同、文化尋根和母語傳承方面都消除了心理障礙，甚至因為有了自己的文化基地，可以常常前往自己的文化母國「朝聖」了。這就強化了他們長期認同的可能性。而存在於各地的中國文化變體，由於消除了與大陸的政治屏障，交流頻繁，互動的結果給中國文化帶進了新的成分，豐富了其文化內涵，並且其相互間特殊的紐帶使它們可能發展出類似原英聯邦內各國間的關係。這並不是毫無可能的。

而在精神層面，由於中國文化的「遊魂」重返故土，恢復了神州作為中華文明淵源的聖地地位。猶如在那片東方大地上罩了一輪神聖的光環，這就有可能被那些已在海外生根的華人把故國幻化為超越性的聖土，像猶太人的聖殿一樣，成為他們精神上的凝聚中心。

這種象徵性的作用是不容低估的。

考慮到連如此鍾情於其超越性的上帝的流亡猶太人，最終尚且以在塵世間恢復以色列國來落實自己的認同對象，以避厄運；那麼，身懷入世文化情結的海外華人，對於那塊皇天后土，常常念茲在茲，魂繫夢繞，關注它在當代的演變轉型，渴望其重返文明之邦，從而凝聚飄泊在外的中國文化之魂，那就更加自然了。可以說，那是他們實實在在的中國式「上帝」。

說到底，對於自身的基本利益乃至精神肉體和身家性命的重心之所繫，人們雖未精細分析，但直覺還是準確的。

（本文作於一九九五年）

在詩化歷史的背後

——〈詩人毛澤東的心路歷程〉讀後述感

現狀的惡化與對歷史的詩化常是一對孿生子，幾千年來在中國曾經反覆並生。今天，這種屢見不鮮的孿生現象又一次降臨華夏。這裡特別所指的，是某種與毛澤東時代相聯繫的思潮的靜悄悄的泛起。

最近讀到的幾篇文章，特別是〈詩人毛澤東的心路歷程〉（《書林》一九八九年第一期），可算是上述思潮在知識階層的反響，而據傳的湖南農民之興建毛澤東廟，則大略可稱之為在大眾文化層面的回應。這兩層，頗收相互呼應之妙。

本文的興趣，集中於知識層面的反應上。

前面所提的那篇文章，確是詩意盎然，在結尾時評論中國知識分子與毛澤東的關係時總結道：「他們（中國知識分子）對他（毛澤東）的誤解，卻在他身後搭起一座戀的祭壇，怨恚成為當今這個日益淺薄的時代唯一不受時尚左右的感情。毛澤東已無言，活著的人誰能走出迷津？」

承蒙作者指點迷津，我反躬自責，恍悟自己正被淺薄的怨恚情緒所支配，多年來未能自拔。於是，仔細研究起出路來。

不過，試了一試，要讓自己深刻起來卻也難。應當承認有點力不從心。困難其實也很簡單，就是，毛澤東的基本身分究竟是什麼？評判他的基本參照系應當是什麼？一位政治家的心理動機在對其蓋棺論定時應佔有何種地位？……這些問題是緊密地相互關聯的。

吟詩填詞，作為一種私人愛好，自然也可部分反映一個人的心理狀態乃至政治理想。但我想，上帝的應歸上帝，凱撒的應留給凱撒，對詩詞，最好還是作美學意義上的評價比較妥當。一個詩人的才華與公眾利益似應加以區分，而詩人的想像與其統治方式也可能是扞格不入的。毛澤東，作為終身執政的中國最高統治者，作為一個在國家生活中佔支配地位的公共人物，作為一種制度、一種統治技術、一種國教式的意識形態，一種長達近三十年之久的那段中國歷史的象徵，毫無疑義，他必須接受其公開的政治實踐後果的檢驗，必須接受歷史的裁判。事實上，中國共產黨中央也在其關於歷史問題決議中作出了自己的裁決，並且，這種審視我以為不應是羅曼蒂克的，而應是鐵面無私，不阿權勢的。當然，筆者也並不反對以其所寫詩詞作為研究毛澤東的一個角度，但，這畢竟不過是一個次要角度而已，其結論也顯然見仁見智。作為詩人的毛澤東，筆者以為，誠然有其富於魅力的一面，他的浪漫主義，他的帝王般的氣勢，他的記憶力，均屬上乘。雖然，時有不雅（如以「放屁」入詩），時有做作（如「小小環球……」），但總體而論，不掩其雄才。然而，倘若僅僅以此為立論的基本依據，認為中國知識分子從整體上誤解了毛，這就未免太過輕視中國知識者相對於毛澤東的智力了。

這種純由毛澤東的心理狀態，而且是他公開發表的詩詞來揣測毛的心理，並以這種推測出來的心理狀態做參照系來輕蔑知識分子的研究方法，使我想起了另一些國內外學界朋友有時所取的另一心理角度。他們把毛澤東對知識分子和知識的極為複雜敏感的態度的心理背景從發生學的意義上去尋覓毛的早年經歷，特別是他年輕時任北大圖書館管理員，為北大的那些教授先生們服務的經歷，期望以他早年的精神屈辱和精神創傷來研究毛的反智主義。這兩種「心理主義」色彩很濃的研究方式，雖然結論相悖，但就我個人而言，卻只能姑妄聽之，不必過於認真對待。它們作為一種想像力豐富的藝術創作或許有相當價值，對了解毛也有參考意義，但在學術層面上，則份量之不足是不必諱言的。私人心理狀態之無法作為嚴肅的史學研究的對象，恐怕在相當一段時間內也是如此。因為這極可能各執一端，眾說紛紜。而這並不是所謂詮釋學上的由「先見」導致的創造性的解釋。

是由於不理解？問題恐怕出在他們既有理解力又有獨立性，這是全部悲劇的關鍵。另外，在事實上，毛澤東終身未變的知識分子朋友不能說一個也沒有，他對之極為信賴、極為倚重的著名的黨內知識分子——康生，就是其一。試想，毛後期的哪些重大決策沒有他參與？毛又在哪一天同他完全翻過臉？何以他能既是知識分子又能同毛周旋一生並且頗受重用，維繫了極為推心置腹的關係？所賴者無非兩條：⑴作為一個知識分子，康生具有無可置疑的理解力；⑵他又具有堅定不移的奴性。這兩點是他終身扶搖直上的關鍵。要使這二者統一於一身卻也是一件極為艱難之事。因此，康生作為毛的終身未變的知識分子朋友是順理成章毫不足怪的。的確，毛在其生命的最後幾個月中，或許正如作者所揭示的，其心境悲涼，低誦陳亮的〈念奴嬌〉，「此意今古幾人曾會，憑誰問？」其悲涼之情可以想見。但是，對其悲涼的解釋則見仁見智。我所不解者在於，何以能夠斷然肯定只是對他一生中未獲知音的情緒反應，而不是對四月五日天安門事件的感情反應呢？我們有理由認為在七〇年代，有兩件事情對毛的精神打擊無疑是很大的：一是林彪事件，從這一事件中，他不難體味到他整個後期的行為方式的荒誕性及其詭譎難測的存在境況；另一個就是天安門事件了。考慮到，在一九一九年五四時期，他正是站在與現在相反的位置，當年在精神上他應歸屬於廣場中人。考慮到一九四九年他剛進京城時，天安門廣場群眾雲集，山呼萬歲之壯觀。考慮到一九六六年他在城樓上檢閱他的紅衛兵大隊人馬時的巔峰狀況。人們發現，中國的一切重大歷史事件都似乎與這神秘的廣場相關。然而，三十年河東，三十年河西，當今，這廣場所代表的精神已不屬於他了，他與大眾的蜜月期已時過境遷，一去不返。晚年他已變成了「廣場精神」的對立者，而被廣場的精神所拋棄了。此中複雜悲涼孤寂的心境，難道還需深思才能體會？

這並非空穴來風，無端想像。據張玉鳳回憶，毛在那些日子曾觀看了一部極為平庸粗糙的電影，當看到片中描寫解放初期解放軍進城的場面時，這位波瀾一生、意志力極強的統治者竟然涕淚交流，不忍卒睹了。個中緣由，豈不耐人尋味？

要知道，畢竟，毛首先是一位政治家，對於政治潮流的變遷，對於個人政治聲望的興衰和起伏，不能不是極其敏感的。

毛是被視為一位反對主導文明的叛逆者而終其一生的，這似乎已成為不少人的定論了。其實，這種說法過於籠統含糊，說他是反對現代西方的主導文明的東方強人，或許稍稍接近事實。有大量證據表明，毛在中國傳統中淵源有自，正如王元化先生的研究所指出的中國的反智主義的小農式的思想家顏習齋，對毛澤東思想的形成有甚深的關聯和較大的影響。在大眾文化方面，他同以《水滸》為代表的農民造反文化，即毛澤東在《湖南農民運動考察報告》中所激賞的「痞子運動」，尤其是同近代義和團式的本能的強烈拒外情緒是一脈相承的。但是，這裡需特別注意的是，這種「底層大眾」並不總是與「高層權勢」絕緣的，義和團與慈禧結盟以反對光緒與康梁為代表的主張改革的向西方學習的新黨，就是一個著名的近代例子。只有從這個角度才容易理解「文革」初期對《清宮秘史》的官方批判中何以如此深惡痛絕康梁帝黨，而把事實上（雖未明言）的同情寄予了慈禧為代表的后黨了。

其實，把毛澤東理解為反對任何主流文明的羅曼蒂克式的叛逆者的毛病在於，它恰恰忘記了叛逆者是個相對於正統或衛道者的概念，同時也是取決於所討論的時空範圍的概念。在全世界範圍內，毛當時固然是不欲順從西方主導文明的叛逆者和造反者，但與之相對照的是，在偌大的中國這一範圍內，幾十年之內，他已經締造了一種以他自己的思想作為意識形態的主導文明和正統文化，無論是誰，尤其是知識者，倘要對這一主導文明正統文化稍示懷疑或叛逆，立即遭致滅頂之災。即是說，他對世界秩序的反叛是以嚴禁國內秩序的反叛為代價的。於是，這就在中國創立了一個基本規則：有一個人浪漫之後，其餘任何人不得再行浪漫；有一顆頭腦進行思考，則億萬顆頭腦必須停止轉動。這種「新世界」，對那唯一的個人而言，當然是極富浪漫色彩的。但是，它能否是一個能誕生出如當年一樣浪漫的「青年毛澤東」那樣的「世界」呢？它能否容忍一個獨立思考、抗拒現存秩序的「青年毛澤東」去浪漫地反抗老年毛澤東呢？親歷過那個時代的人，不難得出自己的結論。

現在，「毛澤東現象」成了一種時髦的術語，我想恐怕有必要區分「青年毛澤東現象」和「老年毛澤東現象」。這兩種現象其實是不可能同時共存於世的。無疑，老年毛澤東的法則徹底摧毀了青年毛澤東得以破土而出的可能性條件。這也許可以被稱之為「毛澤東現象的悖論」。

據該文稱，工業文明時代是庸言庸行、庸人庸眾的時代，而當代知識系統清除掉了「人類生活自立的基礎——人的自信和勇氣」。因而，巨人不屬於當今的工業時代。這一論點當然頗能迎合對工業文明已厭倦的西方浪漫主義回歸思潮。然而，從「巨人時代」熬過來的人，鑒於輿論一律式的千人一面、萬眾同聲、人人「鬥私批修」、處處虛言假語的狀況，卻無法不湧出滿目皆庸言庸行庸人庸眾之感。雙重人格乃至多重人格業已成為普遍的人格狀態。況且，研究一個公開的歷史人物，僅僅以其本人的公開發表的言辭詩歌作為評價其自身的參照系，這總不免彆扭。記得一友人曾在與我閒聊時說，一百年以後，倘若中國人只能閱讀毛澤東的公開發表的著作與詩詞，倘若沒有前輩父老對那段時期的口頭言傳，那麼，可以斷定，他們是會發瘋似地嚮往著那充滿詩意和理想的時代，恨不能自己早生百年，以擠進那個「偉大的詩化的」時代的。

這裡涉及的問題是，如何處理一個人的公開言論與實際運作的嚴重分裂？其次，即就語言層次而論，是僅僅以毛澤東的公開言論為基本依據，還是須研究大量的他尚未公開的言論、指令以及他人研究毛的成果為參考？我們是否還可以把毛的言論（公開的以及私下的、秘密的以及當初公布而後又被竄改的）搜集得更全面一些再行研究？目前的一種主要傾向在於，把毛澤東純粹視為一位浪漫主義詩人來研究，似乎他並未極為現實地牢牢地控制了整個中國廿七年直至去世，似乎他不是一個滲透了社會各角落的，在世界史上人數最多的政黨的首腦，似乎他不是一位權力高度集中的社會中的最高統治者。如果一種如此現實的政治權術真的由一位純粹的浪漫詩人來運作，這肯定是世界史上不曾有過的奇蹟。

然而，確實還有各種不同形象的毛澤東。我最近讀到的一本書《烏托邦祭》提供的正是很不相同的形象。這種論據數不勝數，此僅其一。由此書，不能不使我聯想起這四十年與毛澤東有關的風風雨雨，以致使筆者即使是在誦讀那些「飛天神龍般」思緒的詩詞時，那不受管束的記憶庫裡總是頑強地浮現出延安的搶救運動，王實味的下場，浮現出五〇年代初葉的一言堂文字獄式的批《清宮秘史》、批胡風、批《武訓傳》、批胡適、批陶行知、批俞平伯、批馬寅初，及五七年的集其大成的「陽謀」——五十多萬中國的知識精英被一網打盡，而民主黨派則被一風掃蕩，跌進二十幾年的冷宮或囹圄。從此，知識界噤若寒蟬。此後就是五八年的「凱歌式」的大躍進、人民公社、「共產風」；五九年整肅仗義執言者彭德懷的廬山事件；六〇—六二年三年大飢荒中餓死的幾千萬人；六六年「文革」的空前浩劫、紅色恐怖、批鄧批周，直至一九七六年四月五日波瀾壯闊的天安門廣場事件……。無論筆者企圖如何超脫和冷靜，這歷史——現實的不能再現實的歷史，如何交代？有如此重大而沉重的歷史事件壓在你的想像的翅膀上，你如何神龍般的瀟灑地飛得起來？有著這樣的記憶重負而去讀「太平世界，環球同此涼熱」，免不了浮出一種幽默感；而讀到「秦皇漢武，略輸文采，唐宗宋祖，稍遜風騷」時，又不能不有一分恐懼感。

據說，毛澤東與知識分子的對立，毛澤東的整肅和輕視知識分子的重要原因在於「他的對話企圖在幾代人身上都告落空」，在於「他從來就沒有找到過真正的知音」，妙哉斯論。筆者淺陋，應該坦率承認過去未能理解或發掘出其思想的深奧晦澀難解之處，今日不甘於此，又再次翻檢其詩詞，仔細領會，結果仍然落空，仍然未找出中國的知識分子不可測度不可對話的奧秘，也看不出什麼根本上的獨特之處，更未覺察他的哲學追索的渺茫高遠的原初意味。誠然，其詩詞有高遠想像，有皇家氣派，為文通暢俚俗節奏明快。但所有這些，似乎並未超出中國傳統詩詞及思路的格局。因為其中並未見晦澀奧妙的推理和思辨，更不是不知所云的呢喃。倘若放下那種由於權力支撐起來的居高臨下君臨萬物的大「氣勢」，言何「心曲難訴」？在他教導「卑賤者最聰明，高貴者最愚蠢」時，他心目中的「卑賤者」們的地位是否可由其躲進深宅大院，悄悄地召見並請教的章士釗、馬一浮、馮友蘭、周谷城而窺得？我一直在思索毛何以不能同梁漱溟、胡風、儲安平、羅隆基、千家駒、錢鍾書、……等高級知識分子對話。這些中國的精英果真如此愚鈍難以理喻？我百思不解，反覆探究。有趣的是，研究結果卻發現真正難以理解的是何以毛如此堅決地要剝奪這些「愚昧者」的發言權。於是，這裡的問題轉換成了究竟是「不理解」還是「太理解」？就毛澤東而言，究竟主要是不屑一顧似的輕蔑，抑或是一種內涵極複雜極敏感的亦卑亦傲的混雜感情呢？能否從其行為中尋繹出某種端倪呢？我步入困惑之中，毛澤東常說：「讓人說話，天不會塌下來。」然而，奇怪的是，他自始至終就沒有真正讓這些人說過話。我常在問，何故？設想，如果真正讓他們說話，「天」會怎麼樣呢？我不知道，不過，仔細傾聽並思索他稍有失態地大罵梁漱溟的語言和聲討「右派」的社論，從中是不是透露出了某種「怕天塌下來」的信息呢？總之，欲理解毛的反智主義，愚民政策，他對高級知識分子的雙重態度——在公開場合和政策上的對立與蔑視，而又時暗渡陳倉，請教和召見某些「朋友」，縱論天下（如馬一浮、章士釗、馮友蘭、周谷城……等）——兩者應當成為頗有意味的對比。鑒於此，有些人要聯想起他早年在北大圖書館多的創造性和想像力。因為在東方國家的悠久歷史上，這種狀況是屢見不鮮的。

不可否認，毛澤東的確有個性、有魅力、有「巨人意識」，甚至也希圖具備「超越情懷」，詩也寫得不錯。但這與其實踐的社會效果是兩回事。我們倘不專注於後者，那麼，請想想歷史與現實中的另一些大人物，如希特勒、墨索里尼等，他們似乎都不缺乏上述的個性、魅力、「意識」和「情懷」，並且希特勒演講口才極好，墨索里尼善寫文章，然而，他們造就的「新世界」如何呢？而且，應看到，雖具備「巨人意識」，但他們皆未脫俗的是，他們都只是希望自己有「巨人意識」，而不能稍稍容忍其他任何人有「個人意識」，更甭提「巨人意識」了。他們也都企圖具有「超越情懷」，然而他們無論如何也未能超越的，是那種金字塔秩序的傳統世界。於是，這種「巨人意識」和「超越情懷」就被大大地打了折扣並且變了形。

平心而論，芸芸眾生，特別是知識分子們，即使是在當下，也並非是一般地反巨人和反「巨人意識」的。對那些並非與權力糾結在一起的才智與精神上的巨人——愛因斯坦、魯迅、托爾斯泰、貝多芬等——人們是由衷崇仰的。但是，倘若這種巨人形象和巨人意識主要由巨大的權力所支撐，那麼，它引起的感覺在主要方面恐怕就只能是恐懼而非羨慕了。

簡言之，「巨人」們用以取代庸俗的工業文明的是什麼呢？姑且不論其行動後果，即使剖析其在簡短語言中表達出來的理想，也不難發現，它是工農兵學商融為一體的東方式公社制，是強調結果均等的平均主義天堂，是法家式專制的嚴刑峻法，是帝王式的平衡權術擺弄的國家。公平地說，上述藍圖，如果設計於三千年前，不失為一幅有想像力有創見的烏托邦素描，惟倘若在廿世紀仍在神情嚴肅地認真論證它是「未來新文明的價值指向」，而其設計師將是「下世紀的第一位先知」云云，這就頗類似於某種卓別林式的嚴肅勁頭了。

歷史的塵煙飄散了十三年之後，業已逐漸稀薄，人們對十三年前狀況的鬱結情緒已開始化解轉移。於是，以當前現狀的危殆為契機，對十三年前的回憶幻化為某種淡淡的懷舊情愫。就這樣，在時間老人的作用下，歷史被罩上了一層玫瑰色。

中國人實在是健忘的。

當然，這裡也涉及一個審美心理的問題。

正如觀虎豹獅熊，倘隔一段距離並使之置於鐵籠之中，則牠們躍起撲食小兔確是椿富於審美意味的事件；並且，牠們捕食動作的伶俐矯健偉美的雄姿，的確透露出某種「巨獸意識」極富詩意。但倘若除掉鐵柵這一「審美距離」，觀賞的詩人們直接進入鐵籠感受其姿態，不知他們是否還有胃口去為「巨獸精神」大唱讚歌？當他們被虎爪撕裂之時或咬傷之後能否脫掉「怨懟」和「詛咒」的淺薄的情緒化表現呢？我想，恐怕很難。在籠外高談美學意味的詩化哲理是優雅的，但一進籠恐怕就要「粗俗淺薄」了。時至今日，黑格爾式的所謂個人命運必須為世界精神（或歷史規律）的演進作出犧牲的說教，已經是相當遙遠的聒噪了。因為人們已經充分領教了它的可怖的歷史後果。歷經滄桑的人們逐漸明白，其實，任何高遠的理性都是不可能脫離個人的獨立思考而懸空存在的。因此，重要的是必須確認每一個體的不可讓與的獨立權利。這種權利雖然「謙卑」卻絕對不可被非法剝奪。當前的問題之一是，我們匆匆忙忙地、過早地宣布，歷史舊賬業已清算乾淨，大家不必再回頭觀望，只能向相反的方向「看」就行了云云。然而，真正的事實是，過去的某些膿疱並未切開、消毒、清洗、治療，而是把疱嚴密包裹起來，貼上封條，以為如此便萬事大吉了。

於是，歷史吃了夾生飯。

現在，從上述的「孿生」現象中，我們感到了十多年前那份沉重的歷史遺產仍在頑強地發揮作用，多年來它一直盤桓在中國人心中，並未消解。正如膿疱正在發炎，嚴重地危害著國家的機體一樣。這就迫使我們轉過身去，坦誠地、徹底地面對和清算這一份逝去不久的歷史遺產，真正對那一個不可繞過的歷史時代——毛澤東時代尋求答案。缺少了這一環，任何實質性的進展都必定是空談。

這是中國人當前的緊迫的歷史課題之一。

（後記：本文作於一九八九年三月初，寫作時尚無學運，但文中所提及的對天安門廣場在中國政治中的神秘作用的預言幾乎是「有幸言中」了。）

毛的晚年悖論及其遺產

——文革三十年祭

大陸「十七年體制」

對於大陸文革前的十七年，人們由於身處的地位和不同視角，容或會勾勒出不盡相同的圖景。但是，如下幾點恐怕是大體的共識。即，從一九四九年起，特別是一九五七年以後，中國大陸已經建立起了一套基本類似於列寧所創史達林所確立的蘇式體制❶。傳統的民間社會已不復存在。中國共產黨通過單位制、公社制、戶口制和檔案制的巨大網絡，透過歷次自上而下的政治運動，空前嚴密地掌控了社會。

這個龐大的網絡體制的關鍵樞紐，就是各地區各單位的黨委書記或支部書記。由於全國實質上是處於一個（國有）雇主之下的「大工廠」，沒有選擇雇主的可能，因此，「不服從者不得食」。

❶ *RUSSIA UNDER THEBOLSHEVIK REGIME*, by Richard pipes, New York, 1993.

在各「樞紐」人物管轄下的大部分人，「無所逃遁於天地之間」。鑒於此，各單位上下之間的權力關係，帶有某種絕對的性質，蘊含有某種基本的內在緊張。

這裡所謂「十七年體制」，不應忘記，是以毛澤東為象徵符號和旗幟的。

文革前夕一、二年，上述內在緊張更加強化。以「深入貫徹階級路線」為標誌，「家庭出身歧視」泛化到全社會，社會等級的劃分業已開始出現公開化和制度化的徵兆。

文革的早期，即所謂「老紅衛兵」或「聯動」時期，也即「橫掃一切牛鬼蛇神」和「破四舊」時期，不過是把上述前十七年的意識形態和政治運動方式赤裸裸地推到了登峰造極之點而已，是十七年體制順理成章的發展和極化。

但是，以一九六六年十月《紅旗》雜誌發表第十三期社論為標誌，所謂「反對資產階級反動路線」的鬥爭轟然而起。在毛澤東的意旨下，文革出現了新的方向——實質上是質疑和挑戰前十七年體制的方向。這是文革與中共過去歷次運動的最大不同點。

為什麼會出現這樣一個不可思議的新方向?這是至今仍然聚訟紛紜的疑點。

「反權威的悖論」

確實，就文革而論，毛的面孔並不是單一的。在不同時段，不同場合，毛呈現出不同的面孔，它是雙重甚至是多重的。通觀文革全過程中毛的言行❷，有理由認為，毛的意圖的確具有某種複雜性。事實上，旁觀者對毛的感受也呈現了複雜性。

王紹光先生曾在一篇文章中認為❸，權力鬥爭不足以解釋毛的動機，他認為毛打垮劉少奇可以不費吹灰之力。筆者並不以為毛能很輕易搞掉劉，畢竟，毛的公開的崇高地位同黨內高層的知情程度及其運作機制是並不能完全劃等號的。

但是我仍同意，毛的動機絕不僅僅是清除幾個政治對手而已。從毛的言行看，無論是對自己在歷史上的地位，還是對自己的智力和德行，毛的自我期許是極高極高的。

毛在晚年曾批評中共大官僚們：「做大官了，要保護大官們的利益。他們有了好房子，有汽車，薪水高，還有服務員，比資本家還厲害。大官們壓人，但是小官、學生、工農兵，不喜歡大人物壓他們，所以他們要革命。」類似的話，毛還講過多次。

聯繫到毛的文革舉措，它容易預期的翻天覆地的社會震盪後果，可以合理地假定，發動文革的動機，除了權力鬥爭的邏輯對毛的要求外，毛還欲給自己增加道義上的分量。就是說，在翦除其政治對手這一現實的目標之外，他還欲賦予自己以崇高的道義形象。毛為自己設定了一個更高

❷《毛澤東思想萬歲》，北京，一九六七年三月。另：文中所引毛本人的講話、文章和詩詞，皆見於中國出版的報刊和書籍，大量重覆，人所共知，茲不贅注。

❸《二十一世紀》總第三一期。

的不可能實現的野心：既要作為一個國家體系的最高統治者，同時又要作為受該體系壓制的下層階級利益的代表者。一身而兼二任，既是民粹主義者又是極權主義者。這恐怕是人類歷史上未曾有過的角色。而毛確實是以這種「首創者」的角色自命的。毛的這種近乎瘋狂的自我期許，如果不聯繫到他的巨大輝煌的事功，是不可能理解的。毛以一個農家子而橫掃天下，取得神器，其前半生的驚人成功使其飄飄然，無限地膨脹了他的自我估價。他所謂「可上九天攬月，可下五洋捉鱉」正是其「無所不能」心理的寫照。而成為「世界歷史上第一人」的幻覺目標在這種心態下是順理成章的。我以為，這是理解毛在文革中一系列矛盾怪誕行為的鑰匙。

如此，誕生了一種怪異的文革式「反權威」邏輯：以一個最高的權威為憑藉並在其支持與庇護下的反（次等）權威的運動。然而這一最高權威並非上帝，他有自身的利益和七情六慾，無法抗拒插手人間事務並裁決是非的誘惑。因此，難免隨勢遷移，變幻無常。鑒於此，文革式「反權威」者們的命運並非自身所能決定，而是一開始就被注定了的，即「政治犧牲品」的宿命角色。而就毛氏「反權威」而言，它內含先天的邏輯悖論，即，一個體制的主要締造者和象徵符號起而號召反對該體制。由於其中所固有的非自然性和矯偽性，注定使其不可能真正貫徹到底。

讓我們極其簡單地掃描一下毛在文革中起伏不定的基本行止。

從一開始起，在他鼓動學生「炮打司令部」、「反對資反路線」，明顯地要全面摧毀原十七年的官僚體制的同時，他又預留一手，把軍隊排除在運動之外，親自制止「反軍亂軍，毀我長城」

的造反，精心地欲維持原十七年體制的最主要支柱——軍隊；

從他在六六年怒斥劉鄧工作組「五十多天資反路線」的白色恐怖，慷慨激昂地聲稱「鎮壓學生運動的都沒有好下場」，到後來的六八年八月，他自己又把工宣隊、軍宣隊派駐進校，使群眾運動嘎然而止，並於之後開展「清理階級隊伍」和「一打三反」運動，使類似六六年「五十多天資反路線」的恐怖時代重新降臨。（事實上，六八年八月之後，毛已在致力於恢復體制，而這期間被納入新體制的極少數作點綴的「造反派」，如王洪文等，已完全成為新的既得利益者的「官」，成為新體制的主流（左派）。因此，這之後中共上層左翼和右翼之爭，與反資反路線時造反派與當權派的鬥爭的性質已完全不同。）

從他極為借重並與各地造反派紅衛兵和中央文革筆桿子王關戚等聯手反官僚，到後來，又把王關戚打入冷宮並把「小將們」放逐農村；

從他怒斥陳毅、譚震林等老軍頭們為維護原體制而發起的「二月逆流」，到後來不得不親赴陳毅的靈堂弔唁哭喪，把「二月逆流」的老將們再次扶上高位；

從他把林彪抬到嚇人的高度並寫進憲法，到後來為安撫老軍頭和高幹而戲劇性地搞垮林彪；

從他打倒原體制的重鎮劉少奇鄧小平，後來又重新起用鄧小平；然而，到反擊右傾翻案風時，又再次批鄧並罷黜鄧小平。……

所有毛的這些來來回回，反反覆覆，都源於那種「體制的主要締造者和象徵符號號召反對該體制」所固有的非自然性、矯偽性和不徹底性。

上述根本矛盾也就是毛被他自身點起的一把火弄得左右支絀，在文革中起起伏伏，艱難地玩弄平衡的內在原因。

其實，毛那個自命不凡的頭腦恐怕一直就沒有想清楚的是，他批判大官們享有的「比資本家還厲害」的特權，反求諸己，他自己的特權更是有過之而無不及。毛自己正是「最大的官」。沒有跡象表明他對此曾有過哪怕是絲毫的自我反省，更別說自行放棄這些特權了。而且，簡單的事實是，如果沒有那些「官」們，他本人如何可能當上「最大的官」？沒有這個體制，他什麼都不是，不過湖南一教員而已。全部問題在於，他既要保有體制所賦予自己的最大利益，又要享有體制的受壓者的衷心擁戴。這是在做一道注定無解的習題，從較長期的觀點看，「熊掌與魚，二者不可得兼也」。

就思想內涵而言，毛的那一套簡陋的烏托邦，其想像力從未超出「延安精神」、「桃花源」、「井田制」、「五斗米教」乃至老子的「小國寡民」和孔子「大同書」的範圍，而且漫無系統。但是由於他享有的巨大權力，這一粗糙的理想居然影響了幾億人長達十年的生活，並造成無數生命財產的毀滅和社會價值系統的崩潰。這在歷史上是絕無僅有的。

誠然，毛也不是沒有自己的創造的。他的創造在於，文革的運作方式在一段時期內使他與列寧創造的黨控制社會的運作方式有了重大區別。列寧式主要依賴組織的網絡逐層逐層地下達並控制各級社會，毛則是沒有中間環節從最高層通過廣播報紙文件直接下達基層，是高度意識形態化的。即是說，列寧主要靠組織，毛文革主要靠宣傳。列寧方式有很大的強制性，毛方式則有很大的煽動性，並且，在一段短暫時期內，賦予了下層民眾以解放感。

但是，文革後期（一九六八年夏天之後），毛向列寧方式的復歸，表明他的新方式無法長期操縱控制社會，無法建立起一種持久的新秩序。離開過去長期培植起來的得心應手的黨組織網絡，他無法穩定新體制和新秩序。最後，不得不向他過去建立的舊秩序投降。

他的被看做是臨終遺言的話談到其一生中所做的兩件事：一是打贏內戰建立中共政權，二是發動文革。前者是確立體制，後者某種意義上正是搞垮該體制。他認為前者受到（黨內）擁護，後者則（黨內）擁護者甚少。這表明，他耿耿於懷一直縈繞和困惑其晚年心靈的，正是這兩項相互矛盾的遺產。他無法二者兼顧。文革期間，毛一直在他的這兩項遺產中搖擺、平衡，一直到他的去世前，上述難解的心結仍在折磨和困擾他。

毛的一系列操作平衡權術的過程，雖然使他能永遠保持最高的地位，而免於被任何一個政治派系所挾持，所取代，但也並不是沒有代價的。實質上，這一過程消耗掉了他過去積累起來的龐大的政治資源，磨損並消費掉了左右兩翼的忠誠情結，黯淡了他曾經擁有的理想主義神聖光圈，揭開了他及中共所建立的道德價值系統的虛偽性，損傷了共產主義意識形態的信譽，促成了整個社會的政治幻滅。上述那些派別由於反反覆覆的被利用然後又被拋棄，由於毛玩弄權術過於明顯，長此以往，甚至引起了雙方的共同怨恨。

另外，任何「反權威」的思潮（毛啟動的也不例外），本有其自身的尋求其終點的內在動力。一旦把「反體制」的造反狂潮放開閘門，儘管施加了諸多限制甚至殘酷的鎮壓，但潮流仍將流向自己的邏輯終點：最終走向反「最高權威」。

事實上，六四天安門事件就是其邏輯後果。這正是始作俑者毛的初衷的反面。

從上述幾方面看，他的「一身而兼二任」的狂想嘗試都悲慘地失敗了。

文革「遺產」：「逍遙派」及其他

文革，對於中共統治集團而言，猶如一列大體沿著史達林式軌道行駛的列車突然被拋出了軌，產生了存亡繼絕的重大危機。這就迫使它重新調整，尋找方向。在此痛苦的過程中，他們發現了過去（十七年體制）的謬誤，同時，也發現了若用極端的毀壞秩序的方式將導致的更大災難。於是，被迫接受唯一可行的改革方向：開啟門戶，準備進入過去曾詛咒的世界主流秩序。這恐怕是文革帶給中共的基本「遺產」。

然而，作為負面遺產，文革的經歷，也給中共統治集團遺留了烙印很深的「文革情結」，即對自發的民眾運動的極端敏感、恐懼和仇視。這也就埋下了日後不可能用妥協的方式處理類似情勢的種子。鄧小平稱一九八九年的學生運動為文革造反的再現，就是其「文革情結」悲劇性的展現。

就文革對整個社會的具體「遺產」而論，已經有不少人作了分析，如，解除了中共各級領導人「神聖不可侵犯」的魔咒；由於因果報應的普遍性所引起的文革式「政治迫害」的無人豁免，導致廢除其基礎——階級鬥爭為國策的理論；並進而導致淡化身分等級制，平反「賤民」——五類分子；「文件政治」式的「中央人治」取代了文革前的「層層人治」；「法治」和「人權」觀念在民間萌生；官方意識形態在青年中破產；一代人的啟蒙❹；……等等。筆者認為上述分析大體上仍是有效的，茲不贅述。

本文只概略補充較少被人注意的兩點，一是文革作為「政治實驗室」的功能，二是文革「逍遙派」在文革期間尤其在文革後的角色分析。

對於大多數中國人而言，文革，是作為一次「微型的」、「擬真的」政治過程的預演。其中的政治參與者，鑒於「奉旨造反」的基本格局，由於國門關閉，新聞封鎖，長期接受單一的意識形態灌輸和愚民教育，缺乏真實歷史的知識，不懂得基本的政治運作常識，因此，開初的政治操作極其幼稚，基本上是毛意圖的揣摩者跟隨者和宣傳機器的應聲蟲。

但是，據筆者的仔細觀察，在文革中，由於基本生存本能的驅使，由於對十七年來自身社會地位和利益的準確直覺，在實際的各組織和各利益群體的政治角逐中，在極其險惡的情勢下，人

❹ 參看《華夏文摘增刊》第八四期。

們對政治領悟極快，進展神速。無論是在組織、宣傳，還是在情報、外交等方面，把一種「模擬政治」變成了「政治實驗室」，馬基雅維里式的諸種政治技巧在其中自發地出現。他們通過「陽奉陰違」，對毛指示的「各取所需」和「各自解釋」，開始有了一些政治自主性，「木偶政治」逐步變成了「真實政治」。很多歷史上曾經出現過的政治謀略，開始出現在派別鬥爭中，逐漸玩起了複雜的政治遊戲。

短短幾年的政治成長歷程，某種意義濃縮了千年政治智慧的發展。文革在這個意義上培養了中國的一代政客(politician)，和大量的政治觀察家和評論家。這樣的一批人已經或正在進入中國的各級權力階梯，他們的文革經驗對其政治行為和理念顯然有不可低估的影響，清醒地意識到這一參數，對分析中國的未來路向也許是不無助益的。

另外，人們注意到一樁現象，文革之後，即所謂「新歷史時期」中，活躍於思想和文化領域的一批中青年知識分子，有相當一部分在文革中是所謂「逍遙派」。這是不是一樁偶然現象呢？討論這一問題，必須追溯到文革後期的社會狀況和普遍心態。

文革後期，經過了一場政治大幻滅，中國社會變成了一個夢想和精力都被「掏空了的社會」、「虛無主義」、「犬儒主義」出現並蔓延，所謂「看透了世事」的心態空前泛濫。這對那些文革的積極參與者，尤其如此。

另外，少數文革中紅極一時的造反派頭目以及後期進入領導機構的既得利益者，隨著運動中被整的老幹部的復出，被劃歸為所謂「三種人」而受到了清算。

這意味著，無論是主觀意願還是客觀環境，文革中的風雲人物將暫時離開歷史舞台了。然而，隨著文革的結束，另一批人將出現在所騰出來的空間。

我這裡主要所指的是在民間，即所謂文革的旁觀者——「逍遙派」。所謂「逍遙派」，主要指文革期間，由於種種主客觀原因，未參加或很早就退出群眾組織，置身於運動之外的人。

比較文革中的「逍遙派」與「造反派」個性素質，可以看出，大體上，前者偏重於思想，後者偏重於行動；前者接近於理智型，後者接近於情感型；前者傾向於懷疑，後者傾向於信仰。在不同的歷史時段，他們所起作用的大小是不同的。

在文革之後，「逍遙派」比較超然，相對客觀，其政治資源、精力和能量也沒有被耗盡。相對於其政治名譽、政治資源、精力、能量和理想都已被耗盡的文革風雲人物，「逍遙派」反而保留了某種程度的理想主義，反而因長期「冬眠」而積蓄了某種隱忍待發的精神能量，反而獲得了較多的思想、文化和政治活動空間。同時，加上在文革中冷眼旁觀，具有某種觀察距離，獲得了對文革的較少個人感情色彩的理性思考，也通過反思獲得了一些政治智慧。鑒於此，在原「逍遙派」中出現了一批新的帶獨立色彩的精神承載者。在文革後的思想和文化活動中，由於上述原因，這批人迅速崛起，成了很重要的一支力量。筆者曾作過一個統計，在八〇年代知識界的活躍人物中，

羅素（B. Russell, 1872~1970），既是一位在本世紀西方精神文化發展史上影響頗深的英國哲學家，同時，他又與中國有相對密切的關係，這在現代著名思想家中是頗為罕見的。

羅素與中國的聯繫，有兩樣事實是不能不提的，其一，是他曾在中國講學和訪問了約一年之久，當時曾在中國思想界引起了廣泛而熱烈的反響，以致中國的學者專門組建了一個「羅素研究協會」並出版了《羅素月刊》。其二，除了他的一些文章和公開演講論及中國外，他還撰寫了一部有關中國的專著《中國的問題》，系統地闡發他的中國觀，全面地討論了中國的問題及其前景。

羅素在中國滯留講學的時間從一九二〇年八月起至一九二一年七月四日止。他是甫自前蘇聯訪問返回不久即行動身訪華的，自然，這引起了他對比兩國的興趣。這一對比對中國相當有利。事實上，中國與前蘇聯帶給了他以截然不同的觀感。俄國，留給他的印象是冷酷、暴虐而無人性；而中國，在羅素眼中則是頗有迷人的風采和個性的，尤其是北京和杭州更加如此。其中原因，大體上不出下述兩方面，一是中國式的古老東方文化和人情帶給一位人文學者的溫馨感受；一是剛由布爾什維克革命奪取政權的俄國，對於言論、出版新聞自由有著史無前例的控制，這使本來同情社會主義的羅素對布爾什維克主義產生了徹底的幻滅感。

在訪問中國期間，他居留過的城市分別是：香港、上海、杭州、南京、長沙和北京。杭州在羅素筆下是「奇異的美，它座落在一個湖邊，詩人和皇帝在此生活了二千年，每一位都為它增添了迷人的成分。」❶

二〇年代的中國，被羅素形容為：「甚至是比義大利更富於人文氣息和古老韻味的地方，其景觀完全像中國畫一樣——所有的人愉悅而開朗，比我見到過的任何別的國家都更洋溢著笑聲，人們像十八世紀的法國人一樣聰慧……。」❷

在北京，羅素作了五場正式演講：㈠數理邏輯，㈡物的分析，㈢心的分析，㈣哲學問題，㈤社會結構，其名聲之大吸引了約一千五百人聽講，其中包括後來支配中國命運的毛澤東和周恩來。

除了上述的正式安排外，他還作了有關唯心論、因果性、相對論和萬有引力的各種講座。此外，非正式地參加的一些研究小組活動和討論會，更是不計其數。因此，若說當年在中國的知識界曾掀起過一場「羅素熱」，應當不是虛妄之詞。據筆者統計，除一九四九年之後因意識形態之故而印行的馬克思、恩格斯、黑格爾和列寧等人的著作外，似乎還沒有一位西方思想家的著作譯成中文的數量超出了羅素的。

羅素的訪問，主要集中在北京大學和北京師範大學，當時是應梁啟超等邀請由中國進步黨的領袖資助的。在羅素看來，該黨黨員政治觀點五花八門，基爾特社會主義、民主社會主義、資本主義、共和主義和君主立憲觀點……，應有盡有。本來進步黨的領袖希望羅素的講演能強化他們自身的政治立場，但是由於羅素仍殘留有某種親社會主義觀點，（雖然他對蘇俄反感，但並未引起

❶ Ronald W. Clark, *THE LIFE OF BERTEAND RUSSELL*《羅素生平》, New York, 1976, p.387.

❷ 同上書，頁三八七。

廣泛注意）。因此，總體來說，除了自由主義者欣賞其觀點外，左翼政治力量也對之相當歡迎。

在離開上海返國前夕，羅素在其最後的講演中告誡他的中國朋友：「你們將不得不經過類似俄國的共產黨獨裁的階段。」❸此言竟一語成讖，不幸而言中了中國自那之後七十年的歷史悲劇。

羅素論中西文化

雖然，羅素的訪問講學曾在中國知識界引起一時風潮，然而他對中國的較持久影響卻主要來自他的著述。譬如，他的《西方哲學史》中譯本在中國人文學科和社會科學知識界，幾乎是人手一冊，其廣被翻譯的著作，是他與中國知識分子精神交流的主要渠道。

當羅素以一位現代西方哲學家的眼光來觀察中國時，典型地表現出了他的長處與弱點，其長處是尋根究底，透辟深入，眼光敏銳，直覺準確，別具一格，對中國的基本特徵及其問題有驚人的洞察力。其弱點是對中國文化的細緻精微處尚不夠了解，有時不免失之草率粗疏。同時，他亦強烈地受到他所身處的歷史情勢（第一次世界大戰恰正結束）的影響。從而減弱了他對中國文化內蘊的某種血腥味的感受。從他把中國文化推崇為和平主義的典範即可窺其一斑。

羅素在一九六五年重印其專著《中國的問題》的序言中指出，雖然該書寫成並出版於一九二

---

❸ 同上書，頁三九五。

二年，但他自認對中國問題的論斷在主要的方面四十多年後仍是適用的。他自己特別欣賞書中有關傳統中國的特徵與西方強國特徵的對比的部分。鑒於此，本文亦重點介紹並討論羅素論及中西文化對比的觀點。羅素深恐源遠流長的優美的中國文化被當下的一些過眼煙雲的暫時性歷史需求所吞沒，這恐怕是他特別注重中西文化對比的原因之一。他在書中的〈中國的展望〉一章中披露了他的這一憂慮。

> 中國的問題不僅是政治獨立的問題，文化的獨立至少也與政治獨立同等重要。我在本書中試圖表明，中國人確實優越於我們。然而，倘若他們為了保存自己作為一個民族生存下去而不得不降低到與我們的文化相同的水準的話，無論於他們於我們都不是好事。因此，在上述意義上，折衷是必要的。除非他們在一定限度之內也採用我們的一些邪惡手段，否則，我們就不會尊重他們，並且他們自身將會日益嚴重地被外國欺壓。但是（折衷）的目的，是在足夠維護安全的最小必需限度內保持（文化的）這一進程。❹

很不幸，實際的歷史進程並未走向這種折衷。羅素離開中國不久，中國這只大船就被某種激進主義的浪潮而掀翻了。羅素曾特別指出：「日本人曾經接受了我們的短處又保留了自己的短處，

---

❹ Bertrand Russell, *THE PROBLEM OF CHINA*（《中國的問題》）,London, 1966, p.241.

但願中國人作相反的選擇，保留自己的長處且吸收我們的長處。」❺可惜，中國人步了日本的後塵甚至猶有甚之。同羅素的期望相反，很不幸，它吸收了西方的短處——非主流的、已被歷史證明為烏托邦的共產主義；而保留了自己的短處——專制主義的人治的政治統治形態。這兩大短處的結合釀成了中國的現代文化悲劇。

這是歷史的劫運。

當然，這種悲劇同羅素這類西方知識分子並無太多關聯。而他有關中西文化的某些論述至今仍是不乏其啟人深思的成份的。

作為一位著重語言分析邏輯的哲學家，羅素為了避免無謂的爭論，在進行文化的比較時，首先確立了自己的標準，他指出，我們應當首先確定：「什麼是終極的價值？什麼東西可以使我們斷定，一個社會比另一個更為可取？我們最為期待的世界的終局是什麼？」

羅素認為，作為最基本的價值取向，人們對上述問題的答案，可能各自不同，而且無法爭辯。就羅素自己而言，他認為，知識、藝術、友誼、愛情這些自給自足，不假外求的種種幸福是最值得重視的基本價值。

以上述標準衡量，羅素認為，由於工業主義，由於高度壓力的緊張的生活方式，西方業已喪失了源自本能的幸福和生活的愉悅，而這些最重要的普遍的善，在當時中國仍然存在。

❺ 同上書，頁一九四。

此外，對一個群體作價值判斷，羅素認為，我們不僅必須考慮其中存在多少善和多少惡，同時也須考慮它在促成自身的善或惡的過程中對其他的（社會）群體造成了什麼樣的（善或惡的）後果。他說，就這一方面而論，當時的中國同樣優越於西方。

鑒於上述，按照羅素的判斷標準，他認為中國文化優於西方文化。

這裡的判斷，潛在地受到了第一次世界大戰對西方文明精神上的打擊的影響。羅素不自覺把目光投向了當時尚稱孱弱的東方，並把它同弱肉強食野蠻征伐的西方列強作了對比，其同情心的取向是可以理解的。此不獨羅素然，就是中國向西方學習的思想家們，如梁啟超等人，因第一次大戰的影響，對西方文明也產生了幻滅感，從而形成二〇年代初的時代「傳染病」。

但是，羅素在這一方面並未走向極端，尤其是在他歸國前夕，他已經較清醒地意識到他在中國的本身的處境，體驗到了那種孤獨處身於億萬中國人群的無邊海洋中的那種無可逃遁的感覺。感覺到了欲改變中國惰性特徵的人們的那種深刻的無力感。這一體驗增加了他後半生對中國的感情的複雜性。但儘管如此，總體而言，終其一生，羅素都並未喪失對中國文化的欣賞態度。

一如他慣常的思考方式，羅素在從事中西比較時首先追本溯源。他極概括地指出：

西歐和美洲在實際上享有共同的精神生活，溯其源有三：㈠希臘文化；㈡猶太宗教及倫理；㈢來源於現代科學的現代工業主義。我們可用柏拉圖、《舊約》和伽利略分別代表上述三種因素。直至今日，這三者仍然停留於分離狀態之中。我們從希臘人那裡獲取了文學、藝術、哲學、純粹數學以及我們的社會觀中比較文雅的成份。我們從猶太人那裡獲得了被友善地稱之為「信仰」的迷信，道德熱忱和原罪概念，宗教不寬容及部分民族主義。我們從運用於工業主義上的科學中獲致了權力及權力意識那種自命為神的信念，及我們可以作為非科學的種族的生死仲裁者。同時我們也從科學得到經驗方法，從中我們獲得了幾乎所有的真正知識。我認為我們思想的大部分都可以用這三種因素來解釋。

除開希臘曾經間接地影響過中國的繪畫、雕刻和音樂之外，上述三種因素中的任何一種在中國的發展歷程上都沒有發揮過重要作用。自有史以降，中國屬於大河帝國。由於埃及和巴比倫對希臘和猶太人的影響，同屬大河帝國的埃及和巴比倫曾對我們文化的起源有所貢獻。猶如肥沃的尼羅河、幼發拉底河和底格里斯河的沖積泥土曾經孕育了埃及和巴比倫文化一樣，黃河也孕育了早期的中國文化。甚至在孔夫子時代，中華帝國也不曾跨越黃河南北。然而，儘管中國人同埃及與巴比倫人在地理環境和經濟上有相同之處，但在思想上卻相差甚遠。公元前六世紀的老子和孔夫子業已具有了我們認為的那些現代中國人的特點。因此，認為經濟原因決定一切的人要解釋古中國人、古埃及人或古代巴比倫人之間的差異是無能為力的。就我而言，我也無法提供其他的理論。即使在今天我想科學也不能完全解釋一個民族的特性。氣候和經濟環境能說明部分，但不能說明全部。這可能在很大

的程度上取決於在形成時期出現的支配性人物的特性，如摩西、穆罕默德和孔夫子。❻

羅素在這裡特別強調了中西文化的差異，指出了雙方的那些不可化約的基本特性，這是有其洞見的，並且這一洞見對後來的研究者具有持久的影響。但是，這種對於差異的過分強調有可能墜入某種陷阱，導致一種「共同人性虛無論」，即在各不同文化的個體之間漠視任何共同的人性存在，從而誤導了對各文化歷史進程的判斷。讓我們看一下羅素的如下描述就清楚了。

中國自豪得不屑於打仗

> 應當說，我們文明的最顯著的長處在科學方法，而中國人最顯著的長處是其人生目標的概念，希望在於這二者合為一體。
>
> 老子曾把道的運行描述為「生而不有，為而不恃，功成而弗居。」我認為我們能從這些話裡發掘出沈思的中國人的人生目標，我們必須承認它們非常不同於白種人為自己設立的目標。在西方，無論個人還是國家，人們追求的是享有、專斷和支配。……老子要我們

❻ 同上書，頁一八六～七。

放棄的三者之一——享有——顯然是一般中國人所珍惜的。就一個種族而言，中國人是貪財的，……但是，在另外兩種邪惡，專斷和支配方面，中國人優越於我們。白種人有更強烈的支配別人的欲望，而中國卻有不想統治他人的美德，這一美德很能說明中國何以在國際上如此虛弱，雖然一般人常常只用政治腐敗及其他原因解釋這種孱弱。如果世界上有任何一個國家「自豪得不屑於打仗」的話，這個國家就是中國。中國人天生具有寬容和友好的態度，對人彬彬有禮，也希望他人有禮貌地回報。倘若中國情願，他們可以成為世界上最強大的民族，但是，他們只求自由，不願統治。別的民族若強迫他們為自由而戰，這並非是不可能的，倘使如此，他們將失掉上述美德而愛好統治。今天，雖然他們的帝國已有二千年的歷史，然而他們對帝國式的統治的愛好卻異常微小。❼

對比一下羅素說這段話之後七十年的現在，很顯然，羅素所描述的那些中國人的特性大部分已不復存在或非常不明顯了。一旦進入了一個國際共同生活體，人性的根本相同的一面就會展現出來。當然，這並不是由於羅素個人的缺乏某種預見能力，事實上，恐怕在七十年前，沒有人會預料到，中國人的政權，作為一個整體，在本世紀下半葉會變成為一個如此窮兵黷武，蔑視基本人權，為維持自己的統治而不惜做出一切駭人聽聞的血腥罪行的國家。這件事只是特別彰顯了各

---

❼ 同上書，頁一九四～五。

種文明各個民族在人性方面的根本相似的方面。

不過，應當承認，羅素在欣賞中國文化的美麗精緻之處時仍是有其獨到眼光的。雖然，他並不諱言。

我必須坦白承認，我不能欣賞孔夫子的長處。他的作品中充滿了禮儀的細節，他主要關切的是教誨人們在各種多樣的場合下正確的行事方式。❽

儒家是一種純粹倫理體系

就羅素而言，這種態度是不難預料的，它實質上正好反襯出了羅素本人的立身處世的基本立場。但是，他仍未讓這種立場影響了其對孔夫子的客觀估價：

但是，倘若人們把孔夫子同其他時期和種族的傳統宗教導師們作比較的話，人們就必須承認孔夫子的巨大長處，縱然它們主要是消極的。他的體系，正如他弟子們所發揮的，

❽ 同上書，頁一九〇。

是一種純粹倫理體系，不含有宗教教義，它未曾產生強有力的祭司，也未曾導致迫害。這種制度曾經賦予整個民族以優雅的儀態和完美的禮貌，中國人的禮貌不僅僅是習慣上的，即使其在不可預料的情勢中也是可資信賴的。並且，中國人的禮貌不限於某一階級，它甚至也擴展到了最下層的苦力之中。當人們看到中國人以一種沈靜的尊嚴回應白種人的粗暴時，那是令人羞愧的。他們不願以以牙還牙的方式來表現自己。歐洲人往往視之為軟弱，其實那是真正的力量，憑藉這種力量，中國人征服了迄今為止的所有征服者。❾

羅素對中國文化中那種沈靜的尊嚴的體驗使他窺見了這種文明的高貴之處，並且他也注意到了這種特質不僅存在於倫理上，也顯示在藝術中，乃至泛化到了中國人精神的所有方面：

中國的詩歌表面上似乎缺乏激情，但那其實是源於極其含蓄的內涵。他們認為明智的人應當永遠保持鎮靜，雖然他們也有其激情的片刻（其實中國人是易於激動的民族），但是他們不希望在藝術中把它化為永恆，因為他們視之為病態。就我所知，那個導致人們喜歡強烈感情的浪漫主義運動，在中國文學中並無類似的對應現象。他們的古樂有些是極其美麗的，聲音微弱，若隱若現，虛無漂渺。在藝術上，他們的目標是美妙，在生活上，則是

❾同上書，一九〇。

合理。中國人不喜歡野蠻而強有力的人，也不喜歡不委婉的激情的表達。在西方那種較為喧囂的生活之後，人們無從發現中國人所追求的效果。然而逐漸地，他們生存方式的美麗和尊嚴日益彰顯，因而，在中國居住得最久的外國人最愛中國。⑩

鑒於羅素的上述對中國文化的基本了解，鑒於羅素在第一次世界大戰之後對西方文化的深切失望，以下他有關中西文化對比的總結性的意見也就順理成章，易於索解了。他寫到：

我認為中國人的寬容超出了歐洲人在其故鄉的經驗中的任何想像。我們想像自己是寬容的，那只不過是與我們的祖先相比。但是，我們仍然實施政治和社會迫害，並且我們堅信我們的文明和生活方式都遠優於任何其他文明及其生活方式，因此，一旦我們遇到中國這樣一個民族時，我們深信我們所能做的最仁慈的事情就是使他們變得與我們相似。我相信這是極嚴重的錯誤。對我而言，一個普通的中國人，即使窮困潦倒也比一個普通英國人更幸福，因為中國（文化）是建立在一個比我們更有人性更文明的人生觀上。繁忙和征戰不僅引起明顯的罪惡，並且令我們的生活充滿著缺陷使我們不能享受美好的事物，幾乎使我們喪失了沈思的美德。在這一方面，近百年來我們的狀況是日益惡化了。我不想否認，

⑩ 同上書，頁一八九～九〇。

中國人在另外的方向上同樣走得太遠了；有鑒於此，我認為中西文化的接觸對雙方都會是富於成果的。他們可以向我們學得最小量的必需的效率，我們則能向他們學習一些沈思的睿智。在其他所有的古老國度都滅亡了後，這種智慧使得中國延續下來了。

當我去中國時，我是去教課，但是，與時推移我在教的方面想得越來越少，而在（向他們）學的方面卻越想越多。我發現長住中國的歐洲人中，這種態度是尋常的；但在短期居住和賺錢的歐洲人中，這種態度卻是頗為稀少的。他們之缺乏這種態度是由於中國人不擅長我們所醉心的價值——軍力和工業。但是，那些重視智慧和美的人，乃至單純地享受人生的人，他們在中國發現的這些東西，比在紛繁而忙碌的西方要多得多。住在一個重視這些價值的國家，他們將非常幸福。我深願我能希望中國能把他們那巨大的寬容以及沈思寧靜的心境贈予一些給我們，以作為對我們的科學知識的回饋。⓫

評論頗多盲點

綜上所述，我們不難窺見羅素的中國觀的基本輪廓。無疑，他對中國文化總體上是欣賞的，

⓫ 同上書，頁一五七～八。

當然，它賦有強烈的西方學者的眼光和色彩，同時亦受到本世紀初葉的世界歷史情勢的顯著影響。他的反戰的和平主義觀點籠罩了全書，支配了他對中國文化的看法，使後者蒙上了更多的詩意色彩。

不容諱言，羅素的觀察有相當部分的盲點和表面之處。當他認為儒學不過是些有關禮儀細節的一套規範時，我們不難想見他所熟悉的儒學經典的範圍。對於具有相當思辨特徵和形而上意味的程朱陸王等一系列宋明理學的發展，如果他不是全然不知，起碼也是知之不多的。而如眾所周知，宋明以來上述新儒家所深入發揮的所謂「心性之學」，實際上已成為中國文化的重要核心。對此缺乏了解，是難免對中國文化的判斷產生粗疏和草率的缺失的。

同時，由於缺乏在中國社會中對該文化進行長期體驗，不可避免地，羅素的看法有時也就難於深入和真切。誠然，如其所見，中國文化表現出平和、沖淡、優雅的一面，然而，倘若更深入地考察，將發現上述特質並非純粹導源於這種文化的獨特本性。實際上，這與中國社會長期缺乏某種正常的、規範化的情緒宣洩渠道有關，同時，與之相關的還包括這種非正常性所造成的某種「喜怒不形於色」的文化特性。究其實際，中國人乃至中國文化精神中長期備受壓抑的憤懣、狂熱，在「怨而不怒」的文明外飾下，給人以某種平面感，甚至看來缺乏內在深度。但是，一旦出現了宣洩的某種歷史機會，其勢將如山洪迸發不可阻遏。經驗表明，這種「久抑而突爆」的宣洩方式常常具有極強的破壞力，而罕有凝結成深刻永恆的精神成果的可能。中國現代史上泛濫的某種「義和團情緒」及其「畸形產兒」：五〇年代「超英趕美」的「大躍進」以及六〇年代的「文化大革命」都是這種無從宣洩的文化在其閘門驟然開啟後所發生的怪異現象。這是本世紀初的旁觀者羅素所無法預料的。

另外的一點，涉及羅素所津津樂道的中國人的「寬容」。其實，觀察歷史，我們不難發現，在中西比較中存在一種所謂寬容的「歷史悖論」。

中國寬容共處的宗教觀

誠然，如羅素時常強調的，西方基督教文化在精神傳統上是頗不寬容的。這不僅表現在它對其他宗教或對其他理論教派的態度上(十字軍東征和異端裁判所即為顯例)，也表現在它與自然科學的長期不融洽的關係上。毋庸諱言，一部基督教史，充滿了對於異教和異端的討伐和鎮壓。即使是洗滌掉歷史學家或文學家所賦予的誇張成份，宗教裁判所的某些劣跡仍是令人悚然而懼的。

與此相對照，在中國歷史上，卻有不同的景觀，中國古代士大夫乃至一般老百姓，很多人對於儒、道、佛這三家是兼收並蓄的。作為一個重實用的宗教感不強烈的民族，中國人歷史上基本上不存在對某一信仰體系的排他性偏執狂。而作為主流學說的儒學，同其他兩家在大部分時候是能夠相容共處的。因此，人們常有所謂「三教合流」之說。

但是，怪異的是，人們如果反觀當代世界，就中國和西方國家之間的信仰自由、宗教寬容及其學術獨立、思想自由等目前情勢而論，情形恰恰相反。具有不寬容傳統的基督教文化的國家比起具有相對寬容的文化傳統的中國更能寬容地對待不同的信仰及理論體系，後者反而對於異端思想和人物正在實施舉世矚目的殘酷鎮壓。

這就是中西比較中涉及寬容的「歷史的悖論」。

若追究它的原因，人們很自然就會想到中國當下的政權形態，即中共當權者目前信奉的是某種獨斷論的意識形態，並奉之為國教，使中國成為某種現代形態的「政教合一」國家，從而杜絕了信仰和思想寬容之道。即是說，在很大程度上中國的情況是由於某種特殊的短暫的歷史階段的產物。

誠然，不容否認，這是上述「悖論」得以產生的最主要原因。

但是，這並非全部。一部中國歷史，即使在共產主義入主大陸之前，也很少出現過思想多元迸發，異彩紛呈的局面。個中原因，當然十分複雜，此處無法一一申論。但是，有兩點是無論如何難以忽略的。

第一，中國儒家的歷史傳統，一貫是強調政統和道統合一的。「內聖外王」是其孜孜以求的至善境界。因此，理所當然地，政治上的統治者與國家精神上的導師就應當是一體化的。這實際上就是中國式的「政教合一」。有鑒於此，思想上的異端自然就被當局（乃至主流社會）視之為某種政治上的挑戰，必欲去之而後快。

第二，由於在中國，「統一」的價值籠罩一切，造成了根深蒂固的一元主義傳統。所有的社會力量都必須納入這個一元化的社會體系和思想體系中，才能獲得自己的意義及合法存在的權利。因此，缺乏多元化的、各自獨立的社會力量作為不同的各種信仰的支撐者。鑒於此，即使這種一元化的思想體系本身具有不偏執、不狂熱、中庸化乃至某種程度上的寬容色彩，但是，由於缺乏其他獨立的思想和信仰體系和社會力量的競爭和挑戰，因而，必定邏輯地走回某種單調性和獨斷性，使整個壟斷性的體系走向單一、僵滯缺乏生機和不顯寬容的趨勢。

而在西方基督教文化的歷史進程中，雖然存在宗教偏執狂，但是，由於歷史演進而成的「政教分離」，政統和道統有了各自獨立的資源和支撐，基本的結構已非一元而是二元對峙的態勢；另外，即使在道統之中，由於各個教派也有各自的教義並有各自的社會力量作為後盾；尤為重要的，由於利益衝突的各派在互相對抗中沒有任何一方能最終地一勞永逸地吃掉對手，從而呈現出一種相對平衡的格局，在無可奈何之中（同時敏銳的思想家的鼓吹下），最後逐步發展出了一種宗教寬容和思想自由的歷史局面，並且被法律凝固下來。很顯然，這是一種「制度化的寬容」。

中國施與式的寬容

而中國社會上的寬容，基本上是一種「施與式的寬容」。它依賴於一元化最高統治者和精神導師本身的寬容度，涵養及其個性，予取予奪，因此是無法獲得保障的。

有鑒於此，中西文化在當代就呈現出某種個體和群體在寬容精神上的對比。據筆者觀察，就個體而言，中國人仍然大體如羅素所言，對各類信仰體系有一種寬容的或毋寧說是冷淡的無所謂的人生態度，不像西方社會的個人對自己的信念那樣執著和追求。然而就群體而言，中國社會對於「異端邪說」卻基本上沒有任何容受度，精神的空間極其偏狹和局促，而西方社會大體上能容納各式各樣的信仰體系，亦即個人堅持自身信仰及思想的權利獲得了制度性的保障，社會呈多元化狀態，並逐步內化為一種牢固的社會傳統。

綜上所述，可以簡括地說，在中國歷史上，一種本來較為寬容和中庸的學說，由於長期占據了主流的乃至壟斷的地位，由於「政教合一」，而逐步演化成了一個相當不寬容的社會。而在西方歷史上，幾股本來不甚寬容的教派和社會力量，由於在歷史上的相互競爭、相互制衡，造成了政教分離和無任何一方占有絕對壟斷地位的態勢，因在互動的歷史過程中演化出了一種制度性的安排，使社會走向多元迸發，精神容量愈益增大，成為一種現代性的寬容社會。

實際上，羅素本人，作為一位經常挑戰既存體制的思想家，之所以仍能贏得世界性的聲譽，在很大程度上正是得益於上述「制度性的安排」。

因而，在有關中西寬容精神的論述上，羅素先生顯然對上述「歷史的悖論」未能充分意識和足夠重視的。

然而，儘管如此，倘若剔除了羅素論及中國的部分過時的論點和上述缺失，他的關於中西文化對比的見解的歷史意義就凸顯出來，在本世紀開風氣之先，影響了一大批中國知識分子，至今仍是中西文化交流史上的一份精神遺產，值得重估。他提出的有些問題，現在仍在啟迪我們的思考，從而在中國現代思想史上也留有一席之地。

（本文作於一九九二年）

自我放逐：隔離的智慧和效應

冷眼回眸熱土地

太平洋彼岸的故國，一塊沸騰的商戰「熱土」。

其實，這早已不是中國的第一次發「熱」了。所謂「熱」(fever)，根本上就是本世紀中國人的存在狀態，不必大驚小怪的。

讓我們從現在起，倒溯歷史，呈現在眼前的是：經商熱，毛澤東熱，學運熱，文化熱，出國熱，回城熱，下鄉熱，武鬥熱，串聯熱，紅衛兵熱，大躍進熱，反右熱，大鳴大放熱，親蘇熱，反胡風熱，三反五反熱，鎮反熱，內戰熱，和談熱，新生活運動熱，北伐熱，軍閥混戰熱，五四運動熱，義和團熱，變法熱，洋務熱，……如此等等。各式各樣的「熱」幾乎已填充了近百年中國的各個時段，因此，稱中國的本世紀為「發燒的世紀」似乎也未嘗不可。

現在，從總體上，中國已進入了「革命退熱期」。無論對在朝和在野兩方面，都是如此。但是，革命的後遺症仍在在皆是。而革命的「瀉藥」——商業活動——卻幻化成了一元化的全民「經商熱」，即一種潛在革命狂熱行為模式的不自覺外化，令人啼笑皆非。

目前輪到「回國熱」了。

回國熱與經商熱當然是互為表裡的。當下中國商機四伏，錢潮滾滾，只有智商不足者才想不到回去弄潮淘金玩玩，因此登機返鄉者，絡繹於途。

頓時，紅眼病在我輩之中痛苦地氾濫開來了。

然而，紅眼病患歸患，起碼的一點自知之明還是有的，你不是那塊料，就安於自己的本分吧，別去想天鵝肉了。況且，倘要歸國，現實的問題是，中國大陸目前能否從事你的本行？就社會科學、人文學科和藝術創作而言，前景之不美妙已駭人聽聞。是否有必要再去增加一個實例呢？無可奈何，唯一的出路是：繼續飄蕩，隨遇而安。自我放逐的族群由是依然故我，無動於衷。且並未減弱其浩蕩的勢頭。

當然，公平地說，這一族群的出現也不純粹是出於被迫，從根本上說，仍是對生命方式的自我選擇，對於一個高熱的環境，如果陷身其中而不具備超凡的力量，是無法確立自我的。因為，所謂「熱」，就是喪失自我，就是被某種自上而下或自下而上的大眾化的浪潮所裹脅、所淹沒，消泯獨特的個性和創意。

這就需要隔離的智慧，離開那一片「火熱的生活」：自我放逐，遠隔喧囂塵緣；逍遙海內，游於精神之境；放浪形骸，遁入九天之外；率性所為，尋找生命之旨；鬆弛性靈，聆聽自我之聲。

無庸諱言，筆者異常尊重甚至嫉妒那些在商業中縱橫馳騁的天才。他們作為中國的「當代英雄」，將進入歷史，這是沒有疑問的。問題是，並非所有人都賦有此類天才；同時，一個正常的社會也不需要所有成員都去經商。倘若那樣，豈不畸形且滑稽？

人生的最大智慧之一，就是找到自己的恰當位置。這當然是一件不容易的事，但這還不是最核心的關鍵；關鍵是必須自己去找，而不是隨波逐流，與眾意共起伏。只有自己獨立地追尋，在冥冥的上蒼的安排下，社會才可能各得其所，各就各位；呈現出五彩繽紛絢爛的景觀，從而多元迸發，創意迭迭。否則，將難以避免一個單調一元社會的重返。

因此，在某些時刻，經過獨立判斷，作出自我放逐的選擇——離開無所不包的政權體系或逃離席捲社會的熱潮——乃是對自我人格的尊重。

事實上，這種自我放逐一直就存在，只是今天愈演愈烈罷了。

甘避「富泰」流大洋

自一九四九年以來，經過一九六二年（逃港潮），再經一九七九年開門，特別是一九八九年事變以後，中國人和中國文化進入了一個大規模的流亡時期。從廣義上來說，臺灣和香港這兩個與大陸不同的中國文化變體，就是第一次和第二次大流亡的產物；而一九八九年之後在北美、歐洲和澳大利亞的中國人，特別是其中的知識分子群體的迅速擴張，則標示著某種新的海外中國文化群體的出現。

這是一種在地理上隔離的中國文化的重建過程，它已經產生了並將繼續產生中國文化的不同形態的變體。而這些變體對於中國文化的發源地——大陸的互動關係，已經日益清晰地進入人們的視野了。典型的例證是，人們已確認，如果一九四九年解放軍渡海成功，攻下臺灣；同時強行收回香港，則今日之中國之悲劇真不堪設想。這就是說，臺、港和大陸的鼎足而三，相互競爭的這一格局對中國人的生存方式和中國文化的未來形態，已經和將要產生極其深遠的影響。這一點，連鄧小平也是承認的，他所謂要造十個香港的大話就是明證。

因此，與北京的幾位少壯要員的「中國大陸是全體中國人唯一的家園」豪言壯語不同，事實上，中國大陸之外的不少風水寶地現在已經成了中國人的家園。花果飄零的炎黃後裔，在地球的各個角落獨立繁衍生息，逐步壯大擴展，已成為賦有中華文化特徵的族群社會，並開始發射出自己的影響力了。因此，有意義的命題應為，「只有臺港與海外中國人的存在與影響日益顯赫與強大，大陸中國人的生存才可能日益改善」。

中國社會的發展需要一個強大的社會之外的力量。歷史證明，沒有這種社會之外的力量，靠中國內部的力量互動消長，由於一種強大的趨同化慣性，社會便不斷地複製自己的歷史，不斷地惡性循環，走不出那個宿命的歷史死胡同。

近代史還表明，這種社會之外的力量，倘若是由熟悉該社會的成員構成，而非僅僅是外國人族群，其影響力將更為深遠。魯迅曾言，由於從舊營壘出來，往往能擊中要害。自是深有體驗之論。

鑒於此，自我放逐的中國人的存在，對於母國同胞而言，並非是六合之外、毫無關聯的。其所以相關的原因，舉其犖犖大者，計有：

首先，由於大陸之外中國人的社會和群落的存在，它們與大陸之間就必定產生經濟、政治和文化學術方面的交流和競爭，產生某種制衡、比較和示範效應，從根本上說，這種效應對大陸的影響是正面的。

其次，現代流亡海外的中國人與歷史上（從十六世紀到十九世紀）的流亡者有很大的不同，如余英時先生曾指出的，早先中國人到南洋的流亡，是一個非政治化（depolitical）的過程，而今天的流亡者則有相當的政治原因和訴求；當初的流亡者，大多是做生意或是勞工，今天的，則多是去留學或交流，或是政權整體流亡，多是知識精英或權力精英，與過去的流亡者文化素質相差很大；當初的流亡地，是南洋等不發達地區，今天的人們，則湧向現代性強的發達國家；當年資訊和交通極不發達，如今則是「地球村」，交流快捷。因此，歷史上的放洋者與當今的海外中國人群體，在對故國的影響上，是絕不可同日而語的。

第三，無論是在政治剿滅文化的毛時代，還是如今商潮淹沒一切的鄧時代，海外中國人社會和群落的存在，對於保存中國文化（特別是其中的精緻文化）的命脈，對於它的存亡繼絕，乃至發揚光大，意義顯然十分重大。

第四，歷史表明，中國統治者的一個牢不可破的傳統是，對於本國子民，或頤指氣使，或愛理不理，甚至，殘民以逞，視為家奴。但是，一旦你不屬他管轄，成了外國公民，你就成朋友了，他們必恭必敬，唯恐不周，那副前踞後恭的神態，直令人噴飯。因此，要愛中國，必須先變成一個非中國人。只有通過自我放逐，變成外人，你的話才有人聽，你的壓力才起作用。這種「曲線救國論」雖然荒誕，卻是痛苦的事實。

在某種意義上，自我放逐這一選擇及其潮流的日益洶湧，也是對一種廣泛流行的對中國人的觀察的回應。這種觀點認為，中國人無非是「填肚動物」，其人權就是「充飢權」而已。然而，在大陸「錢潮滾滾」填肚不難的今天，自我放逐潮仍舊浩蕩，靜靜西流，它針對此類對中國人智商和尊嚴的汙辱，無聲無怒無氣，僅僅擲一白眼。

於此，我們不難獲知，即使是對整體中國人的生存狀態而言，自我放逐的中國人社會和群落的存在，也不是沒有意義的。他們自有其安身立命的精神基點。

筆者常在做一個夢：中國人的選擇空間空前拓展，價值取向和生存方式日益豐富瑰麗，千人千面，我行我素，各得其所，多彩多姿。則中國人的原創性將獲得充分發揮，而全社會一哄而起的「熱」將消解於無形。屆時，個人性的悲劇或將繼續存在，但社會整體性的大慘劇將不復重演了。這一夢想雖然並不輝煌，卻是可能的。而堅持自己選擇權利的人，如自我放逐者，就是這一夢鄉的追逐者。

（本文作於一九九三年）

退而結網，梳理混沌

在當今中國，廣袤的精神天空上，橫亙著兩個碩大無比的字：「等待」。

這是可以理解的。中國正處於重要轉型的「前夜」，正值歷史的膠著狀態，難有作為。除經濟外，當下可做的事不多。況且，「歷史不是日曆」，它並不均勻流駛。在有些時段，事倍功半；而在有些時段，卻事半功倍。而人所共知：「事緩則圓」。時間是偉大的魔術師，它可以解決一切歷史難題，因此，我們的祖先發展出了具有無限忍耐力的等待型智慧。

有鑑於此，「等待」、「苦撐待變」，就成了當代中國的集體潛意識。

然而，我們是否有權利把當下的時段視為虛無和空白，無所事事，坐等最後的歷史裁決呢？基本的問題在於，我們已經確定往下的前景了嗎？一部近代中國史，某種意義上，難道不正是中國人一次次的對於玫瑰前景的等待史，不正是為了未來而出讓當下權利、為了金色承諾而承擔黑暗現狀的循環歷史？

其實，從根本上說，難道任何時段不都是過程嗎？何時才算是「歷史終點」？

在此「等待」的歷史時刻，人們恐怕難以擺脫那揮之不去的「等待果陀」的意象。自從存在主義式的荒誕劇「等待果陀」在八〇年代的中國知識界一紙風行以來，它已經成了中國人存在狀態的基本隱喻。究其實，在這齣荒誕劇中，「果陀」已化為永恆，而「果陀」則已搖身一變為上帝了。而上帝之不能降臨塵世是在情理之中的。

現在，我們就有把握能等來「果陀」嗎？

誠然，客觀地說，目前，在政治層面可做的事確實很少。但是，時至今日，無法否認的基本事實是，政治已不能涵蓋一切了。只要眼界放開，越過政治那一團煙籠霧罩的黑箱，極目四望，仍然是別有洞天，亟待開墾的。即是說，在其他領域，可做的事仍然不少。

編織諸道統的網絡

《漢書・禮樂志》云：「臨淵羨魚，不如歸而結網。」筆者借用「退而結網」這一意象，並非對魚肉或「生猛海鮮」突然萌生了深遠叵測的用心。其實，「結網」本身就是一個自足的目標，完全可以「為結網而結網」。筆者借此想引出的，不過是人們常說的社會的發育、分化和成熟的問題而已，不過是指各就各位，建立自己本行的規範而已。

近代中國社會的基本問題之一，是社會的分化（特別是橫向的分化）很不成熟，很不充分。

本來，這種混沌性是向現代性過渡過程中的題中應有之義。但是，中國的特色在於，這種混沌狀態在一九四九年之後由於毛澤東的浪漫化的原始共產主義和民粹主義藍圖（毛的《五七指示》所描繪的原始村社是為典型）而加劇了。甚至走向了單調的同質性的社會。若是照毛那一套搞下去，三十六行，集於一身，中國社會就簡直沒有了職業的分殊，沒有了專業的身分，沒有了行業的區分，消滅了中間的團體，失去了所有的規範，成為一個高度同質性的社會，一個無效率的怪誕世界。

這就是在中國什麼事情都是蜂擁而起，全民捲入，而又頃刻之間煙消雲散的社會結構。

譬如，在整個社會，由於廣泛社會動員造成的慣性。過去，一句「關心國家大事」，攪起全民性「造反」狂潮，人人都成了政客。而今，鋪天蓋地的經商熱，也激盪到一切角落，個個搖身一變成了商人，偌大一個中國，已安放不下一張寧靜的書桌了。

其實，政治是一門專技，商業是一門專技。工業、農業、自然科學、社會科學、人文學科、教育、法律、體育、藝術、大眾傳媒、軍事、……各有專攻，各具規範、各司其職，都是不能隨便串門的。即使要轉行，也須遵循一定的程序，得到同行的認可。只有這樣，各行各業，各守本分，社會的運轉才不至於亂象叢生，頃刻顛覆。

當下的中國，尚未完成上述的社會結構性轉型。雖然十餘年來已開始了這一方向的歷史進程，但距離目標尚遠。以社會科學和人文學科為例，學人們痛切地感到中國學界缺乏公認的學術規範

(paradigm)、學術傳統和權威的學術評價機構。簡言之，沒有建立起深厚的「學統」，沒有評價學術水準的客觀標準。致使學界常常生產出一個個的「學術新聞明星」，倏忽而起，轉瞬即逝，徒留學苑笑柄。這種狀況，當然與意識形態籠罩學術研究以及社會對於官方教義的逆反心理有關。但是，不容否認，它與學界未能潛心退守，經營神聖的學術殿堂，即沒有建立起獨立的公認的規範、標準和權威也是息息相關的。在這樣的態勢下，瘋人的囈語和天才的創新就無法鑑別，罵遍名人以自炫的出名術和有深度具創意的批判精神也就不能區分了。如果不能淘汰雜枝敗葉，同時也就意味著無法凝固學術創造，等於取消了學術積累，從而不可能進一步往下深入，如此，學術界就充斥著各種各樣稀奇古怪的「意見」，喋喋不休、縱橫馳騁，而難於取得共識和進展。

這一點，如果同國外的同行學界相比較，其差異特別明顯。以六〇年代西方左翼青年、嬉皮士等人士為例。作為當年的反體制的前衛先鋒，他們其中的不少人，現在已經進入學術界主流，甚至成為一流學者。實際上，他們大多並沒有真正改變當年那種反體制的左翼傾向，但是，他們論證自己的反體制傾向的著作，卻是合乎學術規範的，甚至有很精緻的學術包裝。無論你反對還是贊成，你都必須按照學術界的「遊戲規則」同他們較量，左翼也好，右派也罷，大家統統都得在學術規範的籠罩之下競爭。如果你不理睬這些「行規」，人家也就懶得理睬你了。

這就是「學統」的巨大威懾力，它迫使你不得不就範。在這樣的學術競爭下，深度和創意都一步步拓展了。

在現代社會，「專業化」(professional)是一個帶有某種神聖意味的詞。倘若某人被指為做事不夠「professional」，那是非常嚴重的事。它意味著該人已喪失了自己安身立命的基地。

當然，這絕不是意味著，現存的規範和「學統」是絕對的超時空的永恆金科玉律。沒有這種永恆體。它們也是歷史性的存在物。但是，在一定的時間範圍內，它們代表了共同體的基本共識，具有高度的普遍性、穩定性和權威性。正是由於它們的存在，才保證了學術的進展和深化。甚至那些引發危機和革命的對規範的挑戰性問題，也只有在遵循規範的實踐中才能浮現出來。如果沒有規範，學術就只能在「公說公有理」的噪音中原地踏步。而那恰恰正是所謂「前科學時代」的典型景觀。庫恩(T. Kuhn)在《科學革命的結構》中已對此作了精彩的研究。

比較而言，在中國，恐怕只有在自然科學和技術領域才算是確立了自己的「學統」，有了自己的公認的「行規」，與國際上通行的規範和機構大體上是協調一致的。而其他各行呢?對不起，統統尚付闕如。

上述無規範的混沌狀態，實際上存在於更大的時空範圍。自從廢除科舉制度以後，中國知識分子的定位就混沌不清的了。這裡知識分子一詞，取國際公認的用法，即腦力勞動者中「除了獻身於專業工作以外，同時還必須深切地關懷著國家、社會，以至世界上一切有關公共利害之事，而且這種關懷又必須是超越個人（包括個人所屬的小團體）的私利之上的。」（余英時：《士與中國文化》自序）他們的一個基本特徵在於，他們並不是在既成主流體制中的操控者，而是所在的既定體制的反思者、質疑者乃至批判者，他們的位置就是在既定主流體制的邊緣，觀察、省視、批評。五四以來，由於特殊的意識形態真空和政治真空的歷史條件，中國知識分子從文化批判者很快轉變成主流文化的代言人，成為體制內的操作者，正如有些論者所指出的，「是主流文化的顛覆者與占領者一身兼二任」，開始了角色錯位。他們離開自己的學院領域，向外擴張，無視自己的批判性職責和學術規範，這種混沌狀況，造成了長期災難性的後果。

因此，各行各業在此「時鐘停擺」的歷史時刻，與其緊張地去窺測政治系統高層異動的蛛絲馬跡，不如各歸各位，「退而結網」。回到自己所屬的系統，創建自身的行規、範式和道統，使中國社會真正發育演化為結構清晰層次分明職業化程度很高的現代型社會。所謂發育成熟，意味著各領域、各系統、各行業都能相對獨立（特別是相對於政權系統的獨立），自我組織、自我運行、自生自保、自足自立。各自都有自己的獨立空間，有自己獨立的「遊戲規則」。如果經過一段篳路藍縷的創造性努力後，學術界有了自己的規範、學統，教育界有了自己的規章、道統，新聞界有了自己的準則、傳統，商界有了自己的行規、公約，……政治家（政客）有了自己依法循規的政治競爭舞臺和從政渠道（而不是全民從政），醫有醫德，師有師道，商有商法，……各就各位，各得其所，各循其規，如此，這個社會也許才能算是一個正常社會了。

當然，這裡所說的社會的各種群落、各式組織、各類行業……創建自己的規範和道統，並不意味著我們可能或者必須回到中國傳統社會的各種組織形態和規範上去。覆水難收，那是一種不可逆的過程。譬如，在學術界，人們建立的「學統」就不可能完全是乾嘉學派的「學統」。在中下層社會，要完全恢復傳統的家族宗祠、鄉黨、江湖結社、私人作坊，也是難以想像的。實際上，《民主中國》在十九期評論小說《白鹿原》文章中就已經討論了傳統社會的組織形態與現代國家建設「對不上茬兒」的問題。當下中國的機運在於，這一社會分化並發育的歷史進程是鑲嵌在當代國際秩序中的，而國際社會的主體則是已完成分化的現代社會。如此，中外相互交往所造成的促進中國的行業分化和發育的外在趨迫力，中國自身經濟和社會發展的邏輯對於社會行業分工的緊迫需求，都在催促各行各業建立自己的規範和道統。這就比關起門來從頭摸索要快捷得多、準確得多。因此，目前社會分殊的出現、發展，及其孕育自身規範的速度相當驚人，就是可以理解的了。

社會重構：從金字塔到橫向網絡

如果更進一步放寬視野，我們甚至不妨把這個問題從更為廣泛的意義來觀察討論。它實質上是從屬於一個社會內的大大小小各類群落的自組織和自律問題。這些群落可以有很不同的劃分方式，甚至不僅僅以職業來劃分，也以地域、種族、血緣、宗教信仰、年齡、性別……來劃分。所有這些劃分方式和尺度，實際上都是社會的中間組織的形成和規範問題。無論系統的範圍和領域的大小及性質多麼不同，但是，它們都共同面臨創建或延綿自身的規範和傳統的問題。以中國這樣一個人口眾多、地域遼闊的國家，如果沒有了中層的結構，消除了大大小小形形色色的中間組織，只有一個單一的控制中心全權獨攬，像毛時代那樣，利用垂直性的各級政權機構，特別是富於中國特色的政教合一的「單位制」、「公社制」和「戶口制」，「一桿子插到底」地包管如此廣袤的疆域和十二億人口，其後果如果不是驚心動魄，也是窒難呼吸的。當代中國已經充滿了太多的血腥實例，雖令人不堪回首，但卻可資為證。

自鄧時代君臨中國以來，有少數學者已經注意到了一個基本的問題：重構中國的社會中間層。中間層，實質上是一個社會極重要的「防震層」。問題在於，創建各類中間社團及其規範的條件如何？可能性多大？前已提及，國際社會的參與是一個舉足輕重的因素，就中國總態勢而言，國家能力的收縮，即政治系統對社會各行各業及各類團體的控制的削弱，社會自主性和自治性的增長，國家和社會之間開始出現的某種對峙平衡，中央和地方之間互動制衡的加強、利益的分化、權力的分享，地區差距的拉大，利益傾斜的增加，各種群體對自身利益的覺醒，中間組織建立自身道統的努力受國家干預程度的下降，都是基本的事實。一些統計數字已顯示了這一點。我們可以先從中國社團的十幾年來的勃興情況進行考查。

據一份中國社科院的城市抽樣研究報告（〈中國的社會中間層：社團發展與組織體系重構〉見《中國社會科學季刊》香港版，第六期）顯示，自一九七八年到一九九〇年，中國城市的社團組織增加了二十四倍！如果把它們劃分為官辦、半官辦和民辦三類的話，則官辦只占百分之六，半官辦占百分之七十，民辦占百分之二十四。（劃分的主要依據是社團的主要領導人有否官方身分以及經費來源如何。）這是一個很驚人的增長。按照上述趨勢發展下去，中國社會的橫向團粒網絡型結構的出現壯大是可以預期的，它將與縱向的金字塔結構達成某種勢的平衡。這正是社會中間層的雛形。

實際上，除上述社團外，更重要的是經濟結構和經濟組織方式的變化。這就是前述的中國「單位制」、「戶口制」的衰落和「公社制」的瓦解。公社的失敗已昭然天下，茲不贅述，這裡僅對「單位」及「戶口」制的命運略作回顧。眾所周知，中國大陸的「單位」實質上是政權體系的延伸，它對在職或退休職工及其家屬進行的包管和監控，從經濟、政治、思想灌輸、行為管束、道德訓導、文化教育、婚姻、生老病死，包羅萬象，無所不至。它是代表國家機器垂直監控個人的最基本的執行機構。而「戶口制」則是政權對全社會所有人口進行監督、限制和劃分等級的對於「單位制」的補充性體制。在毛時代，國家的意志，實際上就是各個單位的意志。

但是，目前的情勢有了變化。正如有論者指出的，在近十多年的歷史進程中，國家全權控制的領域逐步溢出了一部分自由流動的資源：如農民耕種的自主權和對勞力的支配權，城市中國家對資金和生產資料的壟斷減弱，外資的大量湧入，財政分灶吃飯，企業自留資金，市場提供的契約式就業機會，個體、私營和「三資」、小集體等各類非公有制企業的出現，都是這類自由流動的資源。同時，社會上也逐漸出現了自由活動的空間；如農村種植業的多種經營「自由活動空間」，集市貿易和長途販運的自由空間，鄉鎮企業和私營企業的空間，農民進城做工的空間，城市中第三產業和零售業以及電子技術等高技術民營產業的自由空間，「三資」和「特區」的自由空間，知識界起伏不定的帶民間性質的自由組合空間：編委會、研究所、書院、函授大學、沙龍以及有外資入股的雜誌……等等。如此，人們正在體制的縫隙中一步步地擠出了一個社會的中間層。

社會分化的結果，出現了各自建立自己道統的基地，這是極佳的歷史契機。

但是，僅僅有歷史的機會當然是不夠的。坐而言，不如起而行。所謂「結網」，關鍵還得靠一個「結」字。只有動心忍性，沈潛下去，梳理混沌，編織網絡，把各個「結」織得像模像樣，規範嚴密；而各「結」之間千絲萬縷，相互勾聯，互通聲氣。於是，中國社會的中間結構日益自組織化，相對獨立化，規範化，相互之間的聯繫愈益契約化，並創建或完善保障性的法律體系，只有如此，保護性的網絡才能形成，才能凝結在歷史上，這種自我組織的網絡才能抗震，而這個社會也才能從縱向的同質型的一元社會逐步轉化為橫向的異質型的多元社會。

（本文作於一九九四年）

靜養人文之氣

魂招清風賜

近幾個月來，在末世之霧瀰漫的中國知識界，驟然颳起了一股拯救人文精神的旋風。素負清名的北京《讀書》雜誌，連續三期刊載了一批上海學者的「人文精神尋思錄」對談，欲振人文精神於頹勢；此前，又有作家張承志「以筆為旗」的鏗鏘宣言，為精神信仰揚幡招魂。這陣力挽狂瀾的悲愴呼嘯，在晨鐘尚未奏鳴，而暮鼓卻已轟然的神州，堪稱異響，令人肅然。

學者們痛心疾首於人文學術的內在基礎——人文精神正在「淡薄乃至消失」，「終極關懷遠不如現金關懷那麼激動人心」，疾呼「重建人文精神」，「為人文價值建立起不亞於錢、權的第三種尊嚴。」（見《讀書》一九九四年三、四、五期）

作家則「宣布，……豎立起我的得心應手的筆，讓它變作中國文學的旗。……它具有的，是

信仰。」（見《新華文摘》一九九四年三期）

誠然，持論稍嫌老派，並非新銳時髦，然其心態，卻是可圈可點。特別是，作為對當下社會傾向的反彈，這股思潮實際上已變成一面鏡子，映射出故國業已陷入何等傖俗乃至蠻荒的境地了。

意味深長的是，有敏感者（如作家王朔）迅即對這場人文精神討論作出了反應，並提出了尖刻批評（似乎也有點沉不住氣了，看來，王朔們並未瀟灑到滿不在乎他人尤其是知識界的看法的）。在此，筆者不想諱言，自己對這一人文討論是寄予相當同情的。這不僅因為它對大陸的反智主義、拜金狂潮仍不失為一帖清涼劑，更重要的是，作為不可缺席的聲音之一，畢竟，還是出場了。

精靈的失落：昨日還是今天？

儘管如此，如果仔細思索，筆者以為，有不少問題，雖然筆談中已略有討論，但仍是值得進一步深入探究和反省的。茲略舉其犖犖大者並申論之。

對人文精神的失落，學者們是否稍有誇大之嫌？換言之，自五〇年代以來，中國究竟有過多少人文精神？其實，關於毛時代「人文精神」的存在狀況，已有討論者一語破的，指出，五〇年代「凡能生存下來的……，只能是在人文精神方面實行過自我閹割的人」。

顯然，我們不可能失落未曾有過的東西。

退一步說，即使曾經有過一點，譬如，一九七八～一九八九年中國社會的人文復甦，但由於為時短暫，乍暖還寒，故仍心旌搖搖。如此根基疏淺之人文精神，其失落是否就構成了驚心動魄的巨大反差？說到底，這是大眾消費時代才出現的新問題，還是根本就是四十多年的老問題？與其焦慮地抨擊時尚，何如冷靜地追根溯源。

因此，有學者謂：「人文精神的命題雖然是面對了今天，但這個命題本身是早已存在於整個當代史之中了。」

信哉斯言。

不可否認，目前中國的情勢，有其特殊性。不僅是意識形態真空時代，極而言之，是精神真空時代。它誕生了一個「如何填補」的歷史性課題。基督教、新儒家、佛教、自由主義、民主社會主義、新馬克思主義、解構主義、後現代主義、……各類候補填空者，在在皆是。而人們所以如此焦慮於價值承擔，終極關懷，人文精神等等，也確非空穴來風。

雖然學者們共指人文精神是懸浮於上述一切主義和宗教之上的更虛和更普遍的東西，所謂「無狀之狀，無象之象」，然而，它也不可能是沒有載體的。譬如，就美國而言，文化保守主義者布洛姆(Allan Bloom)哀嘆西方人文精神的淪落，主張恢復經典，而其他左翼學者如代瑞爾・格勒(Darryl Gless)等人則鳴鼓而攻之，指出布洛姆所主張的所謂「人文精神」的霸權性和虛妄性。從中不難看到雙方主張的根本對立，亦即各自人文精神的非一致性。你說誰代表真正的人文精神？

何來「共識」？由此看來，即使是指人文精神，恐怕也不可能是一元的。

物以類聚，人以群分，社會是分層的，精神也是分殊的。要使全社會聚焦於一種精神上，所謂「鳳凰集魯郡，群鳥從之」（《漢書・宣帝紀》），那種局面已經一去不復返了。時至今日，人們或許已經懂得了，有些衝突是永恆的。真正重要的問題都不是能一勞永逸解決的。事實上有時就是沒有利益的交集。唯一的共識就是各家各派各層文化存在的權利。自己活，也讓別人活。關鍵在於應有各自獨特的精神空間。在當代，縱橫於江湖中的各家各派，並不在一條船上，而是分乘於不同船上的。因而，各得其所，相安無事，這恐怕是更為正常的狀態。

人文精神在現代是否還能取得其庇護所？精英文化是否能在現代市場的機制中創發出自己的獨特空間（譬如，獨立的私立大學，各類獨立的研究機構，各類作為精英文化後盾的基金會，各類獨立的出版社、刊物和報紙等等）？人類還有無智慧和能力保留某種象牙塔式的精神園地？直白說，這不是理論問題，而是實踐問題。而人文精神，也不僅指靜態的現狀，更重要的它是一個歷史的過程。與其坐而論道，怨天尤人，自取其辱；不如起而自救，自尊自立，闖出你自己的天地。《民主中國》曾籲請「退而結網，梳理混沌」，及專訪鄧正來文，都是重申這一意旨。事實上，正如鄧先生所指出的，中國大陸已經有一批非常嚴肅的、把自己嚴格定位在學術研究基礎上的一批學者，而且這批學者不在少數。如果我們不去研究並嘗試可以操作的步驟，僅僅是大聲疾呼，於重建人文何補？徒然淪入「大言炎炎」的輪迴而已。當然，倘若並無自我拯救的本事，那麼，自甘認命吧。這是對一切人都平等的權利。

無庸諱言，當下甚囂塵上的消費主義，成功地變成了中國精英文化的頭號殺手。但是，正如陳平原在《近百年中國精英文化的失落》中研究指出的，這種狀態，其實是中國百年特殊的「大眾化」歷史運動的邏輯結果，也如前所述，是五〇年代以來命若遊絲的人文精神的自然歸宿，並不是常規狀態。如所周知，歐美是典型的工商消費社會，其人文精神是否已經徹底淪落？精英文化是否還有自己的空間，是否瀕臨絕境？筆者愚鈍，未能洞燭機先，只能老實地說，未必。

道統的薪傳

另外一個重要之點恐怕要特別注意：不宜混淆了知識性探究和宗教性承擔二者的界限。仔細讀解學者們的對談，可以發現，其人文精神的含義基本上是指某種終極關懷，某種宗教性承擔。這與人文學術的研究並無必然聯繫。正如我們不能認為市井百姓就不可能有終極關懷一樣，我們也不承認人文學者如郭沫若等人賦有人文精神。知識學問歸知識學問，精神承諾歸精神承諾，理固其然。但是在中國的倫理中心的文化傳統中，二者卻是極易混為一談的。傳統的中國人文學術——儒學，特別是其中的「成德之學」，就把西方的宗教性功能承擔了。它基本上不是知識性研究，而是某種意志的修煉和提純，乃至某種終極的承諾。這與歐美的學術傳統是大異其趣的。當然，人文學術的探究有助於人文精神的宏揚，恐怕也仍是不爭之議。

更值得警惕的是，作為人文學者（筆者自然包括在內），我們究竟在多大的限度內可以自命為社會代言人？我們自身的特殊利益是否潛在地進入了討論，是否影響了討論的結論。對此，必須有清醒的意識。隨時保持某種自我反省的精神，乃是至關緊要的。

無疑，每個人都身處某一具體的社會位置，從而就有其特殊的利益，這是無法徹底擺脫的「先在」。沒有誰有權利充當上帝，能夠絕對超越一切利益和視角來充任人類總體的代言人。因此，特殊的視角和利益總是不可避免的。但是，這並不意味著沒有任何途徑能夠逼近客觀性。實質上，對自身有限性的意識，以及在與其他不同背景的人的對話及同情的理解之中，我們就獲得了某種程度的超越性，一步步消解了獨斷性和狹隘性，同時，一層層逼近了客觀性和普遍性。雖然，鑒於這是一個永恆的歷史進程，因此永遠也不可能完全達到。

學者們概嘆，近代中國人文精神的所以被遮蔽乃至淪喪，原因之一在於那種精神氛圍中我們未能產生出像托爾斯泰、杜斯妥也夫斯基（俄國）、泰戈爾（印度）等具有全人類胸襟的人文精神象徵性人物。

誠然如是，我們的確沒有中國的泰戈爾、托翁、杜翁以及愛因斯坦，我還想添說，我們更沒有中國的耶穌、釋迦牟尼，這恐怕更關緊要。但是，這些都是天命，可遇而不可求。與其焦躁怨天，不如安之若素，沉潛修煉，靜靜滋養人文之氣。假以時日，或許會感動上帝，豁然降生這種人文的象徵性載體……典範式的人物，令高山仰止，景行行止，使彌漫塵世的凡俗境界獲得普遍性昇華，讓人文精神沛然充盈於天下。

但另一方面，我們仍不可忘記，中國近代也自有其本身的人文道統。從康梁以降，我們看見王國維、陳寅恪、蔡元培、辜鴻銘、胡適、李叔同、周樹人、梁漱溟、熊十力、錢穆、張君勱、張東蓀、儲安平、羅隆基、馬寅初、傅雷、殷海光、……翩翩而降，進入歷史。這一精神道統，賦有自身特殊的色彩，雖屢經橫逆，仍不絕於縷。作他們的精神傳人，絲毫無需自慚形穢。而且筆者還敢斷言，即使將來蒼天有眼，果然孕育並誕生了中國的泰戈爾，他也一定是在上述的精神道統中，薪盡火傳，滋養生長起來的。

惟因如此，《民主中國》近一兩年來，一直殫精竭慮，以圖接通這人文精神的地氣，並孜孜致力於與太平洋彼岸的同道精神交流，以便同聲相應，同氣相求，從而上承舊統，下開新流。

至於故國的那些口筆之戰，目前，大概也已漸行漸遠，煙消雲散了。事實上，大小傳統的傳承者們，人文學者們和王朔們，各從其志，各領風騷，各自都有自己的事情要做。「道不同，不相為謀」，宜效莊子之法：「不如相忘於江湖」。

（本文作於一九九四年）

儒家譜系・自由主義

——與新儒家杜維明先生對話

社群：「三綱」、「五倫」與合法程序

陳：杜先生，我最近到加拿大，遇到老朋友，大侃之餘，較深地涉及了現代人類社會廣義的「社群」(community)問題：諸如，它在現代各種社會（如中國與美國）中所占據的不同地位，它的可能發展趨向，我們可以從中學到哪些共處之道。聯繫到中國的傳統與現狀，我憬悟到，這不光關涉到儒家的生存方式甚至精神生命的前景，也涉及人類如何共處的問題。

杜：目前，美國的學術界、知識界和思想界也對這個問題有比較深刻的反思，指出美國現在所處的困境主要就是「社群」出了問題。

陳：所謂「社群」的涵義，這裡主要指社會中間尺度的結構性的集合。但不妨在邏輯上先透徹地理一理。事實上，人類社會存在著尺度大小不同的集合，大至一個國家以及像魁北克(Quebec)

那樣有資格獨立建國的集合，小至家族乃至家庭，在中間，也包括像那年德州的維科(Waco, Texas)自焚事件中那種特殊宗教教派。

如果從法理邏輯上推下去，現在西方主流的憲政自由主義秩序，推到底，其所對待的終極單元是個人。然而如果考慮到歷史上以及現存的其他文明體系的不同狀態，為什麼不可以採取其他形態的單元，如，家庭、家族、村落、學校、公司、少數族裔群落、宗教團體……呢？

這是個帶根本性的問題。如有人就提出，可以把家庭或家族或特殊文化群落視為國家所對待的基本單元。國家法律只規範單元之間的關係和行為準則，各單元內部則自行訂立自身的內部規範，只要不違反國家規定的各單元外部行為法則，國家不得干預單元內部的秩序，無論是怎樣的秩序。這是某種縮小了的「不准干涉內政」的「主權至上」原則，現在在一些國家領導人口中很時髦。人們不難發現其間的異曲同工之妙。

我們要討論的關鍵是，第一，如此是否合乎正義？第二，是否行得通？

如果設想，這種群體是由一批有共同信仰、共同習性、共同文化特徵的人自願組合在一起的。那麼，在某些條件下，這些社群作為社會單元也不是不可能的。

記得曾看過一部美國片「證人」(Witness)，內容都忘光了，唯有它對美國境內的一個特殊部落(Amish)的描繪給我留下了深刻印象。因此後來我又去參觀過一次，就在離我家不遠的賓州。Amish人的顯著特點就是拒絕現代文明：不用汽車，不用電話、電視等東西，他們是約三百年前為逃避宗教迫害，從德國、瑞士一帶，遷來美洲的。至今維持當年的宗教，講德語，趕馬車，身著黑白二色服飾，男耕女織，不許離婚，孩子只受八年初等教育，限於讀、寫、算，目的主要是延續Amish文化。他們終生的活動範圍不超過二、三十英里。令人驚訝的是，這種「落伍、封閉」的社群居然在美國這個現代化社會中的四個州內存活下來了，而且延續了三百年之久！

現在的問題是，以這類社群作社會單元需有那些限制條件？把更複雜的討論權且放在後面，我想指出一個前提性的原則條件是，各單元能否允許人自由出入，尤其是自由離開？如果不能，那是絕對非正義的。假設有某人不再願意承諾遵守規範的義務，社群內部是否有權力強制他留在單元內，強制他服從規範呢？顯然不能。倘若能，這個共同體與監獄就沒有差別了。事實上，就Amish而言，有大約七分之一的Amish孩子就離開了其群落。有理由相信留下者是自願的。

如果具有了自由進出的權利，內部仍需遵守最基本的憲法（憲法是以個人權利為基軸的），那麼以這種自願組合的有共同信仰、習性和文化特徵的群體為社會的基元的設想還是應當認真考慮的。

杜：法國大革命提出的那三個基本價值：自由、平等、博愛，人們注意到，自由與平等有衝突，不管在社會主義還是資本主義社會，都看得很清楚。第三個——fertility——中文把它翻譯成「博愛」，其實就是「社群」的意思。過去西方的政治學、經濟學和社會學對它討論得比較少。這一價值何以在啟蒙運動後發展比較小？其原因恐怕與雅各賓專政有關。

假設社會是通過自由的選擇，通過契約的關係，每個個人自由參加，享有基本的權利，而且每個人對其自身的利益都有理性的算計，從而組成一個社會。這是自由市場的模式，現代組織社會的基本典範。我看這個大的潮流，不管西方怎麼發展，都不會放棄。這就是政治自由主義的核心原則：個人獨立的選擇權利、個人謀利的動機、通過契約來規範，人的理性一定能照顧到各個人的利益。甚至像Peter Berger所說的，沒有異化就沒有自由，有異化才能對社會進行抗議，才有自由的可能。

另外一個重要點是，要保護少數人的權利。在更大的範圍內，少數人可能是一個族群。無論在何等大小的群體內，保護其中少數人的權益，抗爭大多數對他們的迫壓，都是很重要的。這就是現代多元文化的傾向。此外，大家也了解到，最近有很多很強的「根源意識」出現，或來自宗教，或來自地域。譬如魁北克(Quebec)的獨立問題，很難想像，加拿大會同意以法語為母語的人脫離，離開他們的「生命共同體」。另外，從族群，特別從地域來講，像巴勒斯坦，它強烈要求回到祖國——歷史地理意義上的祖國。還有原教旨的宗教，如維科(Waco)的教派，其強烈的認同是與它的根源性連在一起的。這種根源性大多不是根據契約，不是根據選擇，不是理性的分析，也不是通過協調。（**陳**：從歷史上帶來的。）是從歷史，也可以說是從很深厚的根源意識中來的。

上述兩個模式：自由主義與根源意識，基本上是衝突的。二者如何配合？是我們現在值得進一步考慮的課題。

陳：我想把問題推到極端來討論。譬如，江澤民先生最近常對國際社會提到一個論點：「你們西方不是提倡多元主義嗎？那麼政治的生存方式當然也應當是多元的。每個國家有自己的生存和統治方式，我們政府如何對待自己的人民，是我們應有的權力。中國有自己特殊的生存方式，美國有美國的。如果美國強求中國的政治生存方式與美國一樣，那豈不違反多元主義？豈不自相矛盾？」我們如何應對這一論點？

杜：我看至少有兩方面來回應。

一方面，是文化認同的權力中心合法性的根源來自何處。即，是誰有權說某某東西就是我們的文化。假如有人說中國人不需要自由，不需要個人自由，只需要群體自由，那麼必須問這裡的「中國人」是指廣義的中國人呢，還是擁有國家機器的官方？舉個明顯的例子，在曼谷開會時，亞洲國家提出了一些亞洲對人權的看法，許多國家政府，包括印度都簽了字。但是當時參加曼谷會議的NGO（非政府組織）代表多半未簽。可見，有政府的聲音，也有非政府的聲音，這兩種聲音誰更能代表該國的多數人？這裡並不是說政府就一定不能代表，NGO就能代表，但至少說明這一問題值得深入考慮，而不是理所當然的。

另一方面，從根本上說，在人類社群中，有沒有一些最基本的原則是必須共同遵守的？如，人權論說中有一個基本的假定：現代文明國家要對它的國民做一些最基本的承諾，如，不能隨便殺人、不能隨便抓人、不能隨便行使暴力，國民應擁有最基本的自由。這是任何一個現代文明國家都必須尊重的人權。假如一個現代國家不尊重這些原則，其他國家有權利也有義務譴責它，因為它自外於現代文明。不能把這種譴責當做控制某國主權的一種國際結構。

但雖然如此，這並不意味著不同的文化就不能夠發展出極不同於西方生命形態。有些所謂價值優先的問題，突出的，如，對於何謂「人」，何謂「個人」，何謂「社會」；「個人和社會的關係」，……等等，各個文化之間處理的優先順序就有所不同，我想，它們一定是多元的。

即是說，在最低的要求方面是沒有什麼可妥協的。有一個有趣的例子，是彼德・伯格(Peter Berger)講過的，印度本來有丈夫死後妻子殉葬的傳統，但在英國殖民時期引起爭議。部分印度的保守主義人士說，這是我們的文化，已經好幾百年了，你們不能改變。然而英國方面說，我們也有我們的文化，一位婦女如果被她的族人強迫為丈夫殉葬，則其族人就犯有謀殺罪，我們要尊重我們的法律。所以最後還是禁止殉葬。

有些長期的習俗，在有些文化中被弄成了天經地義，但是，從一個更高的原則和全球視野及文明進展來看，它完全站不住。如，前述印度的殉葬是一個例子。還有馬丁・路德改教前一千多年一直存在的信徒不進教堂就不能獲救的傳統，改教後，連教皇也不能堅持這點了。再有就是中國儒家的「三綱」(君為臣綱，父為子綱，夫為婦綱)，自宋明之後，重要的思想家，包括朱熹在內，基本上都認為「三綱」是天經地義的。但經過五四之後，現在看來，「三綱」是最沒有說服力的了。實際上，「三綱」與「五倫」是有衝突的，「五倫」是雙軌：父慈子孝，兄友弟恭，君仁臣忠，夫婦有別，朋友有信。「三綱」則不僅是單軌，而且是權威主義的，家長制的和男性中心主義的。那麼，拋棄「三綱」，突出「五倫」，是不是一種現代的轉化？我認為應當是奮鬥的目標。假如維持「三綱」，不把「三綱」經過「五倫」的徹底轉化，儒家傳統就變成「吃人的禮教」。從這裡也可看出，以前天經地義的現在要被淘汰了。

回到前面的主題，現代意義的個人尊嚴、個人權利，通過契約的方式，交換一些權利，參與國家社會。對社會中的任何個人，即使是身處一個特殊文化的少數民族內，其基本權利也應得到保障，這是最低的要求。但它同每一文化有它自己的特色，並且通過不同的渠道體現其文化精神並行不悖，是否有此可能？我認為有。自由主義有一個基本假設，它是從最低的要求來談的，不是在理想上完成自我人格，而是在最平常的環境下面人們的相處之道，如此定下了最基本的價值。儒家傳統也是如此，它明確給出了「禮」和「法」兩方面。雖然它極重視「禮」，但上述劃分表明，「法」還是需要的，一個社會沒有了法就不能維持。當然，最基本的要求本身不能完全體現這種文化的價值。

所以，我們是否可以從這個角度來看，最低的要求(minimum requirement)和高層次價值的實現(maximum realization)之間的衝突和配套，是我們面臨的更深層次的課題。

陳：首先，我想補充幾句前述文化認同的權力中心合法性的根源的問題，這是極重要的。誠然，正如杜先生討論政府和NGO的代表性問題所涉及的，共同體的代表資格問題並不簡單，但是，這裡仍然存在客觀判斷標準。它涉及一個關鍵點：正當程序賦予的代表性。無論是代表國家還是社群，都必須通過合法程序獲得授權，才有資格代表共同體說話。這點，當代連最專斷的政權也不敢公開否認。常聽到有官員說某某事件傷害了「中國人民的感情」云云。問題是，誰是「中國人民」？誰，通過何種程序授權給你讓你代表他們說話？通過了投票選舉嗎？如果說僅僅是槍桿子使他獲得代表權，那無異是說，一個用暴力劫持飛機並指揮飛行方向的人代表了乘客們的意志。要言之，現代通行的「選舉程序」，是各派幾乎都公認的「遊戲規則」，并非隨風擺蕩的「公說公有理，婆說婆有理」的「話語」。所以，江先生所謂「多元生存方式」的要害在于：他及他的黨有無資格代表「中國人」這「一元」說話。誰授權予他？何種程序授權予他？

有關歷史上的「天經地義」在現代被解構的現象，我想提出的是，現代賴以解構的標準是什麼？我認為，有一點恐怕是具有某種普遍性的：任何禮俗、規範，必須經過當事人同意才具有存在的合法性。就以印度的「殉葬」傳統為例，倘若該婦女不願赴死，而族人以「傳統」的名義強迫她死，這當然經不起質疑；但倘若該婦女自願殉夫，恐怕你擋也擋不住，也沒有權利。這一標準也可以應用到中國的一些習俗和傳統上。例如，「父為子綱」，倘若說的宗法社會中子女對父親的指教採取盲從態度，「不理解的也要執行」，這種強制性的「家長中心制」現在當然不行了；但是，如果子女通過自己的思考，認為父親的指教是合理的，他自願遵從，這又是另一回事了，已經不是「父為子綱」的問題了。

所有這些，都出自一個最基本的事實：意志的不可分割的最終單位是個人。這也是現代憲政原則的基本依據。

「成人禮」與社會秩序

杜：這點很有趣。我自己當然也受到五四的影響，認為像「三綱」，特別是《白虎通義》是來自韓非子，認為它不符合儒家「五倫」的傳統。但王元化先生對我說，你還是要注意，譬如陳寅恪先生特別提到「三綱六紀」代表了中國文化的特色。如「打倒孔家店」的老英雄吳虞，他在日記裡面是反對他女兒的自由戀愛的。這到底是一般所謂的「父權」呢，還是包含了對女兒利益的真誠思考和認為維持現行社會秩序需要某些必要的機制呢？倘若我們不把父子關係當做權威結構，而是把它看作是在人生不同階段的人際關係內有必要尊重的一種權威意識，恐另當別論。這裡的權威是經過理性的判斷從而心悅誠服地認可的。我們考慮的父親的權威，常常是針對兒童和青少年時代，經常忘了自己到四、五十歲的時候，正處於強勢，而父母親處於弱勢，這時你就須以愛護、關切來維護父子關係了。你和孩子的關係同將來孩子同年邁的你的關係，這中間一定不同，一定有過渡。現在美國有些社會問題，就與少年和兒童缺乏家庭（包括家族、社群）管教有關。需要有把價值傳遞到下一代的過程。

陳：據我觀察，在這方面，現代美國社會和中國傳統社會各自都有點問題。美國社會把未成年的沒有道德自主意識的兒童或少年幾乎當成獨立的人來看待，引出了一些社會問題，特別是少年(teenager)犯罪問題。實際上，作為兒童少年，其真正意義上和法律意義上的自我意識還未完成，即是說，還不是一個法律對待的獨立個體。放縱他（讓他完全自我負責）反而是害了他。而中國的傳統社會則相反，幾乎完全不承認子女的基本權利，甚至成年後，在長輩面前也是唯唯諾諾，成人「兒童化」，不能真正自立。

在與朋友討論這兩種極端時，我們亦莊亦諧的提出，可嘗試用類似原始民族的「成人儀式」來同時解決這兩種文化的不同問題。在有些文化裡實行的所謂「成年禮」（杜：美國的印地安人和夏威夷原住民就有成年儀式，中國傳統有「冠禮」），實在是很有道理的。在未成年和已成年這兩個重要的人生階段之間，用莊嚴的儀式，畫出一道界限，築起注目的人生里程碑，並昭示天下今後以成人待之。這種儀式在有些文化裡甚至要求主人公到叢林深處去棲息幾天，沉思自己今後的基本責任和權利，確立新的起點和生存方式，以一種全新的精神面貌出現在社群之中。這無疑是「確立成人意識」的儀式，像是一種「再生」的過程，有利於社會規範的運作。

對於美國式的社會，它有助於提醒人們對待未行「成年禮」者，我們必須負起管理、教育和扶持的責任。對於中國式的社會，它有助於告訴人們對待已行「成年禮」者，應當尊重他們的獨立人格和尊嚴以及他們隨之而應負的責任，不可再把他們「兒童化」了。

如果缺少了「成年禮」，未成年與成年的界限模糊，沒有由「臨界點」賦予的強烈轉換意識，縱使有法律規定的成人年限，在事實上還是引發了嚴重的社會問題。

杜：中國古代的「冠禮」，重要性同「婚禮」、「喪禮」差不多，是非常嚴肅的。某種意義上，這是家庭成員的一種社會化過程。是該成員自己獨立與社會溝通的開始。現在Robert Putnam提出所謂「社會資本」的概念。他們先考察了南義大利地區，發現那裡有好幾個社區，民主化很成功，暴力事件很少。但在另外一些社區，表面看經濟條件不錯，但常常有暴力事件，民主化也很困難。二者的差別何在呢？其中有一項，是人與人之間交通的區別。特別是，如果那些非商業行為，非政治目的的交通很多：大家一起喝酒、下棋、參加合唱團、聊天，這種社會積累的「資本」就很多。而沒有上述聯繫網絡的社群，「社會資本」就很薄弱。哈佛有一位政治學家，調查了印度最近幾十年來的暴力事件，發現暴力事件大半在都市，不在鄉村，且又集中在六七個都市。但有一個都市，有很多異化的情況，種族的衝突等等，但從來沒有發生過暴力事件。一了解，發現那裡橫向的溝通非常頻繁，印度教徒與回教徒之間，領袖與領袖之間，學生與學生之間，大家常常交往，在交往中如果聽說有什麼種族衝突的苗頭，則領袖和各有關人員立刻前往調查了解，真相大白之後，化解了緊張的氣氛。其他城市則缺乏這種機制。此外，文化多元且溝通很多的多倫多與溝通較少的紐約相比較，是另一個成功的例子。

陳：除了個人之間的交通外，社群、族群之間的交通也很重要。包括原教旨主義和一些極端派別同大多數社群及人們之間的緊張關係，可能還是主要出在溝通問題上。

我自己對於原教旨主義和那些極端派別的主張並無偏見，他們當然有堅持自己信仰的權利。問題出在其堅持信念所用的暴力手段上。我無法同意作家張承志所說的：沒有什麼恐怖主義，只有對壓迫者的反抗（大意）。事實上你只要看看被恐怖主義殘害的人們是否是被他們所聲稱的「壓迫者」，事情就很清楚了。這種行為的真實後果，是抬舉敵手。即，是把他們所反抗的權勢當局放到了保衛公眾生命的正義審判臺上，而把自己放到了濫殺無辜的被告席上。

從更深一層看，使用恐怖方式的原教旨主義者，其問題還在於他們其實對自己的信念沒有真正的信心。為什麼要採取劫持人質、殺害無辜的方式來傳播自己的理念？這無異表明，他們在精神上很弱，並不認為自己的信念本身具有深刻而豐沛的力量，不相信它能在堂堂正正的公開交流中獲勝，而是需要一種暴力製造的恐怖來迫使他人信從。這是一種虛弱，而且是可怕的虛弱。

杜：像Charles Tayler提到「認可的政治」(politics of recognition)，就討論類似問題。最近在美國有一個連續殺人犯，他要求公眾媒體刊登他的宣言。這也是一種強行要社會認可、接受的一種政治。我很贊成你的說法，這裡的強大殺傷力正是激情下面出現的暴力，因不甘示弱而採用最強烈的方式表達。它有極強的排他性，內部弄得清一色，外部都是敵人，極具暴力傾向。這種心態把（相互溝通的）井水污染了。

任何社會，只要存在，其背後都有一個「信賴機制」，有一種自我意識，一種「共識」。如果這個都被破壞了，要再建立就非常困難。哈伯馬斯(Harbermas)認為最好的溝通情況就是大家都帶著一種學習的心情，這當然很難。一般的情況都是各人各帶其私利去交往。但假如社會有一套機制，大家在「遊戲規則」中活動，對各人的私利都有一定的理解，那麼，雖然交換不一定是最公平的，但交換卻是在一個合理的範圍中進行，即信賴機制沒有受到嚴重摧殘，則社會還可維持下去。舉例說，如果你在路上碰到一個人，相互交談，聊聊天氣什麼的，很愉快。倘若突然你發現該人要對你有所傷害，並不理性；或者他另有不良企圖，馬上對話就會中止。甚至在朋友之間的溝通，也有這個問題。談話之中，發現對方另有所圖，交談就難以為繼。

陳：對動機的揣測和對動機的感受，會強烈影響對話的氣氛甚至結果。在實際上，我們的日常對話，除了表層的語言之外，還有潛層的心靈交流。即，我們經常的交通常常是雙層的：表層交流和潛層交流，二者同時發生。潛交流中對對方的意圖、情緒、動機和目的的直覺，往往更為準確。這種經驗是我們反覆遇到的，在交往理論中它是一個很重要的複雜的層面。人類的一些基本誤解和紛爭，更多的是由潛交流導致的。

杜：前述的「社會資本」，正因為其目的性不明顯，沒有企圖心，故其溝通更直接，積累的資源更豐富。（**陳**：這有點像康德論及審美所說的「無目的的目的性」。）如合唱團，大家來自四方，就簡單為了唱好，要達到和聲的效果，一定要培養你的「聽德」，從而使你的聲音與大家和諧。

陳：合唱的比喻很貼切，隊員既要充分發揮自己的美聲，又要顧及總體和聲效果。近來我頗為體會孔夫子強調「禮樂」的原意了。「樂」作為教化的機制，對於造成一個和諧的社會，其潛移默化的功能是極微妙的。但當年老祖宗手舞足蹈反覆嘮叨的「禮樂」，後來何以在中國文化中式微、失傳了，中國人何以最終變成了一個個循規蹈矩的小老頭，一直對我是個難解的謎。也許，是這個文明太老了。而越是古老的文明，其規矩、禮數發展越是繁複，則原創性的、生機勃勃的活力就可能逐漸被約束被窒息了。

杜：孔子的三句話就很有意思：「興於詩，成於樂」。最後的境界是完成在「樂」裡面。孟子說孔子是「聖之時者」，跟得上時代，最後對他的評語是音樂化的：「金聲而玉振」，音樂開始時就是「金聲」（金屬樂器之聲），最後則是「玉振」（玉的聲音）。這是整個人格的完成。這中間體現的「和」，就是在社群達成的，不可能是一個孤立絕緣的個體。

兩難之境：文化認同和文化交融

陳：我們談到的社群、族群之間的交通，對于達成社會和諧，具有重要的作用。這中間一定會有文化之間的相互作用、相互影響。我過去也曾寫到過在中國文化向世界擴展的同時，中國文化本身也產生了變形，即純粹的「中國性」的淡化問題，這是不可避免的。問題是，在什麼限度之內，該變種仍可以有意義地被稱為「中國文化」？

聯繫到我參加過的幾次研討會，特別是儒學與基督教、佛教會通對話的研討會，你在會上多次談到儒家式的基督徒或信基督教的儒家的可能性問題，表達了一種文化上的寬容大度和理解各種不同文化的胸襟，是值得欽佩的。但是，我也一直在思考這一問題，即多元文化的根本含義的問題。這個問題的更重要的方面在於，無論是何種文化何種學說何種信仰，它越是獨特的（只要這種獨特性不致傷害到其他人的存在和自由），它就越有存在價值；越是具有原創性、根源性的東西，對於多元文化大花園的貢獻也才越大；這正是多元文化的題中應有之義。倘若各文化在接觸交流中，相互的差別逐漸縮小，當然這在某種程度內是難免的，但倘若走向各自的色彩越來越淡化，甚至逐步趨同，這恐怕並非人類幸事。無論交往如何頻繁，我們也不必喪失自己的「認同」，消解自己的基本特性。否則，這世界豈不日益單調？用市井的語言說，只要不傷及他人，極力維持「原湯原味」的儒，「原湯原味」的基督徒，「原湯原味」的佛教高僧，未嘗不是一件很有意義的事。

關鍵在於如何相處。「和而不同」確實是很高的境界。

杜：這個問題非常重要。有幾種實驗多多少少應該說是失敗的。我一九六二年到美國，當時美國提倡「大熔爐」，這個實驗基本上失敗了。如果用你剛才（原味）的烹調術語，「大熔爐」實驗實際上就是「大雜燴」，淡而無味。所以後來的七〇年代開始，大家突出「族群意識」和「根源性」。哲學界從Hans Kuhn開始，找了所謂「最大公約數」，即所有文化、族群共有的東西，但似乎意義不大。那些人所共有的「常識」，如「母親的偉大」等等，對當然對，但意思不大。你剛才談得很深刻，假如文化交流使得特性喪失，變成一種「雜碎」，這不僅很單調，而且可能付出更多。而另外一種，就是「原教旨主義」，排他性很強，我與你絕對不可能溝通，而且進攻別人，當然也不行。所以，在某種意義上，我們別無選擇，兩方面都要。一方面，它是開創性的、吸收外來資源以轉化自我；另一方面，它又有強烈的自我認同，通過轉化以後，不僅沒有被淡化，弄得內容更豐富。在比較宗教學上，一共有三個取徑，第一是排他主義，現在大行其道。第二是兼容並包，表面上很健康，但其實是把一切裝在我的袋子裡。第三就是多元主義。多元主義的陷阱是容易墮落為相對主義。要多元，不相對；要開放，不封閉；要使得認同深化，不淡化。這是我們都要的。關鍵是如何走。

儒學有一個特點，它的任何方面都是可以批評的。而其他幾乎所有宗教，都有自己不可碰的禁忌，如基督教中聖瑪利亞的童貞問題等。儒學卻沒有。我原來為什麼提到儒家式的基督徒，因為在我看來，信基督教是有選擇的，而且必須選擇；但作為儒家常常是沒有選擇的。如果作基督徒而未經選擇，在基督教義中是難於理解的。你不去受洗，如何能成為基督徒？但是儒家是教你基本的做人道理，你即使作了基督徒、佛教徒，你還得遵循基本的做人道理。因為它在傳統上不被認為是「宗教」，而是人與人相處的基本之道。因此，可能出現這樣一種狀況，存在某種具儒家入世關切的基督徒，存在儒家入世轉世關切的佛教徒，以及類似的回教徒等。然而是不是存在基督教式的穆斯林或回教式的基督徒或佛教式的基督徒，那就是另外的問題了。

儒家的道統

陳：杜先生仔細釐清「儒家」的概念與基督教、伊斯蘭教、佛教等宗教的不同，說明了作為一個具有自我批判意識和社會批判意識的知識分子群體，儒家的古代和現代功能，這在一般對「儒家」的廣義理解上是可以接受的。但是，現在有些學者希望嚴格劃出這個儒家自身的嚴格「道統」。

存在兩種對「儒」這一字的解說，廣義而言，中國的書生都可以被稱作「儒生」，這當然不是一種宗教，甚至也不是一個學派。但在狹義上，可以說，儒也有一個基本的「道統」，即，孔子開創的，韓愈等人極力倡導的「道統」。有一條基本線索：堯傳舜，舜傳禹，至文王、武王、周公、孔子、孟子等等。這一「道統」在今天是否還存在？如果還有，它又在如何傳承？

杜：這是一個學術和精神的「譜系學」的問題。對「譜系學」而言，一個是旁人客觀研究的問題，一個是自我對它的認同問題。

我認為在先秦，突出文化認同的只有兩家：儒家和墨家。到後來才出現六家，但嚴格地說，至少是一百家以上。在齊國的稷下，有七十多位老師，每人都是一派，很獨立的。一個是譜系上自我認同的線索，另外一個更嚴格一點，就是「道統」。陳立夫先生劃的儒家「道統」除了前面你提到的脈絡外，到後來就是孫中山、蔣介石。另外，有人認為，孟子以後到韓愈，就無人傳承了。或者從朱熹所了解的「道統」，就是經過程頤、程顥、張載，然後發展到他自己。而像現在的「鵝湖」學派，就認為牟宗三先生是儒家「道統」的傳人。

陳：但「新儒家」大體有一個三代的「道統」吧？

杜：這可以說是，但也難一言以斷。就以我自己來說吧，倘若有人要對我作一個規定，說我是受到熊十力、梁漱溟、張君勱的影響，然後又受到徐復觀、牟宗三的影響，這當然是事實。但是我認為從西學東漸來看，現代儒學的發展是這樣一個線索：從魏源、龔自珍開始，多半是儒家對西學作的各種各樣的回應，有曾國藩的回應，李鴻章就難說了，然後是康、梁的回應，章太炎的回應，再後是五四的回應。

現在方克立來研究新儒家，他選了十個人（熊十力、梁漱溟、馮友蘭、賀麟、錢穆、張君勱、唐君毅、牟宗三、徐復觀、方東美）。很湊巧，我也獨立徵詢過臺灣、香港學界同仁的意見，不說十人都一致，但起碼有七、八個人是重合的，這令我很驚訝。海外，大體上對馮友蘭爭議比較大；有些對徐復觀有爭議；當然，方東美是否願意自我認同是新儒家也許有問題；其他，如果余英時講得對的話，錢穆就不能算。我是比較注重儒學從鴉片戰爭尤其是五四以來的發展脈絡。這中間特別要考慮到「學衡」那批人，如王國維、湯用彤、陳寅恪等。另外，賀麟在抗戰以前，幾乎每篇文章都是經典，到今天仍耐讀，但一九四九年以後他就完全不走這條路了。馮友蘭呢，雖然他最後的那本《中國哲學史新編》又有所回復，但他是否真正回到了儒家呢？還是認為他確實從馬克思主義的傳統受益，然後又發展到一個新的哲學體系呢？就說李澤厚吧，他雖然自認是儒家，然而，是在馬克思那裡獲得了更多的資源，還是受儒家傳統影響更大？你看他在最近的《告別革命》中表露的觀點，也許他作為自覺的馬克思主義者的傾向更強。

所以，如果不用「道統」這樣重的詞，說到「自我認同的譜系」，則對我是很重要的。我認為，從孔子、孟子、荀子，到董仲舒、朱熹、陸象山、王陽明、劉宗周、戴震，到現代的康、梁以及五四以來的上述十位先生，他們每一位都對我有很大影響。十位中，除熊十力先生外，沒有一位我沒有見過，而且後來都相當熟了。像唐、牟、徐，等于是我的老師；梁漱溟先生，從八〇年以來，我見過多次；張君勱先生晚年在美國，相當活躍，我也有機會請益。

陳：張君勱很特殊，我自己尤其關注。他在西方受教育，獲德國哲學博士學位。作為學者，他是二、三〇年代「科玄論戰」一方的主將，同時又是一九五八年海外「中國文化宣言」的主要執筆人，有大量著述。作為社會政治活動家，他又是當年國、共之外的第三勢力的代表人物，是中華民國的「四六年憲法」的起草人（現在臺灣仍在使用），該憲法被認為是中國至今最好的一部憲法。因此，無論是從什麼角度看，他的重要性都是不言而喻的。也許因為我自己也是學哲學的，所以對他的心路歷程就更加感興趣。

自由主義與儒學

杜：張非常值得注意。他在晚年還辦了《自由鐘》雜誌，專門討論政治問題特別是中國的民主化問題。

第二代新儒家，因為大多在海外，所以對大陸學者幾十年來艱苦卓絕的奮鬥了解不多，如顧准先生、馮契先生、王元化先生等。我覺得對他們應當有更深刻的理解，這一理解有可能對儒家所代表的發展方向產生重大的修正。畢竟，他們一生的精神資源與海外學者是不盡相同的。

你自己作為一個自由主義者，面對中國的民主建國的任務，根據中國的精神狀況，意識到在中國文化中能夠發展出自由民主制度的資源非常薄弱，因此民主化過程常常碰到許多困境。眾所周知，在早期五四時，自由、人權就被提了出來，但沒有多久，就被科學、民主所取代。因此，自由主義在中國的發展，經歷了坎坷的道路。在目前宗教興盛，意識形態被特殊定義的狀況下，你來重新了解自由主義，它過去的發展，它如何面對未來，可能走一條什麼樣的路，才是最健康的？

陳：雖然聽來很落伍了，但就個人而言，近三十年來，我一直維持了對廣義的自由主義的認同。雖然我絕不認為中國將來有可能發展成與其他（基督教文化背景的）民主國家純粹同樣的社會形態。但就制度層面而言，如前面所說的，必定需要有某些普遍性的東西，這些原則固然很稀薄，然而極其重要。一旦憲政框架確立了，只要是中國人去做，儘管大家千方百計往現代民主的路上去推動，在歷史上浮現出來的，也一定仍是中國式的社會。

事實上，在世界上，已經出現了這樣的中國人的社會：臺灣、香港、新加坡就是。它們相互間各個不同，但都大體上有了憲政體制，而儒家文化作為社會的精神傳統之一，也得到了保存，獲得了合法存在的權利。

人們常常也稱自由主義為一種意識形態。因為它也有自己的幾條原則，姑且稱之倒也無妨。但是如果嚴格就自由主義的原義而言，它是超越意識形態的。它的本義之一就是，人們有各種（宗教和意識形態的）信仰的自由。因此，它與其他意識形態是不衝突的，它本身並不提供一種確定的生存方式和信仰系統。只是，它反對政府或執政黨在全國推行統一的意識形態。它的反對，並非針對其內容，而是針對其強制性的推行方式；即，對任何個人信仰，它都表示尊重；但對任何信仰倘要成為「國教」，它都堅決反對。

最簡單地說，比較而言，自由主義無非是特別珍視人在精神和物質這兩方面最基本的權利，前者就是信仰自由（及其衍生物——表達自由），后者就是產權保障。

若干年後，中國大陸將來如果跨越了那道基本的「門檻」，出現了重大的政治轉變，我仍然相信它不可避免地帶有原先的一些重要特徵，包括儒家的歷史傳承，甚至也包括幾十年來中共加諸在它身上的精神和文化特徵。簡言之，它一定是在既定的歷史文化基地上重建。

我認為，只有在那種精神氛圍下，儒家的更為深厚的精神資源才能得到發掘，也許才真正稱得上出現「儒學的第三期發展」。因此，當有人提到「儒家自由主義」時，我並沒有「詞語組合矛盾」的感覺。而林毓生教授最近對傳統價值「創造性轉化」的再思與再認，也涉及儒家與自由主義的銜接問題，因此是很重要的。

另外，就社會心理方面，舉例而言，共產主義統治近半個世紀所留下的「平等主義」遺產，特別是毛澤東的民粹主義的宣傳和體制的內化，也一定會影響到將來中國的社會狀況，以後的制度性安排就不能不受這一心理遺產的影響。如果把該遺產簡化為「造反有理」和「平均主義」兩大口號的話，一般而言，它表現為不能容忍在經濟上和精神態勢上的明顯差距。我曾經觀察過，在同樣的社會制度下，如，同在美國，同為華人雇員，來自大陸的就比來自香港和臺灣的同胞更難適應老板與雇員的關係。前者有更多的心理障礙。

杜：這就給自由主義的發展造成很大的困難。我們曾談到過，自由與平等有衝突，如果突出平等，自由就受限制。如海耶克(F. Hayek)，他就認為「社會福利」、「社會公平」都是妨礙自由的。他自己就有一種貴族氣質，主張「精英主義」。他曾在德國弗賴堡大學的一次演講中表示真正的民主最好要有一批元老。元老院要成為事實上的最高決策機構。政府機構通過選舉輪換，但元老是終生的。這就是所謂「賢人政治」。

陳：當然，海耶克的這一較為極端的觀點，引起相當大的爭議。但他在基本的方面，可稱為本世紀的先知。因為我在寫一本有關他的書，它使我越來越感到，很明顯，帶有「平等主義」遺產的中國，在相當長一段時期內恐怕不會變成純粹海耶克式的自由社會。但他的基本原則，則經得起歷史考驗。

當然深究起來，海耶克的理論體系是有其內在的緊張的。一方面，他極為強調社會的自發演化，尊重千百萬人行為的結果，強烈反對整體性地設計未來社會。這對人類有史以來最為狂妄的整體社會設計——共產主義實驗，是當頭棒喝；對其失敗，是驚人預言。另一方面，他又竭力反對平均主義的社會(egalitarian society)，深惡痛絕前蘇聯、東歐等的計劃經濟和極權政治體制。這些歷史批判都很精闢。然而，全部問題發生在現在：雖然烏托邦已經失敗，但畢竟已存在七十多年的歷史，在這種既成事實面前，如何看待原「社會主義」國家這「千百萬人行為的後果」？是整體主義地全盤抹掉，從零開始，一切推倒重來；還是在「既成事實」的基礎上，局部嘗試，進行社會改造和重建。某種意義上，兩方面都可能在他的思想中找到依據。這就是他理論的內在緊張。而這又是前社會主義國家重建所面臨的緊迫問題，必須選擇，不可迴避。

杜：這很有趣，社會上現存的、從市場機制的觀點來看不合理現象，如壟斷、平均主義訴求等等，你是否要接受這些事實，或者你認為它們是你必須改變的基本素材？

陳：從長遠的觀點看，我認為這些現象都必須改變，問題是如何改變。我個人傾向于兩個原則：第一，能借助市場力量本身來改變的絕不用行政手段。除非前者無效時，才從政治上訂立新的規則（如「反壟斷法」）。第二，就是要考量變革的節奏。是震盪式的，還是局部漸變式的，我傾向於後者。

非常明顯，在當代，以美國為龍頭的西方的基本體制出現了很多問題，有些甚至是帶根本性的深刻危機，自由主義的各個方面都受到了批判性的審查。在我看來，有些批判是很有洞見的。事實上，天下沒有什麼是不可修改的。

但是，自由主義體制與其他體制相比，有一個大家並不特別強調之點，但我認為是根本的優勢，即：它內在地有一個自我修正的機制。

這一機制，是由它對批判的開放帶來的。現在，人們常用「文化霸權」理論來質疑自由主義的「言論自由」的有效性。誠然，高科技時代的媒體運作使經濟力量和意見強勢幾乎劃了等號。但是，有沒有表達的權利與聲音的強弱二者並不是一回事。實際上，在開放的言論市場的邏輯下，批判主流體制的聲音往往更引人注目。

人們注意到，當今世界幾乎所有重要的理論和思想家都出產於西方體制內。其中有很多又是因為批評西方體制而名噪一時。例如，以尖銳批判西方主流體制著稱的喬姆斯基(N. Chomsky)，最近又寫了《第五百零一年：征服在繼續》一書，斷言自哥倫布發現新大陸這五百年的歷史，就是西方「野蠻的非正義的」擴張史，毫無進步可言。但他自己，恰恰在他所激烈抨擊的西方文化霸權體制中成名，享有體制內的很高聲譽。這本身就是對「文化霸權」論的嘲諷。

我敢斷言，如果沒有表達自由的憲政體制，就不會造就喬姆斯基這個人。奇怪的是，所有批判西方霸權的知識分子：馬庫色、沙特、喬姆斯基、新馬克思主義者、後殖民主義論者、……都不肯到其對立的體制中生活，或是去了不久立即又回到原體制中。道理很簡單，對立體制根本不准有獨立思想，遑論出產思想家了。這就堵死了他們自我實現之路，更堵死了該體制自我修正之門。體制在開初也許只「差之毫釐」，最後卻「謬以千里」。導致封閉體制必定滅絕的癌症，正是如此產生的。

杜：我想，健康的民間社會有兩個條件，一是獨立的不同社團出現，二是這些社團都有通向（權力）中心的制度化渠道，這點比較難。

陳：由開放體制帶來的無窮盡的批判，它給了社會以無窮盡的自我變革的原動力。其中我認為也包括出現社會壓力集團和創建上下交流的制度化渠道。事實上，現在的西方主流體制與馬克思時代已大不相同了，雖然馬克思的正面社會設計已經失敗，但他的負面批判，卻對自己對手的改進功不可沒。對其他從根本上批判自由主義的思想家，大體上都可這麼說。因此，自由主義的極高容受度、溶解性和自我修正能力，正是其生命力的源泉，是它優於其他任何體制的要害所在。

（此對話於一九九五年）

附錄

訪陳奎德漫談中國文化

（美國）張偉國

陳奎德教授原來在上海華東化工學院（現華東理工大學）擔任文化研究所所長，早先是上海復旦的哲學博士研究生。八○年代初期，他率領一批師兄弟在著名的「桂林會議」上提出「對馬列主義的系統批判」，被「左」王鄧力群點名批判，差一點打成「現行反革命」。一九八九年，他主編出版的《思想家》雜誌在北京舉行的發行儀式被中共安全部門封殺。自一九八九年六月五日到波士頓學院做訪問教授以來，在研究哲學方面課題的同時也寫作大量的史論、文化評論。從一九九○年一月到普林斯頓中國學社直到現在，他的研究方向，基本上還是沒有中斷過去在中國就已經在做的西方哲學史、當代哲學的研究，現在正在寫作海耶克的思想評傳。

共產主義對中國文化的摧殘

我曾請教陳奎德，現在中國社會的轉型，面臨著鄧小平將退出歷史舞臺這樣的背景，中國文化在這樣一個歷史時期裡面，可能起什麼樣的作用？

對這個問題，陳奎德從文化人類學角度來談，從所有社會生活最富有支配性的核心角度來看，認為目前中國文化面臨的課題還是很嚴峻的。有一點他是比較同意余英時先生的意見的：共產主義這幾十年來對中國的摧毀最大的，就是對中國文化、對中國人、對這個價值系統、對安身立命的行為準則的摧毀。陳奎德說，很多人奇怪，共產黨開始也不是虛偽地講那些道德嘛，而且講得很嚴肅，提倡的都是那些高不可攀的行為方式，像雷鋒。我認為這就是它的危害之一。它提倡了一個一般人根本無法企及的樣板，而且是虛構的神話，但是它的實際行為又是比一般社會平常人的通行的道德水準更低得多，尤其是到了六〇年代以後，它實際上的行為、道德水準又比一般國家所有社會更低俗。這種人格的分裂、道德的分裂，在中國社會特別顯而易見。這種分裂造成的一個最大的危害就是產生了道德虛無主義和價值虛無主義。中國人看見這個高調和實際的行為如此相去十萬八千里以後，開始對一切神聖的東西、一切信念和一切價值系統都不懷抱神聖的感覺了，認為都是騙人的謊話，人們基本的行為準則已經沒有了。現在中國的年輕一代，其中有些人非常可怕地隱隱約約地感到這一點，人們在和他們深入地談問題時，沒有任何的底線，他們不認為世界上還有什麼神聖的東西，這對中國將來的危害是極為嚴重的。

陳奎德認為，法治社會的法制是有一種超越性的、神聖的東西，這種東西是你所敬畏的、不能侵犯的，這個東西是高於統治者的、高於政府的，而且每個人內心是誠服的。有點像基督教的上帝和天國它有一種超越性的人格、超越性的世界，它會給社會的行為留下某種底線。中國社會由於實際的行為和空洞的宣傳造成如此巨大的反差，使得任何神聖的價值取向都蕩然無存，而且不可能在短時期內建立起來，所以將來人們的行為也許就沒有任何的底線，儘管法律、憲法制定得再好，也不可能運作得起來。

筆者問他，像這種傷害，有人認為鄧小平去世是一次機會，能否做一些彌補工作，有意識地來縮短這段恢復的時間。這就連帶到知識分子在這個特定的時期的作用，它所承擔的使命和責任。具體來說，生活在大陸那種環境裡的知識分子，遇到這種轉型，該做什麼？如何去做？

目前應各就各位退而結網

儘管陳奎德非常強調共產黨對價值系統的損害，包括摧毀了中國人心目中的神聖性的東西，但他不認為通過代表社會良知的知識分子、通過社會呼籲的方式就能解決問題。

他說，知識分子要提倡什麼，當然有你的權利。但是你只是社會各種聲音中的一種，你希望你這個聲音佔主導，就需要有充分的歷史過程來表達你的有效性。但是這種道德價值系統的失落，基本上不是靠人們在精神層面去宣傳、作一個呼籲就能挽回的，沒有這麼輕便的事情。我們作為各行各業的人，知識分子也是其中之一，目前要做的事情並非全社會都去關注高層蛛絲馬跡的異動，而是要退而結網，各就各位，自己做自己的事，然後建立每一個自己系統的神聖的東西。

以我們比較熟悉的知識界為例，像人文學科、社會科學，雖然在一九七八年後中國社會有了非常重大的進展，突破了過去意識形態的桎梏，開始了解放性的飛躍，但是不知大家是否注意到，這些年人們的思想就像各種各樣的馬隊碾過的跑馬場，各種思想都過了一遍，究竟留下了什麼？在學術界你建立起自己真正的學統——學術的道統沒有？中國出現許多奇怪的現象，所謂的學術明星，倏忽而起，瞬間而滅，隨便發一點奇談怪論，但是因為根基不厚，一會兒又消滅掉了，就是因為沒有建立正常的學術規範和學術道統、正常的學術評價機構、正常的權威的學術刊物。這樣一個系統都沒有建立起來，所以真正的創見和瘋子的囈語就沒有辦法區分，真正的有深度的批判精神和所謂拉名人以自炫，就沒法區分……那個學術就談不上進展。很多科學史的研究說明，即使是對科學要作重大的突破，有革命性的發展，都是在那個學科內提出了有深度的問題，一定是在那個道統、規範之內才能夠發現新的問題。如果不在那個道統、規範內提出問題，問題可能是很淺薄的，甚至根本就不是問題的問題。所以即使是革命性的變化，還是要到那個道統之中去。

過去十幾年來，雖然要承認中國學術界還是有長足的進步，但也沒有潛心地退守創建自己一套真正的規範，使得每一行都沒有自己的道統，這不能形成一個強大的真正具有制衡力量的自主性的民間社會——社會的中間系統——防止社會震動的緩衝系統。唯有建立這樣的系統，社會和國家的關係才會真正的比較健康，社會發展才得以健康正常，在這樣各行的道統中間才可能浮現出國民共同遵守的更基本的遊戲規則。

大陸知識分子受雙重壓力

筆者說，大陸學者最近一段時間都在提人文精神的重建，或者叫文化重建，這一是與中國的社會轉型有關，二是一九四九年以後中國文化所受到的摧殘扭曲，他們想正本清源，在探尋建設中國現代化的精神資源。

陳奎德指出，其實不是最近，只是最近聲音更強烈了，連續四至五期在《讀書》雜誌上都有人文精神的追尋討論，很多都是我們學術界的朋友。這表達了知識界現在的一個動向，非常值得注意。對他們的有些論點我是比較欣賞的，而且我認為這個討論是極為重要的。同時很自然地引起了一些反響，例如王朔這些人，過去曾經是社會明星焦點，現在關注他們的目光失落了，他以為他所代表的通俗文化能夠永遠地佔據中國的精神舞台，實際上他的有些東西已經開始在中國市場上失落了，包括有些電視劇。大家也注意到他們討論的背景，我們也大多能體會。就是現在大陸的知識分子受到了雙重壓力，尤其是經濟上的壓力，一切向錢看，整個社會沒有道德規範，對於金錢的關懷遠遠超過了終極關懷。這對他們既是一種心靈上的壓迫，也是一種挫折感，所以在這樣背景下出現的一個討論，是可以理解的。要說中國的人文精神，並不是最近十幾年才失落的。中國人文精神失落，由來已久。本世紀下半期即一九四九年以後，談得上多少人文精神呢？·而且，中國的人文精神不是本來很充沛而一下子失落得沒有了，實際上本來就很稀薄。很明顯，我們不能失去我們原本就不多的東西，不能失去我們原來就沒有的東西。人文精神的重建要從很遠的歷史開始追溯。

但是，陳奎德說，他們也提到一種焦慮的心態，中國的人文精神比照其他國家的確不如人意。印度有泰戈爾，俄國也有杜斯思妥也夫斯基、托爾斯泰等代表人文精神的大家，中國還沒有中國的托爾斯泰、中國的愛因斯坦、中國的泰戈爾等。但也不能否認，從康梁以後，也有一些代表中國人文精神的人物，像陳寅恪、王國維、胡適之、辜鴻銘，甚至包括魯迅等各種不同派別的人，說起來我們的道統也不是完全拿不出去的。即使以後我們感動了上帝，降生下一個大宗教似的人物，也必然在這個道統中成長起來的。更遠的我們可以追溯孔孟道統。我們不能妄自菲薄，不能用虛無主義來抹殺這個道統，還是有很多精神資源可供借鑒的。

談文化整合為時尚早

筆者在海外這幾年，實際從一個特殊的角度看到中國文化在現階段已經分成好幾塊了，大陸的、臺灣的、香港的、海外華人的。

筆者請教陳奎德，目前是否面臨著如何推動它們之間在良性互動中完成新的整合？

這些文化的整合的課題，陳奎德認為目前談為時尚早。現在看不出這些變體有一種統一整合的趨勢，連文字都不大相同了，而且由於政治、經濟、軍事各方面的原因，要在地理上整合更是不可能的，所以只能在逐步交流的過程中豐富自己的文化色彩。中國過去統一的中國文化本體分成了這麼多變體以後，在某種意義上好處還是大於壞處的。因為各個變體周圍的環境也和中國文化原來的環境不一樣了，在此過程中，出現了一些原來想像不到的挑戰，而且必須要在應付了這些挑戰之後中國文化的原創性才得以體現出來。包括在海外，大家都注意到了，很多海外華人在某些方面的成就是非常高的，像在科技、商業方面等，可能在應付周遭環境的挑戰中，華人社區凝聚起來產生了一些創發性的智慧，這是極其可貴的。

中國政治文化未適應世界發展

陳奎德認為，中國文化在經濟層面或其他層面，都展現了它足以驕人的成績，但是很多人都注意到，中國文化在政治層面一直不能適應當代世界格局的發展，一直沒有在這樣的世界背景之下創發一種中國文化的政治生存方式。現在臺灣開始在逐漸摸索出這條道路。但是許多觀察臺灣演變的學者也擔憂是否能夠完全走出來，因為現在臺灣的政治文化還有很多由於國家認同造成的巨大的壓力和陰影。最後是否會中斷這個過程，有些人還在懷疑。

這涉及一個很重要的歷史事實和原因。中國人並非鴉片戰爭以後才同外國交往，實際上十六世紀以後大批中國人就開始出國了，主要是到南洋經商。這樣一個大規模的文化流亡的結果，是一個非政治化的過程。中國人在向外流亡中，政治的情懷慢慢地淡薄了，主要是致力於在一個環境裏如何謀生，中國人固有的經商才能大大地發揮出來了。中國文化在這樣一種歷史的過程中間，政治淡化了，使得華人在移居的地區都沒有一種政治參與的意願，使得華人在吸取其他民族的精神文化長處的時候，根本沒有吸取政治文化方面長處的意願。

因此，經商可以吸取其他文化的長處，並且在當地的經濟、法律環境中可能很成功，但恰恰在政治上是失落了，在政治生存方面一直沒有能夠從其他文化吸取足夠的養料和資源，滋生出一種應對現代社會的政治生存之道，所以中國的政治文化老是出現很多困局，以至於現在也沒有完全展現有希望的前景。這與十六世紀以來放洋的政治性流失分不開的。歷史學家們的這個觀察非常重要，很多人過去沒有注意到。

「文化中國」表現中國文化危機

筆者問，現在有人已經提出了「文化中國」的概念，對此是如何評價的？

陳奎德說，「文化中國」是中國的知識精英階層對於中國的文化在世界上的地位進行提升的一種非常悲愴而且是非常值得推崇的精神努力，我非常尊重這種努力，而且有很多新鮮的論點是值得我們仔細探討的。但是為什麼在這樣的歷史背景下提出「文化中國」這個概念？據我所知，這也就是這二三十年提出來的，這實際上與中國文化本身處於一種危機的狀態相關。看起來中國文化要走向世界，要影響世界的格局，要給世界文化增加一個非常重要的色彩，從根本上說是一種「以進為退」的心態。

你可以考察其他的文化。我想反問一句，為什麼英國人沒有提出「文化英國」的概念，法國人沒有提出「文化法國」的概念，德國人沒有提出「文化德國」的概念，美國人沒有提「文化美國」的概念，而恰恰中國人如此強烈地提了「文化中國」的概念？這本身表達的是中國文化在世界歷史上面臨一個空前的境遇，即在本世紀或者近代以來的一種嚴重失落、危機，對中國文化形成了非常嚴重的挑戰。中國文化將來還有沒有自己創發性的生命力，能否在世界各種文化中間並存下去、成活起來，而且成為一個獨特性的、創發性的、既有古老傳統文明而又有現代創發生命力的文化？基於這樣一種大的危機意識的背景，才提出了「文化中國」的概念。這個大背景不能忽略，忽略了這個背景就有點自欺欺人。

現在西方的主流的工業民主國家的政治生存方式，大體上是依照英國人創立的政治生存方式在生存的。所以如果按照維明先生的分類法，英國人有很多理由可以提出「文化英國」的概念，過去大英聯邦的那些國家，有很多殘存的英國背景以及英國的事務機關，也包括世界上那麼多說英語的國家，還有世界上那些採用英國創發的代議制民主制度的國家，都可以成為「文化英國」的內涵，為什麼英國人沒有提？因為它這個文化並沒有在世界上面臨逐漸消亡、萎縮的危機。

陳奎德強調，儘管我本人非常尊重、歡迎、欽佩，也願意加入這樣一種論說的集體裏面，但是我們應該實事求是地考察中國文化在世界上的地位，復興中國文化才有更堅實的基礎。

（本文作於一九九四年）

第三編　哲學思潮

新靡非斯特的幽靈

——二十世紀西方哲學思潮一瞥

本世紀已臨尾聲。

處世紀之交，人們的歷史意識往往變得特別敏感，類似於「世紀末審判」的思維衝動自然而興。譬如，其中問題之一即是，在西方哲學以至西方文化史上，二十世紀占有怎樣一席歷史地位？當然，見仁見智，難有定論。筆者不自量力，也欲嘗試冒險。其所以稱冒險，乃是因為評論者自身的思維直接匯融於二十世紀的精神事件之內而沒能拉開足夠的觀察距離。如所周知，觀察歷史與觀察自然界有不同的透視關係。自然物愈遠，看起來愈小，愈模糊；而歷史事件愈遠，看起來往往愈大，觀察結果也往往愈客觀。鑒于此，為當代著史作評，常成過眼煙雲，難立永恒。所以，易使明智者望而卻步。

然而，儘管如此，嘗試仍極值得。因為這種近距觀評本身也是一樁精神事件，它將很快被嵌進所觀察的歷史中，從而，比遠距考察更多地干預了歷史，塑造了歷史，影響了歷史。所以，易使冒險者蠢蠢欲動。

本文就是這樣一次冒險，它主要試圖從哲學史角度透視本世紀。

反叛的世紀

讓我們一瞥歷史。

上世紀末，尼采曾以神諭式的語言宣稱，要重估一切價值。他說：「將成為創造善惡的人，首先他必須成為一個破壞者而粉碎一切價值，……我是第一個反道德者，因此，我是根本的破壞者。」❶當時，不少有識之士視之為瘋人誕語，然而，隨著二十世紀的逐步展開，這些狂言卻日益被賦予了占卜式的神秘力量。

本世紀揭開序幕不久，三位猶太人的身影就籠罩在人類的精神世界上，他們是：馬克思、愛因斯坦和弗洛伊德。

世紀之初，映入我們眼帘的，是一幅波瀾壯闊的畫面：科學革命的興起，社會革命的醞釀，現代藝術的狂潮，世俗化的推進，各文化領域引發了空前的不安與騷動，自文藝復興、宗教改革、啟蒙運動之後的西方文明的幾根精神支柱出現了巨大的裂痕。

以相對論和量子理論為核心的物理學革命以及非歐幾何同邏輯悖論的出現，使自伽利略和牛

❶ 尼采：《瞧！這個人》，頁一〇八～一〇九，中國和平出版社，一九八六年版。

頓以來的科學迷信受到最強有力的挑戰，科學的可錯性第一次獲得了歷史性的確認。康德的基本問題「具普遍必然性的科學是如何可能的」業已被取消，它被退一步的「是否可能」的問題所取代，「先天綜合判斷」的存在權受到嚴重挑戰，曾經秩序井然的世界圖景業已面目全非，變成另一個宇宙。世界圖景的這種傳奇式轉換，是以傳奇式人物愛因斯坦為象徵的。

同時，古典邏輯學二千多年的僵滯狀況終於完結，數理邏輯的誕生，為邏輯學開闢了廣闊的新天地，開啟了數學的基礎問題的研究，並全盤更新了現代哲學的面貌和工作方式，也為人類語言的研究提供了卓有成效的手段，為即將興起的計算機熱潮奠定了理論根基。弗雷格、皮亞諾、羅素、懷特海、歌德爾是這一領域的先驅。

標誌著人性開掘的劃時代深度的弗洛伊德精神分析，在毀譽參半的沸沸輿論中推出了人類精神的一塊未開墾的處女地，成為本世紀非理性主義的濫觴之一。

現代藝術在世紀初異軍突起。美術中的立體派、未來派、野獸派、達達派、抽象派、超現實主義……紛至沓來，梵谷、畢卡索、康定斯基等，這些叛逆者另闢蹊徑，各領風騷，怪象環生，把令人尊敬的傳統棄置一旁。音樂中的印象派、象徵派、表現主義乃至無調性音樂、隨意音樂、微音音樂、噪音音樂如野馬咆哮，德布西、勳伯格(Arnold Schoenberg, 1874–1951)、史特拉文斯基等使音樂的和諧美被一陣無章可循的放肆喧囂衝刷以去。文學中的意識流、象徵派、表現主義、未來派、荒誕派、超現實主義、新小說、黑色幽默八面襲來，喬依斯、卡夫卡等突破了從荷馬到托爾斯泰的歷史悠久的樊籬。在所有這些領域中，從再現到表現，從具象到抽象，從外界到內心，從理智到荒誕，是世紀初最常展示的標籤。

這就是本世紀初西方哲學生存的基本文化氛圍。它與哲學互為因果，息息相關。鑒於此，西方哲學染上上述「時代病」本是順理成章的。事實上，世紀之交西方哲學傳統正面臨堪與笛卡兒和康德的轉折相並列的近代第三次大轉折，在某些方面，其姿態甚至比前兩次更為徹底。眾多當代哲學流派不約而同地把傳統的西方哲學，尤其是黑格爾主義視為人類精神的桎梏而棄之若敝屣。一些人嘲笑那種企圖凌駕於科學之上用純粹思辯洞見世界本質的哲學體系；另一些人則厭惡該體系專注於整體化絕對精神的辯證推演而抹煞了活生生的獨特個體。

這是時代思潮的巨大轉換。

二十世紀西方哲學的總體狀況常常被中國大部分學者一闢為二，劃為英美（及維也納）分析哲學與歐陸人本主義哲學兩股潮流。這種劃分，作為一種便於整理分類的簡便方式，自有其存在價值。然而，倘若看不到其中隱藏著的標籤化、簡單化的危險，恐怕也是近視的。首先須澄清，這裏的劃分，並非學派的嚴格劃分，僅能略微標示出某種大體相近的傾向性。其實，被歸為同一類思潮的哲學家之間往往持有極為對立的觀點，雙方進行著激烈的論戰。其次應注意，所謂分析哲學或人本主義的稱謂（特別是後者），很難刻劃被歸入該類的哲學家的哲學特徵，就是同一哲學家的前期與後期有時也不能一詞而名。把後期維根斯坦稱為「分析哲學家」同把阿爾都塞、高達美稱為「人本主義哲學家」都顯得頗為滑稽。第三還應考慮到，兩大思潮彼此間的橫向差異在某種意義上已經小於它們各自的前期和後期的縱向差異了，這是當代哲學演變的一個重要兆頭。

的確，本世紀哲學場面的波瀾起伏，變革節奏的日益加速，都遠遠超過了近代任何一個時期。有人戲言，現代哲學是一個無固定主角的舞臺，一位哲學家只能占據其中心五分鐘，隨即被攆下臺來，讓新角粉墨登場，獨領風騷。

然而，這是否意味著，本世紀林林總總的哲學流派就根本無梳理的可能？我們能否就此斷言，在即漲即落、此起彼伏的當代諸哲學潮流中，就絕無任何相似點？筆者不敢陷入這種武斷的悲觀中。仔細考察，我以為，似乎仍可從紛亂駁雜的各種思潮中窺見它們的相似點。

這一相似點，就是「否定性」。

瀏覽當代西方哲學流派，不難發現一個并非巧合的現象，即，二十世紀哲學各流派或學說的稱謂之前常被冠以一種否定性的限制詞，如「反」、「非」、「否」、「拒斥」、「破」、「拆」、「無」等等。該現象值得細細深究。當然，首先要澄清的一點是，這裏的「否定性」並不內蘊黑格爾「否定之否定」的涵義，即不存在什麼「三段式」，沒有一個「合題」在前方迎候，根本不是一場直奔「絕對」的凱旋式進軍。茲舉幾例：

「拒斥形而上學」，這是本世紀上半葉西方哲學中最負盛名的口號之一，曾經在分析哲學中釀成狂飆突進式的大潮，並以全面否定整個西方哲學傳統的激進姿態載入史冊，從而形成了以維也納學派為高潮的一次當代哲學運動。這已經廣為人知，茲不贅述。這裏需要提醒的是，在被分析哲學家斥為形而上學家的歐陸哲學家中，如海德格，也從根本上反省自希臘開源的形而上學傳統，也在自己所規定的意義上消解形而上學。海氏疾呼要克服對存在的形而上學解釋，在他看來，統治了自古典世界至尼采的全部西方哲學的形而上學結構必須徹底擺脫，因為這些形而上學的探究毫無意義。而擺脫形而上學結構的途徑就是把本體論的探討與形而上學相分離。當代著名哲學家高達美與德希達也都主張一種要摧毀或戰勝形而上學的歷史意圖，他們堅持使用開放性作為形而上學的消毒劑，這種開放性係永恒的向新的可能性的開放性，是與終極的整體性相對立的❷。這裏不難發現，雖然分析哲學與歐陸哲學在概念使用上相去甚遠，然而在反省西方傳統的形而上學方面，卻同樣徹底。

「非理性主義」，作為本世紀最為泛化、滲透文化領域最廣的哲學思潮，在世紀初由柏格森主義和弗洛伊德主義發其端，其實，遠在叔本華哲學中就隱然萌動了。至弗洛伊德，一舉摧毀了所謂高踞於意識之上的客觀精神和理性的謊言，從而揭櫫了一場對傳統理性的浩大討伐。以發掘弗洛伊德主義而獲得靈感的馬庫色認為：「在黑格爾以後，西方哲學的主流枯竭了。統治的邏各斯建立了它的體系之後，餘下的便是掃尾工作了：哲學只是作為學術機構中的一種特殊的（但不是特別重要的）功能而得以倖存。……這個變化，用形而上學的語言來表達，就是指存在的本質

---

❷ 參閱D. C. Hoy, *The Critical Circle*, Chapter III, Univ. of California Press, 1982.

不再被看作邏各斯。」❸反邏各斯中心的非理性主義大張其勢，從而使二十世紀幾乎每一學術領域都能瞥見它活躍的影子，甚至歷來被標榜為正宗理性典範的自然科學，也被發掘出了非理性的成份，這特別可從庫恩、費耶若本等人的科學哲學中發現，這是對啟蒙運動以來理性崇拜的反省，是對唯科學主義的反省，各家對此論述極多，此處不擬詳論。

表現於科學哲學中的反歸納主義（以卡爾・巴柏、庫恩、費耶若本等人為代表），重申並深化休謨的論證，斷言歸納的不可能性，強調由經驗所獲知識的非確定性和非絕對性，強調科學的假設性、約定性和可錯性。

而卡爾・巴柏的否證主義，更進一步化解了對科學作肯定性和靜態理解的實證論神話，把對未來無窮多可能性的開放視為科學的根本命運，把不斷的否證和批判看作是科學存在和發展的基本模式。

另外，法蘭克福學派的批判理論，特別是哈伯馬斯的反現實主義對肯定性思維方式的全面抨擊，乃是本世紀上述基本傾向的典型例證，且已廣為人知，在此不加贅述。本文以下欲致力於解剖的，是反本質主義、反歷史客觀主義、反基礎主義、詩與哲學界限問題和虛無主義與後現代主義問題。

❸ 赫們特・馬庫色，《愛欲與文明》，頁八四，黃勇、薛民譯，上海譯文版，一九八七年。

本質主義的衰微

反本質主義，作為二十世紀的主導性思潮之一，它不僅廣泛流行於英美和歐陸兩大思潮之中，而且也持續貫穿於整個二十世紀哲學的前、後兩段時期。雖然各家在使用「本質主義」一詞時的涵義不盡相同，有馬赫、羅素式及維也納學派（前期）的現象主義式的反本質主義，有後期維根斯坦哲學的反本質主義，以及卡爾·巴柏、新詮釋學和美國哲學家羅蒂的來自不同理論預設的反本質主義，他們的觀點雖相距甚遠，但在抨擊自柏拉圖、亞里斯多德直至黑格爾的本質主義傳統方面卻殊途同歸。

馬赫、羅素和維也納學派的現象主義的反本質主義立場，雖然在否認現象背後的「本體」、「本質」或「實在」方面不遺餘力，然而由於他們堅守從現象可提取出某種共同的東西，即現象仍可歸化還原抽象為某種共相，以成為科學賴以建立的根本信仰地基，因而，他們的反本質主義仍保留著不徹底的色彩。

卡爾·巴柏主要反對柏拉圖和黑格爾式的本質主義：「黑格爾的本質主義就是這樣，它教導其追隨者怎樣撰寫關於萬物——靈魂、宇宙或共相——的本質、本性或理念的文章。」❹卡爾·

❹ 卡爾·巴柏，《猜測與反駁》，頁一〇〇，上海譯文出版社，一九八六年九月。

巴柏認為：「相信本質（無論真的還是假的）容易給思想設置障礙，容易給提出新的和富於成果的問題設置障礙。而且，它不可能成為科學的一部分。（因為即使我們幸運地碰巧找到一個描述本質的理論，也絕不能確信它。）一個可能導致蒙昧主義的信條，當然不屬於一個科學家所必須接受的那些超科學信念。」❺卡爾·巴柏與前述哲學家相似，都是以科學為參照系來攻擊本質主義的。與此相對照，維根斯坦的抨擊就顯得更為猛烈。

「維根斯坦和破壞，這二者幾乎是同一的概念。」❻這話典型地刻劃了維根斯坦哲學的摧毀性特徵。他的反本質主義在其後期哲學特別是語言遊戲說中得到了典型表現。在他看來，語言是我們生活的基本形式，人類無非是在用語詞做各種遊戲，語言並不是如過去所設想那樣只有「描述世界」這一功能。這就是他的「語言遊戲說」的基本核心。

這裏，若按傳統的本質主義思維方式，立即出現一個問題：什麼是「語言遊戲」？它的本質何在？因為，按過去基本的學術傳統，一旦出現一個新詞、新概念，那就須首先給該詞下定義；而定義，據說正是表達了該詞的「本質特徵」。

維根斯坦根本拒絕這種傳統。他認為，相信在多種語言遊戲中有某種共同本質，這是誤解，並將導致無窮爭論。他指出，若仔細考察語言便可得知，在語言的諸多用法中，只存在重疊交叉

❺ 卡爾·巴柏，《猜測與反駁》，頁一五一。

❻ 轉引自《現代外國哲學》，第六輯，頁二三一。

的一系列聯繫，但找不到大家共同的東西。以遊戲為例，「我們先看各種棋類遊戲，它們之間有多重聯繫。再看紙牌遊戲，這裏可以發現許多與棋類遊戲相同的東西，但棋類遊戲中許多共有的東西卻消失了，而在這裏也出現了一些新的特徵。當我們再去看球類遊戲時，發現保留了不少原有的特徵，卻也失去了不少——它們都有娛樂性嗎？請把國際象棋和三連棋比較一下。或者是否總有輸贏或參加遊戲的人之間的競爭？請耐心想一下，在球類遊戲中有輸贏，但當小孩在牆上玩球時，這個特徵卻消失了。……這個考察的結果將是，我們看到了一套重疊交叉的類似性，有時是總體上的，有時是細節上的。」❼

「家族相似」，這是維根斯坦對上述重疊交叉的類似性的稱謂。其要點為：(1)家族成員有類似性。(2)沒有一個特徵是大家無例外遵守的，沒有共同本質。(3)只能舉例，無法定義。理解日常語言的人並非看到了語言中的共同本質，不過是以從前的用法為榜樣去對這個詞作新的類似運用。一個詞，一個語言體系，其用法的範圍是永遠開放變動的。

他的意圖，是用「家族相似」這一術語解決哲學史上一般與個別的久遠爭論。這種爭論的預設基礎是：存在著某種「本質」、「共相」、「一般」。各派的分歧僅在於：有的主張共相是可以從個別事物之中抽象出來的(唯名論)，另外的則主張共相是實實在在存在於柏拉圖式的理想型世界中(實在論)，無論雙方論點相差多遠，然而卻都認為「共相」、「一般」、「本質」是有的。但是，

❼ 維根斯坦，《哲學研究》，第六六節，Basil Blackwel出版，一九六三年（英文版）。

維根斯坦卻釜底抽薪，根本否認上述「共相」、「本質」、「一般」的存在，他要從根本上取消這一問題。他指出，人類有一種根深蒂固的思維定勢：追求普遍性和統一性，即，異中求同，變中求恒，多中求一。其實，所存在的，不過是「家族相似」而已，所謂「統一性」，根本是虛無。譬如，由於人們把某些對象用單一的詞來概括：「人」。於是，探求「人」的共同本質本性的無休止的努力由此濫觴。再如，把樹木、石頭、茶杯作為名詞的範例和模式，就使其他種種名詞與上述名詞的模型進行類比式想像，並進而用上述想像模式來統一和同化其他名詞，哲學史上一系列潛在的前提：時間被想像為隱蔽的一條均勻流動的長河，空間被想像為一口巨大的空箱子，心靈則是與樹木、石頭相對的另一種不可見的實體等等……均由此產生，並導致持久不衰的哲學研究。

按維根斯坦，我們使用一般性名詞，使用類、屬等概念時，主要是為了說話的方便簡捷，它是「生活形式」的一部分，把它們「實體化」是愚蠢的。無休止地爭論「共相」、「本質」是否存在，存在於何處，這就像蒼蠅飛進捕蠅瓶中一樣，得了「哲學病」，「當我們搞哲學時，我們就像野蠻人、原始人，這些人聽到文明人的話語，卻給予錯誤的解釋，並引導出荒誕的結論。」❽

維根斯坦的上述思維方式，蘊含了根本的否定性特徵。當他議論「語言」、「意義」、「思想」、「理解」、「遊戲」、「數」、「藝術」等各種對象時，他反覆強調的是這些詞語不應當如何解釋，這些對象不是什麼，不可以從中推出某種結論……云云，要言之，他凸出的是一條條的「戒律」，

❽ 維根斯坦，《哲學研究》，第一九四節。

他引導人們注意的總是反面的事物。這意味著，我們只有放棄傳統上正面的希望，才可能接近他的哲學。因為對他的哲學的真正理解意味著追問正面的「是什麼」和「本質」等問題是根本沒有答案的。我們必須擺脫本質主義的久遠糾纏，進而就可能重新安排和重新塑造人類的精神模式。

反本質主義的另一形態是由存在哲學的著名命題「存在先於本質」所揭櫫的，如所周知，這是人學領域中的反本質主義。如沙特所言：「首先人存在、露面、出場，後來才說明自身。人之初，是空無所有；只在後來，人要變成某種東西，於是人就按照自己的意志造就他自身。……世界上並無人類本性，因為世界並無設定人類本性的上帝。」❾即是說，人的所謂本質，實際上是由他自己從「虛無」的地基上創造出來的，人時時在「自我超越」，通過他的「選擇」，成為一個新的「我」。

這一點被當代法國哲學家、解構主義者德希達(J. Derrida)更進一步強化，他認為，這種「人道主義」世界觀，它的中心──「人」(確切地說是歐洲人)在本世紀已經壽終正寢。這個世界的分裂事實上導致了歐洲人繼承下來的能指與所指關係系統的分裂。因為如果不存在超驗的、終極的因此占支配地位的所指(即人的本質)，那麼指示行為的整個範圍必將大大地擴展❿。另一位法國思想家傅柯(M. Foucault)沿尼采的思路也把「上帝死亡」的主題推進到「人的死亡」這一主題。

---

❾ 摘自《存在主義哲學》，商務出版社，一九六三年，頁三三七。

❿ 參見J. Derrida，《文字和差異》，頁四一一。

事實上，在尼采那裏，人的命運業已岌岌可危，這可以從他對「超人」的殷殷企盼中窺知。傅柯，這位自命為「反人本主義者」的哲學家，斷然否認非個體化的、一般本質的「人」這一虛構，這種虛構無非是某種模糊不清的經驗（動物性）和超驗（精神性）的混雜物。事實上，正如「我思」不能推導出「我在」一樣，根據人文學科的一般思索也不能推導出一般的「人的本質」的存在。在他看來，這種無根據的「人學化」已構成對當代知識事業的最大威脅。

如前述，沙特把本質驅逐出了人的領域，然而卻在「物的世界」中給本質主義供奉了一個神位，他在邏輯上是分裂的。

新詮釋學把邏輯貫徹到底，摧毀了「物的本質」的神話。海德格(M. Heidegger)、高達美(H. G. Gadamer)和德希達幾乎是不約而同地主張，根本就不存在先於、獨立於語言和本文的絕對、靜止、客觀和純粹的在場(presentation)觀念本身。認為我們「最終有可能一勞永逸地同客觀事物面對面地相遇」，純屬幻想。「本文之外無他物」，根本就不存在本體論意義上的絕對的固定的「所指」，因此，「物的本質」也就子虛烏有，世界是「本文」化、「語言」化的。「本文」無所謂純粹「原意」，事物無所謂「先定本質」。進一步深究，這種反本質主義企圖瓦解西方文化中源遠流長的視覺中心主義，也即邏各斯中心主義——太陽形而上學。「本質」(eidos)，在希臘語中，即指被太陽所照明的，不斷持續下去的一面；而「知道」這個動詞是從「看」這個動詞的變體上衍生而來的，所知者就是所見者。理解的過程就是轉向光源的過程，即被照亮澄明的過程。「本質」就是與「光」聯繫在一起的，柏拉圖的洞穴比喻這種太陽形而上學就是典型的例證和隱喻。鑒於世界的本文化和語言化，消解哲學化解了所有事物的本質，並且，這種解構、拆除是從體系內部進行的根本性拆除。

德希達對於概念（或可稱非概念）differance的非凡闡釋就可以導引我們去接近上述態勢：

「它沒有名稱，甚至沒有本質或者存在——甚至 differance 這個名字也不是一個名字，『differance』不是一個純粹名義上的整體，它在不斷地瓦解。……

它不是一個詞或一個概念……

它什麼也不控制，什麼也不裁決，不在任何地方起權威作用，……Differance不是一個名稱，不是一個詞，不是一個概念，不是一個完全的源，什麼也不控制，也沒有權威。」⓫

上述的Differance儼然化成「否定」、「虛無」的象徵，它同傳統上任何概念都風馬牛不相及，它僅僅否棄、消解、淘汰，永無休止。

美國哲學家庫恩(T. Kuhn)從另一個截然不同的視角達到了相似的結論。他的戰略是首創並廣泛運用「範式」(paradigm)這一科學哲學的概念。儘管對其涵義爭訟紛紜，然其基本的核心仍是清楚的。它大致指科學中的某種傳統，由於解決科學疑難也獲得的某種一致的習慣和標準，及心理上的定勢和類似感，即某科學共同體所共有的東西。這個概念強烈拒斥所謂外界的「中性給予物」，

⓫ 轉引自《現代外國哲學》，第九輯，頁八十，人民出版社。

在庫恩對「範式」的最極端最典型的使用中，世界是被範式所給予、所創造的。即，具有不同範式的科學家看到的是不同的世界，根本無所謂世界的中立的客觀的本質，隨著範式的改變，世界本身也改變了。即是說，當新的範式被接受時，實際上產生了一次格式塔的轉換，不僅現象被重新思考一番，而且一切描述詞語也得到重新解釋。從而，過去熟悉的事物呈現出不同的面貌，我們也就似乎被轉移到了另一星球。「究竟是地球繞日運動還是日繞地球運動」，這是一種無謂之爭，因為它根本不是關於事物本質的爭論，也不是事實之爭，不過是範式之爭而已，並無是非可言。

這樣就撕破了號稱中立性、客觀性典範的自然科學的絕對客觀性標榜，「物的本質」更進一步被放逐到了神話的領域。實質上這是凸現出，由於人的存在的根本的歷史性（教養背景、範式的差異等），「物」的差異隨之而生，其本質是不存在的，固定的「所指」是不存在的。

其實，早在上世紀末，尼采就指出，我們所認識的「世界」、「外在事物」，說到底都是語言解釋的產物，沒有離開語言解釋的「客觀中立的本質」，按尼采的深層分析，這些不過是在強力意志之下為了自我保存而利用概念範疇從而被解釋的東西。認識活動，特別是本體論方面的形而上學構造，都不外是解釋的活動，也都是解釋的產物。語言，不只是一種交流工具、一種媒介，更確切地說，它是世界之被認定為世界、事物之被認定為事物的基本要素，因此，它更具有本體論的涵義。正如當代新詮釋學認定的，語言是人的世界，人在語言中生活。人創造了語言，也就創造了他們的生存方式和生存環境。可以看出，尼采的思路業已開啟了新解釋學的先河，打開了從認識論轉向詮釋學的綠燈。

其實，當代詮釋學大家高達美和里柯(P. Ricoeur)都清醒地意識到笛卡兒式的思維「主體」或超越的「主體性」是不可能獲得的。因為人的思維要從某種「先見」(或偏見)開始，完全失去記憶的人是無法進行思維和理解的。因此，這些思維或理解必然被語言方式形成的「前見」、「偏見」所駕馭，被歷史所占有，沒有純粹的「主體」，沒有超越的「主體性」。由此，一切事實、意義、知識、道德、宗教、科學、形而上學，都是在深度的「歷史性」，在深層的「前見」或「偏見」支配下的解釋活動的產物，這也就表明，客觀本質已被徹底放逐了。

拒斥「深度模式」和歷史客觀主義

當代強有力的思想家傅柯，被美國學者C. Geertz稱為：「一個不可思議的對象，一個非歷史主義的歷史學家，一個反人本主義的人文科學家，以及一個反結構主義的結構主義者。」⑫其思想奇幻詭秘、汪洋恣肆、出人意表。他進一步對深層詮釋學發出質疑，從而把上述潮流引向極點。

⑫ From *Michel Foucault; Beyond Structuralism and Hermencutics*, Pxviii, by Hubert L. Dreyfus and Paul Rabinow, The Univ. of Chicago Press, 1982., p.25.

他根本蔑視所謂「內在性的深度解釋」，堅持一種「外在性」的觀點。而上述有深度的內在性觀點曾支配了西方文化的主流。在人們對馬克思、尼采和弗洛伊德這三位有重大影響的思想家的理解中，這種「深層詮釋學」採取下述形態表現出來。在他們看來，馬克思的偉大就在於從深層解釋了在五光十色的社會現象和意識形態的背後和深處是生產力和生產關係的辯證運動；尼采的成就在於指出人類的形形色色道德觀念和價值形態的背後和深處受到強力意志的支配；弗洛伊德的使命是揭示出撲朔迷離的夢境和失語等表面現象的背後和深處受到人的潛意識和無意識的支配，是由深處的本我騷動著的原始性慾（力比多）所決定的。

傅柯在其學術生涯的早期還曾繼續沿用這種「內」與「外」、「深層」與「表層」的傳統學術模式，但從六〇年代中期之後，他開始與上述模式決裂。他認為，前面三位思想家根本就沒有承認過深處靜止不變的「內核」，不承認外層現象繞著這個「核」轉並都是「核」的外化，他們並不認為存在終極的不可移易的客觀真理。由此出發，傅柯批評深層解釋學的思維方式，他嘗試用「外在性」（或無內外之分）的觀點去看待事物，其基本論點是：不存在所謂「基礎」和「深層」，它們都是同一層面上的解釋。

他爭辯說，一切事實，無論多麼直接、明顯，都早已經過了解釋。事實就是解釋，這是當代解釋學的本體論精髓。解釋的對象不是「事物」，不是與「能指」相隔絕的「所指」。解釋的對象是其他的解釋。其實，當我們談到對象如「生產力、生產關係」的時候，它們本身已經是一個理論術語，是一個「能指」，是一種解釋，即它已是被解釋過的符號了。其他如尼采與弗洛伊德的原初對象也都已是一種解釋的產物，不存在什麼未經解釋所污染的純事物、純事實。

更進一步，在《詞與物》中傅柯還提醒人注意，一切解釋都必須被再解釋，因此，不存在終極的解釋。若用反射來比喻解釋，那麼作為能指的符號並不在事物的鏡中，而是在鏡外，尤其是在各鏡片相互反射的過程中。如此，符號無窮盡地產生出來，解釋也永無終止。如傅柯所說：對解釋的這一觀點，「使我們陷入無窮無盡的任務之中」⓭。他指出：「幾個世紀以來，我們一直在徒勞地等待這個詞(the Word)。」⓮這個大寫的「詞」，就是上帝的判決，即終極真理，終極的解釋，也即客觀的「反映」。然而，等待是徒勞的，因為上帝已死，終極的解釋也隨之消亡。

這樣看來，解釋活動已命定要無休止地循環下去。然而，這一命運並未使傅柯望而卻步。他安之若素，贊賞這一循環。在他看來，倘若循環中止，倘若凝固的、不可逆的最終解釋符號出現，那麼，開放性立即封閉，解釋也就滅亡了。這就意味著人類文化活動的終結。因為解釋並非翻譯，它並不揭示什麼深層的隱藏意圖，也不存在這種深度真理和不可觸摸的核心。一切都是解釋符號之間的交相輝映、相互作用而已，一切都是遊戲活動，正如德希達所說的，是一種「無底的棋盤」。

循此思路，歷史客觀主義也遭到傅柯和德希達的摧毀性抨擊。傅柯用不容置疑的口氣宣稱要

⓭ Hubert L. Dreyfus and Paul Rabinow, *Michel Foucault*, pxvi.

⓮ 同上，pxvii。

「埋葬歷史」，而德希達同氣相求，也義正詞嚴地反對歷史，呼籲從歷史的範疇中解放出來。

如所周知，在十九世紀，由於黑格爾和達爾文的工作，歷史客觀主義已蔚成潮流，歷史性這一動態範疇取代了再現和表象等靜態範疇，泛化到了各門學科領域，並延伸到了本世紀。譬如，當代科學哲學新流派和當代詮釋學大師都把「歷史性」奉到不可超越的祭壇。而傅柯則認為，這正表現了現代西方文化尚未結束的一種知識形態：追本溯源式的知識形態。各門知識都必須回到基本的連續的歷史性中才能找到自己的位置，並為自己的存在辯護。這種對歷史性的高度崇尚，構成了歷史客觀主義的傳統。不過，傅柯以敏銳的感受力指出，上述知識形態業已開始面臨挑戰。其實，早在上世紀末，敏感的尼采已經抨擊了歷史客觀主義的一個基本信條：歷史的過去是自我封閉的視界，它對於研究目的而言是可以客觀化的，一個時代就是一種歷史學家在完全凝結了他自己當代的視界後而將自己植入的那個視界⑮。尼采斷然聲稱歷史知識不可能完全與當前利害割裂開來。與此類似，傅柯指出，歷史是由歷史學家創造出來的，尤有甚者，他相信，所有的歷史知識無非是當前的需要和利益向過去的「投影」。因為根本就不存在中立的、純客觀的歷史知識，所以這裏不能用道德尺度來裁判。正如尼采所說，只有從事建築未來的人才有權判斷過去。在這個意義上，歷史學成為虛構物。傅柯自己就坦誠宣稱：「我知道我所寫的只是虛構。」他嘲笑那種啟蒙式的樂觀主義。這種樂觀主義認為絕對真理就存在於事物的起源之中。他認為恰好相反，

⑮ 參見David Couzens Hoy, *The Critical Circle*, Cap.5。

起源學（由於歷史的非中立）就在必定喪失自身的地方。因為歷史不斷地被重塑，起源早已喪失，不必去追尋，只需去探索歷史的間斷性，探索歷史的非理性和癲狂性以及歷史被每代史家和被權力滲透的痕跡。

這就是他用以取代歷史客觀論的「系譜學」。

在傅柯的系譜學中，所有的歷史學家都同樣是企圖「用虛構的話語來引起真實的效果」。事實上，傅柯本人就是創造性地重新向歷史投去自己的一瞥，以其嶄新獨到的《知識考古學》、《性史》、《詞與物》……等等著作勾勒出一幅全新的歷史畫面，並在當代思想界引起了震動性的效果。他深刻地總結道：「倘若控制了人民的記憶，也就控制住了他們的行動動力學，……掌握這個記憶，控制它，管理它，告訴人們它必須包含什麼內容，這是至關重要的。」由此可以判斷，歷史內容的記憶與剔除，是現實中舉足輕重的因素。

德希達同樣向歷史學質詢，他從根本上視歷史為一種形而上學。他疾呼同所有歷史思想的傳統決裂，他的《論語文學》一書即是這個主題的代表作。他主張：「閱讀必須在其軸心處從古典的歷史範疇中解放出來——不僅從思想史的範疇中，還從文學史以及高高在上的哲學史範疇中解脫出來。」⑯

在德希達看來，「歷史概念本身」只是在一個邏各斯中心主義的時代才有意義，它是作為邏各

---

⑯ 參見H. R.姚斯，《接受美學與接受理論》，頁四五一，遼寧人民版，一九八七年。

斯中心主義的支柱或避難所而出現的。今天，為了更好地讀解「邏各斯中心主義」的本文，就必須放逐歷史，使之失去根本的合法性。

反基礎主義

在這部主旋律為「不」的世紀交響中，有一個強有力的樂章，就是反基礎主義。它在本世紀下半葉被逐步推向高潮，其代表人物之一是美國哲學家羅蒂(R. Rorty)。

自希臘以降，西方哲學傳統有一種根深蒂固的基本預設——基礎主義。在本體論上，基礎主義要求探尋宇宙的基礎、本原。各派所爭的不是有無基礎，而在於這個基礎是什麼，其答案紛呈，曰水，曰火，曰邏各斯，曰絕對，曰「在」，曰「語言」……，不一而足。在認識論上，近代基礎主義的表現主要是唯理論和經驗論，雖然二者對知識的基礎是什麼持針鋒相對的觀點，但卻都同樣毫無疑義地認為，人類知識有某種堅不可摧的基礎，知識的合法性即淵源於它。該基礎是直接的、原初的、非推論的、天經地義無需辯護的。

兩派「對知識基礎的探究極為鮮明，……他們強烈地要求越向對話之外的始基(αρχη)」⓱。只不過，對始基看法不同，前者訴諸理性，後者訴諸經驗而已。

⓱ R. Rorty, *Philosophy and the Mirror of Nature*, p.375, Princeton University Press, 1980.（以下簡稱本書為*PM*）

但是，現在的根本問題發生了變化，轉換成後退一步的問題了：該基礎是否存在？在認識論方面，連貫主義(Coherentism)與基礎主義(Foundationalism)的對峙取代了傳統上的唯理論與經驗論的對峙。

連貫主義試圖從根本上摧毀「自明的基礎」這一概念。它主張，根本不存在絕對可靠的知識地基，一切知識都需要其他知識辯護。知識之鏈並無端點，它們是首尾相接的。

羅蒂以其代表作《哲學與自然之鏡》的主要部分來反駁基礎主義(同時也抨擊了本質主義)。他本人曾受過分析哲學的嚴格訓練並卓有成就。然而，他這本著作的鋒芒，卻是指向分析哲學的基本信條的；甚至可說是從根本上指向了西方哲學的基本假設，它企圖瓦解並超越源於古希臘而後由笛卡兒、洛克、康德等人塑造的西方哲學傳統。在他看來，該傳統有三個根本的方面。

首先是柏拉圖關於知識與真理的學說：哲學是關於再現（表象）(representation)的一般理論。因此，占有準確的（再現的）表象就是獲得知識，得到真理。實際上是把人比喻為自然界的一面鏡子。他的視覺中心式的「洞穴的比喻」是其典型。

其次，是笛卡兒關於心靈的認識論基礎主義。柏拉圖式的「鏡子」到近代笛卡兒那裏被植入「內部」，成為「內視」(inner eye)，心靈成為內在的鏡子。認識在心靈發生，「知識即表象」發展成「知識即外在實在的內在表象」的理論，即反映論。這種訴諸「內心」的轉向導致外部世界是否真正實在的唯物唯心的爭論。這種理論還強調，有一種「特許的表象」(privileged representation)，這就是「真理」。

第三是康德的哲學觀：哲學的使命是為科學、道德、宗教、藝術等文化形態奠立基礎，它應當裁決這些領域的是非，確定合理性、客觀性和普遍性的標準。他的三大批判，實際上是要檢查、修理、磨平和擦亮心靈的「鏡子」。

康德之後，上述根本的傳統在本世紀分岔為兩大方向：分析哲學與現象學。在羅蒂看來，這兩者都是康德哲學的新變種。

分析哲學企圖通過語言分析獲得語言學式的特許表象；現象學則斷言通過本質還原和先驗還原能達到特許表象。直至羅素、早期維根斯坦、維也納學派以及胡塞爾、早期海德格都仍是上述基礎主義傳統的忠實執行者。

羅蒂使用豐富和嚴謹的分析全面抨擊了這一傳統。

中心問題是：作為知識基礎的「特許表象」有無必要？

事實上，笛卡兒視心靈為內部鏡子的主張業已被現代心理學與現代哲學的成就所拒絕。在歷史上，洛克的「白板說」試圖對心靈的作用提供因果說明，把外部直接給予的東西作為無可懷疑的基礎，奉為特許的表象。他的潛在邏輯是：既然這些特許表象為外界所給予，則他們就為知識基礎提供了合法性。

康德為人類經驗知識的構成區分了兩種要素：先驗範疇與感性材料雜多，即形式與內容。他的潛在邏輯是：既然人類的先驗範疇對知識的構成作出了決定性的貢獻，所以這些範疇必定是知識的合法性基礎。

綜上所述，洛克是為「被給予者」奠立合法性，而康德則為「被組織者」奠立合法性，二者是其各自的「特許表象」。

羅蒂借助當代哲學家的研究成果指出，既然賴爾(G. Ryle)的著名分析表明了「心的概念」的虛妄，既然「心」與「非心」無法嚴格區分，則「心靈對外界的反映」就陷入困境了。而既然蒯因(W. Quine)的工作業已消解了「分析命題」與「綜合命題」的絕對界限，那麼康德的「偶然」（受所予物的控制）與「必然」（受先驗範疇的控制）也就不可能嚴格區分，即是說，「所與」(the given)和「人心所加」(added by mind)的區分，「事實成分」和「語言成分」的區分都成了問題。這就動搖了洛克與康德思想的根本方面。

在另一面，如前所述，當代哲學家與心理學家，如塞拉斯(W. Sellars)等都視「所與」為神話，認為根本不存在中立、客觀的感覺材料。一切有道理的信念都是命題。一切辯護都是命題間的關係。不存在先於語言和理論的東西。觀察命題滲透了理論，受到理論的「污染」。

於是，洛克、康德雙方的基礎都已變成流沙動水，並不穩固；「特許表象」變成了海市蜃樓，子虛烏有；因而，尋求人類知識基地的世世代代的慘淡經營就已化為泡影，毫無意義了。認識論遭遇空前的危機，已很難為人類知識作強有力的辯護了。

這就表明，所謂知識，並不取決於傳統上它所聲稱的它與事物間的關係，而取決於該聲明是否符合某種社會行為方式，是否符合某種歷史上存在的語言習慣。這樣，辯護的社會化必定導致知識的社會化，因而，在根本的意義上，所謂知識，就是社會地被辯護了的信念。這種反基礎主義的極端立場被稱之為社會連貫主義。

羅蒂提出：「我們在言語中必須完全擺脫視覺的隱喻，特別是鏡映(mirroring)的隱喻。因此，我們需懂得，言語不僅不是內在表象的外化，而且根本就不是表象。我們必須拋棄言語的以及思想的（與事物）一致性概念，並且，應把語句看成是與其他語句而不是與世界聯繫著。」⓲

康德哲學及其變種邏輯經驗主義，想確立某種超越時空的一切科學與文化形態的基礎和裁決者，這是體系式哲學的最高目標。然而，由於各歷史時期的科學與文化形態之間的不可通約性，因此，不可能找到適合一切時代的人類知識的客觀性、合理性和普遍性的標準，沒有永恒不變的知識地基，因此，體系哲學的認識論時代也許已到盡頭。正如羅蒂所揭示的：「以認識論為中心的哲學的歷史是歐洲文化史的一個片段。」⓳他相信，另一種新的哲學活動方式或新時代也許即將降臨。他頗有信心地聲稱：「目前我們使用的‘哲學的意義’和‘純哲學問題’這類概念，其實是在康德時代才獲得其意義的。認為認識論或它的某種後繼題目就是哲學的核心，與這種康德

⓲ *PM*, p.372.

⓳ *PM*, p.376.

之後的觀念相對應的是這一事實：職業哲學家的自我形象依賴於他對'自然之鏡'的固執性職業病。倘若沒有康德的假設，這個自我形象必然崩潰。」⑳如今，康德的基本假設業已搖搖欲墜，哲學的自我形象也就面臨重新塑造的前夜了。

這就是羅蒂針對西方哲學的困境所下的一劑難咽的苦藥。

與羅蒂的上述反基礎主義相類似，在不同的視角或不同的程度上，傾向接近的觀點可以在蒯因、庫恩、費耶若本(P. Feyerabend)、傅柯和德希達等人的著作中發現。

哲學與詩：界限的消泯

既然哲學已從內部被消解掉了其固有結構，喪失了無可爭辯的牢固基地，失去了裁判科學、文學、藝術、倫理、宗教等各文化領域的是非的資格，那麼，不可迴避的問題是：哲學是否將消亡？

某種意義上，這是個用詞的問題。可以想像，這個詞恐怕在人類精神活動中是抹不掉的。當然，哲學，作為人類與自然對話的聲音之一，作為平等的文化形態中的一類，它與其他文化形態間的界限已不如以往那樣涇渭分明、劃然而別了。這裏值得探究的是，當代文化中，哲學與詩（藝

⑳ *PM*, p.392.

術）界限的模糊，以及進一步，現實與虛構界限的消泯。

自柏拉圖以降，哲學與詩的分野就是西方文化傳統中最基本的分野。正如羅蒂曾指出的：「因為柏拉圖正是依照與詩人對立這一意義來定義哲學家的。哲學家能夠給出理由，能夠論證自己的見解並證明自己的正確性。」㉑如此，正如二千多年來流行的理解的一樣，哲學事業就是利用概念進行論證的事業，哲學家就是進行論證的動物。但是，哲學，其詞源為「愛智慧」的學問，難道就應當局限於「論證」一途？「智慧」是否可以完全等同於、還原於「論證」？對智慧的愛是否就是對論證的愛？答案應當是否定的。智慧的範圍廣闊得多，做詩、繪畫、講故事、弄音樂、冥想、玄思、祈禱、直覺……都是智慧。「論證」這一羊腸小道如何容納得下哲學的廣闊空間？

按照傳統的職業化哲學家的看法，尼采與後期海德格（滿堂咏詩的授課）無論可能是什麼，反正不是哲學家。然而，正是海德格首先意識到，一方面思索的語言中暗藏著詩性；另一方面，詩裏也隱藏著思索。在論證式的體系哲學家對哲學與詩的嚴格隔絕中，哲學不具備詩性，詩也不具備思性。

這一傳統，在當代受到了嚴重挑戰。

首先是當代計算機模擬人類的自然語言時所陷入的困境。在這種模擬過程中發現，不少原來被認為是清晰明白的語言或嚴格論證過程，其中竟然隱藏著大量的隱喻成份，並且這一成份是根

㉑ *PM*, p.370.

本的，難以替代的。

當代解釋學家里柯 (P. Ricoeur) 和消解哲學家德希達創用了著名的「隱喻理論」(the Theory of Metaphor)來拆除哲學與詩之間的高牆，消解前述傳統。他們通過大量的解剖、分析後以震聾發聵的方式聲稱，考諸哲學史，哲學在根本上從來就是一門深刻性的隱喻學科，是一門處處充滿隱喻、不自覺地受制於隱喻的學科。過去，隱喻只是作為一種修辭手段，現在，被發掘出了它的認識論意義和本體論意義。過去，隱喻只是作為一種形象的、非理性的、非純粹的表達，並非一種直接而純粹的表述，只是一種以相似關係為基礎的詞的轉換，只有情感作用，沒有認識意義。卡納普對表述與表達的嚴格區分即是這種傳統態度的典型表現。里柯通過嚴謹分析，揭櫫出一個根本的事實，即，隱喻不僅僅是詞語和名稱的轉換，更重要的是句子主謂關係的一種特殊模式，這種模式使兩種相互衝突（或有差異）的解釋同時顯現，從而，這種解釋就越出了字面的所謂直接意義，創造並增生了意義。哲學過去沒有意識到自身所蘊涵的隱喻性，其實，古希臘柏拉圖的「洞穴比喻」就是哲學的一個基本的視覺隱喻(visual metaphor)，是用擬人化的概念寫成的詩。海德格說隱喻存在於形而上學中，這其實正是針對卡納普對他的著名批評的答覆。究其根本，海德格對於認定他的哲學（包括傳統形而上學）類似於詩的指責是慨然應允的。事實上，深入開掘可知，他的哲學，特別是其基本本體論，正是用隱喻，特別是用視覺隱喻的結構來表達的。他所謂的「在的恬然澄明」就是光進入世界，從而，無所遮蔽，萬物顯現、在場。光亮的有無，「在」的敞蔽，正是他的本體論的根本隱喻所在。

其實，就是人們自認為高度精確和直接的自然科學，也同樣包含大量的隱喻成份。前述的範式（特別是其中的形而上範式）就充滿了隱喻的結構。譬如牛頓的以細微的原子遵循決定論規律而運動的宇宙圖景，愛因斯坦的曲面幾何式時空的宇宙圖景，都借助於隱喻性的前提。因此，當問及「誰是本世紀最偉大的詩人」時，有人答之曰愛因斯坦，這也便可以理解了。

這正如尼采曾洞察到的，理性作為實體是不存在的，「理性」只是隱喻性語言的活動，所有的理性論證中都含有隱喻的成份。笛卡兒的「我思」的主體，其實是語法的產物，是主語的產物，即主語的實體化。它變成了邏輯與形而上學的預設。既然語言是隱喻性的，那麼真理的隱喻性也就不言而喻了㉒。既然具有隱喻性，而隱喻自然可有多種並不被強制為唯一的形態，因此多元性也就是其自然的結論了。這也就是高達美的所謂「詩歌的真理」。

其實，尼采以其深厚的語言學功底指出：他用鐵錘研究哲學，用以摧毀詩與真理間的高牆，他說：「真理是什麼？一支隱喻、轉喻、神人同型論的機動軍隊——簡言之，整個人類關係以詩的方式、修辭的方式，被抬高、被換位、被美化，加上長久運用之後人們即視之為天經地義；真理是人們忘了其本來面目的虛妄；真理是陳詞濫調的隱喻；真理只是一枚磨去了人頭、只剩爛鐵一塊，不再是錢幣的錢幣。」㉓

㉒ 參閱尼采《強力意志》，頁四八四（英文版）。

總之，我們人類只可能借助隱喻性的語言去解釋我們的世界。這隱喻的語言就是一道光，它使世界澄明。

於此，我們已清楚，並非如傳統的「邏各斯中心主義」所設想的，在哲學的嚴密邏輯論證中可以剔除一切文學的、隱喻的成份，可以直達實在。事實上，倘若我們把隱喻的結構從哲學中抽取剔除掉，那麼，哲學也就不復存在了。

因此，如羅蒂，他所推崇的哲學家是啟迪式、開化式和非體系式的，這樣的哲人「為著詩人時常能引起的那種新奇感保持著開放的空間，奇想知道太陽底下還會有新事物，尤其會有些並不是對已存的東西精確再現的事物，會有些得不到說明和幾乎不能描述的事物。」㉔這種新型哲學家同詩人之間的區別已經模糊和不那麼絕對了。上述對哲學與詩之間界限的化解，有助於各文化形態之間的對話，有助於哲學家為文學藝術家開闢的廣闊的概念空間，也有助於文學藝術家為哲學家提供新的創造性的想像力空間。

上述趨向表明，仍舊僵硬地堅守自己的規範陣地，保持其貞潔性和純粹性的努力，雖然步步為營，但卻節節敗退。西方文化傳統的又一個神聖疆界和樊籬，在本世紀這股否定性潮流的沖刷下，業已搖搖欲墜了。

㉓ *The Portable Nietzsche*, p.46～47.

㉔ *PM*, p.370.

新虛無主義與後現代主義的交響

在前述的本世紀各個領域中的各色思潮中，我們一次又一次屢屢瞥見站在背後的尼采的陰影。無論你是否喜歡這位被人稱為二十世紀先知的尼采，你不得不面對他的存在。海德格在其煌煌巨著《尼采》中說：「尼采把這個他首先辨識出來的歷史運動命名為虛無主義，它已經影響了上一世紀，同時還將定義下一世紀。尼采對這一運動的基本解釋凝結在那句簡潔的話上：上帝已死。即是說，基督教的上帝業已喪失了他凌駕於存在以及凌駕於人的決定性之上的權力。……虛無主義就是那個變超越的支配力為零和虛空，以至於使所有的存在都喪失其價值和意義的歷史過程。」㉕

在尼采和海德格那裏，本來，虛無主義與傳統形而上學有甚深的邏輯關聯，傳統形而上學以存在的種類（如水、氣、精神、物質）為出發點來理解宇宙，忘卻了「在」的本原。同時，這種形而上學把世界雙重化為理念世界與虛幻世界，本體世界與現象世界。把烏托邦式的理念世界視為真實，把現實的林林總總視為假象，這正如尼采所抨擊的，它是完全顛倒的。因而，這種形而上學必定是虛無主義。此外，這種形上學是從最高的存在者那裏使世界獲得意義的，一旦上帝死

㉕ M. Heidegger, *Nietzsche*, Volume 4, p.4, Harper & Row, Publishers, San Francisco, 1982.

亡，世界的意義就無所依歸，人類賴以生存的支柱也就一朝傾頹了。因此，「上帝已死」代表了虛無主義的經典涵義，它延伸並擴展到了二十世紀。

當然，尼采也曾自稱是反虛無主義的，但他同海德格一樣，僅僅是抨擊某種特定的虛無主義，譬如海德格所致力於瓦解的，就是以傳統形而上學形態出現的那種虛無主義，而尼采，則抨擊一種所謂「被動的虛無主義」。他說：「有兩種虛無主義：(1)作為精神力上升象徵的虛無主義，即主動的虛無主義。(2)作為精神力衰朽與向後的虛無主義，即被動的虛無主義。」㉖他厭惡後者，與它劃清界限，斬斷關係。而他極力推崇前者，即主動的虛無主義。在他的辭典裏，這種主動的虛無主義就是摧毀神聖價值的火藥庫，是重建新價值地基的推土機，即「推動歷史前進的偉大運動，創造新價值之前所必經的過程」㉗。這種主動的虛無主義將在「震動世界的意識形態戰爭中表現它自己」㉘。

考諸尼采之後的歷史，人們不得不驚異於其預言的神秘力量，本世紀幾乎每一種精神運動都可窺見這種虛無主義的蹤跡。這是上帝死了之後，對西方精神的道統發起的又一次摧枯拉朽的運動。其影響之大，範圍之廣，都極為罕見。它表現在德希達、傅柯等人身上，就是一種酒神狄奧

㉖《強力意志》，V1，第二十二條，考夫曼編譯英文版。

㉗ A. C. Dauto，《哲學家尼采》，頁二二八。

㉘ 柯普勒斯東，《哲學史》，V3，頁四〇六。

尼修斯式的狂放，它誕生於無窮無盡、永無休止的語言思想的遊戲之中，也淵源於解脫了「絕對真理」這個人類精神上最後的十字架的狂喜中。它肆無忌憚地向人類的正統文明宣稱，人類的所有知識或許只是一場幻夢，或是虛無縹渺的海市蜃樓。這正是當代新虛無主義的基本特徵。

哲學家弗洛姆(E. Fromm)以歷史的名義充當了上述精神的辯護律師：「必須記住的是，不服從的能力與服從的能力同樣都是一種偉大的德行。在希伯來和希臘人的神話中，人類的歷史就是以一種不服從的行為為開端的。」㉙弗洛姆以亞當、夏娃偷食禁果反叛上帝以及普羅米修斯竊火反抗而遭懲罰的事件為證，指出，「他們的反叛行為破壞了與自然界的原始關係，從而使自己成為一個人。不服從乃是自由的最初行為，是人類歷史的開端。……人類通過不順從的行為繼續向前發展著，這不只是說，由於人敢於向以人的良心或信仰的名義出現的權力說個『不』字。人的精神發展才是可能的，而且，這也說明了人的理智的發展同樣也依賴於不順從的能力，不屈服於長期建立起來的，把變化視為胡鬧的輿論的權威。

如果說不順從的能力形成了人類歷史的開端的話，那麼，順從就可能會引起人類歷史的終結。」㉚

最後，通過分析當代世界的潛在威脅，他警告人們：

㉙ 埃里希·弗洛姆，《在幻想鎖鏈的彼岸》，頁一七五，張燕譯，湖南人民版，一九八六年。

㉚ 同上書，頁一七六。

「我們相信，我們正陷於被轉變為徹底的順民的危險之中；這意味著，我們最終都要被歸於政治的極權主義中，除非我們重新獲得不服從的能力和學會如何懷疑的能力。」[31]

這就正如沙特(J-P Sartre)對人的自由的著名判決一樣，「虛無」，即自為之在，是對一切存在的否定，虛無，作為自為的人，設定了否定，否定又反過來設定了否定者，所以在沙特那裏，「人被判決為自由」，也就是判決為虛無。自由的根本就是否定性，就是虛無化的能力。他的《自由之路》的主人公酷愛說「不」，永遠說「不」，以至於害怕建設美好世界，因為屆時只能說「是」，只好隨眾沉浮。因此，所謂自由，在現代大多哲學家那裏，在更高的意義上就是否定性，而非肯定性和建設性。鑒於此，羅蒂之所以把後期維根斯坦、後期海德格和杜威這三位開化式哲學家奉為典範，是因為他們對正面的系統性建設不屑一顧，羅蒂贊賞說：「大的開化哲學家則為著自己的同代人去破壞。」[32]

如此，人類就被裁決為如西西弗斯一樣，永恒地無止境地否定，再否定，剔除了一個錯誤，又發現另一個錯誤，循環往復，永世輪迴。在哲學世界，破壞和否定幾乎已經成了其生存的基本方式了，它無可逃避。

誠然，如一些詮釋學家所指出的，完全意識到並反思和批判自己置身於其中的傳統和成見，

---

[31] 同上書，頁一七七。

[32] *PM*, p.370.

在本體論上和邏輯上都是不可能的。雖然我們可能意識到並反省一部分傳統，但在整體上，我們存在的歷史性和語言性是無法超越的，傳統的歷史在本體論上占有了我們。這是部分詮釋學者流行的主題和立場。在他們看來，因為反思和批判必須有自己的出發點即理論支點，而這一支點只能是未經反思的立場或「前見」，因而反思的力量不能逸出「如來佛手心」——傳統和歷史性，不能超越語言性的「循環圈」。這一立場無疑是有所見的。然而，倘若我們更進一步看到、意識到並揭示出這種語言性和歷史性傳統的根本制約，意識到我們置身於傳統之中，被傳統所占有，這種意識本身就意味著某種對上述制約和占有的超越，這是超越傳統的一種方式。徹底地、純粹地被「前見」、「傳統」占有的人，是不可能意識到這種占有性的。

因此，詮釋學揭示了「理解的可能性條件」的不可超越性，這種「揭示」本身，正是對上述「條件」的某種超越。

有鑒於此，我們仍有必要承認，本世紀西方哲學界，在總體上持續著陣陣海嘯地震式的搖撼和偶像的顫慄。它震盪了西方的幾乎所有精神領域，一個個神聖的光環破碎，一座座古老的偶像墜地，沒有任何事物能歷經滄桑而永受崇拜了。

目前，這股浪潮仍在蕩滌著神聖者所留存的殘餘物，甚至直指「真理」概念本身。從維根斯坦到海德格，直至羅蒂，形而上學終結和哲學終結的思潮輪番襲來，呼聲日甚，這是對哲學本身的取消主義和虛無主義，這些浪潮與其他的社會因素、文化因素的交相作用後果之一，是一種被廣泛名為「後現代主義」的新的文化形態，它與新虛無主義構成了某種混合結構，範圍超逸出了哲學的領地。在反叛、否定和懷疑這根主軸的支配下，把真理當作理論追求的目標已被嘲弄為幼稚病。理論正如商品，製造理論的目標就是不斷創新、不斷地推出新的精神產品，新的本文，滿足人類精神消費的需求，滿足人們智慧遊戲的欲望。這些新的本文雖然布滿和引證了歷史上豐富而複雜的洞見和智慧，但目標卻總是在破壞。無論是思想還是藝術，都面臨此種基本的困局。人們發現，「對話」、「平面關係」、「無窮反射」、「遊戲」、「符號」、「外在化」、「拆構」、「印跡」、「差異」、「普遍化寫作」……這些新的模式取代並消解了眾所周知的傳統「深度模式」，如：

(1)現象與本質的辯證二分模式。這一深度模式被認為是自柏拉圖以來分世界為雙重的最根本的形而上學。

(2)符號學的能指與所指的二分模式。本體論的所指已被德希達所消解而被兼併入能指之中，一切作用都變成能指之間的相互作用、相互解釋。

(3)意識與潛意識的深度心理學二分模式。沙特與傅柯對此模式的抨擊使之衰微。沙特指出，要能去壓抑潛意識的前提是我已知道這種潛意識衝動是什麼，否則，潛意識根本無法去壓抑。如果沒有意識到抑制，抑制是無法施行的，所以不可能設定雙重意識。傅柯則把二者都顯示為一種解釋之產物，沒有表層與深層之區分。

(4)踏實性存在與不踏實性存在的存在主義二分模式。德希達犀利地解剖說，倘若把兩種存在方式的關係作一顛倒，可發現在邏輯上仍是自洽的、貫通的。歸根結底，只可能表明二者的存在方式有差異，不可能說明何者更為本真。

(5)深層解釋學關於內與外的二分模式。如前述，傅柯是瓦解這類模式的幹將，他主張某種平面感和外在化。

(6)整體化與系統化的概念模式。這是以德希達為代表的消解哲學的主要瓦解對象之一。分析指出，對整體化的熱衷常使思想與行為僵滯成獨斷主義，並且由於單一的參照系統而企圖使事物穩固永恒。整體化意味著結構中的一方處于統治地位，它從本能上排除差異、剪除多樣化，從而使秩序僵化、等級化和極權化。消解運動在其基本的方面就是搖撼整體的運動。大量的分析顯示，只要著力于關鍵點，輕微一推就可能使巍然的整體大廈坍塌。當然，這並不意味著廢棄所有的秩序。

(7)真實語言與虛構語言的二分模式。前述的哲學與詩的嚴格二分就隸屬於此模式。還有類似的不少界限也歸此，如，科學中的隱喻成份和數學成份，以及邏輯思維與形象思維的嚴格二分也是如此。實質上，真實語言與虛構語言的地位是對稱的，可以相互逆轉，相互換位的。

上述種種，只是在當代受到挑戰的眾多傳統模式中的一小部分。總之，精神行為一切都被歸化為語言，還原為文字。邏輯法則無非是語詞運行的法則，是文字運用的規則，因而，理性從根本上說是語言性的。我們所擁有的一切都是詞彙的變化而不是本質的變化。所有的哲學無非是書寫在紙上的符號和借助空氣傳播的聲波。「本文之外無他物」。這，就是所謂「本文主義」、「表面主義」和「外在主義」。

事實上，進一步深究，語言恰好賦予一場對話以自反性。語言全面展開了一場對話的生成、轉折、駁斥、空白、停頓、悖論的過程，從而顯示出對話的能動性、虛構性與自反性。在這一個自由馳騁、無拘無束的遊戲中，個人自由的潛在領域被驚人地創造出來，被空前地擴展了。

當然，這種遊戲是要付出代價的。基本的代價就是：在當代，一種新的靡非斯特幽靈遊蕩於全世界。

如果使用歌德的先知式語言，不妨認為，二十世紀同魔鬼靡非斯特簽訂了契約，當代人類把自己的靈魂出賣給了這個否定的精靈。這一契約使人類，特別是其知識菁英陷入了連綿不絕的自我否定的循環運動中，而且，週期日短，頻率日快。

而浮士德式的勃勃生機的巨人般地建構新理想王國的精神不僅被遺棄，並且受到普遍的嘲笑和冷遇。人們輕蔑地稱之為「淺薄的樂觀主義」。但是，倘若我們仔細傾聽，在這種嘲諷戲謔的語氣背後，卻隱隱透露出一絲「盛筵難再」式的淡淡的寂寞和淒涼。

這種在一切事物中開掘否定性方面的精神運動，其特質並非以推倒「惡」為手段去發掘「善」和肯定「善」，而是在根本上對「善」的存在也持懷疑乃至否定態度，只有「否定性」是它奉到神聖祭壇的至高者。它是一種絕對的消極性，是化解一切的腐蝕劑。它使人類的精神陷入某種世紀末的深刻危機之中，使世界性的文化心理體驗到某種難以消解的憂慮：是否人類的任何創造性的正面精神成就都無法存留？是否任何建設性的架構都必定被抵銷，如輕煙一縷，迅速消散？

上述前景如巨大陰影，籠罩著人類精神界。它啟開了我們的歷史記憶庫的大門，從這裏湧現出兩種不同的歷史場景。一方面，我們看到了古羅馬時代末期的懷疑主義泛濫時期的歷史場景，與之相對應的歷史結局是，古典文明的衰落乃至消亡。另一方面，我們也看到，蘇格拉底自知其無知的否定式辯駁方式盛行的歷史、培爾的懷疑論流行的情景、休謨對人類知識合法性提出的挑戰以及上世紀末科學危機時期對科學前景的絕望感。上述這些否定性的場景導引出的歷史後果分別是：以柏拉圖和亞里斯多德為代表的古典哲學的頂峰時代，法國啟蒙運動的輝煌階段，康德被休謨「喚醒」後所開創的德國古典哲學時代以及本世紀初令人瞠目結舌的科學革命。

因此，訴諸歷史，否定性思潮泛濫的時代，其前景呈現出兩種可能性：一是普遍的社會解體，文明崩潰；一是創造性盛世的驟然出現。何去何從，不可一詞以斷。

鑒於此，或許有如科學危機與科學新範式的雙相交替的邏輯關係，靡非斯特精神也可能是浮士德精神的必要邏輯前提。儘管二者不一定同時大行於世。

有論者把本世紀與⑴「軸心時代」（古典時代）、⑵中世紀後期、⑶文藝復興到啟蒙運動三者一起並列為西方文化發展的第四個轉折點，撇開其他複雜因素不論，倘若限制在如下的意義上，則上述估價也許並非瘋人譫語，也並非自我中心主義。這一意義係指，本世紀西方哲學乃至西方文化最基本的潮流，是對文藝復興特別是啟蒙運動以來西方的一些根本價值系統、哲學預設和思維方式的全面反省。對過去神聖不可侵犯的理性、人道、平等、道德、真理等基本概念體系深自探源，再行反思。這股潮流將流向何方，其後果怎樣？目前預言恐怕為時尚早。它意味著一種新的文化形態臨產前的陣痛？抑或是西方面臨自身文明的末日的一種世紀末的掙扎？無論是囿於過去的傳統框架，還是借助我們目前的文化視野，都還不可能看得很清楚。但是，我們必須去看。並且，我們必須去從事對話，從事理解，從事塑造。篳路藍縷，以啟山林。

前路茫茫，荊棘叢生，而二十一世紀，正張開它那不可知的巨大的身影的網，在逼近我們。

（後記：本文作於一九八八年其中個別觀點曾由作者在《當代人文新詞典》哲學部分序言中作了簡要概述。）

「人對自然」與「自然的人」

——略論中國與西方自然觀的一個側面

一

時至今日，如下論點已愈益為人們廣泛接受：相對獨立的人類各文化形態的許多重要差異，基本上可以追溯到它們的早期時代，尤其是所謂「軸心時代」（公元前五百年左右）所形成的基本預設假定、基本價值體系和基本思維模式。它在很大程度上支配了該文化形態的特殊氣質，在哲學上，尤其如此。

問題在於，各文化形態的人們所面臨的什麼根本問題對於上述基本預設的出現產生了重要影響？

無疑，每一文化形態的人們首先需要應付的對象，就是他們所處的自然環境。所有文化形態首先面臨的基本問題就是「人與自然」的關係問題。誠然，人們應如何結為群體、組成社會也是極其重要的問題。然而，即使是這一問題，也首先是導源於人們應付自然、保存並發展自己這一基本需要而產生的。因而，就根本而言，人際關係和社會倫理仍是「人與自然」關係的派生關係。從而，我們可以認為，對於「人與自然」這一基本問題的精神上的反應和行動上的反應，在相當大程度上影響了某種文化形態的性質，尤其是哲學的根本預設、思維方式和價值系統。

無論各派觀點如何懸殊，然而，各種學說對文化形態的早期特徵的研究都涉及了該文化的自然環境與該文化對「人與自然」問題的反應二者之間的因果關聯。

本文所關注的是中國文化與西方文化關於「人與自然」的哲學反應有何根基上的差異和這種差異與什麼因素相關，以及現代的若干新發展。

二

自然環境的特異性與文化形態的特異性的某種聯繫看來是難以否定的。

訴諸西方文化的源泉之一——古希臘文明，似可支持這一點。希臘人極其重視自然環境的影響。著名的醫學之父古希臘學者希波克拉底(Hippocrates)就提倡某種地理環境、土壤和氣候的差異論：「人類的人相學可以分為樹木茂密的和水源充分的山岳型，土地貧瘠的缺水型，草地沼澤型，開闊的排水良好的低地型。……你會發現人的身體和性格大部分都隨自然環境的不同而有所不同。」

近代愛爾蘭作家蕭伯納(G. Bernard Shaw)也同意上述觀點。

著名歷史學家湯恩比(A. J. Toynbee)雖然不贊同希臘人的上述觀點，然而，他的「挑戰—應戰」的雙向行為模式，實質上仍然是把自然環境的挑戰作為文明產生的前提之一，只是還加上了不可測度的人類應戰的心理及行為反應而已。歸根結蒂，他仍然是把面對「人與自然」關係的反應鑄進了文明初期的根本要素之中。

然而，仔細考究，這種對自然環境的敵意的強調，似乎並不足以概括所有文化形態的誕生。某種意義上，它只是潛在地反映了古希臘文明誕生處的自然環境特徵。眾所周知，愛琴海諸島土地貧瘠，五分之三土地不宜耕種，而通商、打漁的生活須面臨風浪的突然襲擊，從而極富於挑戰性。這種丘陵地帶的海濱，是一種典型的非農業區域。大自然供人們填飽肚腹、滿足肉體需要的東西不多；然而其風景壯麗，提供給人們眼睛愉悅的景色卻不少；同時為通商之慮，還時時需了解海洋暴風雨何日降臨，這些都有助於形成視覺中心主義的、以認識自然為目標的基本哲學預設。由於商業興起，各城邦間交往頻繁，文化心理外向，這也有助於形成一個開放型乃至進攻型的文化形態。明乎此，我們當不難理解何以希臘人的基本預設是主體（認識者）與客體（被認識者）的分離和人與自然的對立，也不難理解何以希臘人的基本目標在於認識自然的運行規律，從而征服自然，改造自然。

由此，我們知道，在早期（前蘇格拉底）希臘哲學中，它探究的中心是自然，它是「自然本位的」(nature-centered)，這是與人相對立的，被人所認識、所征服的自然，本文稱為「人對自然」(man-versusnature，即 man vs. nature)。

不難看出，這是一種對自然的理性的、分析的、邏輯化的觀點，是人與自然互為對手的觀點，也就是主—客分裂，人與自然對峙的二元論觀點。

形成西方文化形態的另一重要因素——希伯來因素，貢獻了某種「超越性」特徵。在某種程度上，這也與猶太人所處的自然環境、民族氣質和不幸遭遇相關。

荒蕪的自然環境、險惡的種族處境、數度被異邦滅國的慘禍，對猶太人的心理、對希伯來文明的基本特徵產生了深遠的影響。他們作為「上帝的選民」，把自身的一切不幸歸咎於對上帝的背叛。而認為現世欲望的滿足，對現實幸福的追求都是開罪於上帝的惡行。因此，只應把現世生活視為上帝對自身的懲罰，是墮落的醜惡的地獄，唯一可獲救贖的道路是更深地皈依上帝，把現世生活視為走向「天國」的「天路歷程」，從而超越現實世界，這就導致了一種高度超越性的文化心理和哲學預設，也即神人對立、天國與現世對立的超越性和絕對二元性。在這種哲學前提中，上帝與天國都是超越的、外在於人而非人類所能企及的彼岸世界。這種希伯來式的由信仰而導致的超越性與希臘式的由理性而導致的主客分立性相結合，產生了具有超越性和二元性的基督教文明，即西方文化形態。

但是，這種過於強調挑戰—應戰的模式不宜無限制地套用，尤其不宜泛化到各種文化形態誕生的普遍情形中。事實上，上述與自然對峙的敵意從根本上說大體只是體現了沿海的或各大陸交通樞紐地帶自然環境的基本特徵，並不能囊括所有文化形態的誕生模式。例如，它與遠東大陸性的農業自然環境就存在著重要差異。

公認的觀點表明，中國古代的文明形態是一種典型的農業文化，並且是大陸型農業文化。在這片亞洲大陸上，東面瀕臨太平洋，西北面對戈壁沙漠，西南矗立青藏高原，北方有西伯利亞和蒙古壓境。這種四方的自然屏障，圍出了一大片統一的大陸。極難與屏障之外溝通，「中國者，天下之中」也，從而使世代居於斯的人們長期形成了某種大一統的天下的正中心的幻覺，影響了文化心理。這片大陸上並未經歷古希臘和歐洲那樣的巨大的氣候變遷。氣候溫和，草木繁茂，以農立國，由於自然為人們提供了果腹暖身之物，因而善意的成份超過了敵意成份，人們對於土地這一衣食之源有一種親切感甚至與自己合而為一的內在感。鑒於在主要的方面，自然對人並不構成嚴重挑戰，並不是威脅其生命的對立物，因而哲學的預設並不割裂自然與人，並不把自然視為與人完全不同的死物和對立面以及被認識的客體和被征服的對象，而在基本方面，卻是強調二者在根本上的一致性，強調人本身就是自然的產物，人就是自然。正如孟子所說：「知其性，則知天矣。」（《孟子·盡心》上，一章）於是，對自然的研究一開始就退到中國文化中的次要地位。古代中國哲學集中興趣於人倫關係、人際關係、社會關係，關注於人的形象之塑造，從而造就了一種「人本位的」(human-centered)的文化形態。

在這種文化形態中，什麼是人的形象的至極典範呢？人應當遵從什麼原則去「做人」呢？人以什麼為師呢？答案就是自然，就是天地。所謂「天地君親師」，就表達了自然的天地在師長，乃至在雙親、君王之上的崇高的、為人所師法的地位。先秦時代各派思想儘管千差萬別，互相爭勝，然而在以自然為師，在強調人與自然的相互內在性上，卻有某種根本的共通之處。

老子的基本預設就是人須取法自然：「人法地，地法天，天法道，道法自然。」（《道德經》第二十五章）

孔子視自然為人的知音：「知我者，其天乎？」（〈憲問〉十四，第三十五章）

《易傳》以天道闡釋人道：「湯武革命，順乎天而應乎人」（《易傳》，第三四一～三四二頁），「天行健，君子以自強不息」。

孟子則聲稱：「萬物皆備於我矣。」（〈盡心〉上，四章）

莊子則更是作了著名的論述：他無心而嚮往自然，隨遇而安。「知天之所為，知人之所為者，至矣。」（〈大宗師〉）

在上述一系列論述中，中國古代思想家們大都採取了如下思路。作為人的「小宇宙」與作為天地自然的「大宇宙」，二者具有同一種自然的根本性質，二者間是相互對應、相互感應的，這就是所謂「天人感應」。明乎此，我們對於以日月星辰的運行來推測人們的命運，對聲稱某人是「某星宿下凡」，就會有一種深層文化程度上的解悟。當然，這並不是說任何人都已經是取法自然的

「真人」了。事實上，這只是中國文化理想中的典範。即是說，最高等的人、真人，就是「知天命」的人。他「與天為徒」，取法自然，順天應人，替天行道，與整個自然有機地融合為一體，其人格與天道完全協調一致，他實質上是內在地包容了天道的。這就是中國哲學的極富特色的根本預設：天人合一。這裏所說的人，也就是本文所稱的「自然（化）的人」(natural man)，具有理想人格的人。上述預設前提揭示了中國哲學的根本點：一元論(monism)和內在性(immanence)。

這裏的一元論，即指「天」與「人」不是相互獨立、截然劃分的兩種根本不同的實體，而是不可分割的「一」，統一的整體。

正如莊子所嚮往、所追求的「……乘天地之正，而御六氣之辨」（《逍遙遊》），因任自然的變化，融為一體，消泯了自我的分立性，去除了一己之私和一切與自然相對抗、相逆反、相對立的因素，即無所待而逍遙，自由馳騁於無窮的自然天地之間，「天地與我並生，萬物與我為一」（《齊物論》），「與造物者為人，而遊乎天地之一氣」，臻於「真人」的極境。

誠然，古代中國也有極少數思想家曾說過「天人相分」，但，這僅是極微弱的支流。並且，我們不應忽略，既然明確地聲稱要把「人」與「天」加以區分，其潛在的邏輯前提就是，「天」與「人」原本是一體化的，未被區分的。只有在這一前提下，才談得上把二者區分開來。倘若原來二者就是獨立無關的兩種實體，何須明確地聲明區分它們？這豈非無的放矢？

要而言之，與西方哲學形成明顯對照的是，無論中國先秦諸子何家何派，均未設定天地自然為離人而獨立的、彼界的、超越的實體，更未想到在現世的氣化萬物之外，還有另一個神性的天或造物主。這裏沒有相互絕對隔絕獨立的兩個宇宙的概念，他們的整個宇宙是自然而然地、流化生成的，是一元的和內在的，而絕不是設定了此界和彼界的宇宙二元論。外在的超越性在中國哲學的基本預設中是沒有地位的。人與自然的二元對立，人之使命在於去認識自然並從而戰勝自然，這種主客分立，在中國哲學的基本預設中同樣是沒有地位的。

綜上所述，在根本的取向上，中國哲學對於「自然（化）的人」的強調與西方哲學關於「人對自然」的強調，二者在出發點上就是大異其趣的。

上述中國文化的前提特徵，在當時中原的自然環境中，在農業社會中，是不難理解的。

三

如前所述，以希臘因素和希伯來因素為主體的西方文明，從根本上講，具有二元論的基本構架。

在希臘文明中，這一構架溯源於主客體的分立預設，自然一開始就以外在於人的因素出現，這種預設，造就了西方文化中自然主義的、邏輯化的、認識論化的文明因子。

需要說明，這裏的「二元論」導源於主客體的絕對區分，因而含有特定的意義。只要是把認識主體與認識對象的分離作為人類知識活動的理所當然的、預設的邏輯前提，這種文明的基本精神取向就是本文所稱的二元論。因此，西方哲學史上的眾多被稱作「一元論」的哲學，如霍布斯的物質一元論，黑格爾的絕對精神一元論，在本文所指的根本的意義上都是二元論。即是說，他們都是在預先區分了認識者和認識對象的基礎上推導出（認識到）自己的本體論體系的，因而在根本上仍是二元論者。

在希伯來文明中，由於超越性觀念，人與上帝之間不可逾越的鴻溝由此鑄就，這一神人對立導致西方基督教文化中更為深刻的二元對立。這二元是各自獨立不改、不可溝通的兩個基元（而不是統一物的兩極）。

上述由希臘因素和希伯來因素綜合而成的、西方文化形態中的根本二元性，派生出了西方哲學史和宗教史上眾多的二元對立：自然與超自然，上帝與人，創造者與創造物，主體與客體，主動與被動，實體與屬性，原因與結果，心與身，精神與物質，普遍與特殊，現實與本質，形式與質料，知識與意見，觀念與行動，理論與實踐，理性與經驗……等等。

從根本上說，這種二元對立造成了文化內部的某種張力，某種緊張的態勢和某種內在的動力，這種動力使文化內部的二元力量和希臘、希伯來兩種因素消長起伏，相互衝突和融合，從而使整個文化形態發生歷史性的變革和發展，形成某種動態文化。

就原初的預設而論，中國文化與西方文化在哲學上的根本對比是「一元與二元」、「合與分」、

「內在性與超越性」的對比。其餘的差異是從屬於上述原初的基本差異的。

任何一位對西方文化的研究者，很快就直接地感受到兩個對比鮮明、性質迥異的領域——兩個不同的世界：客觀世界和主觀世界——自然和人。前者是死的世界、量的世界、幾何的世界、物理的世界，這個世界服從鐵一樣不可違背的科學規律，每一件事物均有自己的位置，唯獨沒有人的位置，它的根本特徵是客觀性。後者是活的世界、質的世界、心理的世界，充滿了情感、理智乃至自由意志，它的根本特徵是主觀性。二者絕對隔離，互相獨立。宇宙被肢解為兩個根本不同的部分。後者只是前者的觀眾，只是靜觀、認識、研究、征服前者。前者根本上只是被動的、被分析的、被發現的。這就發展出了一種追求嚴格的邏輯化、分析化、精確化、科學化的文化形態。同時，應當注意到，這種根本上帶有邏輯化特徵的文化，與前述該文化的二元性的設立是緊密相關的。事實上，正是在該文化集中興趣於認識與人對峙的死的自然的過程中，產生出了這種邏輯化、幾何化、科學化、客觀化的文化形態。

上述邏輯化、二元化的文化形態，由於西方語言系統的「主—謂」結構而獲得了進一步強化。

在西方各主要語言體系（如希臘語、拉丁語、英語、德語、法語等屬於印歐語系的語言）中，不約而同地採用一種「主語—謂語」的根本二元結構。這一點對其哲學的前提（如實體與屬性的二分法）是有其潛在影響的。正如英國數學家、邏輯學家和哲學家懷特海(A. N. Whitehead)所說：「他（亞里斯多德）的哲學與他的邏輯之間不幸發生了作用。在他的邏輯中，肯定命題的基本類型就是謂辭表述主辭的屬性。……對亞里斯多德邏輯的未經審查的接受導致一種根深蒂固的癖好：去假設任何感官意識中所揭示的東西的基礎。即，在對‘具體事物’的感覺中進到我們所意識的東西的根基去尋找實體。……因此，實體是相對‘謂辭’而言的術語。」（《自然的概念》英文版，頁一八～一九。）

關於語言與哲學預設觀念之間的孰先孰後的因果關係目前尚在晦暗之中。然而，二者之間具有相互促進功能的正反饋關係，則是無疑的。我們不應忽視西方語言系統對其二元性文化形態的強化作用。

在西方式的二元化、邏輯化、分析化的文化形態中，宇宙被肢解為兩個根本對峙的領域。上述巨大分裂，由於近代笛卡兒哲學的出現而加劇了。笛卡兒把精神和物質劃分成了根本不可溝通的兩種獨立實體，這使西方哲學內部的那種緊張的態勢達到了極點，成了從那時至上世紀末的一系列紛爭和門戶之見的淵藪。這是西方文化中二元論推至極端時的悲劇：兩個世界、兩套真理，也就是沒有真理。

天下之事，勢極必反。自十九世紀末開始，一股新的精神趨勢已在醞釀和集聚了起來，它就是：向東方擺動。

鑒於這種態勢，進入二十世紀後，西方文化內部，尤其是在哲學界和科學界，逐步萌發了一股對自己文化的預設前提，尤其是對二元分立的批判性反思浪潮。哲學家們通過哲學的洞見與思辨，科學家們則訴諸現代科學革命的嶄新成果的思潮，殊途而同歸。總的趨勢是，走向強調宇宙的機體性、系統性、整體性和一體化。重視人與自然間的和諧一致，深究人作為自然之產物和自然之一員的哲學內涵。這無疑與中國哲學的基本預設有了相似之點。

柏格森(H. Bergson)首發其難，抨擊了對於邏輯化的、幾何化的（空間化）、概念化、分析化的西方理性思維方式的迷信，他反對認為自然是靜態的非生命的傳統論斷，強調自然中有創造性的生命之流。

詹姆士(William James)對主客體二元論、心物二元論和西方的認識論中心主義提出了挑戰。

杜威(John Dewey)對一切形式的二元論：自然與生命，心與身，質料與形式，感覺與理智，行動與準則……進行了全面質疑，他指出經驗不是把人與自然隔絕的屏障，而是聯繫二者的途徑，二者在根本上就是連續的、一體化的。

懷特海(A. N. Whitehead)深入抨擊了「自然的兩岔」(the bifurcation of nature)劃分，並以此來彌合精神與物質、人與自然間的鴻溝。他指出：「在我們的自然概念中的不足處，應當由它同生命的融合來補充，在另一方面，我們還要求生命的概念應包含自然的概念。」（《思維方式》，頁二〇五）

海德格(M. Heidegger)特別反對所謂「對象性世界」的觀念。這種觀念把世界理解為主體去認識的認識對象，他指出，德語中的「對象」一詞本來就蘊含有「對立」的意義，而這種「對立」正是他致力於消解的概念。在其後期哲學中，他把老子的「道」(Tao)與自己的哲學引為同調，實際上，他在《通往語言之路》一書中，已明顯地進入「天人合一」之境界。

在自然科學界，反叛的聲音並不比哲學家們微弱。

玻爾(N. Bohr)指出，現代科學，尤其是量子物理學表明：「在大自然的舞臺上，人既是觀眾，又是演員。」這就簡潔地強調了現代科學所導致的人對於自然的參與性。

海森堡(W. Heisenberg)在量子力學中所發現的「測不準原理」(principle of uncertainty)表明，由於觀察與現象間的不可控制的相互作用，因而，純粹客觀的實在已不復存在，希臘人主客二分的「純粹觀照」已一去不返。主體與客體，人與自然，我和宇宙之間的區分已不再是絕對的，它受到測不準原理的限制。這就通過科學的進展導入了玻爾所說的「整體性原理」和「互補原理」。在這些原理的闡解中，玻爾多次援引釋迦牟尼(Buddha)和老子的哲學為自己思想的先驅。我們不難在玻爾的論著中找到與中國哲學命題「天人感應」及「天人合一」類似的論點。

耗散結構(dissipative structures)理論的創立者普利高津(I. Prigogine)通過自己的新近研究斷言，西方的哲學與科學所預設的人與自然的分裂已隨著科學自身的發展而瀕臨絕境。研究「非平衡體系的自組織」的耗散結構理論，探索了無機界與有機界的共有規律，溝通了生命與無生命的橋樑，在物理學中引入了歷史觀念，這些就使得人與自然的聯盟由科學的新成就而重新確立了。這位科學家也同樣多次提及他對中國古代哲學的嚮往。

所有這些西方文化內部的當代新趨勢，其方向是清楚的。

四

然而，這裏須防止由於看到當代的某種新趨勢而導致的誤解乃至盲目自傲。本文不想過分強調上述對東方文化的嚮往和讚美，相反，想略述如下三點以供探討。

首先，是二者歷史豐富性的比較。誠然，西方的部分科學家與哲學家從主客對立、人與自然分裂的基本二元文化背景通過長期的波瀾壯闊的發展，在目前階段逐步趨向了主客統一的人與自然融合的以及神人界限消泯的反二元論的整體自然觀。即，由「人對自然」走向了「自然（化）的人」。這種人與自然的新聯盟的觀念在語言表述的外觀上與中國古代「天人合一」的哲學預設無疑是很相似的。然而，它們畢竟具有極其不同的意義。前者是在歷史上經過了長期艱難的發展和多次螺旋式上升後而獲得的；而後者則是原初的、一以貫之和未經否定式的變革的。二者具有動態和靜態的差別。特別是，就豐富性和具體性而言，二者的歷史內涵的深度和廣度都是不同的。就現階段而論，二者所面臨的根本歷史態勢和挑戰也都是不同的。要言之，對中國文化而言，具有極強烈惰性的原初預設未必是其根本的優越性所在。

第二，是在方法論根本原則上的差異。當代部分西方哲學家與科學家對西方文化的某些原始假設所作的批判性考察，所獲的結論固然激進，但須指出，哲學家的抨擊仍是邏輯推論的結果，而這種邏各斯中心主義，正是西方文化的固有前提。對於科學家而言，除了上述邏各斯中心主義外，他們還根據現代自然科學的最新成果獲得了前述結論。但我們必須牢記，自然科學的根本假設正是主客二分式的客觀性原理。這一原理相信自然運行規律是與人無關的。而目前，由這一方法論前提所推演得到的結論已走到了其前提的反面。這是一種悖論式的邏輯運行。這樣，我們不難獲知，對自身文化進行批判性反思的西方科學家和哲學家們，其方法論的根本基點仍是奠立在西方文化的邏輯基礎上的。雖然目前有同中國文化的原初特徵靠近的趨勢，但二者在根本的精神上仍是大異其趣的。即是說，二者的方法論出發點是根本不同的。同時，還應進一步考慮到，依據邏輯思辨以及科學成果所獲致的結論，同樣也可能由邏輯推理和更新的科學成果而改變。這就是說，由於其不斷變遷的科學的文化特點，我們沒有理由假定西方文化的基本特徵就永遠靜止在目前很多學者所主張的整體性觀念上，沒有理由絕對排除將來可能導致的其他的與我們中國文化很不同的基本特徵。對此，似應有清醒的估計。

最後，第三，我們從語言特點的角度考察一下中國文化預設的長處和短處。翻開中國先秦諸子的論著，我們看到了很多精彩的命題。但深入考察，似可發現，由於中國古漢語的高度凝煉性和極大包容力，雖然其內涵豐富而深刻，但鑒於邏輯形式的不完備，常常帶有譬喻的性質，往往具有多義性，也即有意義的相對模糊性。這種簡潔語言的長處在於它具有某種自我保護的功能，不容易由於嚴密邏輯的詰難而被否定。但在另一方面，其並非嚴謹的邏輯形式也使之難於確立真假、正誤的客觀標準，難於訴諸事實和推理的檢驗。

進一步追究，似可發現，這種文化的早期語言表現，在根本的方面具有審美的特徵，可以啟動方向不同色彩各異的多種想像，具有濃郁的詩意，充盈著天才的直覺、穎悟和啟示；然而卻缺少柏拉圖、亞里斯多德以及歐幾里德式的嚴密邏輯體系和邏輯推演。總之，缺乏鮮明的邏各斯中心主義的色彩。鑒於此，中國哲學很難徹底否定或拋棄某一命題，也很難有公認的標準來衡量某一學說和學派的正誤。譬如一首詩，我們可以說它美妙與否，卻很難說它正確與否一樣。這樣，歷史性的進展和變革所必須的分化和否定過程就難以發生。然而，如眾所周知，分化過程和否定過程，作為拋棄一個極端向另一極端運動的過程，實質上，也是思想精確化和深化的過程。鑒於上述，中國古代哲學命題和學說的深化過程是極難發生的。於是，創造性的突破也就難於出現，生命力也因而萎縮。這樣，在很大程度上，由於語言特徵而導致的中國古代哲學命題的過於全面、包容、模糊、多義，就使其審美的意向大於邏輯的意向；啟示的意義大於知識的意義，雖然獲得了不易遭受反駁和否定的韌性，然而也隨之具有了某種內在的惰性和停滯性、保守性。

在某種意義上，中國近百年文化變革的重要任務之一，正是要解決上述問題：即，在各種文化交匯融合衝突的新時代，中國文化如何從自身創發出，或者從外部輸入某種內在的動力，使其轉軌成為動態型文化？當然，如所共知，由於固有形態的巨大歷史慣性，伴隨著文化的精神痛苦和社會的分裂震盪，這一變革曾幾經進退，幾度滄桑。

在另一方面，成為有趣對照的是，當代西方文化正在對自己的根深蒂固的邏各斯中心主義進行深入反省，其深度也可以說是空前的。當然，能否跳出邏各斯中心這一「如來佛的手心」，尚未可知。因為深入的考察不難發現，他們抨擊邏各斯中心主義的語言儘管怪誕奇詭，但並未能逸出邏輯的樊籬；毋寧說，他們所造成的一些影響正依賴於他們仍然在深層是訴諸邏輯的。或許，這是無法擺脫的命運。

總之，無論中國還是西方，各自都面臨著自己的歷史性課題，顯然，兩種課題是根本不同的，甚至是方向相反的。於是，這就順理成章地自然導致了如下一個問題：存在某個中間的兩種文化的匯聚點嗎？

我們把答案付諸歷史。

（本文作於一九八七年）

當代科學的新思潮

——耗散結構的啟迪

比利時普利高津(I. Prigogine)學派創立的耗散結構理論，從不可逆熱力學和非平衡統計力學出發，擴展到了很多領域，是近年來自然科學的一項重大進展。所謂耗散結構，簡言之，就是處於遠離平衡區域的開放體系，在與外界交換物質與能量流的條件下，體系呈現出的一種空間—時間型的有序結構。這一理論導致了過去難於想像的某些嶄新結果，對於研究物理、化學、生物乃至社會領域中的自組織現象具有重要意義，成了溝通生命現象和非生命現象之間的橋樑；它既是一門具體知識，也是頗有新意的方法論，並在哲學上給人以啟迪。

本文著重從該理論對生命現象的研究出發，討論它對當代科學思潮的貢獻。

還原論與系統論的綜合

耗散結構理論運用動力學型的物理和化學的規範方法，並根據自然界存在各等級層次的規律這一觀點，結合現代分子生物學的成就，開闢了一條從全新的角度研究生命及其群體的起源與進化問題的途徑。結果，從這一理論邏輯地推出：體系從初始的混沌狀態出發，經自催化引起的單元之間的競爭，能夠通過一系列非平衡不穩定性產生功能組織；功能組織又因為增加了該體系的能量耗散，從而達到了複雜性、組織性的遞增。這，就是生命起源與進化機制的輪廓。

事實上，通過觀察得到的達爾文進化論的主要論點，以及孟德爾—摩爾根遺傳學和現代分子生物學的主要論點，都可以作為耗散結構理論數學模型的結果而重新出現，這就銜接了物理、化學和生物學，使人逐漸看到，高度有序的生命的出現及其進化直至作為「萬物之靈」的人的誕生，都是自然界自發發展的結果。

耗散結構理論取得的這一成就，表明了它的哲學基點的高度。

由於基本觀念的不同，各學派在生命問題的研究上出現了重大的分歧。普利高津和生物學家莫諾(J. Monod)曾分別舉過兩個相似的例子，但引出的結論卻迥然不同。對比這兩段論證的邏輯，是耐人深思的。

這裏首先考察莫諾的觀點。他在《偶然性與必然性》一書中說：「如果一位火星上的工程師要想了解地球上的人所製造的計算機，可是他原則上又拒絕去剖析完成命題代數運算的機器中的基本電子元件，那麼他又能想像出什麼呢？」（〔6〕，頁五〇～六〇）莫諾贊成純粹、徹底的還原論，反對任何意義上的系統論或整體論(Holics)，認為整體論（或系統論）是愚蠢而頑固的，是對科學方法以及分析（這裏指還原）在科學中所起的關鍵作用的錯誤估價。

普利高津及其同事也舉了一個類似的例子，然而思考的著眼點卻是不同的：「對於生命體……，我們在某種意義上處於另一個星球到此的來訪者地位，他看到了一座郊區屋子，試圖了解它的起源。自然，房子不違背力學定律（即可以還原），否則，它會塌下來。然而，這與問題無關，這裏感興趣的是房屋建築者適用的技術，居住者的需要等等。」普利高津在另一演講中指出，如果按經典物理的觀念，則「……要了解宇宙，就只需要了解構成宇宙的磚瓦——基本粒子；懂得了生物大分子、核酸、蛋白質，就可以理解生命，這曾是生命科學的基本教條。總之，一旦了解了組成整體的小單元的性質，就算掌握了整體。而社會學、生物學、哲學對於『演化』的研究導致的對過去和未來的認識，以及關於事物局部與整體關係的認識，是和上述的觀點和信念不能協調的。……人們應當在各個單元的相互作用中了解整體，要了解在相當長的時間內，在宏觀的尺度上組成整體的小單元怎樣表現出一致的運動。這就要求修改……對自然法則的認識。」他認為這種新思想與中國的學術思想更為接近，因為「中國傳統的學術思想是著重於研究整體性和自發性，研究協調與協和。」〔3〕，頁一一）普利高津等人在論證中表述的意思是明確的。他們認為，正像大樓可以歸結為磚頭的力學結合，但用同一些磚頭，服從同樣的力學，可以砌成宮殿，也可砌成教堂，還可砌成住宅等。即是說，同樣的小單元，由於組合的方式不同，可構成迥然不同的大整體。這就意味著，對於複雜系統，還原為小單元是必要的，但還遠遠不夠。

我們認為，較之莫諾，普利高津的看法無疑更為深刻。分析性的（或還原論的）經典做法，總是把高層次的現象用低一層次的現象來解釋，似乎科學的任務僅此而已。實質上，「組合」也會產生質變！在高層次中除了符合低層次原有的規律以外，還必定有新的規律產生（這亦即系統論強調的「整體大於部分之和」的表現）。要把這種新的規律運用於低層次，很可能是無意義的。倘若有人問：這些磚頭究竟是帶有宗教色彩，還是富於皇室氣派，抑或具有平民風格？回答只能是，此類提問毫無意義。因為只有當它們組合成了建築物之後，風格才會顯現出來。

同樣，在微觀的標準上，既看不到進化，也沒有退化，針對熱力學及其發展耗散結構理論，倘若要問：單個粒子的溫度、信息、熵……是多大？人們會告訴你，這提法本身就是愚蠢的。單個粒子既不產生信息，也不產生熵，更無所謂溫度。「有序」、「溫度」等均是宏觀概念，是針對一個有極大量粒子的系統提出的，用於單個粒子，則完全失去了意義。再如，欲望、疼痛等概念在物理學、化學中，民主、自由等概念在生物學中，都有類似情況。

事實上，自然規律是分等級、劃層次的。正如普利高津所說：「一級規律控制著單個粒子的行為；二級規律則適合於原子及分子的集合。」應當特別指出，一級規律是基礎，二級規律是不能違背一級規律的；然而，一級規律卻不能囊括二級規律，這是因為後者增添了全新的概念及內容，從而呈現出更加五彩繽紛的色調。而這些新概念和新內容，若用於一級規律的對象，顯然是無意義的。

我們如果進一步深究，就不難發現，世界很可能是由多級規律所控制的，它們各有其適用範圍和層次。低級與高級規律的關係，就類似於上述一級與二級規律的關係。

對一個系統進行「微觀解剖」，並不是現代科學的全部；把複雜體系僅僅歸結為單個粒子的疊加，是片面的和簡單化的。生命系統尤其如此。它的各成份有機地聯繫在一起，而不是孤立和離散的；各成份結合的方式、其功能如何，在很大程度上決定了系統的性質。用耗散結構的語言，就是各成份間有著「相干作用」，具有「長程關聯」。其實，部分離開了整體，就已經不是原來意義上的部分，它已經喪失了自己在系統中才能被賦予的功能。因此，結構與功能是互相對應的。普利高津曾用左面這幅示意圖表達了這種對應關係，並把它們與漲落聯繫了起來。

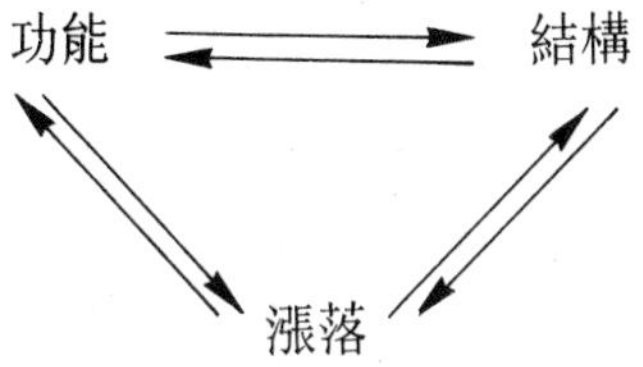

他指出：「耗散結構總有三個互相聯繫的方面：由化學方程表現出來的功能，由不穩定性引起的時空結構，以及觸發不穩定性的漲落。這三個方面的相互影響，導致一些簡直難以想像的現像，其中包括『通過漲落的有序』」〔2〕，頁四一）。從所有的耗散結構中都能看到：在功能與表示為時空圖案的結構間存在著一定的關係。我們也知道，與耗散結構一樣，生物學上的有序性既是結構上的，也是功能意義上的。這就證實，組合、結構的方式不同，即使成份相同，也必將導致截然不同的功能（這正如同一種磚石與千萬種建築物間的關係）。我們過去已懂得，由於碳原子的組合結構不同，致使石墨與金剛石表現出差異極大的性質與用途；有機分子的結構不同，也導致其功能的重大差別。既然如此，順理成章的是，生物大分子、核酸、蛋白質，乃至器官、生命體，也正是由於其所處的環境條件不同（非平衡），使其結構、組合不同，從而最終導致其與無機物不同的有序功能的。實質上，這正是系統論中所強調的所謂「結構化原則」。

近年來，儘管我們已經知道，每種重要的生物分子顯然都是根據物理與化學定律形成的（分析還原式），然而我們還必須弄清楚使這些分子「成批生產」成為可能的機制，以及根據生物體的需要協調其生成的機制。生物組織需要具有增長的複雜性和等級性的結構與功能。由此，我們就必須了解各層次中各自的發展規律，尤其重要的，是把分子層次、超分子層次、細胞層次和超細胞層次聯繫起來，研究它們各自規律之間的飛躍、轉化。研究結果表明，生命體顯然是一種協和的等級體系結構。

這就明確顯示，僅僅用還原的觀點來處理生物系統，是遠遠不夠的。回到莫諾提出的問題，我們認為，誠然，「火星人」面對地球上的計算機，倘若不去剖析機器中的基本電子元件，他是不可能想像出這一「龐然大物」的功能和「智慧」的；但這僅是事情的一面。我們設想，如果「火星人」不了解計算機的總體結構方式，不了解程序指令與各個部件的關係，不了解各元件之間的等級、功能、關係，以及它們在時間與空間上的工作順序，那麼，無論他對每一個電子元件剖析得如何清楚，他所看到的也不過是互不相干的大批電子元件的堆積而已；面對這些毫無用處的「死物」，他是絕不可能想像出它的驚人的邏輯推理與計算能力的。電子元件本身絲毫不具備這種功能，它們只有按一系列有序結構組織成一個有機整體後，才被賦予了「靈魂」。舉個簡單例子，雖然眾所周知，水是由氫、氧二元素構成的，但水的黏稠性、味道、顏色就不能單獨從剖析氫和氧的性質中推演而來。在這裏，我們又碰到了「整體大於部分之和」的現象。

於此可見，在處理生命問題上，還原論與系統論，二者缺一不可，正如分析與綜合的相輔相成一樣。恩格斯曾指出，西方的實驗科學，自興起後三百年來，基本上是分析式的，而早期希臘人則是總體式的、系統的，儘管很粗糙。這是一個從肯定向否定的轉化。然而，自二十世紀中葉控制論、系統論興起後，一種綜合式的、整體式的「辯證的復歸」潮流正在興起，在這股日益浩大的潮流中，耗散結構理論是又一個重要的里程碑，它對各類自組織現象，尤其是生命起源與進化等問題的處理方式，特別鮮明地體現了自然規律多等級、多層次的特徵，突出地顯示了還原論與系統論相結合的特徵。耗散結構理論對生命問題的研究，另闢蹊徑，突破了生物學傳統的概念和方法，使之不再是只具備描述的特徵了。一方面，它把二級（或多級）規律的觀點以及數理方法和邏輯引進了生物學，使以往截然分界的生物學規律與物理學法則搭上了橋；另一方面，它又使機體論和進化觀點進入了物理學。這樣，既改造了生物學，又為物理學的基本原則輸入了新鮮血液。

耗散結構理論對生命問題的研究證明，一種新的思想引進科學之後，科學將顯示何等新奇的、不可思議的力量！正如普利高津教授在中國的一次演講中所指出的，他們的這種處理複雜現象乃至生命現象的觀點和方式，「將是西方科學和中國文化對整體性、協和性理解的很好的結合，這將導致新的自然哲學和自然觀。」〔3〕，頁一四）這裏的西方科學，即是指以分析、還原為其基本思維方式的近代實驗科學；這裏的整體性、協和性觀點，就是指中國文化中注重萬物間相互聯繫、相互依存、相互協調的自發辯證法因素的精華（這在中醫理論中表現得特別顯著）。

令人難以思議的是，在現代科學突進的最前沿中，竟然萌發出了東西方文明的交匯點！

一場古老爭論的再起——目的論與機械論

我們還想深入討論一下耗散結構理論對現代哲學觀念的影響。

如所周知，生命最獨特之點是所謂「合目的性」，即通過各成份間的相互調整，以及各成份對環境變化的相互調整，保持或增加有序整體中的負熵因素，從而達到適應環境這一目標。當然，由於人類早期的幼稚類比，目的這一概念曾被推廣到了整個宇宙的所有事物中。

在舊的淺薄的目的論聲名狼藉之後，目的被驅逐出了研究客觀外界的自然科學的範疇。人們普遍認為，目的只為人類所壟斷，是人的專利品，與其他萬事萬物毫無關係。這逐漸成了某種僵硬的教條，成了不可逾越的界限。但是倘若深入思考，就難以迴避某種詰難：既然人歸根結蒂也是由無機物演化而來的，那麼在這一漫長的進化鏈條上，是在哪一環節突然產生了目的的？如果是漸變的話，則目的就不會為人所壟斷，而必然導致有層次的目的概念；如果是創世式的突變，則將在邏輯上導致心、物二元論。

這正反映了現代科學的困難。這種麻煩來自無目的論的自然科學與有目的論的社會行為的二元論。舉個簡單例子：登月球的問題，自然科學能夠告訴你怎樣才能去，但是，它不可能告訴你是否應當去；後者不是自然科學所能判斷的，正如道德、倫理諸問題並非科學所能解決的一樣。

在歷史上，問題表現為機械論與目的論之間的古老爭論。

由於目的論的概念長期以來與最終因聯繫在一起，與某種超自然根源的、神秘的自我完善的能力聯繫在一起，因而在近代實驗科學興起時，為了促進研究，人們曾經不得不正當地拒絕目的的信念和目的論的觀念。而西方文化與語言中，尤其是開初的力學中傾向於分析的傳統，促成了一種嚴格機械論和決定論的世界觀。它指出，宇宙是建立在無序地運動著的、無個性的粒子的基礎上的，它們遵從嚴格的、統一的運動規律。這種觀念在物理、天文以及化學中的巨大成功，使它迅速擴展到了所有的學科領域。這就迫使人們在研究任何對象時，都要對之進行分割，把它劃分為分離的部分或因素。這種偏見，長期以來妨礙了科學對生物學、生理學和各種複雜的功能大系統的研究。尤其是在現代科學對象高度複雜化的今天，這種傳統的觀念業已漏洞百出。

首先把目的性問題引進科學的是控制論。維納指出：「在過去，目的論一詞是解釋作暗含著目的的、其中常常加進了『終極因』這一曖昧概念。……目的論之不可以置信，主要是因為它被定義作：它暗含著一個時間上後於給定的果的因。但是，當目的論的這一方面被丟開之後，與目的的重要性有關的認識不幸也被拋棄了。由於我們把目的看作理解某些行為樣式所必須的概念，我們認為，如果避開因果性問題，僅涉及目的的自身的探索，則目的論的研究是有用的。」(5)，頁七）他還曾多次指出：「有目的的一詞就是用來表明那種可以解釋作趨達目標的作為或行為。」「一切有目的的行為都可以看作是需要負反饋的行為。」（《控制論哲學問題譯文集》第一集，一九六五年版，頁三—四）

目的論概念的這一改造和應用，對控制論的創立、自動機的成功起了決定性的推動作用。正如維納所指出的：「阿希貝關於沒有目的的隨機機構會通過學習過程來尋求自身目的的這一輝煌的思想，不僅是當代哲學方面的偉大貢獻之一，而且會在解決自動化的任務中產生高度有用的技術成果。」「在阿希貝的機器中，就像在達爾文的自然界中一樣，我們在一個不是有目的地構成起來的系統中看到了目的性。」（《人有人的用處》，頁二六—二七）

系統論也研究了目的性問題，它與控制論結成了同盟。

分子生物學的興起與發展，把目的性的概念滲透到了各級生命形式和生命體的各級層次中。生物學家莫諾把物種參與實現具有不變性內容的世代傳遞這一根本性計劃的所有結構、行為和活動，都稱之為「目的性」的。他指出上述極為複雜、精巧和高效率的活動都借助於目的性器官的完美性來完成的，他說：「這種器官是完全合乎邏輯的、極其合理的、圓滿地適合它的目的的。」〔6〕，頁一四）他並提出，蛋白質是生物的目的性行為的主要的分子作用者，而「生物的全部目的性結構和行為的最終結論」都包藏在蛋白質分子的氨基酸排列順序裏。這就意味著，目的性來源於某種「有序性」即組織化。這同控制論與系統論的結論在原則上是一致的。在某種意義上，它似乎重現了柏格森的一個重要論點：生命通過組織化來利用物質。而這種組織化，就導致了目的性功能。

由於目的性是如此緊密地與有序性、組織化以及系統的結構、功能聯繫在一起，因此，以自組織為研究對象的耗散結構理論，在客觀上就順應了目的觀念復興這一科學與哲學的思潮。事實上，耗散結構正是在某種意義上彌補了控制論、系統論與分子生物學的不足，研究了在進化的漫長鏈條上，目的是如何自發地逐漸產生的。

自動機的隨機機構通過學習（試錯）來自尋其目的，儘管是傳統觀念的重大突破，然而，自動機這種目的機構本身，卻是人造的。它在工作時能脫離人，隨時根據外界自我調整，從而具有目的性行為，但歸根結底，仍需它的「造物主」——人的「第一次推動」。

分子生物學雖然描述了生命各器官極為複雜的目的性行為，也指出了「遺傳密碼」的組合、排列的形式，決定了這些目的性行為，然而這樣的「遺傳密碼」究竟如何自發地產生？其物理、化學機制如何？它沒有能說明，即是說，在某種意義上，它仍是一種唯象理論，而不是「動力學型」的理論。

耗散結構理論應運而生，它闡明所有自組織體系產生的某些共同的環境條件、機制和規律，希望定量地給出動力學型的答案，亦即是說，它要解釋有目的的機構為什麼會產生，從而，大量分子的協同動作，「遺傳密碼」的產生等也將成為這一理論的自然結果，這就回答了目的究竟是如何一步步地自發地誕生的（近年來，協同學也卓有成效地研究了上述問題，參見〔8〕）。

我們來簡單考察這一點。前已談過，在遠離平衡的非線性區，連續的能量和物質流有可能被用於創建和維持一種組織化的空—時構象，這就是耗散結構；而理論又表明，生物學上的有序性恰好是表徵耗散結構的這類有序，它既是結構的，也是功能上的。耗散結構的時空有序通過一系列的演化進程後將導致酶調節。這時，酶似乎在執行某種「計劃程序」，使得大批分子協同動作、成千上萬化學反應依順序、有組織地進行，這種化學反應的基本特徵具有反饋作用。我們已經知道，負反饋實質上已帶有目的性行為的色彩，即它具有精確定向作用，能達到預定的功能效果。就是說，耗散結構產生的每一結構，似乎都是為每一個特定的功能而設的，是以功能為目的的。由於酶是這類具有負反饋的協同行為的主要執行者，這就意味著，在生命現象的酶調節階段，事實上已產生了初級的目的性行為了。

這類目的性行為的產生，是根據耗散結構的動力學型理論自然而然推導出來的結果，是結構與功能相互一一對應的產物，它並不需要外部其他「智慧」的推動。這種目的性功能逐級遞升，產生了各類目的性器官，最後直至產生具有極高度目的性功能的器官——人腦。在這些行為的序列中，我們看到了從低級到高級的有層次的目的概念。恩格斯指出：「凡是有原生質和有生命的蛋白質存在和起反應，即完成某種即使是由外面的一定的刺激所引起的極簡單運動的地方，這種有計劃的行動，就已經以萌芽的形式存在著。這種反應甚至在沒有細胞（更不用說什麼神經細胞）的地方，就已經存在著。」（《馬克思恩格斯選集》，第三卷，頁五一六）這裏所說的「有計劃的行動」，實質上就是最初級的目的性行為。

科學的發展愈益證明，在各種行為機制上，倘若不引入有層次的目的觀念，仍然僅依賴於古典的機械論觀念，就不可能解釋一個複雜系統的定向的、帶負熵因素的功能，尤其不能了解生命體的極為複雜精巧的結構和功能。在一個進化的世界上，特別是在一個高度組織化的系統中，引入目的的觀念是一個必須付出的代價。二十世紀各重大新學科的出現，幾乎無一不與此觀念有著或近或遠的聯繫，這就是明證。

系統論創始人貝塔朗菲曾總結了目的性和方向性行為的三種模型如下：第一是所謂異因同果型，即從不同的初始態開始，經不同途徑達到同一個最終態；第二是反饋型，即利用偏差的信息進行監控以達到特定目標的行為；第三即阿希貝的所謂試錯法的適應性行為，它使系統與環境相互適應，趨向正確目標。貝塔朗菲特別強調：「……目的性行為並不是超出自然科學之外的某種東西，也不是毫無方向性的偶然過程的擬人的錯誤概念。不如說，它是在科學術語上能很準確定義的行為的形式」（〔11〕，頁七六）。

上述這段話反映了當代科學思潮的一個重要傾向，無疑是值得深思的。

進一步遠離牛頓的「教義」

倘若我們立足于當代科學成就的顛峰回首瞻望，把科學事業視為「歷史」和「過程」，忽略其細節部分，那麼，一條科學思想遞嬗的線索便清晰地展現在我們腳下。

如前所述，自十七世紀實驗科學誕生以來，由於偏重分析、還原的傳統，西方科學中形成了一種嚴格機械論和決定論的自然觀，形成了某種可稱之為牛頓的教義的觀念。它就如狄拉克所描繪的：「經典物理學的傳統曾把宇宙看成是許多可觀察對象（粒子、流體、場）的集合，它們按照確定的力的規律進行運動，因而，人們可以在腦海中對整個理論方案形成一種時空的圖像，這樣就產生了一種物理學，其目標是：對聯繫這些可觀察對象的機制與力作出假定，以便用簡單的方式來說明這些對象的行為。」（《量子力學原理》，P.iv）這一「教義」視無機自然界為「死物」，是人之外的純粹的「客體」，整個宇宙像一部過去、現在和未來都已嚴格確定好了的龐大機器，是無目的的、被動的、簡單的、僵死的、不變的、可逆的和嚴格決定的；而人則根本不同，是有目的的、能動的、複雜的、活躍的、進化的、不可逆的和非嚴格決定的。人與自然是兩類毫無共同之處的世界，它們處於根本對立的兩極：死的自然和活的人。

於是，作為自然的產物的人與自然界絕對地異化了。正如著名學者巴斯卡所說：「一切物體，太空、恒星、地球和它的王國，都不等同于最低的思想，因為思想自身了解這些物體，這些物體什麼也不知道。」這就指出了人類自身在廣漠宇宙中的神秘性和孤獨感。

因此，這一「教義」實質上也是哲學二元論的根源。

但是，自二十世紀以來，尤其是耗散結構理論的創立，情況發生了根本的變化。

我們看到，目的，這一專屬於人的概念，已經掙脫了樊籬，它逐步擴展了自己的外延，進入了控制論、系統論和分子生物學的研究領域；耗散結構理論則在事實上更進一步使目的觀念變成了生命與非生命現象之間的重要紐帶（西德的H. Haken創立的「協同學」也在這方面作了探索，詳見〔8〕）。同時，我們還注意到，由於耗散結構理論保障了向複雜性和組織化方向的演化，這就使得進化不僅僅為生物界所獨占，它也成了整個自然界的普遍規律。這樣，物理世界也具有了進化的歷史。

人們還看到，統計物理、量子力學、控制論、分子生物學、耗散結構理論、協同學……的興起，使概率的觀念深入科學，概率（代表偶然性與必然性的結合）日益成為自然界的一種基本性質。以耗散結構為例，當體系處於非平衡不穩定的臨界點時，它下一步發展是隨機的，即它經歷不穩後將處於哪個穩定的分岔上，是偶然的。這就意味著歷史發展的途徑並非唯一確定，而有多種可能。我們雖能從此刻推知過去，卻不能從此刻完全預言未來。回顧與預測是不對稱的！這就從根本上打擊了拉普拉斯的決定論。現在，我們有權以科學的名義宣布：歷史對新事物敞開大門！一切新奇的、不可預測的事物將紛紛湧現。在時間歷程中，信息量並不守恒。過去與未來的信息量並不相等。未來不完全孕育在過去之中。宇宙進程將創造信息，它將變得越來越富有信息，越來越複雜，越來越五彩繽紛。這是一種生氣勃勃的、具有創造性的、包容偶然性的、反抗宿命論的歷史觀。

同時，可逆性在熱力學、統計力學、宇宙學……等的衝擊下，也日益喪失其地盤，隨同時間觀的改造，不可逆性幾乎滲進了所有科學領域，它正在起著愈益重要的作用。

於是，作為科學發展的潮流所向，以下的新的自然觀已經是勢所必至、順理成章的了：人們歷來所認識的那個自然界在科學革命的硝煙之後，已經隱退消失。一個新世界業已誕生，一種新觀念業已確立——自然界並非不變、簡單、被動、可逆和受機械決定論支配，它並不與人的特性根本對立；相反，它同人一樣，是進化的、日益複雜的、不可逆的和非機械決定的，在某些局域的時間歷程中，它甚至會產生目的性的結構。哲學家懷特海說過：「自然是活的。」（⑭，頁八〇）科學愈益表明，人與自然的鴻溝正在填平。人是自然的一部分，人與環境融成了一個整體。這其實也就是馬克思所說的「人化的自然」。正如一句古老的格言所描述的：在自然這個大舞臺上，人既是觀眾，又是演員。

這種自然觀也並非驚世駭俗、聞所未聞的全新觀念。它在古代希臘和古代中國哲學中就曾以萌芽狀態出現過，雖然是粗糙的和幼稚的。在那裏，人把自己與自然看作一個整體，是協調的、和諧的，二者的命運息息相關。這在希臘以亞里斯多德哲學和主張「萬物一致」的希波克拉底的醫學為代表，在中國則早有「天人合一」、「天人感應」及「萬物一體」之說。如莊子曾說：「天地與我並生，萬物與我為一。」（《齊物論》）王陽明認為，「人與天地萬物原是一體，風雨露雷、日月星辰、禽獸草木、山川土石，與人原是一體。」李約瑟博士在《中國科學技術史》中強調指出，「有機整體」是中國古代宇宙觀的特色，人與自然是不脫節地、連續發展而來的。這些思想雖然帶有猜測甚至宗教的色彩，但不可否認，它反映了當時人們朦朧的自然觀。恰如恩格斯所斷言的，古希臘人是從整體上去把握世界，看到了世界的發展變化、生生不息，看到了人與自然在直觀上的、總體上的聯繫，雖然在細節上尚未證明。

普利高津曾指出，人和自然之間本來有一個古老的同盟，但是，這一同盟被經典力學興起後習慣於分析的偏見所打破了，人與自然分裂了，連自然界本身也被分割為互不相關或聯繫甚微的部分。

在這個意義上，總體聯繫的自然觀的復興，人與自然同盟的重建，正表明了人類認識世界的一種「辯證的復歸」。如果用否定之否定法則的術語，目前這一階段，我們又走到了一個「合題」的門口。

實際上，在上世紀及本世紀初，已有哲學家天才地猜測到了這一點。黑格爾指出，生命正是自然辯證發展的結果，而人則是宇宙發展的縮影。懷特海則強調：「我們關於自然的概念的不足之處，須要用它同生命的溶合來補充。在另一方面，我們也要求，生命的概念必須包含自然的概念。」〔14〕，頁八三）他反對自然各部分是死的這一論點，從而提出了活的自然的著名論點，並以此構造出了他的過程哲學。他們這些觀念，雖然還帶有獨斷論的特色，但無疑是具有辯證法的閃光的。

當然，對自然科學發展趨勢的更為深邃的洞見，還是恩格斯在一百年前的著名論述：

除了以這種或那種形式從形而上學的思維復歸到辯證的思維，在這裏沒有其他任何出路，沒有達到思想清晰的任何可能。（《自然辯證法》，頁二九）

歷史的發展證實了這一預言。隨著本世紀相對論、量子論以及控制論、信息論、系統論的興起、耗散結構理論的建立，嶄新的自然觀紛至沓來，它們就是這種「辯證復歸」的一座座里程碑。

應當指出，創立這些理論的劃時代科學家，與經典式的傳統科學家的明顯區別在於，傳統科學家由於常被牛頓的名言「當心形而上學」所束縛（這裏「形而上學」指哲學），正如恩格斯所指出的那樣，他們「單憑經驗、非常蔑視思維，實際上走到了極端缺乏思想的地步」。而當代大科學家，不但不拒絕哲學，而且都對哲學有濃厚興趣和較深造詣。這裏要特別指出普利高津早年曾閱讀了不少哲學著作，對東、西方哲學均有一定修養。他曾認為，現代科學的發展，「更符合中國的哲學思想」。他也曾指出：「生物學家達爾文、哲學家斯賓塞、馬克思、恩格斯都對『時間』及演化過程中的『歷史因素』的研究作出了很多貢獻。」〔3〕他並不像眾多科學家那樣染上了對黑格爾深惡痛絕之病，相反，對黑格爾的辯證法、柏格森的生命哲學、懷特海的過程哲學，對馬克思、恩格斯的哲學思想，他都有一定的研究，並從中獲得了某種啟示。

恩格斯曾說：「這種（辯證）復歸可以通過各種不同的道路達到。它可以僅僅由於自然科學的發現本身所具有的力量而自然地實現，……如果理論自然科學家願意從歷史地存在的形態中（希臘哲學和德國古典哲學）仔細研究辯證哲學，那麼這一過程就可以大大縮短。」（《自然辯證法》，頁三〇）

鑒於上述普利高津以及愛因斯坦等的科學實踐，前述的「辯證復歸」並不純粹由自然科學的發展自發達到的，事實是，哲學的力量使科學的辯證復歸加速了步伐。

當然，應該客觀地指出，科學與哲學是交相影響的。一百年來，哲學影響了科學，科學更以巨大的力量影響了哲學。因此，促使科學變革的哲學當然也不完全是黑格爾式的辯證哲學了。但綜觀全局，如下的論點是毋庸置疑的：二十世紀以來，哲學大大增強了對科學的作用。請看本世紀的大科學家：愛因斯坦、玻爾、海森堡、薛定諤、維納、普利高津，誰不同時又是有哲學頭腦的非凡思想家？這是他們與傳統的科學家的顯著差異點。

毫無疑問，這種不以人的意志為轉移的新時代的潮流，正是科學處於辯證復歸階段的一種徵兆。

參考文獻：

〔1〕G.Nicclis and Prigogine,*Self—Organization in Nonequilibrium Systems* (Wiley—Interscience,New York,1977)。
〔2〕I.普利高津：〈時間、結構和漲落〉（《1977諾貝爾演講集》，一九八〇年，上海）。
〔3〕I.普利高津：〈從存在到演化〉《自然雜誌》一九八〇年第一期，頁一一—一四）。
〔4〕I.普利高津：〈耗散結構〉（《自然科學哲學問題叢刊》一九八一年第一期）。
〔5〕N.維納：《控制論》（一九六三年，北京）。
〔6〕J.莫諾：《偶然性和必然性》（一九七七年，上海）。
〔7〕E.薛定諤：《生命是什麼》。

〔8〕H. Haken, *Synergetics—An Introduction* (Springer—Verlag Berlin Heidelberg, New York, 1977).
〔9〕W. C.丹皮爾：《科學史》（一九七五年，北京）。
〔10〕J. N.李約瑟：《中國科學技術史》（一九七五年，北京）。
〔11〕L. V.貝塔朗菲：〈一般系統論的意義〉《自然科學哲學問題叢刊》一九八一年第一期）。
〔12〕沈小峰、湛墾華：〈耗散結構理論與自然辯證法〉《自然辯證法通訊》一九八〇年第二期）。
〔13〕陳奎德：〈進化・退化・時間——從耗散結構看演化方向〉《自然辯證法學習通訊》一九八一年第四期）。
〔14〕M.懷特：《分析的時代——二十世紀的哲學》（一九六四年，北京）。

（本文作於一九八二年）

哲學發展的趨向及其使命

自然哲學的命運

十九世紀二〇年代，黑格爾哲學君臨西方哲學界。它的絕對觀念在其思辨咒語的運載下，高視闊步，喧赫一時。

然而，在黑格爾哲學廣袤無垠的「領土」中，卻有一塊不屬於他的「飛地」，這就是自然哲學。至少在自然科學家眼中，它乃是絕對的狂妄。與黑格爾同時有名的科學家，幾乎沒有一個人擁護他的主張。赫爾姆霍茨就曾這樣描述過當時的形勢：

> 黑格爾自己覺得，在物理科學的領域裏為他的哲學爭得像他的哲學在其他領域中十分爽快地贏得的認可，是十分重要的。於是，他就異常猛烈而尖刻地對自然哲學家（即科學家），特別是牛頓，大肆進行攻擊，因為牛頓是物理研究的第一個和最偉大的代表。哲學家指責科學家眼界窄狹；

科學家反唇相識，說哲學家發瘋了。❶這就造成了歷史上第一次科學與哲學大分裂的局面。

化學家李比希把德國自然哲學稱為「羅織為自然科學扇子的退化研究」。生物學家施萊登認為，「在獨斷論的歧途陷於紊亂的哲學家，特別是謝林派和黑格爾派的哲學家」，是與自然科學相對抗的。科學家們嘲笑說：「自然哲學家們都是力求不弄濕雙手，而用思辨方法解決一切問題。」

但是黑格爾派的自然哲學家卻陷在自己編織的範疇之網中，自我陶醉，極端鄙視現實。他們輕侮實驗，嘲笑科學家們的天平、試管、燒杯。黑格爾挖苦物理學家說：「假使物理學僅僅基於知覺，知覺又不外是感官的證明，那麼物理學的行動就似乎僅僅在於視、聽、嗅等等，而這樣一來，動物也就會是物理學家了。」❷他對科學家們的經驗主義不屑一顧，只埋頭於自己絕對精神的展開中。

歷史是無情的。正當思辨的自然哲學在理念的「天國」裏不斷地跳著黑格爾「三段式」的小步舞原地兜圈子的時候，自然科學卻昂然急進了。十九世紀中葉左右，原子論、電學、細胞學說、進化論、能量守恒與轉化定律、光的波動說、電磁感應、熱力學……眾多的新理論、新發現，紛至沓來，世界面貌發生了令人應接不暇的變化。只有黑格爾用崇高、深刻的思辨凝結成的厚厚一

---

❶《科學史》，〔英〕W. C. 丹皮爾著，北京，一九七五年，頁三九三。

❷《自然哲學》，黑格爾著，北京，一九八〇年，頁九。

大本《自然哲學》，卻到處暴露出荒謬可笑的常識錯誤：

他抨擊近代原子論：「道爾頓第一個研究了這個問題，但他把他的結論隱藏在最壞的原子論形而上學形式中，因為他把一些最基本的元素或單純的、基本的量規定為原子。」❸

他用光明與黑暗矛盾關係的哲學思辨宣布了牛頓光學理論的「錯誤」，妄稱「牛頓所做的事情是荒唐可笑的」，斷言「物理的東西則不能從數學方面得到證明」❹。

他對電的本質更是妙語橫生：「我們把電的緊張關係理解為物體固有的自我性，……我們看到的，正是物體固有的憤怒情緒，正是物體固有的激昂情緒；在這裏除了物體本身，至少是除了一種異己的物質，絕沒有任何人存在。物體的少年盛氣突然爆發出來，它憑靠後肢騰空躍起；它的物理本性集中全力去反對它與他物的聯繫，而且，它是作為光的抽象觀念這樣做的。……這就是有機體的開端。」❺

原子論、光學和電學把上述高論視作小孩熱昏的胡話，將它們擱置一旁，逕自在自己的理論體系內創造出豐碩的成果。於是，這場科學與自然哲學的大論戰，也以黑格爾哲學的日益衰微、節節敗退而告終。誠如馬克思所指出的，當時的黑格爾業已聲名狼藉，在許多人眼中，猶如「一

❸ 同上書，頁三六三。

❹ 同上書，頁二八〇～二八一。

❺ 同上書，頁三一〇。

條死狗」。曾在年輕時被自然哲學所催眠的李比希，後來也懊惱地回顧道：「我也經歷過這個時期，它充滿空話和幻想，但就是缺乏真正的知識和切實可靠的研究；它浪費了我兩年寶貴的生命。當我從這個陶醉狀態清醒過來以後，我真無法形容我所感到的厭惡。」❻這代表了當時不少科學家的心情。

黑格爾思辨自然哲學在科學呼嘯前進的巨浪中被歷史揚棄了，而科學在這場對抗中得勝以後籠罩了一切。

沉滓的泛起

但是，歷史卻似乎有它固有的邏輯。一百多年後，自然哲學竟又在東方——俄羅斯的土地上顯靈了。不過，它與過去相比，有了兩點「發展」：第一，披上了一件它自命的「辯證唯物主義」外衣；第二，加進了政治因素，借用了行政力量。

一九二九—一九三二年間，在蘇聯生物學界，「獲得性遺傳」的擁護者們無數次撐起了「辯證唯物主義」的旗幟，以此來攻擊對立的學派——基因學說的擁護者，稱對方為「孟什維克唯心主義」學派，並論證自己的正確。這場鬥爭發展到「創造性的」李森科時期，生物學則被「天才地」

❻ 同上書，XXii。

劃分為社會主義的和資本主義的。李森科煞有介事地宣稱：「史達林同志關於逐漸的、隱蔽的、不被注意的量變導致迅速的、急劇的質變的教導，使前蘇聯生物學家發現了植物中這種量變的實現和一個品種轉化為另一個品種。」❼雖然，這種「轉化」從未在世界上發生過。前蘇聯另一名「化學家」切林采夫在粗暴地扼殺化學理論「共振論」的鬥爭中聲稱：「反對我，就是反對辯證唯物主義。」❽

在這種態勢下，現代物理學大廈的根基——相對論與量子力學也在劫難逃。相對論成了無是非的相對主義，被貶為馬赫主義的變種；量子力學的哥本哈根解釋更成了唯心主義和非決定論，它的測不準原理則被斥為不可知論；控制論則被賜名為機械論的現代變種和唯心論。總之，哲學又被有些人看作是科學的法庭，它有權仲裁科學的結論；而科學則只能充當哲學的婢女。倘若有人竟敢對此提出異議，那就「請君入甕」。著名的生物學家瓦維洛夫就是這樣被李森科之流迫害以致冤死獄中的。這些「創造性的發展」，應該說是上世紀的自然哲學家們也望塵莫及的。

儘管有如此炙手可熱的權勢作為科學的對立面，歷史卻並不趨炎附勢，它輕輕地抹去了那些過眼煙雲，作出了自己的判決：「馬赫主義」的相對論和「唯心論不可知論」的量子力學以勝利者的姿態登堂入室，成了前蘇聯科學界的經典；「現代機械論」和「偽科學」的控制論，則成了

❼《科學業跡的辨偽》，上海，一九八二年，頁四七。

❽同上書，頁五九。

辯證唯物主義的光輝範例，變成科學家們必須掌握而哲學家也常常從中挖掘「微言大義」的寶庫；「孟什維克」的基因學說站穩了腳跟並進一步發展為分子生物學，成了現代生物學的基礎理論。那喧囂一時的李森科主義，卻不得不把屢屢扔給別人的「偽科學」帽子，戴到了自己頭上；它眾多的「新發現」，只在短短幾年之內，就迅速退隱下去，銷聲匿跡了。

只有在這種時候，一百年前馬克思和恩格斯的卓絕見解才如此清晰地在人們耳邊鳴響，儘管這些論點早在黑格爾和科學家論戰之後不久就公諸於世了，然而當時人們體會並不深刻，直至一百年後，它的呼聲才撼動人心。

馬克思在評價這一段形而上（哲學）與形而下（科學）分離時指出：

自然科學展開了大規模的活動並且占有了不斷增多的材料。但是哲學對自然科學始終是疏遠的，正像自然科學對哲學也始終是疏遠的一樣。過去把它們暫時結合起來〔按：指黑格爾自然哲學〕，不過是離奇的幻想。存在著結合的意志，但缺少結合的能力。❾

使哲學凌駕於科學之上，使科學削足適履，屈從於哲學，這就是黑格爾式的「離奇的幻想」。恩格斯對此論述得很中肯：

自然科學反對黑格爾的論戰，就它對黑格爾的正確理解而言，它反對的目標只有兩點，即唯心主義的出發點和不顧事實任意地構造體系。

❾《馬克思恩格斯全集》卷四二，頁一二八。

因此，在理論自然科學中，也不能虛構一些聯繫放到事實中去，而是要從事實中發現這些聯繫，並且在發現了之後，要盡可能地用經驗去證明。⑩

黑格爾式的思辨，由於其咒語般的句法，晦澀的文意，遠離此岸的「絕對」，瀰漫整個體系的對稱的三段式推進，獨斷的語氣，才顯得深刻而博大，然而其根基是經不起明晰的邏輯推敲的。這正如費爾巴哈所嘲諷的：「把存在的東西說成它所是的那樣，是真實地宣說了真實的東西，看起來卻好像是膚淺的；把存在的東西說成它所不是的那樣，是不真實地、歪曲地宣說了真實的東西，看起來卻好像是深刻的。」⑪

當然，黑格爾自有其深刻和天才之處，是毋庸諱言的。但就他企圖用思辨的自然哲學對科學實行專制統治這點而論，他畢竟完全失敗了。繼續循著他的足跡，重新強迫科學跳思辨舞步的人，其崩潰的命運也是歷史注定了的。

認識進化的一般趨向

為什麼從原則上說思辨自然哲學是一條歷史的歧途呢？這就涉及到哲學的本性和功能問題：

⑩《馬克思恩格斯選集》卷三，頁四七九。

⑪《費爾巴哈哲學著作選集》上卷，北京，一九六二年，頁一〇八。

我們能否單憑思辨洞見宇宙的本原，並在黑格爾之後，再造一個哲學大體系，一勞永逸地畫出宇宙的天體圖？

深入考察人類的認識史，我們能畫出的一幅歷史圖景與人們的常識是大相逕庭的。歷史似乎表明，隨著時代的演進，人類對宇宙整體所提的問題正日益後退、日益縮小，本體論問題的重要性也日益下降。

在「人類的童年」——希臘時期，人們討論的核心問題是：宇宙的本原是什麼？各派哲學家都圍繞這一問題給出了自己的答案：泰勒斯應之以水；畢達哥拉斯應之以數；德謨克利特應之以原子；柏拉圖應之以理念……。

在「人類的少年」——近代時期，核心問題退縮成為：我們能否認識宇宙的本原（這裏仍蘊涵著本原存在這一假定）？培根、笛卡兒、斯賓諾莎、萊布尼茨、黑格爾都作了肯定的答覆；休謨和康德則作了否定的答覆，其理由各不相同：康德雖然否認本原可認識，但還承認物自體作為本原的存在；而休謨則對有否本原不置一辭。

跨入現代的門檻，哲學實證主義和以相對論、量子論為標誌的科學革命興起，愛因斯坦和海森堡等科學家借助可觀測原理對經典概念的拋棄（如拋棄兩地的絕對同時性、絕對時、空及玻爾的電子軌道概念），導致了一個與他們的初衷不同的哲學運動，就是對本質、本體、本原等類問題的拒絕，加上實證主義與早已存在的唯現象主義的合流，使核心問題進一步退縮為：是否存在本原？很多哲學家和科學家的答案都是否定的。

進入當代——「成年時期」，人們進一步對「本原」這一用詞進行了分析，發現由於不能用觀測、實驗證實或否證，所以斷言本原不存在仍是一種超驗的獨斷假設，於是前述問題進一步退縮為：「本原」有否意義（即「本原」這個詞的含義是什麼，有沒有〔操作〕意義）？當人們從語義上考察後發現，「本原」這個詞在實踐上並沒有告訴我們任何內容，不少哲學家和科學家由此斷言，人類關於本原的討論就從根本上被摒棄了。

「本原是什麼」——→「能否認識本原」——→「有否本原」——→「『本原』有否意義」，這一系列問題依次演化，從表面看，似乎說明人類在縮小自己求知欲的圓圈，正在走向一種絕望的不可知論。事實上，由於問題提得愈益具體，真正解決問題的可能性就愈益增大；人類提的問題愈小，對自然界的真知反而可能愈多，這正是認識的辯證法。

事情就是這樣，哲學摘下自己一貫高戴的「科學的科學」的皇冠，把自己的「世襲領地」一塊接一塊地「分封」給各門具體科學。這正是人類認識的必然邏輯，也是歷史發展的正當要求。這體現了哲學表面上的某種「實證化」趨勢。正如恩格斯所預言的：

在這兩種情況下（指(1)自然界有時間上的歷史；(2)循環應具有無限加大的規模），現代唯物主義都是本質上辯證的，而且不再需要任何凌駕於其他科學之上的哲學了。一旦對每一門科學都提出了要求要它弄清它在事物以及關於事物的知識在總聯繫中的地位，關於總聯繫的任何特殊科學就是多餘的了。於是，在以往的全部哲學中還仍舊獨立存在的，就只有思維及其規律的學說——形式邏輯和辯證法。其他一切都歸到關於自然和歷史的實證科學中去了。⑫（著重號係本文作者所加。）

馬克思也曾指出過這一科學化的趨勢：

自然科學……將成為人的科學的基礎，……至於說生活有它的一種基礎，科學有它的另一種基礎——這根本就是謊言。⑬

在近現代史上，任何注意到科學從哲學的領域中逐次獨立出來的人，不需要特別深邃的洞察力，也能發現上述表面上的「實證化」趨勢。問題在於，這種趨勢是否會無限地強化、擴展下去？人類對宇宙的提問是否會永遠單調地退縮下去？這是否就是「哲學消亡」的前兆？哲學自身究竟還有沒有存在的價值？這些都是值得深入探究的問題。

潮流的逆轉

十九世紀後半葉，在黑格爾的自然哲學名譽掃地，以致整個哲學界蒙受恥辱之後，被自然科

⑫《馬克思恩格斯選集》卷三，頁六。

⑬《馬克思恩格斯全集》卷四二，頁一二八。

學的勝利進軍弄得飄飄然的大部分科學家，開始全面拒絕哲學了。唯科學主義席捲全球，經驗主義風靡一時，實證論者把上述「實證化」的傾向推到極端。人們認為，科學純粹來自經驗歸納，因而是確定無移的永恒真理，科學所構造的模型是終極的實在。他們賭咒發誓，要在一切領域中掃除哲學的影響。當時的絕大多數實驗科學家因此都喪失了哲學頭腦，他們目光淺近，缺乏深邃的思維力，不少人甚至變成「科學工匠」，拘泥於細微末節，滿足於修修補補。因而，在上世紀末，當科學革命的雷聲在遙遠的天際隱隱作響的時候，絕大多數科學家竟毫無知覺，依然饒有興味地在經典理論這棵大樹的各個細小分枝上小心翼翼地爬行，並不時為古老的理論大廈嘆為觀止。

然而，曾幾何時，被認為以經驗奠基的科學大廈，反過來受到了新經驗事實的摧毀性的打擊，科學界陷入極大的迷惘與混亂之中。這時，哲學女神出來引路了！

作為科學家兼哲學家的愛因斯坦，首先撥開迷霧，以一種引人注目的方式，把哲學重新導入科學之中。這位劃時代的科學家對經典物理學的困境進行了具有哲學素養的、邏輯謹嚴的分析，從而給自然科學輸入了一股清新的空氣，極大地影響了科學家們的思想觀念和思想方式。正如哲學家石里克所說：「……愛因斯坦從分析時間、空間陳述的意義出發的活動，實際上正是一項哲學的活動。我們在這裏還可以加上一句：科學上那些決定性的、劃時代的進步，總歸是這一類的進步：它們意味著對於基本命題意義的一種澄清，因此只有賦有哲學活動才能的人才能辦到；這就是說：偉大的科學家也總是哲學家。」[14]在上世紀哲學與科學大分裂之後，愛因斯坦的出現，戲劇性地標誌著兩者又一次攜起手來了。

實質上，牛頓的理論體系被相對論所取代，這件震撼人心的事實表明，認為過去的科學體系所描繪的是終極的實在，只能是神話；確信牛頓「當心形而上學」（此處指哲學）的告誡在他自己的理論身上業已得到真正的實現，以為牛頓已經擯棄了一切不能證明的哲學假設，這只是誤解。愛因斯坦證明，正是牛頓體系自己暗含有不少形而上學的基本假定（如不同地點的絕對同時性、絕對時間、空間等），這些未經觀測或實驗定義的哲學假定，因為未被明白表述，所以才被視為理所當然，從而逃避了對它們的批判性考察，對人們的基本觀念產生了極大影響。愛因斯坦的成就粉碎了伽利略以來形成的一個「天經地義」的教條：實驗科學只靠積累，不可能被推翻。而愛因斯坦的科學實踐表明，科學理論並非完全從經驗中歸納而來，任何科學理論的基礎都含有哲學假定的成份，「具有純粹虛構的特徵」⓯，絕對不是純經驗的。在某種意義上，科學理論只是人們思維的創造，是可以改變，甚至是必然要改變的。

愛因斯坦堅信自然界是和諧的、有秩序的，相信自然定律應是簡單的、完美的。這本身也是一種哲學信條。

要而言之，本世紀初，相對論與量子力學在科學界掀起的革命，再次引起人們對哲學在科學

⓮ 《邏輯經驗主義》上卷，北京，一九八二年，頁一〇。

⓯ 《愛因斯坦文集》卷一，頁三一五。

中的地位的關注。這表現出了一種潮流的逆轉。「對形而上學的恐懼」（愛因斯坦語）正在逐漸消退；反之，大多數搞基礎理論的科學家，對「形而上」問題顯示了濃厚興趣。當代大科學家幾乎都喜歡到哲學的園地裏漫步；談談柏拉圖、休謨、康德、馬赫……已成為科學家們的一種時髦，有些人甚至大談中國的老子和印度的吠檀多派哲學。不少科學家一身而二任，當愛因斯坦、玻爾、羅素、希爾伯特、海森堡、薛定諤、玻恩、狄拉克、泡利、維納、哥德爾、莫諾、皮亞傑……縱橫捭闔，大發哲學宏論的時候，人們彷彿回到了那輝煌的年代，聽到了科學家兼哲學家笛卡兒、萊布尼茨、伽利略、牛頓、惠更斯、歐拉的聲音在發出歷史的迴響。

現代科學的這種「返古」現象，預示著一種新潮流的興起。上兩個世紀的實驗科學家對此一定會瞠目結舌、大惑不解的。

哲學的使命

上述現象，從哲學史和科學史的角度考察，正是哲學與科學矛盾運動的結果。這個矛盾運動，經歷了如下五個歷史階段：

〔1〕哲學與科學融為一體的古希臘自然哲學時期；

〔2〕哲學（連同萌芽狀態的科學）成為神學的婢女的中世紀經院哲學時期；

〔3〕文藝復興以後，實驗科學掙脫經院哲學的枷鎖，發布「獨立宣言」的時期；

〔4〕哲學與科學大分離的黑格爾自然哲學時期；

〔5〕本世紀初，以相對論出現為標誌的哲學與科學重新聯盟，但各司其職的時期。

現在，自然科學通過對自己曲折歷史的反思，終於認識到：「人們沒有『形而上學』畢竟是不行的。」⑯事實上，這已在今天的哲學和科學的矛盾運動顯示出某種端倪；上段所說的那種逐步退縮的提問方式恐怕已達到極點，一輪新的循環似乎隱隱欲顯，這也就是說，一個螺旋式而非單調後退的運動即將現出它的輪廓。

作為對十九世紀末「實證化」趨向的反應，對當時「哲學行將消亡」這一世界思潮的應戰，二十世紀的哲學家們站在各自立場上，對哲學劃定了各自特殊的領域，希望從根本上制止具體科學對哲學地盤的瓜分和蠶食：胡塞爾的現象學強調借助直覺來洞悉事物本質；杜威的實用主義從達爾文那裏吸取靈感，把有機體與環境的相互作用運用於認識論中，把真理性溶化於行動的效果中；羅素則把邏輯分析的技術高度精化，把邏輯視為哲學的本質；沙特的存在主義遠離科學，研究人類的焦慮、恐懼、希望和意志自由，考察生存的根本意義。這些是哲學家所給的答案。

科學家愛因斯坦從自己的科學實踐中領悟了科學與哲學的功能，得出了自己的結論：

哲學的推廣必須以科學成果為基礎。可是哲學一經建立，並廣泛地被人們接受以後，它們又

⑯ 同上書，頁四四一。

常常促使科學思想的進一步發展，指示科學，如何從許多可能的道路中選擇一條路。⑰

著名物理學家玻恩也對此深有感觸：

……關於哲學，每個現代科學家，特別是每一個理論物理學家，都深刻意識到自己的工作是同哲學思維錯綜地交織在一起的，要是對哲學文獻沒有充分的知識，他的工作就會是無效的。在我自己的一生中，這是一個最重要的思想，……因此，我認為科學家並不是同人文學科的思想割裂的。⑱

科學實驗和觀察事實本身的總和並不是科學理論體系。理論需要邏輯範疇、概念框架。只有張開範疇和概念這一張網，使之籠罩在實驗和觀測事實之上，才能把它們編織成一個邏輯一致、博大精深的科學理論體系，從而神奇地迸發出解釋和預言自然現象的巨大力量。並且，深入探究，即可發現，就連科學實驗和觀測事實也並不是純粹中立的，正如愛因斯坦指出的：「恰恰相反，是理論決定我們能夠觀察到的東西。」⑲

而邏輯範疇和概念框架，正是哲學思維的結果。這些範疇和概念具有相對穩定性，為不同門類的具體科學理論所採用，並給予這些科學理論以基本的思想背景和根本的思維方式。儘管，在

⑰ 同上書，頁三七四。

⑱ 《我的一生和我的觀點》，〔德〕玻恩著，頁二六。

⑲ 《愛因斯坦文集》卷一，頁二一一。

特定時期，這些範疇和概念也可能受到新經驗的啟發而改變，或者，人們面臨新經驗的挑戰，而構造出嶄新的範疇和概念，然而，這畢竟是很難發生的事，在一個相當長的歷史時期內，範疇和概念是穩定不變的。由此，我們可以看到，由於科學理論是用範疇概念去規範經驗現象的結果，所以：⑴近、現代自然科學在某種意義上可以說是唯理論和經驗論結合誕生的新型體系；⑵哲學與科學是交互作用的，哲學從根本上賦予科學以基本概念、範疇和方法論；而科學的革命性變革，又可能改變、更新或創造出嶄新的哲學概念或範疇。全部科學史和哲學史表明：哲學沒有科學是空洞的，科學沒有哲學則是盲目的。

現代出現的分析哲學，尤其是邏輯經驗主義，由於把前述表面上的實證化、科學化趨勢無限強化，步入了「取消哲學」的歧途。他們的代表人物之一卡納普揚言：「我們拋棄一切哲學問題。不論是形而上學還是倫理學或認識論。」⑳維根斯坦則走得更遠，他認為哲學就是精神病，是所有哲學家的職業病；上天授予他的使命則是給哲學治病，即割掉哲學這塊腫瘤，一勞永逸地取消哲學問題。為了取消哲學，他寫了兩本哲學——《邏輯哲學論》和《哲學研究》。於是，人們發現了一個有趣的現象：除各種老「精神病」——傳統哲學依然故我，風行全球外，在維根斯坦降臨後，反而又增加了一種新「精神病」——維根斯坦哲學。這就是它帶給現代世界的一個邏輯悖論。

其實，維根斯坦發誓要治療的那種「精神病」，正是人類思維本身的一種固有特點，或曰「理

⑳《近現代西方主要哲學流派資料》，北京，一九八一年，頁二五九。

性的慣性」，它總希望越過經驗現象的「邊界」，去窺伺「彼岸」——現象背後的本質；它總企圖超越有限，去探望無限。這是思維的本性、規律和運動趨勢，是由心理結構所決定的固有人性。只要人類存在著，這種「精神病」就要蔓延下去。

誠然，分析哲學作為一個哲學運動的興起，是有它矯正時弊的歷史作用的。對於那些無限地誇大理性的功能，無休止地對超驗形而上學問題進行思辨，獨斷地提出自己「永恒真理」的本體論體系的傳統哲學家，不啻是一帖清醒劑。但是，倘若這種傾向又走到了極端，最後甚至否認世界各現象間的聯繫，那麼，哲學（如果還倖存的話），也就淪為極端支離破碎、枯燥無聊和極其技術化、經院化的東西了。

然而，追求普遍性和統一性，追求理論體系的完滿結構，畢竟是人類的「通病」，也是一種美的享受。只要科學不是滿足於單個事實的陳述；只要科學理論的更新不會終結；只要人類對自己在宇宙中的存在仍然有一種神秘感、孤獨感甚至畏懼感；只要人類追求精神完滿的希望之火還在熊熊燃燒；只要人類對自己內心崇高的價值觀和道德感仍然大惑不解；只要人類對自然美和藝術美的那種永恒魅力仍然驚詫不已；一句話，只要人類精神之帆仍然不可抗拒地駛向「真、善、美」那輝煌的境界，從而不斷地實現由必然王國向自由王國的飛躍，那麼，哲學的沉思就不可避免。它要提煉範疇，研究概念，為科學和一切理論體系提供概念框架、邏輯結構；它要推進認識論，探索辯證法，為科學和一切理論體系訓練思維方式，提供啟示，分析科學語言；它要關心人，研究人的本性，考察人在宇宙中存在的意義，使人復歸于他的本質；它要探究價值論，考察道德律，建立現代的倫理學；它要洞悉自然美及藝術美的最深奧秘，架設感情和理性的橋樑，確立美學的穩固理論基礎。

在當代，科學的分化和綜合都在迅猛發生，新學科的出現是勢不可擋的。當一片「新大陸」展示在人們面前時，總是朦朧模糊的：研究對象尚未劃定，研究方法尚未找出，基礎理論尚未建立……總之，尚未形成公認的規範，還無法稱作一門科學，這時，哲學思維就將履行去「新大陸」「探險」的任務。當辯證思維的觸角碰到了「新大陸」的各個側面時，幾種不同面目的「基本假說」輪廓勢將湧出，成熟的「規範體系」可能也就孕育其中了。這一時期，實質上是未成熟的「前科學」襁褓時期，即等於在較小範圍和較短週期意義上的「前科學的希臘自然哲學時期」。一俟該學科成熟，這門「自然哲學」亦自行消亡。但是，只要新學科的創立不會終結，這種「哲學探險」活動也就永遠不會完結。

無疑，上述這一切都是哲學在當代及未來的使命。

然而，這裏絕不是要招回黑格爾自然哲學的陰魂。黑格爾自然哲學與希臘自然哲學的基本差別在於：前者是企圖僭越科學領域，同業已成熟的自然科學分庭抗禮，而後者所處的時期還沒有誕生真正的實驗科學體系；前者以科學作對手，後者則是科學精神的萌芽。黑格爾自然哲學也不乏天才的猜測；但猜測畢竟是猜測！它的歷史，是那些在遠離科學、遠離生活的象牙之塔裏苦思冥想，閉著眼睛為這個生氣勃勃的宇宙繪製藍圖者的歷史。從原則上說，它的位置是在歷史博物館裏；從趨勢看，所有妄圖凌駕於科學之上的哲學體系都將在這裏找到它們的歸宿，而不必奢望在歷史舞臺上再次借屍還魂、沉滓泛起。

歷史的發展對哲學的基本要求，歸結到一點，就是：把凱撒的還給凱撒！把對宇宙的具體解釋留給自然科學；把對人類社會及人類心理的具體解釋留給社會科學；而哲學，則應反照自身，承擔起前述的歷史使命，不必去越俎代庖，僭越其他領域。也只有這樣，哲學才能獲得自己存在的永恒權利，並參與到人類文明進展的總潮流中去。

哲學不會消亡。辯證法不會消亡。歷史將繼續昭示這一點。然而，應當強調：「事情不在於把辯證法的規律從外部注入自然界，而在於從自然界中找出這些規律並從自然界裏加以闡發。」[21]。事實上，只要置身於當代科學進步的滾滾洪流中，你就將愈加深切地感受到恩格斯預言的力量：

這樣，我們就能夠依靠經驗自然科學本身提供的事實，以近乎系統的形式描繪出一幅自然界聯繫的清晰圖畫。……當這種聯繫的辯證性質，甚至迫使自然哲學家的受過形而上學訓練的頭腦違背他們的意志而不得不接受的時候，自然哲學就最終被清除了。任何使它復活的企圖，不僅是多餘的，而且是一種退步。[22]

[21]《馬克思恩格斯選集》卷三，頁五二一。

*本文所用「形而上學」一詞，是西方哲學史中通常的意義，指對超越經驗科學領域的研究，即所謂研究事物本質的領域。它不是在與辯證法相對立的意義上使用的。

（本文作於一九八三年）

㉒《馬克思恩格斯列寧自然辯證法文選》，北京，一九八〇年，頁二三六。

反傳統的哲學運動

——分析哲學述評

從本世紀初葉起，在西方哲學界，發生了一場頗有聲勢的哲學運動。它肇源於英國本土，然後很快席捲了西歐大陸，成了當時哲學界的主流，至今，仍在英語國家占據主導地位。

這個運動，就是分析哲學運動。

鑒於此，二十世紀也被某些哲學家稱為「分析的時代」。

事情的發生並不是不可理喻和突如其來的。它既有哲學界之外的，又有哲學自身內部的邏輯線索。

世紀之交，在西方文明中出現了一個顯著的歷史事實，同文明內部其他各種文化形態（宗教、藝術、哲學……等）相比，科學，尤其是自然科學這種文化形態的重要性上升到了核心的地位，它獲得了空前輝煌的成功並出現了令人矚目的變革，迎來了二十世紀初的偉大科學革命，震撼了西方思想界。

此外，不同於二千年來占統治地位的亞里斯多德邏輯，一種新邏輯——數理邏輯的興起，又為人們提供了強有力的邏輯分析工具。

在哲學界內部，上世紀以黑格爾巍峨的體系為頂峰的德國古典哲學業已日益衰落，與科學進展相比，很多哲學家對哲學界的停滯不前和意見紛紜嘖有煩言；特別是，上世紀中葉之後，在黑格爾及其追隨者以其思辨的自然哲學與自然科學的對抗中，自然哲學聲譽掃地，敗下陣來，於是，整個西方哲學界或先或後掀起了一股非黑格爾化的哲學浪潮，進而匯成了對整個哲學史的批判性反思。

當時，一位分析哲學家賴欣巴哈的一段話典型地表現了那時哲學界的心態：「沒有一門別的科學像哲學這樣，有如此多的爭論和意見分歧；在哲學中，真是公說公有理，婆說婆有理，……可是數學卻以萬無一失的步伐整齊向前，數學之所以能如此堅強有力，全在於它的方法。自然科學用實驗方法確鑿無疑地檢驗它的論斷；人文科學則用觀察和歷史研究來查對自身。——可是唯獨哲學，……卻無防身之物，任憑喋喋不休的筆墨和口舌之戰去擺布。」❶

這樣，一股強大的變革性力量在哲學界內部興起。這些革新派哲學家希望徹底解決哲學論爭，結束一個接一個互相爭論不休的龐大的哲學體系，他們希望單獨地、確定地、一勞永逸地去解決一個一個的具體哲學問題，從現代邏輯輸入精確性，從現代科學引入方法論，從語言問題獲得突破口，使哲學邏輯化、分析化、科學化，從而導致哲學問題解決的確定性。這就是他們面臨的歷

❶ 引自《現代外國哲學論集》第一集，頁一八二。

史使命。

他們的矛頭，首先針對舊的、體系式的思辨哲學。

這種舊式的思辨式的體系哲學，企圖在科學之外，去建立一種關於支配宇宙的最普遍原則的知識，這種體系常常用獨斷的思辨和簡單的類比及想像來構造，而每一體系都宣稱自己是關於宇宙的絕對真理，在認識論上，他們採用譬喻的、描繪的語言而非邏輯分析來回答問題。

新的一批哲學家放棄並嘲笑了這種宏圖大略，他們把宇宙的總圖景留給自然科學去解決，而不自己另起爐灶，他們的目標很謙恭：通過對哲學語言的分析來澄清或取消傳統哲學問題，通過對自然科學的邏輯分析來建立知識論，他們的基本方法是分析的，這裏的分析，既有對客觀對象的分析，也有對語言邏輯形式的分析，還有哲學探究式的分析。

這就是「分析哲學」一名之由來。

它代表了本世紀英美哲學的一個強有力的鮮明趨向：體系時代的終結，分析時代的興起。

這場運動的發難者是英國哲學家：羅素和摩爾，以及奧地利哲學家維根斯坦。弗雷格則是他們的先驅。

它的頂峰是以石里克和卡納普為代表的維也納學派的邏輯經驗主義。

在當代，其代表是後期維根斯坦和牛津—劍橋學派的日常語言哲學以及美國哲學家蒯因的邏輯實用主義。

在這裏，我們主要考察它的三個代表性人物：羅素 (B. Russell, 1872～1970)、維根斯坦 (L. Wittgenstein, 1889～951)和卡納普(R. Carnap, 1891～1970)。

羅素：分析哲學的開創者

英國哲學家羅素，作為分析哲學的創始人和奠基者，在本世紀精神文化歷史上，刻下了深深的痕跡。可以不誇張地認為，二十世紀的哲學家，幾乎沒有一個不在某種程度上受到羅素的影響。他既是一位哲學家，又是數學家、邏輯學家和社會活動家，甚至還被譽為優美的散文大師，在一九五〇年獲諾貝爾文學獎。

羅素思維敏捷，邏輯尖銳，著述豐富，觀點多變。但儘管如此，在一九〇〇年初他經歷了對黑格爾唯心論的反叛後，尊重科學，尊重邏輯，尊重經驗則一直是其一以貫之的特點。他嚴肅地要求我們，一切信念都必須放在哲學的審判臺上，並證明它是合理的。

羅素自稱一生為如下三種激情所支配：對真理的不可遏止的探求，對人類苦難不可遏止的同情，對愛情的不可遏止的追求。儘管羅素的哲學觀點不少業已過時，但從他一生漫長的經歷中，我們看到了一位冥思苦索，從善如流，幽默機智，仗義執言的現代學者的形象。

羅素的思想，淵源於以洛克、貝克萊、休謨、摩爾為代表的英國經驗主義傳統，他早期還受到英國哲學家布拉德雷的反心理主義的影響。另外一個影響羅素的精神源泉是本世紀自然科學的偉大變革和成就，其中包括他參與的數理邏輯的巨大進展。他的目標，是要在經驗主義的基礎上，依靠現代高度發展了的邏輯分析技術，尋求人類知識的牢固堅實的基礎，尋求科學可靠無誤的根據。

邏輯原子論

要了解羅素的問題、興趣和成就，就無法迴避他首先所針對的黑格爾式的絕對唯心主義，他之所以開創了分析哲學，很大程度上溯源於他對黑格爾式和布拉德雷式的一元論唯心主義的著名反叛。

按照黑格爾的辯證法，宇宙萬物都是相互聯繫的，是一個有機整體。事物之間相互關係都是內在的，這種關係其實是每種事物自身的內在性質。分立性是不實在的，個別事物表面上的獨立性，完全是幻覺。事實上，黑格爾認為只有「整體」、「大全」才是實在的，才是真理。因而，倘若我們要完全了解任何有限的事物，都必須了解宇宙整體。羅素對這種內在關係一元論發起了挑戰，他要捍衛人類獲得單個有限真理的權利。

上述問題邏輯地導致以下焦點：事物間的關係是內在的還是外在的？

羅素有力地為外在關係的存在作了辯護，他分析到，讓我們考察一種簡單的不對稱關係，譬如：A大於B這種關係，該關係既不表明A與B有何共同性質，也同A與B各自的本性無關。內在關係論無法應付這種狀況。因為按照內在關係論，上述「大於」這種關係就應進一步歸結為A和B的內在性質，這顯然是荒謬的。（說A與B具有「大於」這種性質是無意義的。）事實上，「大於」與A、B二者自身性質無關。「大於」關係本身就是不可再分的終極項。這種關係，就是外在的關係，它在邏輯上是一個獨立的類別，是實在的。

根據自身對數學基礎的長期研究，羅素指出，如果我們堅持每一關係都進入到它的關係項的本性之中，數學就無法存在。因為在數學中，在我們能了解某元素與其他元素的關係之前，我們首先得知道我們所說的元素是什麼。而按內在關係說，我們根本無法首先知道該元素，因為它與其他元素的關係是未知的。因此，一開始就寸步難行。

所以，外在關係說是成立的。

由此，羅素進而推論，個別事物是實在的，是可以獨立的。個別真理是成立的。實在是可以分析的複合體。這樣就引出了它的結論：多元論宇宙觀。

邏輯化的多元論，就是羅素著名的邏輯原子主義。羅素曾說：「我所提出的哲學可以稱之為邏輯原子主義或絕對多元論，因為它肯定存在著許多個別事物，並否定了由這些事物構成的某種統一性。」❷「邏輯原子主義就是認為，要了解任何主題的實質途徑是分析，對某一事物，不斷

---

❷《神秘主義與邏輯》，頁一一一，一九一八年英文版。

進行分析，直至無可分析為止，那時所剩下的就是邏輯原子。我把它們稱作邏輯原子，是因為它們並不是小粒小粒的物質，而是構成事物的所謂觀念。」❸

邏輯原子論，這實質上是羅素早期本體論的核心。其要點為：世界是由事實構成。事實是使一個命題或者真或者假的東西。最簡單的事實是原子事實。（如「這是白的」，「這個大於那個」等）與原子事實相對應的是原子命題。與複雜事實相對應的是分子命題。分子命題可以分析為由原子命題組成。原子命題的真假決定了分子命題的真假。

原子命題相互間是獨立的，不可相互推論，也不相互矛盾。原子命題是分析的終點，只由專名和謂語構成，是其他命題的依據。

原子命題與原子事實同構。

分子命題與複雜事實同構。整個宇宙就是建立在原子事實之上的邏輯構造，它同構於一個理想化的邏輯語言體系。

羅素的邏輯原子論蘊涵一個根本的哲學假設，即：語言（這裏指理想的語言）與世界在結構上具有同型性。只有承認這一原理，才能保證語言能描繪世界。

❸《羅素說出他的思想》。

中立一元論

然而，羅素的邏輯主義傾向使他在以後的哲學發展中更加強烈地追求簡化對世界的邏輯描述，這就導致了他後期的「中立一元論」。

當然，這裏的一元論絕不是指黑格爾式的整體式、統一化的絕對一元論，而是指取代心物二元論的中性一元論。

問題是從對心與物的分析開始的。

他的目標，是取消精神與物質的界限。他的分析方式，受到奧地利哲學家馬赫和美國哲學家詹姆士的強烈影響。

所謂中立一元論，一言以蔽之，即：整個世界，無論心或物，都可歸結為中性的感覺。

他說：「我相信，構成我們經驗世界的材料，既不是心，也不是物，而是比二者更為原始的東西。心和物二者似乎都是複合物，而組合它們的材料是介乎二者之間和處於二者之上的東西。」❹

羅素的分析概略如下：

---

❹《心的分析》，一九五一年英文版，頁一〇。

他首先論證必須取消感覺主體和感覺對象的劃分，他沿用詹姆士和馬赫的分析指出，感覺是一種獨立自存的事實，不是具有兩個關係項的關係性事件。他說：「感覺是對於心理世界和物理世界共同的東西。」❺進一步，把感覺看作邏輯上第一位的東西，這就可以簡化對世界的描述。從而，在邏輯上可取消心與物的固定劃分，使感覺不是二者之間關係的產物，於是他指出：「……如果感覺基本上不是具有關係性的事件，就無需乎把心理上的和物理上的事看作基本不同的，很有可能把心和一塊物質都看作是邏輯的構成品，這種構成品是由無大分別或實際上是相同的材料形成的。」❻

於是，心和物都成了感覺的複合，它們的區別，只在於感覺排列的方式不同而已。「一個感覺可以藉一個記憶連鎖和一些別的事項歸為一類，那樣，它就成了心的一部分，也可以和它的因果上的前項歸為一類，那樣，它就是物理世界的一部分。這種看法把事情弄得非常簡單。當我意識到放棄了『主體』就可以承認這種簡單化的時候，我很高興，認為傳統上心和物的問題算是完全解決了。」❼

羅素利用愛因斯坦相對論對經典物理學的揚棄，更進一步發揮了這種非心非物的中立一元論。

❺《心的分析》，頁一四四。

❻《我的哲學發展》，頁一二四。

❼同上，頁一二五。

他指出，經典物理學的世界觀已經失效，宇宙不再是在絕對空間中運動的具有持續性的物質微粒的集合，實體這一古老的概念應當拋棄了。愛因斯坦用四維空—時代替絕對的空間和時間，以「事件」代替了實體。各事件與其他事件之間有一種稱作「間隔」的關係，可以按不同方式把這種間隔關係分解成時間因素和空間因素。這些不同方式的選擇是任意的，沒有一方優於另一方。倘若在不同空—時區域有兩事件A與B，那麼，按一種約定，兩者是同時的，按另一約定，A比B早，再按其他一種約定，B比A早。並沒有任何物理事實與這些不同的約定相當。

這樣，既然事件間的關係是相對於觀察者來決定的，它當然就不是什麼純粹客觀的物理的東西，而同時具有精神的要素。於是，物與心，物質與精神的界限消融了。

這正是中立一元論所追求的目標。

我們通過對上述問題仔細考察不難發現，羅素在構築他的本體論時遵循著這樣一種原則：只要有可能，就要用已知實體（親知的對象）的構造來代替未知實體的推論（如自我、物體等等）。這正是一種理性化的邏輯主義構造論。

摹狀詞理論

應當強調指出，儘管羅素在其一生中提出了很多哲學主張，但他對後世哲學的影響，卻基本上不在這些主張上（這些主張大都過時，或被反駁掉了），他的影響另有所在。這就是他研究哲學的方法——邏輯分析。它對英美哲學發生了深遠而持久的影響。

首先，他提供了從事分析的工具。以他與懷特海的劃時代名著《數學原理》為代表的數理邏輯，這成了分析哲學家手中極其銳利的武器。從某種意義上可以說，不懂數理邏輯，就不能從事分析哲學。

其次，他自己又提供了從事這種邏輯分析實踐的典範，這裏特別著名的是他的「摹狀詞理論」，它既是羅素在邏輯學上，也是在哲學上的一個重要貢獻。

摹狀詞理論顯示了邏輯分析在哲學中的重要作用，強調了（自然）語言結構與（邏輯）命題結構的差異性，取消了肯定虛構事物的本體論，指出了專有名詞是實體的靈魂，這樣，就凸出了羅素的基本論點：邏輯是哲學的本質。從而顯示了他哲學研究的基本風格。

它的緣起，在於羅素欲解決哲學史上的如下困難。

首先是虛擬事物的存在性問題。即日常句子的主語是否都表示邏輯命題的主項，這就是著名的「金山難題」。倘若我說：「金子的山不存在。」你反問：「不存在的是什麼?」我說：「那是金山。」這就似乎把某種存在的屬性賦予了金山。類似的情況還有「當今的法國國王是禿頂」等，概而言之，我們如何才能用嚴密的邏輯語言避免上述自然語言把存在性賦予非實在物的尷尬情況。這是面臨的困難之一。

其次，是關於同一律是否普遍適用的問題。這個問題，在羅素之先，弗雷格就看出來了。如：「雷根是美國現任總統」，這句話表達了專有名詞「雷根」與短語「美國現任總統」的同一性。既然具有同一性，二者則可替換，於是原話成：「雷根是雷根」，變成了同語反覆，沒有意義。然而，原話是有意義的：它指出了一個事實。這裏的問題何在？同一律還有否普遍性？

第三，羅素想澄清哲學史上使用「存在」一詞所陷入的混亂和長達數千年的思辨。過去把「存在」當作謂詞，產生了一系列哲學問題，如黑格爾式的「存在—虛無—變化」式的思辨。

鑒於上述以及其他一些困難，羅素創立了摹狀詞理論，以澄清問題，從而重建邏輯上完全的語言。

首先羅素研究了個體詞的邏輯作用問題。

個體詞分兩類：

1. 專名。如，雷根，上海，天安門等。

2. 摹狀詞。如，美國現任總統，中國最大的城市，相對論的創立者，15和19之間的那個素數等。

摹狀詞描述某一特定事物某方面的特徵，並且該對象是獨一無二的。

摹狀詞理論指出，第一，邏輯命題的主項是專名的指稱物，該指稱物就是該專名的意義。第二，摹狀詞不是專名，只是一個不完全的符號，它不代表命題主項，它在分析中會消失。它的邏輯作用與謂詞相同，僅表示某種性質。

譬如，用摹狀詞理論分析「金山問題」，應表述為，就X的一切值而言，X是金的且X是一座山，這個命題主項是假的。這就不再賦予金山以實在性了。

再如，對「當今的法國國王是禿頂」可作如下分析。

至少有一個X是當今法國國王，

至多有一個X是當今法國國王，

X是禿頂。

這樣，賦予「當今法國國王」的實在性，就在分析中消失了。

注意，在上述分析中，摹狀詞已不是主詞，而是謂詞了。這就剔除了自然語言造成的困惑，重建了精密化的邏輯語言。這也清楚地顯示出，自然語言的語法結構不一定同邏輯結構一致，而這種不一致正是造成前述困難的根源。這裏可看出「專名」和「摹狀詞」的邏輯地位根本不同。摹狀詞不能作命題主詞，只能作謂詞；而專名可作主詞，一旦專名作主詞出現，其指稱物的存在業已蘊涵其中，不言而喻。因此，在嚴密的邏輯句法中，專名與「存在」不能聯在一起，即「存在」不是謂詞。這裏，我們看出了歷史上把存在作為謂詞的巨大的謬誤：「存在」根本不表示一種性質或動作。由於「存在」不能作謂詞，羅素據此認為，哲學史上所有關於「存在」所作的思辨統統是錯的，是嚴格意義上的錯誤，是把存在視作一種性質而產生的。這種謬誤，在羅素看來，應當一勞永逸送進歷史博物館。

從這裏，我們可以窺見羅素犀利的邏輯分析手法和風格。他在哲學史上第一次把對語言的邏輯分析置於中心位置。因為所有哲學問題和哲學思想都是通過語言表述出來的。沒有超越語言的哲學命題。一切爭論都是語言內的爭論，所以，我們無法逃出語言的魔障。鑒於此，史稱這是西方哲學劃時代的「語言的轉向」。

維根斯坦的前期哲學

維根斯坦就是把「語言的轉向」推到決定性地步的人。

他是一位傳奇式的哲學家，對當代西方哲學產生了巨大而深遠的影響。在他的一生中，實際上締造了兩個對立的哲學體系。二者對象相同，論點相反。兩個體系中都包含有深刻豐富的創見。因此，他被稱作分析哲學的精神教父。在他身上，邏輯學家和神秘主義者這兩個截然相反的方面奇妙地融為一體。他自認不是屬於自己的時代和文化的人，因而鬱鬱寡歡，超凡出塵，落落寡合。

早年，維根斯坦曾作過羅素的學生，他的才智使羅素深為賞識，羅素曾說結識維根斯坦是他一生中智識上的一次奇遇。先是羅素影響了他，而後羅素坦率承認，自己也受到維根斯坦的深遠的影響。

維根斯坦的前、後期哲學啟迪了兩個重要學派，即三〇年代的維也納學派和五〇年代後的英國日常語言哲學（牛津—劍橋學派）。但他本人則既不屬前者也不屬後者。他的獨創性或許與他的經歷部分相關。受過工程、數學和邏輯訓練的他，從未系統地讀過哲學的經典著作，他的思想從宗教、詩歌、數學、哲學的邊緣地帶的作家那裏，也許比從純粹哲學家那裏獲益更多。這些人物包括聖奧古斯丁、祁克果、杜斯妥也夫斯基、托爾斯泰、巴斯卡和弗雷格。

維根斯坦稱「全部哲學就是語言批判」。他的前後期哲學都可視為這句話的注腳。

我們先考察他的前期哲學。

《邏輯哲學論》是維根斯坦前期最重要的著作，也是哲學史上的經典。這本用拉丁文題寫書名的小冊子，被維也納小組奉為聖經。該書別出心裁，全由箴言警句構成，通過編號，組成系統。《泰晤士報》曾評論到：「《邏輯哲學論》是一大堆短小精悍的格言式句子，按順序排列起來，論斷的內在關係和終極目的是相當清楚的，但是怎樣去理解，使人簡直掌握不住。一大堆相當熟悉的名詞——對象、事實、圖畫、命題、無意義、胡說……，都不是按照它們原來的意義使用的，然而既不用定義，也不用具體例子說明。」❽維根斯坦本人也在序言中說：「這本書也許只有那些自己已經思考過在這本書中所表述的思想或者類似的思想的人才能理解。」他曾在日記中寫到：「我所做的工作是把邏輯基礎發展為世界的本質。」這句話可視為他前期哲學的總綱。

❽ 一九五九年五月一日《泰晤士報·文學增刊》。

(III) 基本命題由一些名稱直接組合而成。

(IV) 名稱是不能用定義的方法作進一步分解的最簡單的記號。

很明顯，二者是極其對稱的，具有映射關係。但這裏須留意的一點是，描述事實的圖像，其最小的單位是命題，而不是名稱。名稱只是對象的記號，不能描述事實。

據傳維根斯坦曾在戰壕裏讀一本雜誌，上面載有一幅描繪汽車出事故這一事件的模型之圖像，這幅圖像可以算作一個命題，描述了一樁事態，圖像中各部分結合的方式也就是事件中各事物結合的方式。這幅圖觸發了維根斯坦，使他思想中正在竭力苦思的中心線索驟然明朗了。他把上述關係作了某種顛倒，構築成了其早期哲學著名的圖像論，其基本點為：

命題是事實的圖像，一個命題就是一個圖像，命題只有具備一定的邏輯結構才能成為事態的圖像。

圖像具有結構。圖像的各部分以一定的方式配置起來，表示出事物的結合方式，這就是圖像的結構。

任何圖像必須與實在有共同之處，如此，才能描繪實在。這共同點即圖像的邏輯形式與實在的配置方式。

圖像的真假在於與現實是否一致。

圖像說的目標，是指出命題如何能表述事實，也即語言如何能描述世界。

這裏，核心的一點是：語言與世界具有同型的結構。名稱與對象相應，基本命題與原子事實相應，作為命題總和的語言與作為事實總和的世界相應。語言與世界在邏輯上同構。

有人或許會說，宣稱語言與世界具有同構關係，這豈非獨斷？這裏的問題在於，在維根斯坦看來，邏輯結構不可能用語言描述，只能自身顯示出來。

他的想法是這樣的：在語言中，何以我們運用已知的詞造成新的句子時，我們不須解釋也能懂得該句子呢？這是毋庸置疑的事實：單個的新詞必須經解釋才能知其含義，而舊詞組成的新句，我們卻能立即理解其意義，否則，人類就只能像鸚鵡一樣，重複固定的句子了。這就表明，句子一旦組合成功，它的邏輯結構也就固定了。即是說，句子能以舊的語詞組合成新的意思，句子的意義是自己顯示出來的。圖像也是如此，如果我們知道了其中各部分的意義，我們就理解了整幅圖像的意義；倘若重新把這部分配置，就構成新圖像，顯示出新的意義。因此，命題的邏輯結構確是存在的，它自身顯現出來。

然而語言是能描述世界的，並且確實成功地描述了世界。例如科學（注意，科學的符號、公式也是一種語言）。這種描述的可能性表明了雙方結構的對應性，也即語言與世界具有邏輯同構性。

這裏語言與世界共同的邏輯結構帶有某種神秘色彩，其原因在於，它被限定，不能被描述，而只能自身顯示。

在邏輯上，可以利用反證法來證明上述結論。設一個特定的語言系統中全部有意義的句子為集合A，它能陳述除A外的一切事實（這些事實還包括別種語言的句子，因為語句也是事實），這些事實為集合B。於是，世界上的所有的事實非A即B。如上述，二者有共同的邏輯形式。若問：該邏輯形式是否可以陳述？如果回答是可以陳述，則該形式屬於B，而不是B與A共有的東西，這就產生悖論。所以，該形式是不可以陳述的。因此，雖然A與B的元素都是事實，但它們二者共有的邏輯形式卻不是事實，它不可被陳述，而只能顯示出來。只有這樣，才能解決上述悖論。

鑒於上述推理，維根斯坦在序中說：「這本書的整個意義可以概括如下：凡是能夠說的事情，都能夠說清楚，而凡是不能說的事情，就應該沉默。……因此，這本書將為思維劃定一條界限，或者不如說不是為思維，而是為思想的表述劃定一條界限，要劃定思維的界線，我必須能從這個界線的兩方面來思考（因此我們必須能夠思考不能思考的事情）。」維根斯坦對「不可說的事情」的態度，揭示了他對形而上學（傳統文化價值）在感情上的依戀，亦可由此窺見他神秘主義的根源。

從這裏還不難看出他與康德頗為相似的立場。只是康德劃定的是純粹理性的界限，而維根斯坦劃定的毋寧說是語言（思想的表述）的界限；康德斷言「自在之物」是不可認識之物，而維根斯坦則要求對不能（用語言）談的事情保持沉默（但是斷定該「事情」存在）；康德進行的是對「理性」的批判性考察，而維根斯坦則是對語言的批判性考察。兩種想法是相當對稱的。

維根斯坦的歷史功績主要表現在對另外兩類命題的分析上，這種看法幾乎支配了分析哲學的大部分時日。

缺少意義的命題（Sinnlos）有兩種：重言式命題和矛盾式命題。

所謂重言式命題，即在所有一切可能的情況下都是真值的命題，如天氣或在下雨或不在下雨；如數學裏的全部等式。

所謂矛盾式命題，即，在所有一切可能的情況下都是假的命題，如明天將日出並且將不日出。

重言式和矛盾式所以是缺少意義的，是因為它們與現實世界沒有描述關係。前者容許任何可能情況，後者則任何什麼也不容許，它們對世界無所述。

然而維根斯坦也指出，重言式與矛盾式不是無意義的，它們是語言符號體系的一部分，正如「0」是數學符號體系的一部分一樣。離開了它們就無法正確地推理，無法正確陳述自然科學的有意義命題。

維根斯坦最大的影響還是來自他對無意義命題的分析上，它啟示了維也納學派，導致了對形而上學（也即大部分傳統哲學）的猛烈掃蕩。這當然是後話了。

維根斯坦沒有明確地對無意義命題作出仔細解釋，然而，在符合邏輯句法的命題內，除掉有意義的自然科學、缺少意義的邏輯和數學的命題外，剩下的就是無意義命題了。這也就是他所謂的形而上學的東西。如此，幾乎所有的傳統人文科學（特別是傳統哲學）命題，就被歸為無意義了。

他以神諭式的口氣總結說：「哲學不是理論，而是一種活動。」而維根斯坦本人則總是這種活動的象徵。

至此，維根斯坦的形象逐步清晰了。我們發現，他的「活動」很大程度上是否定性的。正如約賽·弗拉特·莫拉所形容的，「維根斯坦和破壞，這二者幾乎是同一的概念。」❾這點，在前期和後期都是一致的，當然，後期更甚。前期的破壞性主要是源於他宣布的傳統哲學無意義的嚴厲判決，這時期他把自己的哲學大廈看作唯一真實的實在的房間，而幾千年來一切其他哲學都是縹緲虛幻的空中樓閣。難怪羅素要說，「維根斯坦是我一生中遇到的一個絕頂聰穎的怪物。」❿

當然，這裏有一個問題，根據維根斯坦自己的標準，他的《邏輯哲學論》裏的全部命題都不是有意義的（因為不是自然科學），其中大部分甚至也算不上「缺少意義的」（其中只有少量邏輯的命題，它們屬於「缺少意義的」），那麼，他自己的著作是否也應被揮之以去呢？維根斯坦的答案是肯定的：「我的命題可以這樣來說明：理解我的人當他通過這些命題—根據這些命題—越過這些命題（他可以說是在爬上梯子之後把梯子拋掉了）時，終於會知道是沒有意思的。

他必須排除這些命題，那時他才能正確地看世界。」⓫

❾《維根斯坦即破壞》，頁二二，法蘭克福一九六〇年版。

❿《維根斯坦》，頁六注❶。

他的確是個怪人。

然而，有如此偏執徹底的破壞狂的人畢竟是不多見的。而這種精神似乎有某種傳染性，幾乎與他同時或稍後，西方哲學界掀起了一場極其猛烈的暴風驟雨。

這場風雨，就是分析哲學的高潮——邏輯經驗主義運動。

卡納普：維也納學派的主將

這次的舞臺是維也納。主要演員則是由一批一身而兼科學家和哲學家二任的科學救世主義者。在他們平靜、客觀的語言背後，可以隱隱地感覺到一股強烈的歷史使命感：把現代邏輯與經驗主義綜合起來，徹底地結束哲學界的紛爭，一次性地把傳統哲學的戰場清掃乾淨。他們使命一致，眾心相似，這就匯成了分析哲學中本世紀聲勢最大的一次哲學運動，所到之處，蔚為大潮，在精神上俘虜了同時代很多知識分子，在本世紀三〇～五〇年代，成了大部分哲學家公認的觀點。

邏輯經驗主義（也常稱邏輯實證主義）主要以維也納學派為代表（另有較小的以賴欣巴哈為首的柏林學派以及以塔爾斯基為首的波蘭華沙哲學組織相呼應），史稱「維也納小組」的學術團體在一九二三年正式成立，這是一個關心科學的哲學家和關心哲學的科學家的聯合俱樂部。他們以

---

⑪《邏輯哲學論》。

科學為旗幟，以新邏輯為武器，以傳統思辨哲學為敵手，以弗雷格、羅素和維根斯坦為精神先導，以英國經驗主義哲學的傳人自詡，以最終統一人類科學為自己的使命，於是，一群激進的傳統哲學的變革者走入了歷史。

他們的領袖是石里克。

他們的主要發言人是卡納普。

我們這裏將重點考察後者的思想。

德國哲學家魯道夫·卡納普是以物理學家的身份轉向哲學的，他早年曾獲物理學博士學位。一九二一年，他讀到一本羅素著作，在精神上受到羅素的強大召喚：

對邏輯的研究成為哲學研究的中心課題：邏輯為哲學提供了研究的方法，正像數學為物理學提供了研究的方法一樣。

由此，傳統體系中一切所謂知識必須一掃而光，必須建立一個新的開端。……對於大批的並且日益增多的科學研究人員來說，新方法具有舊方法無可比擬的吸引力，因為這種新方法已經成功地解決了象數、無限、連續性、空間和時間這樣一些由來已久的問題。……我相信，哲學上在不遠的將來要取得一種勝過迄今為止的哲學家所作的一切成就，唯一的必要條件就是造就一批既受過科學訓練又有哲學興趣的專家。他們不為以往的傳統所限制，也不被那些專事抄襲古人但又唯獨不繼承古人長處的人們的文字把戲所欺騙。⑫

適逢其會，以所受訓練和氣質而論，卡納普正是羅素所召喚的人選，他自己也隱隱以應召者自命。這就決定性地確立了他投身進去的新哲學的目標與方法。1926年，卡納普到維也納大學任教，加入維也納小組，很快就成了其中最活躍的成員和最多產的作家。

證實原則與拒斥形而上學

如所周知，可以標誌維也納學派（乃至整個分析哲學）的流傳最廣的口號是：拒斥形而上學。這個口號，也許已成為西方哲學史上最著名的口號之一。這裏的形而上學，就是指傳統的第一哲學，它研究超越經驗的本體或本質的領域。

卡納普正是這個口號的積極支持者。

應當客觀地說，歷史上並不是沒有出現過反形而上學的哲學家。事實上，有人曾認為形而上學命題與我們的經驗知識相矛盾，因而不真（懷疑主義等）；另一些人則認為它超越了人類理性的界限，因而不可知（康德哲學）。但是，邏輯經驗主義的口號之所以特別引人矚目，主要在於，

⑫《我們關於外部世界的知識》。

他們的工具，是現代邏輯；他們的原則，是經驗的證實原則；他們的方法，是剖析語言；他們的姿態，又是極端徹底絕不妥協的。卡納普及其同事聲稱，對形而上學領域進行邏輯分析的結果表明，這個領域的全部陳述不是什麼錯誤，而是無意義的，根本不構成對世界的陳述，即，它們只是一種語言的誤用。

他們所特別關注的，是為科學和形而上學劃界。

數學和經驗科學的命題是有意義的，形而上學是無意義的，這是他們的信條。剩下的關鍵是，如何區分二者？

這就是著名的證實原則：一個命題的意義，就是證實它的方法。

若詳細地說明這個原則，它包含兩點：首先，一個語句的意義是由它的證實條件來決定的；其次，尚且僅當一個語句原則上可以被證實時，這個語句才是有意義的。

可以用一個著名的例子來說明這一原則。這就是愛因斯坦在創立相對論時對「同時性」意義的分析。如果我們要問，兩個在不同地點的事件同時發生，這是什麼意思？愛因斯坦的答覆就是設計了一種實際確定這兩樁事件同時發生的實驗方法，並以它作為判別同時性的標準。結果，導致了物理學的一場偉大革命。維也納學派認為，可證實性原則就是堅持了愛因斯坦的路線，同時也反對了愛因斯坦的對手所認定的所謂兩地點的同時事件不需任何證實方式就可以被理解的形而上學主張。

利用證實原則這一把利斧，卡納普及其同事把傳統哲學的很多命題都砍入了無意義的深淵。譬如，在我們經驗世界的背後是否有某種自在之物的問題即是一例。由於我們所面對的一切都是經驗，因而在原則上不可能設計出一種判別自在之物存在與否的證實方式，因此，這個命題是毫無意義的。實質上，肯定或否定自在之物的存在，都是某種形而上學，也就都是無意義的，這是一個假問題。對於世界的本質是精神還是物質這類問題，他們也作如是觀。按照維也納學派，歷史上所有此類爭論毫無意義，應予拋棄。

當然，這一原則後來遇到了很多困難，因而不得不步步為營，逐漸退卻，然而，在當年，它卻起了極大的革命性作用。大概這與當時知識界對傳統哲學普遍反感的精神氣氛不無關係。

卡納普本人，則更注重從語言的邏輯分析來抨擊形而上學。他接受維根斯坦的基本看法，並進一步明確細緻地把命題劃為三類：㈠分析命題、㈡綜合命題和㈢形而上學命題。分析命題即邏輯地必真或必假的命題，即前述的重言式或矛盾式。綜合命題即科學命題，它對世界有所述，具有或然性，能夠用經驗驗證。被卡納普歸為無意義的形而上學命題可以進一步劃為兩類：第一類是句子中包含有一個誤以為有意義實際並無意義的詞（如「世界的本質」這種詞）。這裏的所謂有意義，即，或者知道證實該詞的方法，或者含有該詞句子的真值條件業已確定，或者包含該詞的句子由一些觀察句推出。第二類是有意義的詞違反邏輯句法構成（如「拿破崙是5」這種句子）。所有這兩類，統統在掃蕩之列。

通過這一分析活動，他認為，歷史上很多聚訟不休的爭論：唯心唯物的爭論、一元多元的爭論、可知不可知的爭論……等等，統統煙消雲散了。

更進一步，卡納普把形而上學與抒情詩作了對比。首先，他區分了語言的兩種作用：一是陳述（事實）的作用，一是表達（情感）的作用。如上所述，形而上學命題並未陳述出事實，雖然如此，但它卻可以表達人們的情感傾向，尤其是某種永恆的情感和意志傾向。「例如，一元論的形而上學體系可以是表達一種和諧的與平靜的生活方式，二元論的體系可以表達一個把生活看作是永恒的鬥爭的人的情緒狀態；嚴肅主義的倫理學可以是表達一種強烈的責任感，或者表達一種嚴厲的統治欲。實在主義常常是心理學家稱之為外向的那種性格類型的徵象，它是以容易與人和物發生聯繫為其特徵的；唯心主義是一種對立的所謂內向的性格類型的徵象，這種性格傾向於從不友好的世界退卻而生活在他自己的思想和幻想之中。」⑬

但是問題在於，形而上學所不甘於此，他們的形而上學命題具有理論的外表形態，於是就以為似乎陳述出了什麼，斷定了什麼，並引起其他形而上學家的爭辯。它表現出知識的外表幻相而實際上並不給予知識。有鑒於這種外表和實際的分裂，因此，必須拒斥它們。

卡納普把傳統哲學的領域一分為三：㈠形而上學；㈡心理學；㈢邏輯學。他斷言，應當讓它們各得其所。把形而上學劃入詩歌藝術，把心理學劃入經驗科學，哲學唯一正當的功能就是㈢——

---

⑬ 卡納普：《語言與邏輯句法》第一章。

邏輯分析，即對科學的邏輯分析。因此，有時他逕直稱哲學為：科學邏輯學。

寬容原則

卡納普的邏輯分析，就是對邏輯句法的分析，他是理想語言學派，企圖使科學語言的規則嚴密化。而到了後期，他開始認識到並指出：人們完全有可能採取不同的說話方式，他通過分析指出，歷史上爭訟不已的命題，實質是採用不同的說話方式的結果，也即是接受不同的語言系統或語言構架的結果，並非實質性的理論問題。

首先，卡納普提出了語言系統的內部問題和外部問題的劃分。所謂內部問題，即在一個語言構架內（例如「事物世界語言系統」，即可觀察的事物與事件在空間—時間上的有序系統），個別對象的存在問題稱為內部問題，如，那椅子上有一張白紙嗎？這溶液裏有鹽嗎？等等，內部問題是普通人和科學家所提的問題。所謂外部問題，即：關於對象總體的有存問題，如，有一個物質世界嗎？有一個感覺世界嗎？外部問題是形而上學問題，是哲學家提的問題。實質上，外部問題是你是否接受某個語言構架的問題。各語言構架的接受與否，並不是真正本質上的理論爭論，並不包含對象的實在性的斷定。實質上，只是一種選擇，一種個人偏好的問題，同時也是語言構架作為我們的工具的效率問題。事實上，用不同語言構架的人（如傳統的唯物論者與唯心論者），在日常生活中的行為方式和常識判斷是完全一致的。

這就導致了卡納普後期的「寬容原則」。

卡納普認為，語言構架只是一個有規則的語言表達系統，它是多種多樣的，具有無限多的可能性。它們相互間的命題可以相互轉換，相互翻譯。因此，接受哪種構架，本身並沒有認識的價值，它不是一個通常意義的判斷真假的問題，而是選擇和決定我們的說話方式問題。這就是說，過去哲學中糾纏不休的問題，不過是雙方選擇不同的語言構架，即不同的說話方式導致的。其實，它們相互並不絕對排斥，並沒有實質上的論戰，而是可以相互並存、相互「翻譯」的。總而言之，爭論是毫無意義的。

雖然，我們絕大多數人從幼年起就接受了「事物語言構架」，然而，歷史的發展表明，這仍然可以把它看成是一個選擇和決定的問題，是接受一定的語言方式，接受形成陳述的規則和檢驗的問題。總之，採用哪一種語言構架，絕不意味著一個關於所談對象的實在性的形而上學教條。

獨斷地禁止某些語言構架，不是根據它在使用中的效能來裁定取捨，其結果，必是妨礙科學的進步，束縛人類精神的自由想像力，甚至會導致僵化和停滯。來自宗教、神話、形而上學等偏見對科學壓制的歷史事實，證明了這一點。

有鑒於歷史的教訓，必須賦予專業研究人員以選定語言構架的自由。在相互的競爭中，缺乏效率和功能的自然會被歷史所淘汰。

我們在作出選擇的判斷時要謹慎，並且要批判地檢驗它們，但在允許使用語言形式方面卻要採取寬容態度。

這就是著名的寬容原則。

統一科學

然而，卡納普自己對語言構造仍有自己的偏好和選擇。他的雄心是，用他選擇出來的一種最為有效和廣為接受的語言來對各門科學進行統一，實現一次大的綜合。

他選擇了物理主義語言。

卡納普早期偏愛馬赫—羅素式的現象主義語言，然自一九三四年起，他逐步放棄了現象主義而選擇了物理主義。

在他看來，作為一種語言構架，物理主義語言具有其固有的優點。

由報導經驗中直接給予的觀察句子所構成的語言系統（或稱為定量地表示空間—時間點的描述句構成的語言系統），就是物理語言系統，它是科學的普遍語言。卡納普認為，任何一門學科的語言都可以不變內容地翻譯成物理語言，就是說，任何科學都可以還原為物理學。

這是本世紀最極端的一種還原主義。

在他看來，科學是一個統一的體系，在這個大體系內，並沒有原則上不同的對象領域。研究的方式和角度的不同才形成了各門學科。由於物理語言是普遍的，同時也是各觀察主體之間可傳達和可檢驗的，因此，它的這種地位保證了它可以用作科學的系統語言。如果達到了這一目標，那麼，所有的科學都可以翻譯為物理學，也就是說，一切科學在根本上都是物理學。形而上學將成為無意義物而被拋棄。因為天地間只有一種對象——物理事件，連心理現象也不例外。心理學研究對象並不是所謂「內心世界」，按照行為主義研究的結果，心理學描述的也是「經驗行為」。即，心理狀態無非是用行為或行為傾向來表徵的。而「經驗行為」正是物理事件之一種。

這樣，在物理事件的廣大範圍內，規律是無所不包的。而他最終的目標，就是在物理觀察句的基礎上，對整個世界進行一番邏輯構造。這正是他早年一本書的宏大目標，該書名就是《世界的邏輯結構》。

當然，這一工作及其目標雖然激起了熱烈的反響，但並未獲得廣泛的贊同。因為其中「科學救世主義」的色彩過於強烈，而在當時，對科學的反思已逐漸在世界開始瀰漫開來了。

以維也納學派為代表的邏輯經驗主義運動的鼎盛時期是二〇年代末到三〇年代中期，到希特勒在德國掌權後，學派成員紛紛離開維也納去其他國家。一九三六年，卡納普赴美國，而石里克則被一精神錯亂的學生槍殺。於是，小組已名存實亡。但其基本思潮仍在一九五〇年之前占據主導地位。只是由於卡爾・巴柏的不懈批判，尤其是五〇年代初葉，亨普爾發表《經驗主義意義標準上問題與變化》以及蒯因發表《經驗論的兩個教條》之後，邏輯經驗主義運動才決定性地衰落了。

這次哲學運動，標誌了分析哲學中理想語言派迅速升至頂峰而衰落的歷程。正像政治史上那些狂暴的大革命一樣，來得迅猛，去得匆匆。至五〇年代以後，分析哲學的重心已轉向了日常語言學派。

這次重心移動的關鍵人物又是維根斯坦。

維根斯坦後期哲學

由於語言的處理方式和態度的不同，分析哲學從一開始就有兩股支流：理想語言學派和日常語言學派。前者有時也被稱為人工語言學派，以弗雷格、羅素、前期維根斯坦和卡爾納普等為代表。他們主張語言應精確地描畫事實，應竭力排除日常的自然語言的混亂和多義。用邏輯去淨化自然語言，蒸餾出一套嚴密的、合乎現代邏輯的形式化的理想語言系統，從而掃除傳統形而上學製造的種種混亂。其工作的典範就是羅素創立的摹狀詞理論。日常語言學派在開創期以G. E.摩爾為代表，後期則以維根斯坦後期哲學和牛津—劍橋學派為代表。

在很大程度上，由於摩爾與羅素學術背景的差異（前者主要受過古典學術和語言學訓練，後者則受數學和邏輯訓練），導致了雙方分析方式的差別。摩爾熱衷於對日常語言的精細分析，以及對常識的健全尊重；羅素則致力於新邏輯的技術分析，竭力追求精確性的理想。一般而言，早期摩爾的分析方式比羅素的方式的影響較小。

但是，後期維根斯坦倒向了日常語言，這就使形勢發生了逆轉。當初，在《邏輯哲學論》發表後，維根斯坦聲稱「問題基本上已經最後解決了」，因而幾乎停止哲學研究達有十六年之久。然而，當他於一九二九年重返劍橋再次投入哲學後，令人驚訝的是，他竟對自己前期《邏輯哲學論》進行了直率尖銳的批判，擺開了一個自己向自己作戰的戰場，使日常語言分析成為人們矚目的中心。

一位思想家在其一生的不同階段，創立了兩個獨特的體系，而第二個體系又是反駁已被公認為經典的第一個體系的，這在哲學史上也許是僅有的一例。要敢於這麼做，需要一顆真誠坦蕩的赤子之心；要能夠這麼做，需要一顆非凡獨特的哲人之腦。維根斯坦，正是把這顆心和這個腦鑄為一體的怪傑。

他的後期思想以三本著作為代表：《藍皮書》、《棕皮書》和《哲學研究》。其中《哲學研究》最為重要和著名。前兩本是學生聽他授課的筆記，事實上也是《哲學研究》的準備著作。

「哲學病」醫生

維根斯坦的研究一直帶有元哲學的性質，即，它是對哲學本身的探究。實質上，他希望成為「哲學家們的哲學家」。無論前期還是後期，有一樣東西是一以貫之的：排除傳統哲學問題，給哲學治病。

當然，開出的藥方是不同的。

「真正的發現是當我要搞哲學時能使我停止不搞的那種發現。它帶來哲學的安寧，使哲學不再為問題所困擾，這些問題使哲學本身也成了問題。」⑭

這種發現的邏輯後果，就是哲學問題的消逝。

「你在哲學上的目的是什麼？——給蒼蠅點明飛出捕蠅瓶的出路。」⑮在他看來，一個陷入哲學問題的人正如掉入捕蠅瓶的蒼蠅，東撞西突，不得其路。他所做的，無非是給迷路者指出瓶口，使之飛出。而這個瓶口之路，是蒼蠅先前囿於自己的誤解、偏見和習慣而無法發現的。

哲學的出路，也同樣平凡，那就是：正確使用日常語言。

維根斯坦認為，日常語言是完全正當的，根本沒有必要去再創造一種人為的理想語言。理想語言學派（包括維根斯坦自己的前期）希圖用邏輯純化自然語言，去除其多義性和不定性，使之成為描繪世界的準確圖像，他指出，這裏起碼存在雙重誤解。語言的功能難道僅止於描述世界？

---

⑭《哲學研究》。

⑮同上。

有無可能設計一種完全替代日常語言的人工語言？

他對兩個問題的答覆都是否定的。

語言的功用不僅僅是指稱事物，描述世界，事實上，它的功能複雜得多：下達命令、提出請求、表達感情、詢問問題、陳述事實……都是。「一個詞的意義就是它在語言中的用法。」⑯只要我們按照正常人一樣，在各種不同的語境中、各種不同的生活形式中去按正常的方式使用語言，就不會有哲學問題。

「一當語言休息，哲學問題就產生了。」⑰

由此可知，過錯並非在日常語言身上，事實上，按照維根斯坦，大部分哲學困惑都來源於對日常語言的誤解。

人類有一個根深蒂固的習慣，就是對普遍性和統一性的追求，即，從亂中求同，從變中求恒，從多中求一。但在維根斯坦看來，這是不自然的歪曲，源於要想去看事實背後的東西。但是，事實就是事實，它本身就是亂、變、多的，沒有隱藏的東西。如，把某些生物用一個單一的詞來概括成「人」，於是，大家就費盡心力去追求人的共同本質、本性等。又如，把名詞中的房子、桌子、樹木等作為名詞的樣板，隨後就使其他種種名詞都與上述模式樣板作比附，進而同化。於是，一

---

⑯ 同上。

⑰ 同上。

些其他的名詞如「時間」、「空間」、「精神」、「個性」等等，就引起人們長期的困惑和探究。由於預先設定了某種「名詞的模式」（如房子），就導致用這種模式去統一其他，因而，時間就被想像為隱而不見的一條均勻流動的長河；空間被想像為一口巨大的空箱子；精神成了與桌、椅等事物相對立的另一種不可見的實體，……諸如此類。

實際上，在智力正常的普通人的日常語言中，對於「時間」、「空間」、「精神」、「個性」等詞語的使用，是沒有任何問題的。在種種特定的場合下，其含義是清楚的，不會引起歧義，也不會爭論不休。然而哲學家卻不這樣去使用，他們總是在思索「什麼是時間」、「什麼是精神」一類的問題，百思不得其解。維根斯坦說：「當我們搞哲學時，我們就像野蠻人和原始人，他們聽到文明人的話語，卻賦予錯誤的解釋，並引導出怪誕的結論。」⓲

其實，根本無需去煞費苦心地定義詞語，尋找它的指稱物，只需要回到詞語的正常使用上，一系列疑惑也就消失了。

誠然，日常語言有某種模糊性和多義性，然而，一旦它進入一個具體的語言場景，它的意義卻由此確定下來了。而我們總是在特定的語境下使用語言的，各種語境不可能完全相同，因此，語言的多義性正好順應了這種要求，毋寧說，其多義性正是為適應上述各種不同的特殊場景而自然而然地演變生成的。

⓲ 同上。

無疑，理想語言反而不容易適應這種多樣化的需要。

因此，只要我們遵循日常語言的用法習慣，從實際語言交往中去發現其多彩多姿的功能，並中止對詞語的「哲學解釋」，這就可以達到對理智上的「疾病」進行治療的目的。當然，這裏並沒有一種包醫百病、絕對統一的「靈丹妙藥」，「沒有一種唯一的哲學方法，雖然如同對疾病有各種不同的療法一樣確有許多方法。」

究竟採用什麼方式使人恢復正常理智呢？這位哲學精神病的醫師告誡我們，這要看你進入了什麼樣的「語言遊戲」而定。

「語言遊戲」說，這正是後期維根斯坦哲學的一個基本思想。

語言遊戲說

維根斯坦反對早期「語言圖像說」的一個重要原因在於，這種學說對日常語言的誤解造成了哲學史上長期糾纏不休的似是而非的問題。譬如，它直接導致了主體和客體相互分離和對立的理論，並由此而產生何者為第一性的長期辯論。因為，倘若把語言視為世界的圖像，則必定一方為描繪者（作為圖像的語言或思維），另一方則為被描繪者（事實世界）。於是，所謂本體論問題（什麼是真實存在）和認識論問題（圖像如何正確描畫世界）隨之產生，哲學家們圍繞上述問題，爭訟不已，至今未息。

他以反駁「圖像說」來取消上述問題。

如上所述，既然語言不存在統一的功能和用法，不只是描述事實，那麼，在事實上，具有各種不同功能的語言就已經融入了我們的生活之中，成為不可或缺的要素，那麼，不妨認為，我們正利用詞語在生活著，它是我們的生活工具。或者，用維根斯坦的說法，我們正像是在用詞語進行種種遊戲。這，就是著名的「語言遊戲」說。

據傳，他是受了一場足球賽的啟發而萌發這一思想的。進一步，他推論到，足球的意義和用途只有在足球賽中才能看出，如果脫離球賽，足球本身的意義也就無所依托。同樣，詞語也是只有在「語言遊戲」的使用中，才能確定其意義，孤立地去談一個詞的意義是不妥當的。它的意義不是固有的、不變的。理想語言學派犯的就是這類錯誤，所以，他們常常在詞語的意義和指稱問題繞圈子，而不得其要旨，無法獲得解決。

維根斯坦說：「我也把語言和行動——兩者交織在一起——組成的整體叫做『語言遊戲』。」⑲「『語言遊戲』一詞旨在突出如下事實，說語言是一種活動的一部分，是一種生活形式的一部分。」⑳

⑲ 同上。
⑳ 同上。

既然語言是遊戲的工具，不是圖畫，當然談不上所謂描繪世界的問題。而遊戲本身就是世界構成的方式之一，這就取消了主客二元的對立以及隨之而起的一系列爭論。

作為遊戲，語言也有自己的規則；也正如遊戲，這種規則是「公共規則」，即大家共同遵守的規則。因為遵守規則不可能是一個人私下的事，因此根本沒有「私人規則」。「以為在遵守規則並不就等於遵守規則。因此，不可能『私自地』遵守一條規則。否則，以為某人在遵守規則就與遵守規則本身一樣了。」無疑，「規則」是一個公共的概念，只能公共地遵守。如此，既然沒有私人遵守的規則，那麼，「私人語言」也就不存在了。

對「私人語言」的否定，導致哲學史上那種談論個人感覺、印象、觀念的「內在經驗」的消逝，也就是「心靈」和「精神」作為現實對象的消逝，這樣，就排除了笛卡兒式的「身心二元論」以及長期爭論的「他人心靈是否可知」的假哲學困惑。

從這裏，我們看到了維根斯坦後期哲學的一個顯著特色：在似乎漫不經心地敘述一些不關痛癢的事情的過程中，你跟著他走了好長一段路才突然頓悟：原來他又在消解歷史上的一個重大的哲學問題。

反本質主義

一般情況下，在任何一本教科書或學術論著上，當出現了一個新詞（新概念）時，通常的做法是，給該詞下一個定義。而定義，據說是表述了該詞（概念）的本質特徵。

如遵循這一標準，那麼，維根斯坦的「語言遊戲」說所面臨的首要問題就是：什麼是語言遊戲？（或，什麼是語言？）也即，它們的共同本質何在？是哪些必要因素構成了語言遊戲？

維根斯坦拒絕了這種思維方式。他指出，認為在多種語言遊戲中有一個共同本質，這是對日常語言的誤解，將引出一系列的假問題和無法解決的爭論。

如果仔細觀察日常語言現象，不難發現，在語言的多種多樣用法中，只有重疊交叉的一系列聯繫，找不到對大家共同的東西。以平常的遊戲而論，「我們先看看各種棋類遊戲，它們之間有多重聯繫。再看紙牌遊戲，這裏我們可以發現很多與棋類遊戲相同的東西，但棋類遊戲中許多共有的東西卻消失了，而在這裏也出現了一些新的特徵。當我們再去看球類遊戲時，發現保留了不少原有的特徵，卻也失去了不少——它們都有娛樂性嗎？請把國際象棋和三連棋比較一下，或者是否總有輸贏或參加遊戲的人之間的競爭？請耐心想一下，在球類遊戲中有輸贏，但當小孩在牆上玩球時，這個特徵卻消失了。」㉑

這種部分的類似性，被他命名為「家族相似」，即一個家族內各成員之間的那種相似性。即是說，語言的各種用法構成了一個家族，成員相互間只有類似性，沒有共同性，沒有任何一點是所

㉑ 同上。

有家族成員統一具備的，也即，我們不可能找到其成員特徵的統一定義、共同本質。

這是一種反本質主義思想。實際上，維根斯坦已經把它泛化到了很多領域之中。

我們以他的美學觀為例來簡略說明。

當時美學面臨的狀況是，由於現代藝術（達達派、野獸派、立體主義、抽象派、無調式音樂、隨意音樂等等）的興起，人類精神日益進入一種無所適從的局面。給藝術下定義的企圖屢遭失敗，人們無法找出某種人工製品能否劃入藝術的充分必要條件。這時，維根斯坦的美學應運而生。

他的思想，是對柏拉圖以來的西方文化傳統的挑戰。

根據上述傳統，對任何對象X，首先須提這樣一個問題：「什麼是X？」然後回答該問題，即用另外的事物（稱為本質）來規定和限制X。這就是柏拉圖式的本質主義傳統。這一傳統斷言，在紛然雜陳的現象背後，存在本質，有理念世界。如，要問什麼是藝術，這就意味著找出所有藝術的共同本質，即某種根本上共同的東西，它獨立於具體的不斷發展的藝術之外。

維根斯坦嘲笑了這一傳統，他採用上述「家族相似」式的思考方法，指出，只需正確地使用藝術和藝術品這些詞即可，既無必要，也不可能有藝術的定義、公式或樣板。

如果按照上述柏拉圖時代流傳下來的通行思維方式，各美學學派就將提出一個接一個玄而又玄，與具體藝術和藝術創新關係甚微的定義、概念，這就導致永無終止的爭論，並使藝術成為某種神秘的象牙塔內的東西，限制了藝術的進展和創造。可以想像，這一本質主義方式在藝術的無休止的創新突破面前永遠會處於尷尬的境地。

按照維根斯坦，藝術品猶如一個大家族成員一樣，可稱之為某種開放性的「P系列」。系列中的部分成員雖有相似處，然而沒有對所有成員統一的特徵，即，無法用某種「共同本質」對它們定義。

在原則上，不排除任何東西進入藝術殿堂的可能性。

這一股在美學領域內的反本質主義的反傳統潮流，後來被他人發展到了極點，於是，有了關於現代藝術的兩條「不確定公理」：㈠藝術與非藝術的區分是無法確定的，㈡藝術理論與藝術品同樣重要或者比後者更重要，因為正是某一時代的某種藝術理論（審美標準）劃分出了藝術與非藝術的界限，該界限隨理論的變化而變化。還不知道這股思潮是否會導致人類精神進入某種極端的藝術虛無主義王國。也許，結論只能等待歷史之神來作出。

遍覽維根斯坦一生的哲學事業，人們也許看不到任何一座他設計的高大建築物，然而卻不難發現他所摧毀的不少高樓大廈的廢墟。如果說《邏輯哲學論》是對傳統的破壞，那麼，《哲學研究》則是對破壞的破壞。他的根本目標，是要按照相似於弗洛伊德式精神分析的方法，重新安排人類的精神模式，治療好導致西方文明入歧途的「精神病症」，消除傳統哲學問題，從而解放和陶冶人類的精神境界。

他的目標有無某種合理性？他的意圖實現了多少？他的工作是否留下了某種永久性的成果？

所有這些問題，現在要作出斷然的回答，恐怕都為時尚早。也許正如他自己所預料的，只有另一個時代的人才可能作出比較公正的裁決。

（本文作於一九八六年）

現代科學與真理觀的進化

一

人們常在思索，對於同樣的低速、宏觀物理現象，為什麼幾種出發點截然不同的理論：經典力學、相對論、海森堡的矩陣力學、薛定諤的波動力學都同樣能適用？深入追究，我們發現，這個問題涉及到了現代科學對傳統真理觀的深化、發展。

真理是否唯一？有史以來，無可非議。然而現代科學對此提出了異議。本文想指出的是，這一思潮並非反理性主義，並非相對主義，而是反獨斷論的，是人類理性的深化。

在這裏，我們不引入「絕對真理」這一概念。事實上，對各門實證科學而言，討論這種「終極的絕對真理」的存在是沒有意義的。若窮究「絕對真理」的底蘊，我們遇到的只是對它的信仰，正如康德的「自在之物」。

鑒於此，本文不擬陷入多年來業已泛濫成災的哲學思辨中，諸如「任何真理既是絕對的，同時又是相對的」，就是這類信息量等於零的命題。我們這裏用的「真理」這個詞（亦可稱相對真理，本文不糾纏字眼），指的是世所公認的科學理論。譬如，在各自的適用時期和範圍內，哥白尼學說、牛頓力學、達爾文進化論、麥克斯韋電磁理論、狹義和廣義相對論、矩陣力學、波動力學等就是我們所說的真理。

二

為了說明科學理論模式的多重性，我們先看以下這張愛因斯坦的示意圖（虛線部分是作者根據下面所引的愛因斯坦的話補充的）❶：

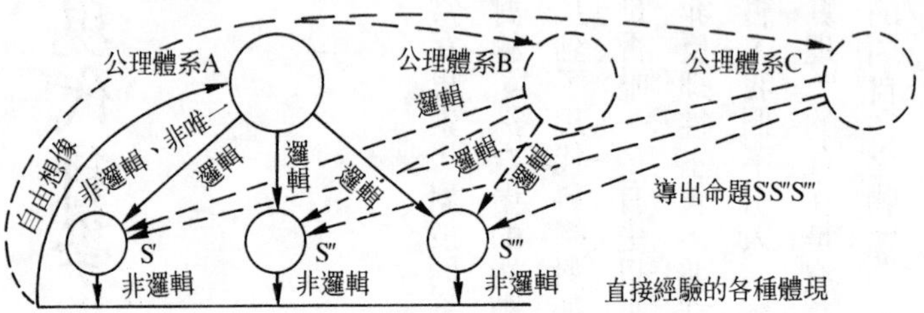

上圖表達了愛因斯坦對理論與經驗的關係的看法。它表明：

（a）由經驗 ε 到理論（A或B、C）

（b）由理論到個別推論 S、S1、S2……

（c）由個別推論S與經經 ε 的對照

❶《愛因斯坦文集》第一卷，頁五四一。

在以上這三個步驟中，只有(b)，即理論到推論這一條路是邏輯通道，即蘊涵關係，它是必然的、決定論的。其餘兩步驟都是非邏輯的，非嚴格決定的。對於由經驗到理論，他用了「自由想像」、「直覺」……等等瑰麗的但不確定的詞彙，來形容由經驗的啟發而向理論的飛躍。正是由於這種非邏輯的、不定的性質，他曾指出：

> 對應於同一經驗材料的複合，可以有幾種理論，它們彼此很不相同。但是從那些由理論得出的能夠加以檢驗的推論來看，這些理論可以是非常一致的，以致在兩種理論中間難以找出彼此不同的推論來。❷

這就明確地提出了科學模式的多重性問題。表現在上圖中，就是與公理體系A並列的還可以有B、C等體系。正如前述的經典力學、相對論及兩種量子力學對低速、宏觀現象的平權一樣。

有人也許會說，相對論、量子論同經典物理相比，在精度與廣度上有重大差別。是的，這當然是事實。但不應忘記，這一差別是指（包括高速與低速、微觀與宏觀的）所有經驗領域而言，這並非我們論列的範圍。在我們所特別限定的低速、宏觀領域內，由於計算出的極微差別遠小於實驗觀測的誤差範圍，所以，任何實驗手段也無法判明何者更精確。人們常說的經典理論是一級近似，以及質量m當作常量是不準確的等類結論，只是以相對論作為標準才得出的；倘若以經典理論為準，則情況正好相反。對這兩種情況，在前述範圍內，實驗數據作不出任何對誰有利的判

❷《愛因斯坦文集》第一卷，頁一一五。

決，二者的地位是對等的，在實踐的意義上是平權的。當然，也就談不上與自然界符合程度的好壞了。而只有把領域擴展到高速和微觀領域後，差別才顯示出來，實驗才能判決，然而這已超出我們的前提了。

要而言之，同一批經驗現象是可以用多種截然不同的理論來概括的。我們把這種多義性稱之為科學模式的多重性。

在這種時候，思維就表現了它偉大的能動性與創造性，它既在經驗啟示之下，又「乘雲氣，御飛龍」，超乎經驗之上。

事實上，任何真理都不是純客觀的，而是主客觀的統一。自然界在人類之前，而自然科學在人類之後。每一種科學理論，除了攜有客觀外界的特徵外，還帶有人類精神的特徵，甚至帶有創造者個人的某些印記。大自然從不主動把理論恩賜給人類；恰恰相反，是人們張開了理論之網去捕捉自然之謎。廣義相對論若沒有愛因斯坦，也許至今尚付闕如；即使出現了，恐怕也不會完全是目前的面貌。（愛因斯坦自己也這樣認為。）正如他所說的：「發明科學概念，並且在這些概念上面建立起理論，這是人類精神的一種偉大創造特性。」❸

同時，現代科學還表明，嚴格的（機械的）決定論只是一種幻想，它其實只是統計規律的一種簡化。任何經驗科學，都只能預言事件發生的機率，而不是絕對必然性。這就要求在實證科學

---

❸《愛因斯坦文集》第一卷，頁六二八

的一切領域中驅逐拉普拉斯宿命論式的「上帝」，用概率的結構取代嚴格決定論的結構。這對經典科學自稱的絕對精確的獨斷品性也是一個毀滅性的打擊。

科學能被動地、一次性地、精確地反映客觀外界，這曾是牛頓時代到上世紀末普遍流行的信條，如今，這種幼稚的被動反映論已被當作科學童年時期的豪言壯語，放進了歷史博物館。

當然，既有多種模式，就有取捨問題。唯其因為有取捨，所以同一領域完全等價的多種理論並存的局面並不多見。事實上，在不少情況下，取捨的決定並非是真假問題，而常常是一個複雜的、歷史的、心理的因素問題（如庫恩在《科學革命的結構》中詳細研究的），常常是一個審美的價值判斷問題。更大的普遍性、簡單性、和諧性、完美性……都可以作為這裏的標尺。

譬如，針對我們世界的物理幾何特徵，正如現代物理學家和哲學家賴欣巴哈所指出的，可以有下列兩個命題進行描述：

「(a)幾何學是歐幾里德式的，但有普遍的力畸變著光線和測量竿；

(b)幾何學是非歐式的，同時也沒有普遍的力。

彭加勒（數學家）說這兩種描述中的每一個都可以假設為真的，同時，在這兩種描述之間作出判別倒會是錯誤的。他是對的。這兩種描述是對同樣事情的描述，只是所用的語言不同而已。」❹

❹《科學哲學的興起》，賴欣巴哈著，頁一〇九。

在這個問題上，賴欣巴哈和彭加勒是站得住腳的。由於沒有任何經驗能檢驗出兩種理論的差異，因而，就真假而論，二者對描述我們的世界是平權的，它們都是真理。但若要問何者更美，則後者更勝一籌。因為後者的基本邏輯元（基礎假設）少，簡潔優美，合理自然。〔注意(a)、(b)並非指牛頓理論與廣義相對論的區別。因為牛頓理論並不假設畸變光線和量竿的力存在。這個普遍力並非指牛頓的萬有引力。所以(a)(b)二命題並不存在深度與廣度的區別，也不存在歷史上先後的區別。詳見❹的備注。〕

靜電學中電荷受力，是用超距作用的庫侖力概念還是用電場概念來描述，也與上述情況類似。而矩陣力學與波動力學，則在真與美兩方面都難分高下了。

有人會說，這只是真理表述形式的多重性，並非真理本身是多重的。但事實上，任何真理都是表述出來的真理，有誰見過不被表述出來的「真理本體」嗎？沒有。而客觀事物本身是無所謂

備注：僅僅單獨用幾何體系並不能完全地描述宇宙的結構。只有在幾何描述之外再加上一個剛體（如量竿）和光線行為的陳述時，這一描述才是完備的。文中所說的兩個描述對經驗現象是等價的，就是指上述的完備描述而言。其中剛體和光線並不被普遍力所畸變的體系，可稱為正常體系，相反，則是非正常體系。我們所說的等價，即是指正常體系與非正常體系在其真假方面的完全等價。而在宇宙範圍內，牛頓體系和愛因斯坦體系都是正常體系，沒有假定剛體和光線被畸變，它們並不等價。若要進一步詳細了解，請參閱賴欣巴哈著《科學哲學的興起》（商務，一九六六年版）。

對與錯、真與假的。

也有人可能會說，由於一個公理體系不能用它的推論的真假來保證其基本命題和補充命題的真假，所以，我們不能由兩個理論有相同的推論來得出其真理性等價。此話的前半句是有一定「真理性」的，推論的真假不能保證公理體系的真假，首先是由於推論的真假本身不能全部檢驗。因為可與事實相對照的推論有無窮多，絕不可能全部驗證；其次，蘊涵關係的前提與推論並不能肯定可以逆轉。因而，這恰恰表明了所謂「絕對真理」的虛妄性，恰恰表明了所謂「與自然界符合程度」——（即真理性）的不可計算性，這顯然是由於我們不可能掌握所謂「事實的全部總和」之故。然而，如果從邏輯上推得兩理論有相同的推論（這在邏輯上是可能的），那麼，我們不用做任何實驗也可斷言，它們對經驗世界平權（這並不需高深的邏輯能力即可得出）。這裏僅是指它們對經驗是平等的，並不涉及公理體系前提的「真理性」多少問題，因為這種所謂「真理性」，既不可證實，也不可計算。

我們在這裏需要指出，現代科學表明，不應在理論和假說這兩個概念之間劃一道不可逾越的鴻溝。由於任何理論都不可能被實踐完全證實，所以，不難發現，任何理論從根本上講都是假說，這兩個用語之間的區別是相對的，只是在其機率的大與小、應用範圍的廣與狹、在歷史上流行時間的長與短等等方面程度上不同而已。事實上，牛頓理論也可算是歷史上的一個假說，只是它的概率極高、範圍極廣、流行極久、影響極大，具有相對穩定性罷了。現在應當看得很清楚，所謂達到絕對真理，實現認識與自然界的無條件符合，這只是信仰，只是前科學時代的幼稚病。

科學的統一，常被人當作多重理論競爭的對立面來引用。應當看到，的確，統一的動機是科學發展的重要動力之一。然而，更應看到，歸根到底，追求統一也是構造新理論體系的方法之一，大統一理論也同樣是歷史長河中的插曲。從歷史的總圖景來看，仍是多種理論（包括多種大統一理論）競爭、選擇、進化的圖景。事實上，牛頓理論作為一個綜合了天上（開普勒式）和地上（伽利略式）運動規律的大統一理論也有這樣一個典型的歸宿。因此，統一當前的多重理論，無非是創造一種新的大理論，從而參與到同歷史和未來的理論相競爭的行列中去。科學的統一，不僅不同競爭相悖，相反，從根本上說，它本身就是競爭的方式之一。

綜上所述，無論從橫向（現在同時並存的理論）或從縱向（歷史上不同時期的理論）觀察，多重的等價的科學真理都是客觀存在的，現代科學和科學家們使得這一點變得更加鮮明和不容否認了。

應當強調，我們並不抹煞真理與謬誤的界限，並不想陷入「等是非、齊萬物」的相對主義中。如前述，倘稱幾何是歐式的而又無普遍的畸變力，這就是謬誤，因為現實經驗投了否決票。（如一九一九年愛丁頓考察光線在太陽引力場中偏轉的結果，就是否決票。）

追本溯源，獨斷論——真理唯一性觀念，發端於古代人類的唯理論，以後，則由於早期科學的幼稚病而被強化。柏拉圖主義、經院哲學、萊布尼茨和沃爾夫的哲學、從費希特到黑格爾的德國古典哲學，以及法國機械唯物論等都是其典型代表。而十九世紀以前，自然科學的偉大成就，似乎為獨斷論提供了極其輝煌的證據，尤以牛頓力學達到頂峰，它成了獨霸論壇的自然立法者。這一宏偉大廈的光輝過於炫目，使人們一時無法窺見其它真理之塔。人們深信，經典科學所構造的自然模型是終極的實在。拉格朗日曾稱牛頓為人類歷史上最幸運的天才，他以一種不無遺憾的心情表達了上述觀念：「因為宇宙只有一個，而在世界歷史上也只有一個人（牛頓）能做它的定律的解釋者。」

但是，倘若拉格朗日九泉有知，歷史的進軍應當給他某種安慰，事實上，他的抱憾是近視的。自本世紀初起，物理學危機頻頻爆發，相對論、量子力學「揭竿」而起，發動了科學中的「政變」，牛頓力學被迫「退位」。硝煙過後，清理「戰果」，人們發現，科學真理的唯一性已成了神話。

過去，獨斷論利用早期科學的幼稚病，借科學的名義宣稱：真理是唯一的。它並把這一論斷擴張到一切領域。

今天，自然科學已向獨斷論者收回了自己被盜竊了的名義。現代科學借它的兩位開拓者愛因斯坦和海森堡之口重新發言，更正了歷史上幼稚而久遠的教條：

「由於有這種方法論上的不確定性（指想像、直覺等非邏輯、非唯一的思維方式），人們可以假定，會有許多同樣站得住腳的理論體系；這種看法在理論上無疑是正確的。」——愛因斯坦❺

---

❺《愛因斯坦文集》第一卷，頁一〇二。

「可以把完全不同的自然定律體系應用於同一物理事件而不至於發生矛盾。」——海森堡❻

這樣，傳統上具有唯我獨尊地位的自然科學理論，同樣謙遜地脫掉了自己的萬世不變的皇袍，跳進了在橫的方向豐富多彩、在縱的方向變動不居的滾滾歷史洪流中。

三

一旦自然科學掙脫了單一性和機械決定論的鐐銬，這就抽去了獨斷論最重要的基石；而哲學與社會科學，早就是派別紛存的，它以自己的多重理論，在事實上無聲地蔑視了獨斷論。縱觀歷史，我們有把握說，人類文化的發展是以多元化和歧異性為前提的。歧異性，這就是創造的源泉、繁榮的象徵。

其實，翻開東西方文明史，我們發現，所謂文化學術隨時間的推移而上升的圖景是簡單化的、不真實的。實際上，西方和東方都曾經歷過文化史上著名的大起大落的興衰時期，而這種興衰，又同該時期實質上由多元的還是一元的真理觀占統治地位息息相關。這就令人聯想到著名的達爾文進化論。

達爾文主義認為，正是各物種千姿百態的多種變異，才提供了選擇的可能，從而奠定了物種

❻《嚴密自然科學基礎近年來的變化》，海森堡著，頁一七。

進化的基礎。這一過程，同繁榮時期人類文化的發展極其類似。

只有五彩繽紛的眾多理論紛紛出土，才為真理的進化提供了選擇的基礎。只有存在各種理論間的相互競爭，才能挑選出理論的「適者」。

西方文明的興衰，對比是特別鮮明的。

古代希臘是一個學派林立的多極世界：米利都學派、畢達哥拉斯、赫拉克利特、巴門尼德、普羅泰戈拉、蘇格拉底、柏拉圖、亞里斯多德、犬儒學派、懷疑派、伊壁鳩魯、斯多葛主義、……這眾多的偉大名字和學派，奇蹟般地湧現出來。各種觀點，遞嬗不已；各派思潮，交相起伏，並無獨尊之說，亦無獨霸之派，這就造成了令後世瞠目結舌的希臘文明。用恩格斯的話來說，以後人類各種思想的胚胎，幾乎都可以追溯到古希臘人那裏。

回顧這段歷史，應當承認，雖然沒有任何一派可以妄稱為唯一的真理，然而每一家又在不同程度上道出了部分真理。正是各對立面的相互競爭和相互滲透，推動了真理的進化。

但是，自從低級文明的東日爾曼人用武力掃蕩了古代世界後，基督教神學和被僵化了的亞里斯多德哲學，成了漫長中世紀裏的唯一真理。這種眾口一詞、定於一尊的局面，借助教會和政權的力量，扼殺了任何異端——新思想。於是，學術凋零、文化荒蕪，造成了長達千餘年的著名黑暗時期。

當然，真理的潛流難以永遠被禁錮於地下，一旦受到適當條件的觸發，它就轟然而起，形成多股的、異彩迸發的偉大潮流。這就是衝破中世紀黑暗、為近代文明奠基的文藝復興運動。這一潮流在某種程度上是輝煌的古希臘時代的重演；但在更大程度上則是一系列全新的創造性源泉的奔湧。巨人名作，紛至沓來；汪洋恣肆，瑰麗多彩。它實質上為現代化的資本主義文明起了廓清道路的作用。在形式上，在某種限度內，毋庸諱言，這種文明具有多元的、兼容並蓄的特徵，雖然帶有某種虛偽性。然而它畢竟使得各式各樣的派別，甚至根本對立的思潮都有可能在其中湧現出來。事實上，即使是以資本主義為批判對象的馬克思主義，也是在這種資本主義多元化的文明體中誕生的。試想，倘若沒有多種思想兼容並蓄、相互競爭，馬克思主義是否還能誕生？全部現代史是否還像目前這樣？

我們中華民族的文化興衰史也向我們昭示了這一點。

眾所周知，我國文明史也有過極其輝煌的「古典時期」：春秋戰國時代的百家爭鳴時期。它奠定了獨特的中華文明的根基。儒、道、陰陽、法、名、墨、縱橫、雜、農、……百家群立，諸子縱橫，議論蜂起，成為民族智慧大開發的創造性盛世。

然而，自大一統時期降臨後，初有始皇「焚書坑儒，崇尚法家」，繼有武帝「罷黜百家，獨尊儒術」，於是，類似西歐中世紀，我國也經歷了一個漫長的發展滯緩時期：單調、沉悶、輿論一律。這種大一統導致了我們民族在政治、經濟、文化諸方面的某種保守特徵。誠如德國詩人歌德所說，中華文明像一個保存在酒精瓶裏的胎兒，永遠停滯在初期階段，不能長大。雖然，在唐王朝初期由於兼容儒、道、佛，由於對外交流的興盛而呈現過文化復興的景象，但可惜過於短壽，很快又重新淪入更少人性的理學的一統天下了。

馬克思曾對此類獨斷論者發起過憤怒的抨擊：

> 「你們讚美大自然悅人心目的千變萬化和無窮無盡的豐富寶藏，你們並不要求玫瑰和紫羅蘭散發出同樣的芳香，但你們為什麼卻要求世界上最豐富的東西——精神只能有一種存在形式呢？……每一滴露水在太陽的照耀下都閃耀著無窮無盡的色彩。但是精神的太陽，無論它照耀著多少個體，無論它照耀著什麼事物，卻只准產生一種色彩，就是官方的色彩！」❼

毋庸諱言，只要「唯一真理」被供奉上神聖的祭壇，不容非議，那麼，宗教裁判所的幽靈是永遠不會消散的。

歷史上，獨斷論是專制制度的哲學基礎，是神學的精神支柱，隨時間的推移，這一論點已引起了廣泛共鳴。

因此，真理是唯一的還是多重的，是終極的還是暫時的，是封閉的還是開放的，這是神學與科學的重要分界線之一。這個問題，不是一般的學術問題，而是關係到我們民族能否復興的重大問題。

應當承認，我們的精神是擔負不起純粹的、無限的真理的。人類，即使作為一個整體，在時

---

❼《馬克思恩格斯全集》第一卷，頁七。

間與空間這縱橫兩方面也並非無限，而是極其有限的；至于每個發掘真理的人，則是太具體、太短暫也太富個性了。我們所獲得的任何具體真理都有其矯偽，這並非壞事；也許，這正是各門科學和人類社會日新月異，五彩斑斕的先決條件。剔除了絕對折衷主義的因素，數學家兼哲學家羅素的話是值得玩味的：「真理無論怎樣，它總不會完全是在任何一個派別一邊。」實質上，它與愛因斯坦常引的萊辛的名言有異曲同工之妙：「對真理的追求比對真理的占有更為可貴。」

科學，絕不是在同神學競爭著對宇宙的單一的、最後的解釋。科學正是以它那多重模式的、不斷更新的、生氣勃勃的面貌向獨斷的、僵化的神學挑戰的。

（本文作於一九八三年）

文明的內分裂

科技狂瀾：福音還是喪鐘？

倘若你是某電影中的那位上世紀的飛天大俠，視線能穿透屋頂和牆壁，洞見一切，並且跨越時空，翱翔於今天人類社會的摩天大樓之上，那麼，你一定會掃描到一幅與上世紀大不相同的奇怪景象：許許多多男女，兩眼發直，死死地盯著一個發亮的方盒子，口中念念有詞，手指頻頻起舞，不停地打擊著面前的一個長方盤子。

你確認，現代人一定是中了邪。

然而，真真確確，這正是當代的普遍性世界圖景。

遠的不說，此時正在纏繞筆者的，正是這種「邪」。也拜此「邪」所賜，才有這篇文章產生。

因此，為了進一步解剖這種「邪病」，讓我們先再多看一眼所謂當代文明的象徵物之一——電腦，從而嘗試了解現代人類所處的特殊情勢。

試設想一下，倘若這個世界的電腦突然全停了，會發生什麼事：飛機相撞，五角大樓一片混亂，進行中的外科手術突然沒有了病人的電腦監控圖像，股市亂成一團，監獄暴動，強盜衝入沒有電腦監測的金庫，……全球陷入混沌之中。

而另一方面，倘若有兩樣東西同時融匯在一個人身上：一方面是熟練的電腦技巧，一方面是蔑視道德規範毫無人文精神的大腦，那又是一幅什麼圖景？在事實上，人們已經看到，已經有人用電腦輸出病毒來破壞其他大系統的信息，用某種高級程序去竊獲銀行巨款，甚至用巧妙的程序進入高度機密的核武器控制電腦網絡，這一切都不是不可能的。據一份法國的報告指出，黑手黨曾經綁架了一位國際商用機器公司總經理並切斷了他的手指，目的是用他的指紋來打進電腦的安全系統。

甚至在政治過程中，電腦的運作也無所不在地彌散開來了。一九八七年十二月，南韓在十六年軍人統治後的首次大選中，獲選者在第一批選票統計中百分比的差數在整個晚上和全國各地一直奇怪地保持不變。一位聲望很高的反對派候選人對他在光州獲得的優勢感到懷疑。他不相信他能獲得九十四%的選票。他認為最多只能得到八〇%的選票。人們懷疑有人在編製結果的電腦上，而不是在選票箱上做了手腳。

雖然，上述懷疑迄未證實，但一位政治分析家指出：「設計可接受的投票結果的電腦模型是極其容易的。可以按人們對投票者的選擇、區域、階層、年齡背景以及競選中出現的事件的看法來加以調整。這種模型能設計獲勝的百分比。」它甚至也能修改主要選區的結果，而用某種巧妙的程序設計就能抹去做手腳的痕跡。

普林斯頓大學的兩位電腦科學家喬恩·R·愛德華茲和霍華德·杰伊·斯特勞斯通過研究，指出：「近二十年來，電腦化選票計數的出現產生了選舉欺騙和失誤的潛在可能性，其規模之大是人們過去所無法想像的。」

因此，電腦專家操縱選舉，在今天也並非天方夜譚了。

……

要言之，我們這個世界系統的運轉對於電腦網絡依賴程度之深，已經大大出乎我們想像。因此，如果說，「天下安危繫於電腦」，恐怕也並非言過其實。這同時也表明，我們人類社會系統的根基是何等的脆弱。

不管你承不承認，我們已經離不開這個自己發明的怪物——電腦，拋棄它而返身回頭？已經此路不通了。

然而，更令人不安的一個基本事實是，電腦是需要人設計和操縱的，設計和操縱是需要專家的，而大部分人雖然會用但卻是不懂得其原理和編製那些複雜程序的。因而可以說，人類在某種意義上，把自己的身家性命託付給了那些極少數我們並不認識的電腦專家上了。

誠然，目前在某種意義上仍然還處於羅素(B. Russell)所說的時代，「在現代世界上，存在著實驗室裡的聰明人和無知的人們。聰明人是奴隸，像《一千零一夜》中的第金斯。在一些人領導下，並且通過聰明的奴隸們的獨創性工作，人們正在共同從事為自身滅亡作準備這項偉大的任務。」（摘自一九五四年羅素演講）

確實，我們還沒有看到克林頓或江澤民在緊張地敲擊電腦，因此，聰明人即電腦專家們還是執行者，發令者並非他們。但是，應當記住的是，領導者們決策所依據的數據和資料都是專家們在電腦上複雜處理的結果，而人們對電腦輸出的結果有一種類似福音式的崇拜。實際上，這些結果要經過很長的處理程序「鏈條」，從建立數據庫到信息分類方法，直至分析用的軟件，在每一環節上，信息都可能被精巧和毫無痕跡地被自由操縱，即是說，決策所依賴的信息數據是在經過了一連串的變形後才抵達決策者手中的。

因此，專家和領袖究竟是誰在操縱誰，恐怕已是現代的「哥德巴赫猜想」，無人能解了。

更何況，羅素所說的那種聰明人當下手的情勢並不是凝固不變的。人們注意到，專家們今天地位已升到白宮辦公廳主任一級了（蘇努努這位前主任就是例證，他善於利用自己的電腦專業知識對信息進行控制），這種趨勢的前景是不難想像的。

面對這種咄咄逼人的勢頭，人們禁不住想，未來的世界是否要將人分成兩大階級：懂電腦的和不懂電腦的？後者是否在未來世界被最終淘汰出局呢？

不知道，但很可能。

然而更引人深思之處還在於，電腦，只不過僅僅是現代科技的進展之一而已。如果我們再隨便掃描一下另外的學科，如，基因工程，情況恐怕也不會輕鬆多少。幾十年生命科學的進展表明，通過細胞核的移植，我們可能複製出千千萬萬個「愛因斯坦」（當然也包括希特勒）。而這一切，完全可能由極少數專家靜靜地在實驗室中完成。這就產生了一些最基本的倫理問題：不可重複的個人獨特性、個性、人的尊嚴何在？我們人類最基本的人文基地何在？科學（探索）自由和個性尊嚴何者更為優先？人權宣言、聯合國憲章是否必須改寫？（作者附注：在本文發表二年後，科學家們已經複製出了綿羊。）

其他如人工智能的探索、生態危機、核子毀滅、外星智能、……在在都對萬物之靈的人類之經典的基本價值認定構成了挑戰。

無庸置疑，近三百年來，人類文明的一個前所未有的顯著特徵是，自然科學及其副產品的科技，怵目驚心支配了人類的生存方式。恐怕可以認為這是近代與幾千年人類文明史最基本的區別。特別是本世紀初，經歷了以相對論和量子力學為中心的科學革命和現代符號邏輯的創立以後，這種支配作用更以狂飆突進的速度籠罩了人類社會。

可以毫不誇張地說，二十世紀的主要精神運動、哲學思潮都與科學技術的進展有關：或是它的精神響應者，或是對它的批判性反思。分析哲學和科學哲學是前者的主要代表，海德格哲學、存在主義、法蘭克福學派乃至六〇年代反叛運動和當前的環保運動是後者的典型。

然而，這些思潮及精神運動，似乎對科學飛速進展並無影響，「它仍然在轉動」，在自己軌道上別無旁騖地運行，越轉越快，日益失控，誰也不知道它將把人類帶到什麼地方。

當然，在某種意義上，這是現代化不得不付出的代價之一。人類如同浮士德一樣，同科學技術這個「魔鬼」已經訂立了契約，走上了不歸路，命中注定已經甩不開它了。

工程師主義

其實，向更早的歷史時段追溯，也可發現，本世紀的重要特徵之一——冷戰的產生，某種意義上，也同這種科技迷信所導致的意識形態有關聯。它的特徵是某種「致命的自負」。

這裡主要是指，科學技術，作為一個特殊文化門類所取得的巨大成功所製造的某種特殊形式的近代主流話語。這種主流話語有多種表演形式，筆者在這裡著重提出的，只是在我們曾長期生活的環境中那種熟悉的形式。

前已指出，共產國家自詡的統治合法性是，他們是科學真理的唯一代言人。與此相伴隨，其治國理念有很深的「科學主義」特別是工程師心態。為區別於一般的科學主義，我稱之為「工程師主義」。

眾所周知，流傳於所有社會主義國家的「口頭禪」之一：「教師、作家和藝術家是人類靈魂的工程師。」其發明者，是史達林。

既然是「人類靈魂的工程師」，自然有權給人「洗腦」，或稱「改造思想」，或稱「塑造世界觀」，或稱「靈魂深處爆發革命」了。

值得注意的是，他們能想得出來的最高褒獎詞是「工程師」。

中共建政初期對大學的「院系調整」，也正是這種工程師思路的典型表現。

他們取消私立大學，打亂原有大學教育格局，取消國際通行的相當部分系與專業，如，社會學、人類學、政治學、法學、企業管理等等，重組院系，納入蘇俄式的「工具主義」教育結構，以工業產品劃分專業，希望培養沒有人文素養的、只知道某一門極狹隘領域技術的所謂「技術文盲」。如過去素負盛名的清華、浙大、交通、重大等綜合性大學，經調整變成了單純的「工程師的搖籃」，至於社會科學家、人文學者、律師、管理人才、……對不起，不「搖」你們了！毛在文革後期的一段話，把這種心態推向了極致：「大學還是要辦的，我這裡主要說的是理工科大學還要辦。」

換句話說，綜合性大學滾蛋吧。

由此，我想起了共產國家的技術官僚。

據說，現在冷戰塵埃落定後，各國「咸與維新」，放眼全球，都時興「專家治國」了。然而，仔細品味，總覺得有什麼地方不對勁。後來才悟出，原來，「此專家」非「彼專家」也。

一般而言，在西方國家政界，以律師和人文背景出身的官員居多。與此相對比，在今天尚存的共產國家頂層，作為其教育體系和思想的邏輯後果，簇擁著一大群理工出身「工程師」。如在中國，就有如雷灌耳的「清華幫」，操縱著這臺國家機器。他們占據了官僚體系的中上層，其基本的思維方式，就是視管理國家如同控制機器（筆者由於過去也曾受過理科專業訓練，對他們這種心態也略能體會一二）。

簡括而言，「工程師主義」的基本特點，其一是把社會看做一臺大機器，所有的人都是這臺機器的零件。其二是有一個壓倒一切的（社會）終點目標，所有的人和事，都要為該目標服務，不計手段，不惜代價。其三是要有一個總的控制中心，要設計一個精確的施工藍圖，每一步都要考慮周全，每一步都要在中心監控之下。因此，它強調統一性：統一思想、意志、號令、步伐、行動。因此，扼殺個性、創意和自由是其與生俱來根本特徵。

因此，在這種社會的政治詞典中，充斥了大量的工程術語，如，列寧所說，整個社會就是一座「大工廠」，報紙是黨的事業的「齒輪和螺絲釘」，史達林著名的「靈魂工程師」論，共產黨員以「特殊材料」構成論，毛澤東的中共號召老百姓做雷鋒式的黨的「螺絲釘」論，革命「大熔爐」論，劉少奇的「馴服工具」論，鄧小平是改革的「總設計師」，而趙紫陽則是「總工程師」論等等，總之，構成了帶濃厚工程師色彩的話語系統。

試設想，在這樣一種充斥著這些機械零件術語的機器人大工廠中，你要去講每個「零件」的獨立思考、個體自由意志，那自然是吃錯了藥，不懂這個機器王國的特殊「國情」了。計畫經濟、極權政治是在這一套話語系統中才得以推行的。

從根本上說，這是一種設計、操縱和征服社會的思路。

這套思路，雖然於一九八九～一九九一年間在前蘇聯和東歐這些「機器國家」遭到了摧毀性的失敗，雖然其剩餘的原盟友也正在改弦易張，試圖用「改革」走出這種「機器國家」的死胡同。然而，實行起來，仍是一波三折，異常艱難。根本原因在於，這種思維方式，已經深入到那些「工程師」們的骨髓之中了。

兩種文化：科學與人文

綜上所述，我們已不難發現，無論從當代的科技重大進展而言，還是從近代它引發意識形態抗爭而言，科技導致的深刻劇變已經觸及了人類文明的根基。因而，如何減緩或平衡這一趨勢？就成了當代的基本課題，它必定引發人類精神的反應。除了前述的哲學界思想界的反思外，追本溯源，這種反應勢必涉及到人類知識和智能的兩大分野：科學與人文的問題，這就是所謂「兩個文化」的爭論問題。

兩種文化的分野，其實在現代，從兒童一跨進小學起，就以語文和數學兩大主科的形式開始呈現在我們面前。

現在，就是感覺最遲鈍的人也不難感受理工類和人文類教育背景的人們在思維方式、生活形態、行為特徵等各方面的明顯差異了。當初一個少年的隨意選擇或喜好偏向，結果卻對其一生產生了方向性的影響，既深且巨。

但是，這裡需要提請人們注意的是，不要忘記，僅僅在一百年前的中國，兒童的發蒙教育並沒有這兩大主科的劃分，而只是一心一意研習人文方面的經典。僅是在廢除科舉，興辦西式學校後，即是說，當西方文明大規模進入中國社會生活後，這兩大科目才正式占據教育的中心。後來，人們日益發現，這種基本的劃分支配了人類生活的各個方面。

這表明，以數學為靈魂的自然科學，其傳統是從近代西方文化背景中生發出來的，因此，它帶有這種文化的某些基本色彩，如，征服自然的心態、邏輯主義和經驗主義的基本方法等等。它的風行全球，是與具現代性的世界體系的形成同步的。

前述西方關於「兩個文化」之爭，伴隨近代科學的誕生其實就已出現，可謂源遠流長，其來有自；至本世紀下半葉，則愈演愈烈，不可收拾。

兩三百年前，就在近代自然科學奠立後不久，義大利哲學家維科(G. B. Vico)就敏銳地看出了人文學與自然科學兩者之間的重要不同。而十九世紀站在科學立場的英國人赫胥黎(T. H. Huxley)

和固守人文精神的安諾德(M. Arnold)也已就此有過重要的交鋒。

而在上一次世紀之交，德國人狄爾泰(W. Dilthey)、李凱爾特(H. Rickert)、文德爾班(W. Windelband)進一步對自然科學和人文學作了重要的區分。他們認為自然科學處理的是可重複性的普遍事實，它尋求規律，尋求精確，尋求齊一性；而人文學處理的是一次性的、不可重複的獨特歷程，它尋求理解，尋求評價，尋求特殊性。

自從上述區分為知識界大多數人所接受後，自然科學與人文學加速分道揚鑣，人類文明裂變為二，知識分子裂變為二，形成了「兩種文化的鴻溝」。

這種分歧也傳染到了中國。本世紀三〇年代的所謂「科玄之爭」，就是著名例子。丁文江、胡適等揚起科學旗幟向張君勱、梁啟超等所謂「玄學派」大開論戰，一時間科學主義挾其強勢，頗占上風，影響到中國知識界幾十年的主流傾向。流風所及，一切意識形態都喜歡給自己冠上「科學」二字，直至「科學」社會主義席捲中原，中國人終於被一種「科學真理」所征服為止。此是後話，不贅。

在西方，一九五八年，一個學物理出身的名叫斯諾(C. P. Snow)的英國作家，出版了《兩個文化》一書，引發了與利維斯(F. R. Leavis)之間激烈辯論，並導致了廣泛的反響，持續達十幾年之久。這場辯論把兩種文化之爭推向了頂點。人們越來越清楚地看到，兩種「文化」和兩種知識分子，相互語言不通，恰如聾子，無法對話，且愈行愈遠。

實際上，觀察一下身邊，環顧一下世界，就不難明白，當代，一位分子生物學家往往對現代文學和哲學一竅不通，對現代音樂和藝術格格不入，對歷史僅知ABC，反過來亦然。一位歷史學家或文學家、畫家會把量子力學的矩陣和方程式視為天書，把設計電腦程序視為地獄裡的煎熬。達芬奇式的文藝復興巨人早已不復存在了。

顯然，這種分裂肇始於現代文明所依賴的專業化分工。

現代高等教育的主要方式是專家訓練法。專家們在各自特殊的狹隘的專業範圍內，搞精專深，增進技能，皓首窮經，無暇他顧。每一分支都在發展，但各分支卻漸行漸遠，日益孤立。每個人在思想上只限於一隅，難於與他人在精神上交流，終其一生只會在一套極狹隘的抽象概念中遨遊。而作為概念原始基地的活生生的現實世界，卻與該抽象世界之間的邏輯鏈條越拉越長，因此，專家對現象越離越遠，日益隔膜，無法理解了。

實質上，這是一種「知識禁欲主義」。

這種「知識禁欲主義」是指把自己完全局限於專業化的狹隘領域，遏制對於其他領域和現實世界的好奇心和窺視欲望。結果，人就成了這種專業化的奴隸。

至此，中世紀知識分子「性的禁欲主義」已被現代的「知識禁欲主義」所取代。

一個七情六慾，鮮活好奇的人被專業訓練剪除了其八方伸展的求知欲，成了某種專業的符號，成為某一領域知識進展的工具。而作為人的其他方面，則完全被抹殺了。這正是馬庫色指出的「單向度」的人，或「異化」的人。

雖然，這種專業化是現代性的邏輯要求，然而它卻讓我們付出了如此沈重的，甚至最終可能是付不起的代價。

應當坦率地承認，目前人類仍未找到彌合兩種文化鴻溝的有效途徑。我們的處境頗像歌德的寓言所指出的，魔術師的徒弟能念咒語讓掃帚開始為他打水，卻不知道停止打水的咒語念法，結果幾乎被水所淹沒。科學技術，作為人類的創造物，一旦誕生以後，人類卻無法控制其發瘋似的膨脹，無法讓它停止，直至自己被它所統治或直至毀滅。

因此，科學與人文，這場爭論遠遠沒有結束。全部問題的關鍵在於，人文與科技並沒有同步發展。人文的精神資源和基本範疇與幾千年前並無重要改變，而科學與技術這個不帶煞車裝置的巨輪卻滾滾壓來，勢不可擋。兩者之間已出現嚴重的不平衡。各界有識之士希望通過人文的智慧來校正和統馭科技的過度發展。例如，美國教育界週期性的對通才教育的疾呼和具體規劃，又如，保守主義者布魯姆(Bloom)關於拯救西方人文經典的名著《封閉的美國心靈》，還有，希望從東方智慧中吸取營養，反省「征服自然」的狂妄態度，走向東方的「與自然保持和諧」的謙卑態度，……等等。但是，整個態勢依然故我，並沒有改變向科技的統治地位傾斜。

這恐怕涉及人性的根本特點。人的欲望是索求無度的。而現代市場的本性，就是滿足欲望和製造新的欲望。這欲望包括享受欲和求知欲。而今日裝有科技之輪的市場，更主要的功能在於製造欲望。人們一旦吃過「智慧果」之後，再返蒙昧就不可能了；享受過暖氣之後，就不能忍受無暖房屋了。因此，這一過程是不可逆的，除非毀滅性的災難臨頭。

事實擺得很清楚，目前能寄予希望的，一是科學自身的發展創造出一套自身控制的方式或技術，從而內在地產生某種自我約束的智慧。但這一希望目前還看不出任何跡象，尚在未定之天。

此外，人性的另一基本點就是不見棺材不落淚。不置之絕境，人們是不會回頭的。最近的美國電影《水中世界》就想像了科技進步導致的溫室效應使人類陷入陸地消失的滅頂之災。這並非純粹聳人聽聞。事實上，歷史上那些燦爛的文明，如瑪雅文明、古羅馬文明，而今安在哉？在現代這種愈陷愈深的欲望大漩渦中，最終，我們恐怕將邏輯地不由自主地面臨「末日審判」。也許只有在經歷了這種洪荒大劫之後，在「諾亞方舟」上碩果僅存的人類才會昇華到與自然協調、過簡單生活的精神境界。屆時，又將開始一輪新的循環……。

（本文作於一九九五年）

滄海叢刊書目（一）

國學類

中國學術思想史論叢（一）～（八）	錢　穆　著
現代中國學術論衡	錢　穆　著
兩漢經學今古文平議	錢　穆　著
宋代理學三書隨箚	錢　穆　著
論語體認	姚式川　著
論語新注	陳冠學　著
西漢經學源流	王葆玹　著
文字聲韻論叢	陳新雄　著
入聲字箋論	陳慧劍　著
楚辭綜論	徐志嘯　著

哲學類

國父道德言論類輯	陳立夫　著
文化哲學講錄（一）～（六）	鄔昆如　著
哲學與思想	王曉波　著
內心悅樂之源泉	吳經熊　著
知識・理性與生命	孫寶琛　著
語言哲學	劉福增　著
哲學演講錄	吳　怡　著
日本近代哲學思想史	江日新　譯
比較哲學與文化（一）（二）	吳　森　著
從西方哲學到禪佛教——哲學與宗教一集	傅偉勳　著
批判的繼承與創造的發展——哲學與宗教二集	傅偉勳　著
「文化中國」與中國文化——哲學與宗教三集	傅偉勳　著
從創造的詮釋學到大乘佛學——哲學與宗教四集	傅偉勳　著
佛教思想的現代探索——哲學與宗教五集	傅偉勳　著

中國哲學與懷德海	東海大學哲學研究所主編
人生十論	錢　穆　著
湖上閒思錄	錢　穆　著
晚學盲言（上）（下）	錢　穆　著
愛的哲學	蘇昌美　著
邁向未來的哲學思考	項退結　著
逍遙的莊子	吳　怡　著
莊子新注（內篇）	陳冠學　著
莊子的生命哲學	葉海煙　著
墨家的哲學方法	鍾友聯　著
韓非子析論	謝雲飛　著
韓非子的哲學	王邦雄　著
法家哲學	姚蒸民　著
中國法家哲學	王讚源　著
二程學管見	張永儁　著
王陽明 ——中國十六世紀的唯心主義哲學家	張君勱著、江日新　譯
王船山人性史哲學之研究	林安梧　著
西洋百位哲學家	鄔昆如　著
西洋哲學十二講	鄔昆如　著
希臘哲學趣談	鄔昆如　著
中世哲學趣談	鄔昆如　著
近代哲學趣談	鄔昆如　著
現代哲學趣談	鄔昆如　著
思辯錄 ——思光近作集	勞思光　著
中國十九世紀思想史（上）、（下）	韋政通　著
存有・意識與實踐 ——熊十力體用哲學之詮釋與重建	林安梧　著
先秦諸子論叢	唐端正　著
先秦諸子論叢（續編）	唐端正　著
周易與儒道墨	張立文　著
孔學漫談	余家菊　著
中國近代新學的展開	張立文　著
哲學與思想 ——胡秋原選集第二卷	胡秋原　著

從哲學的觀點看　　關子尹 著
中國死亡智慧　　鄭曉江 著
後設倫理學之基本問題　　黃慧英 著
道德之關懷　　黃慧英 著
異時空裡的知識追逐
——科學史與科學哲學論文集　　傅大為 著

宗教類

天人之際　　李杏邨 著
佛學研究　　周中一 著
佛學思想新論　　楊惠南 著
現代佛學原理　　鄭金德 著
絕對與圓融
——佛教思想論集　　霍韜晦 著
佛學研究指南　　關世謙 譯
當代學人談佛教　　楊惠南 編著
從傳統到現代
——佛教倫理與現代社會　　傅偉勳 主編
簡明佛學概論　　于凌波 著
修多羅頌歌　　陳慧劍 譯註
禪　話　　周中一 著
佛家哲理通析　　陳沛然 著
唯識三論今詮　　于凌波 著

應用科學類

壽而康講座　　胡佩鏘 著

社會科學類

中國古代游藝史
——樂舞百戲與社會生活之研究　　李建民 著
憲法論叢　　鄭彥棻 著
憲法論集　　林紀東 著
國家論　　薩孟武 譯
中國歷代政治得失　　錢穆 著
先秦政治思想史　　梁啟超原著、賈馥茗標點
當代中國與民主　　周陽山 著

我見我思	洪文湘 著
釣魚政治學	鄭赤琰 著
政治與文化	吳俊才 著
中華國協與俠客清流	陶百川 著
世界局勢與中國文化	錢 穆 著
海峽兩岸社會之比較	蔡文輝 著
印度文化十八篇	糜文開 著
美國社會與美國華僑	蔡文輝 著
日本社會的結構	福武直原著、王世雄 譯
文化與教育	錢 穆 著
開放社會的教育	葉學志 著
大眾傳播的挑戰	石永貴 著
傳播研究補白	彭家發 著
「時代」的經驗	汪 琪、彭家發 著
新聞與我	楚崧秋 著
書法心理學	高尚仁 著
書法與認知	高尚仁、管慶慧 著
清代科舉	劉兆璸 著
排外與中國政治	廖光生 著
中國文化路向問題的新檢討	勞思光 著
立足臺灣，關懷大陸	韋政通 著
開放的多元社會	楊國樞 著
現代與多元——跨學科的思考	周英雄主編
臺灣人口與社會發展	李文朗 著
財經文存	王作榮 著
財經時論	楊道淮 著
經營力的時代	青龍豊作著、白龍芽 譯
宗教與社會	宋光宇 著

史地類

古史地理論叢	錢 穆 著
歷史與文化論叢	錢 穆 著
中國史學發微	錢 穆 著
中國歷史研究法	錢 穆 著
中國歷史精神	錢 穆 著

中華郵政史　張翊 著
憂患與史學　杜維運 著
與西方史家論中國史學　杜維運 著
清代史學與史家　杜維運 著
中西古代史學比較　杜維運 著
歷史與人物　吳相湘 著
歷史人物與文化危機　余英時 著
共產國際與中國革命　郭恒鈺 著
共產世界的變遷
——四個共黨政權的比較　吳玉山 著
俄共中國革命祕檔（一九二〇～一九二五）　郭恒鈺 著
抗日戰史論集　劉鳳翰 著
盧溝橋事變　李雲漢 著
歷史講演集　張玉法 著
老臺灣　陳冠學 著
臺灣史與臺灣人　王曉波 著
黃　帝　錢穆 著
孔子傳　錢穆 著
宋儒風範　董金裕 著
弘一大師新譜　林子青 著
精忠岳飛傳　李安 著
鄭彥棻傳　馮成榮 著
張公難先之生平　李飛鵬 著
唐玄奘三藏傳史彙編　釋光中 編
一顆永不隕落的巨星　釋光中 著
新亞遺鐸　錢穆 著
困勉強狷八十年　陶百川 著
困強回憶又十年　陶百川 著
我的創造・倡建與服務　陳立夫 著
我生之旅　方治 著
逝者如斯　李孝定 著

語文類

文學與音律　謝雲飛 著
中國文字學　潘重規 著
中國聲韻學　潘重規、陳紹棠 著

魏晉南北朝韻部之演變	周祖謨　著
詩經研讀指導	裴普賢　著
莊子及其文學	黃錦鋐　著
管子述評	湯孝純　著
離騷九歌九章淺釋	繆天華　著
陶淵明評論	李辰冬　著
鍾嶸詩歌美學	羅立乾　著
杜甫作品繫年	李辰冬　著
唐宋詩詞選 ——詩選之部	巴壺天　編
唐宋詩詞選 ——詞選之部	巴壺天　編
清真詞研究	王支洪　著
苕華詞與人間詞話述評	王宗樂　著
優游詞曲天地	王熙元　著
月華清	樸　月　著
梅花引	樸　月　著
元曲六大家	應裕康、王忠林　著
四說論叢	羅　盤　著
紅樓夢的文學價值	羅德湛　著
紅樓夢與中華文化	周汝昌　著
紅樓夢研究	王關仕　著
紅樓血淚史	潘重規　著
微觀紅樓夢	王關仕　著
中國文學論叢	錢　穆　著
牛李黨爭與唐代文學	傅錫壬　著
迦陵談詩二集	葉嘉瑩　著
西洋兒童文學史	葉詠琍　著
一九八四	George Orwell原著、劉紹銘　譯
文學原理	趙滋蕃　著
文學新論	李辰冬　著
文學圖繪	周慶華　著
分析文學	陳啟佑　著
學林尋幽 ——見南山居論學集	黃慶萱　著
中西文學關係研究	王潤華　著

魯迅小說新論	王 潤 華 著
比較文學的墾拓在臺灣	古添洪、陳慧樺編著
從比較神話到文學	古添洪、陳慧樺主編
現代文學評論	亞 菁 著
現代散文新風貌	楊 昌 年 著
現代散文欣賞	鄭 明 娳 著
葫蘆・再見	鄭 明 娳 著
實用文纂	姜 超 嶽 著
增訂江皋集	吳 俊 升 著
孟武自選文集	薩 孟 武 著
藍天白雲集	梁 容 若 著
野草詞	韋 瀚 章 著
野草詞總集	韋 瀚 章 著
李韶歌詞集	李 韶 著
石頭的研究	戴 天 著
寫作是藝術	張 秀 亞 著
讀書與生活	琦 君 著
文開隨筆	糜 文 開 著
文開隨筆續編	糜 文 開 著
印度文學歷代名著選（上）（下）	糜 文 開編譯
城市筆記	也 斯 著
留不住的航渡	葉 維 廉 著
三十年詩	葉 維 廉 著
歐羅巴的蘆笛	葉 維 廉 著
移向成熟的年齡 ——1987～1992詩	葉 維 廉 著
一個中國的海	葉 維 廉 著
尋索：藝術與人生	葉 維 廉 著
從現象到表現 ——葉維廉早期文集	葉 維 廉 著
解讀現代・後現代 ——文化空間與生活空間的思索	葉 維 廉 著
山外有山	李 英 豪 著
知識之劍	陳 鼎 環 著
還鄉夢的幻滅	賴 景 瑚 著
大地之歌	大地詩社 編

往日旋律	幼　　柏　著
鼓瑟集	幼　　柏　著
耕心散文集	耕　　心　著
女兵自傳	謝　冰　瑩　著
詩與禪	孫　昌　武　著
禪境與詩情	李　杏　邨　著
文學與史地	任　遵　時　著
抗戰日記	謝　冰　瑩　著
給青年朋友的信（上）、(下)	謝　冰　瑩　著
冰瑩書柬	謝　冰　瑩　著
我在日本	謝　冰　瑩　著
大漢心聲	張　起　鈞　著
人生小語（一）～（七）	何　秀　煌　著
人生小語（一）(彩色版)	何　秀　煌　著
記憶裡有一個小窗	何　秀　煌　著
回首叫雲飛起	羊　令　野　著
康莊有待	向　　陽　著
湍流偶拾	繆　天　華　著
文學之旅	蕭　傳　文　著
文學邊緣	周　玉　山　著
文學徘徊	周　玉　山　著
無聲的臺灣	周　玉　山　著
種子落地	葉　海　煙　著
向未來交卷	葉　海　煙　著
不拿耳朵當眼睛	王　讚　源　著
古厝懷思	張　文　貫　著
材與不材之間	王　邦　雄　著
劫餘低吟	法　　天　著
忘機隨筆 ——卷一・卷二・卷三・卷四	王　覺　源　著
詩情畫意 ——明代題畫詩的詩畫對應內涵	鄭　文　惠　著
文學與政治之間 ——魯迅・新月・文學史	王　宏　志　著
洛夫與中國現代詩	費　　勇　著
老舍小說新論	王　潤　華　著

美術類

音樂人生	黃友棣 著
樂圃長春	黃友棣 著
樂苑春回	黃友棣 著
樂風泱泱	黃友棣 著
樂境花開	黃友棣 著
樂浦珠還	黃友棣 著
音樂伴我遊	趙琴 著
談音論樂	林聲翕 著
戲劇編寫法	方寸 著
與當代藝術家的對話	葉維廉 著
藝術的興味	吳道文 著
根源之美	莊申 編著
扇子與中國文化	莊申 著
從白紙到白銀	莊申 著
畫壇師友錄	黃苗子 著
水彩技巧與創作	劉其偉 著
繪畫隨筆	陳景容 著
素描的技法	陳景容 著
建築鋼屋架結構設計	王萬雄 著
建築基本畫	陳榮美、楊麗黛 著
中國的建築藝術	張紹載 著
室內環境設計	李琬琬 著
雕塑技法	何恆雄 著
生命的倒影	侯淑姿 著
文物之美——與專業攝影技術	林傑人 著